上海社区教育实验

（2020—2021）

上海市教育科学研究院职业技术教育研究所
上海市社区教育实验项目管理办公室 编著

浙江工商大学出版社
ZHEJIANG GONGSHANG UNIVERSITY PRESS

·杭州·

图书在版编目（CIP）数据

上海社区教育实验. 2020—2021 / 上海市教育科学研究院职业技术教育研究所，上海市社区教育实验项目管理办公室编著. — 杭州：浙江工商大学出版社，2023.3
ISBN 978-7-5178-5392-3

Ⅰ.①上… Ⅱ.①上… ②上… Ⅲ.①社区教育－教育事业－上海－2020-2021 Ⅳ.① G527.51

中国国家版本馆 CIP 数据核字（2023）第 029222 号

上海社区教育实验（2020—2021）
SHANGHAI SHEQU JIAOYU SHIYAN（2020—2021）
上海市教育科学研究院职业技术教育研究所
上海市社区教育实验项目管理办公室　编著

策划编辑	任晓燕
责任编辑	刘志远　熊静文
责任校对	夏湘娣
封面设计	朱嘉怡
责任印制	包建辉
出版发行	浙江工商大学出版社
	（杭州市教工路 198 号　邮政编码 310012）
	（E-mail：zjgsupress@163.com）
	（网址：http://www.zjgsupress.com）
	电话：0571-88904980，88831806（传真）
排　　版	杭州彩地电脑图文有限公司
印　　刷	杭州高腾印务有限公司
开　　本	710 mm×1000 mm　1/16
印　　张	28.5
字　　数	456 千
版 印 次	2023 年 3 月第 1 版　2023 年 3 月第 1 次印刷
书　　号	ISBN 978-7-5178-5392-3
定　　价	128.00 元

本书编著委员会

主　编：闫鹏涛

副主编：孙桂芳　　顾晓波　　国卉男

2019 年 3 月，中共上海市委、上海市人民政府颁布的《上海教育现代化 2035》提出"建成全球领先的学习型城市"，这为上海社区教育发展指明了目标和方向。2020—2021 年是"十三五"收官、"十四五"布局的关键阶段，也是上海各级社区教育机构以此为指引，通过实验把握新发展阶段、贯彻新发展理念、服务构建新发展格局的关键节点，虽遭遇新冠肺炎疫情，正常办学秩序受到影响，但各实验单位积极调整工作方案，坚持不懈、稳步推进，从办学能力提升、多元主体参与、资源开发建设、特色品牌培育、路径形式拓展等方面，进行了深入探索，有效延伸了社区教育基层服务网络，提高了终身学习服务能力，满足了更多学习者的学习需求，更好地促进了城市建设和发展。本书收录了 2020—2021 年度部分示范与优秀社区教育实验项目成果，较为全面地展现这一阶段上海社区教育创新发展的成效与特点。

一、持续提升机构办学能力，深化社区教育内涵发展

为推进终身教育机构内涵建设，上海市教育委员会于 2020 年启动上海市街镇社区（老年）学校优质校建设评估工作，各级办学实体因地制宜，根据自身办学特色，从办学力量提升、服务功能拓展、管理方式革新等各方面，开展了形式多样的实验探索，提升了办学能力。

徐汇区教育局、易进文化进修学院的《引导社会力量广泛参与老年教育社会学习点建设的实验》、金山区教育局的《金山区老年教育场所倍增计划建设的实验》，通过提升服务网络密度，整体拔高了基层办学机构服务水平；嘉定区真新街道办事处的《构建区域一体化家庭教育支持服务体系的实验》、闵行区古美路街道社区学校的《儿童友好社区构建助推社区

治理的实验》，面向家庭教育、社区儿童开展学习活动，增强了面向区域重点人群的服务能力；徐汇区社区学院和浦东新区社区学院则通过实验项目从信息化、管理体制出发，提升社区教育办学网络的服务能级与引领作用。还有部分项目主体探索了社区教育在社区治理中发挥作用的路径与策略，如上海行健职业学院的《社区教育推动高校青年群体参与社区治理的实验》、大场成人中等文化技术学校的《社区党建与社区教育相融合，推进基层社区治理的实验》等，这些项目为社区教育发挥更大功能拓展了新场域。

二、构建普惠友好的学习环境，促进各类人群的终身学习

在新的发展阶段，不同市民群体的学习需求也发生了新的变化。譬如，随着上海市老龄化程度的不断加深，实现"老有所为"，为老年人提供学习与实践的平台建设任务日益迫切；此外，积极协助推进"双减"政策，未成年人的校外教育、家庭教育正成为社区教育扩大服务的重点领域。

各办学机构在这些亟须解决的重点问题上进行了创新探索，并积累了丰富的特色经验。一方面，在老年教育服务中，不仅有青浦区练塘镇成人中等文化技术学校的《老年教育学习型团队培育的实验》、崇明区向化镇社区学校的《提升团队老年人学习能力的实验》，继续深耕老年教育学习团队的培育和服务，还有长宁区仙霞新村街道的《社区教育精准服务居家孤寡老人的实验》，进行了社区教育精准服务居家孤寡老人的创新探索。另一方面，面向未成年人的终身学习，社区教育机构通过实验，培育了精彩丰富的校外教育服务资源，如金山区朱泾镇社区学校的《未成年人社区实践品牌建设的实验》、浦东新区川沙新镇社区建设和社会事业发展办公室的《德育为先，科创引领：川沙新镇社区教育构建青少年素质教育"大学校"的实验》等；同时还积极开展家庭教育培训，帮助家长树立正确的教育观念，如静安区社区学院的《初中生家长终身教育模式的实验》、嘉定区菊园新区教育委员会的《菊园新区0—3岁早期家庭教育服务的实验》等。

三、多元主体协同，线上线下并举，拓展优质学习资源

建立多元主体协同推进的终身学习服务体系，完善终身教育基础设施，为学习者提供优质、均衡、丰富、便捷的学习支持，一直是上海学习型城

市建设的重点工作。面对新冠疫情的挑战，各社区教育机构在巩固并优化学习共同体以及特色资源培育等实验探索的同时，致力于上海市民终身学习"空中课堂"的建设，为市民提供丰富多样、可供选择的优质网上教学资源。

在2020—2021年度的社区教育实验项目中，各社区教育机构主动对接市民多样化学习需求，挖掘科技、文化和教育资源，开发各类教育培训项目，建设更优质的资源平台，拓展更多的学习共同体，发展更灵活的学习体验基地，吸引更多市民参与终身学习。比如，宝山区殷行街道社区学校的《依托高校等社会力量多途径建设社区教育精品课程的实验》、青浦区夏阳成人中等文化技术学校的《以诗歌书画为载体，"青、吴、嘉"三地携手打造学习共同体的实验》等。各社区教育机构在做好疫情防控工作的同时，通过电脑端和移动端，开通了上海市民终身学习"空中课堂"，帮助每一位终身学习者足不出户在家学习，探索了社区教育发展的新模式，如宝山区吴淞成人中等文化技术学校的《疫情背景下社区教育健身类课程资源开发建设与推广的实验》、徐汇区社区学院的《建设社区教育融合课程的实验》等。

四、深入挖掘地方特色，打造社区教育品牌

2021年10月27日，在韩国延寿举行的联合国教科文组织第五届国际学习型城市大会上，上海荣获联合国教科文组织学习型城市奖。这是对上海多年来持续构建"人人皆学、处处能学、时时可学"的学习型社会和终身教育体系的肯定。为进一步凝聚社区教育的上海经验与上海智慧，各社区教育机构以地方特色为基础，以提升教育服务品质为目标，以社区教育品牌为着力点，不断探索创新，实现社区教育高质量发展。

两年来，各社区教育机构既通过对既往经验归纳总结发挥影响力，又为未来迈向更高端、更优质发展寻求新突破。如长宁区虹桥街道社区学校开展的《打造"记·忆虹桥"社区教育红色修身品牌项目的实验》，通过挖掘虹桥本土红色修身文化资源，打造了多样的社区教育主题活动，促进了红色修身教育和社区教育的有机结合，实现了红色文化与社区教育相契合、历史文化与市民修身相融合、居民素质提升与社区治理相结合等目标；金山区吕巷镇社区学校开展的《社区教育视域下吕巷镇农耕文化传承发展的实验》，通过对吕巷镇农耕文化进行材料的梳理整合、资源的充分挖掘、

发展的有效规划、渠道的积极探索，让社区教育更好地助力乡村振兴规划，提升了社区教育教师职业水平、办学干部组织规划能力和村居民的文化素养。

五、拓展学习路径与形式，持续提升服务品质

新时代，我国社会主要矛盾已经转化为人民日益增长的美好生活需要和不平衡不充分的发展之间的矛盾，这对满足市民不断增长的终身学习需求提出了更高的要求。为回应这一变化，各社区教育机构大力推广基层积累的优秀经验，打造优质公共学习空间，创新终身学习形式，增强机构的学习服务能力。

在2020—2021年度的社区教育实验项目中，静安区社区学院通过《依托养教结合拓展老年教育发展路径的实验》探索了养教结合的终身学习服务模式；徐汇区华泾镇社区（老年）学校通过《老龄化社会背景下建立医教结合模式的实验》建立了医教结合的服务模式；闵行区马桥镇社区学校通过《建立伙伴关系，促进新建教学点社区教育有效发展的实验》培育"伙伴关系式"的服务模式；长宁区江苏路街道社区服务办公室通过《打造开放式社区书院，提升人文行走品质的实验》打造了开放式社区书院的服务平台；上海松江开放大学（松江区社区学院）通过《推进社区教育学科中心组高质量发展的实验》提升了终身学习的服务品质……各社区教育机构通过一系列实验，极大拓展了服务市民终身学习的方式，提高了服务品质，提升了社区教育机构的服务能力和辐射力。

党的二十大报告强调，推进教育数字化，建设全民终身学习的学习型社会、学习型大国。为率先建成以城市学习力为驱动的更高水平、更高质量的学习型社会，《上海市终身教育发展"十四五"规划》明确要求社区教育实验项目提质增效。在此，希望各级各类社区教育机构相互借鉴、相互激励，通过实验项目，进一步探索社区教育发展的新任务、新途径、新方法和新机制，创建更加普惠多元、泛在可选的终身学习环境，推动上海成为更具活力、人人向往的学习之城。

上海市社区教育实验项目管理办公室

2023年2月

目　录

第二篇　多元主体参与篇

第三篇　资源开发建设篇

第四篇　特色品牌培育篇

第五篇　路径形式拓展篇

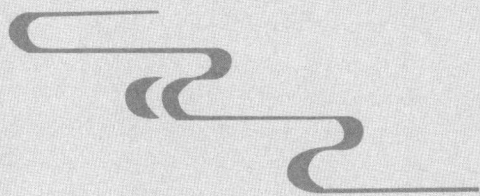

第一篇　办学能力提升篇

BANXUE NENGLI TISHENG PIAN

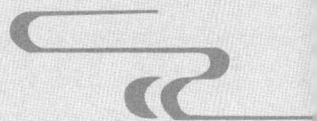

1 引导社会力量广泛参与老年教育社会学习点建设的实验

徐汇区教育局、易进文化进修学院

一、实验背景

（一）有基础、有成效

为贯彻落实《上海市老年教育发展"十三五"规划》中提出的"老年人学习场所倍增计划"，积极应对深度老龄化背景下老年人越来越旺盛的学习需求，2017—2018 年，徐汇区大力培育老年教育社会学习点，实施了上海市社区教育重点项目"培育社区教育社会学习点的实验"，共培育了15 家老年教育社会学习点，项目研究成果被评为市级优秀项目。

（二）再实验、再创新

2018 年，徐汇区人大常委会对该区贯彻《上海市终身教育促进条例》的情况开展执法检查，明确提出要大力引导社会力量积极参与终身教育。在区政府的高度重视下，2019 年"老年教育社会学习点的建设"被纳入区政府年度实事项目。市教委委托徐汇区以开展实事项目为契机，在引导社会力量广泛参与老年教育社会学习点建设方面再实验、再创新。

二、实验目标

（一）提"量"

挖掘更多的社会资源，新增 30 家社会学习点，吸引 2000 人的居民学员参与社会学习点的学习（这也是区政府年度实事项目的目标）。

（二）增"质"

引导社会学习点将优势项目（教师优势、课程优势、场地设施优势）与老年人学习需求对接起来，为老年人提供高质量、高水平的教育服务，满足不同年龄层次、兴趣爱好的老年人的学习需求。

（三）机制创新

构建政府和社会学习点的新型关系，激发社会力量自主参与老年教育的活力，使社会力量与政府找到合作的结合点、价值的共同点和利益的共享点。

三、实验方法

实验比较法、行动研究法、问卷法、访谈法、资料统计法。

四、实验内容

本实验在实施过程中，主要围绕"五大并举"的举措推进，具体内容如下。

（一）政府主导与联盟主体并举，探索灵活高效的运行机制

1. 政府主导

社会学习点项目作为 2019 年度徐汇区政府实事项目、2020 年区教育局年度重点项目，在推进过程中体现了政府的高度重视、坚强领导和有力保障。纳入区政府督导体系，区教育局每月上报项目进度，按计划稳步落实。在具体实施中，由区教育局统筹学习办、社会力量办学机构等相关职能部门的力量，紧密配合、共同推进，打好"组合拳"。

增进融合。由区教育局与社会学习点共同签订合作协议书，明确合作的项目和方式、参与的时间、双方的权利和义务及经费保障等条款。通过区学习节等大型活动平台，举办隆重的社会学习点授牌仪式，凭借仪式感、契约感来增强社会学习点的使命感、责任感。区教育局还将延续十余年的"徐汇社区教育奉献奖"的评审范围首次拓展至社会学习点，有效增强了学习点管理者和教师融入老年教育工作的意识，获取受尊重的权利和受认可的权利。

经费支持。2019 年区政府投入 150 万元专项经费，2020 年根据项目需要继续保障经费。区教育局制定社会学习点经费补贴标准，根据课程类别按不同标准给予经费支持。同时为每个学习点购买场地险，保障老年人在

校学习期间的安全。徐汇区要求各社会力量参与老年教育体现公益原则，不以营利为目的，本着服务社会、热心公益的奉献精神投入部分经费，同时也鼓励社会学习点广泛吸收各类社会公益基金投入老年教育。

评估激励。为加强对社会学习点的评估与监管，区教育局将评估意识贯穿社会学习点培育全过程。在对社会学习点资质审查、跟踪指导、服务协调的过程中，有意识地梳理规范社会学习点办学的基本要素，同时结合市级标准，研究形成了《徐汇区老年教育社会学习点指导标准》，按照综合型和特色型进行分类分等评估。评估前，对社会学习点相关工作人员进行专题培训；评估中，采用"政府评、专业机构评、学员评"三方面相结合的方式，从被评学习点的课程实施、办学规模、组织管理、特色亮点等方面做出评价，综合评价社会学习点办学的真实性、公益性和规范性；评估后，举办专题会议，及时反馈评估结果和存在问题。通过评估，教育局对诚意参与、积极配合、精心服务、效能突出的社会学习点给予一定荣誉，并以"以奖代补"的方式给予资金扶持。而对于连续两年评估均不合格的学习点给予摘牌处理，撤销社会学习点参与资格。

2. 联盟主体

为激发社会力量自主参与老年教育的活力，在区教育局的指导下，2019年6月，区域内近40家社会学习点成立老年教育社会学习点联盟，其中，上海易进文化进修学院为联盟理事长单位，上海小白鸽舞蹈团等8家单位为联盟理事单位。在联盟章程的指引下，各社会学习点本着"资源共享、优势互补、协商共进"的宗旨，共同研究、商议社会力量参与老年教育的路径、方法。由理事单位牵头，自主完成区域内社会学习点的调研，形成联盟工作计划。联盟在服务社会学习点发展、搭建共建平台上发挥重要作用。2019年底，联盟成功举办徐汇区老年教育艺术节暨社会学习点成果展演，提升了社会知晓度和美誉度。

（二）扩大规模与规范准入并举，引入更多成熟的"伙伴群"

为更好打造民办教育绿色营商环境，2018年，徐汇区教育局在全市范围内率先建立民办教育培训机构及举办人的信用平台，其中将"开展社会公益服务"作为对民办教育单位进行信用等级评估的重要加分项。在此政策的激励下，一大批民办教育机构纷纷提出有举办老年教育社会学习点的办学意愿。

为规范社会学习点的准入门槛，区教育局颁布了《关于建设徐汇区老年教育社会学习点的实施意见》，对社会学习点的办学资质、办学条件、组织制度、学习活动、激励评估等做出明确规定，着力将一些信得过、靠得住、用得上、离不开的"伙伴群"培育成老年教育社会学习点，如上视小荧星文化艺术培训学校、好莱坞音乐进修学校、新航道英语学校等在办学信用、办学质量方面均经受多年市场和社会各界的考验，有着一定的美誉度、认可度和影响力。在区学习办的深入考察和真诚沟通下，区教育局还与上海气象博物馆、上海电影博物馆、上海生活固废集装转运徐浦基地等区域内有影响力的企事业单位达成社会学习点的合作办学协议。

（三）指导服务与过程跟踪并举，大力扶持社会学习点

定期召开徐汇区老年教育社会学习点工作专题培训会、中期推进会、年终总结会，通过"以会代训"的方式解读文件政策，明确方向目标，交流优质经验，提升社会学习点管理者对老年教育的思想认识和管理水平。社区学校为社会学习点开展教务培训、教学技能培训、课程教研等，协助解决办学点对外服务中遇到的困难，为社会办学点提供相关老年教育学习资源配送，通过社区学校招生简章、网站、折页等渠道扩大社区学习点宣传。

通过线上线下相结合的方式，项目组加强对社会学习点的过程跟踪与指导。一是线上数据统计与跟踪。开发运行"老年教育社会学习点"微信小程序平台，平台集学习点情况介绍、课程进度、学员报名、签到考勤、咨询答疑等多功能于一体，通过后台数据可以动态掌握全区各学习点进展情况，如学员通过手机扫小程序二维码签到，能有效防范社会学习点弄虚作假、虚报人数的行为。二是建立线下联络员走访制度。建立"区—街镇—学习点"三级联络员网络，区学习办设立区层面的社会学习点专管员，每个街镇老年学校安排一位专职老师担任"社会学习点联络员"，对社会学习点日常管理工作进行指导，明确联络员每学期的走访次数、走访内容等工作职责，实现区、街镇、学习点上下对接、信息互通。

（四）区域推动与辐射全市并举，扩大优质资源的受益面

2019年7月24日，上海市教委终身教育处调研员夏瑛在调研徐汇社区学习点工作时指出，要发挥上海小白鸽舞蹈团专业、一流舞蹈师资在全市老年教育中的引领作用。同年11月初，在市老年教育师资培训中心的委托下，由小白鸽舞蹈团承办的"市老年教育舞蹈师资培训"正式开班，本次培训体现出"培训周期长、注重系统教学、强调实操训练、贯穿教材编写"四个方面的特征，吸引了全市 68 名老年舞蹈教师参加。这不仅是徐汇区首次承办市级老年教育师资培训，也是上海老年教育发展 30 余年来首次由社会办学机构承办师资培训。疫情期间，小白鸽学习点还完成了老年舞蹈教材《舞媚申江》的编写和录制工作。《舞媚申江》于 2020 年 10 月正式出版并被赠送给各级老年教育办学单位。

（五）平台建设和资源共享并举，保障疫情期间项目的连续性

2020 年新冠肺炎疫情来势汹汹，为确保疫情期间"停课不停学"，区教育局对接社会学习点联盟，在多次讨论协商、集思广益的基础上共同开发了"光启 e 学堂"社区教育线上直播平台，于 2020 年 4 月 22 日成功上线。截至 2020 年 7 月底，"光启 e 学堂"陆续推出了 30 节在线直播课程，平均每次课程点击量 1200 余次。平台实现了区域内市级老年大学、高校老年大学、区老年大学、街镇老年学校之间优质教师资源、课程资源的共享，成为没有围墙的老年教育线上大课堂。对 279 名参与线上学习的学员进行了问卷调研。结果显示，居民对已开设直播课程的满意率达到 88.2% 及以上。"光启 e 学堂"一方面呼应了疫情期间居民对精神文化生活的需求，另一方面也促进了实验项目在特殊时期的延续和创新。

五、实验成效

（一）办学规模方面

据统计，2019 年新增了 30 家社会学习点，加上原有的 15 家，全区共计培育了 45 家社会学习点，新增老年人学习场所面积 21000 平方米。2019 年秋季全区社会学习点共开设课程班 115 个，招收老年学员 3356 人次，全年吸纳老年学员共计 6117 人次。

（二）办学服务能力方面

各社会组织把为老年教育提供服务视为企业的社会责任，在区教育局和街镇社区学校的指导下，以发挥机构优势为出发点，均聚焦"老年人的学习需求"，充分尊重老年人的学习特点和学习规律，精心设计、改编课程内容，形成一批学习点品牌课程和品牌学习项目。

（三）运行机制方面

"老年教育社会学习点办学联盟"促进区域内社会学习点集群式发展，

让社会学习点各项工作通过大联盟的平台实现自我管理、自我运作。社会学习点工作从政府"自上而下"推动为主转变为"政府统筹、联盟运作、协同治理"的管理新模式，让政府职能由"划桨人"转为"掌舵人"。

（四）社会效益方面

社会学习点现代化的教学场地、先进的设备设施、雄厚的专业师资、差异化的课程涉及个性化的课程教学，满足了不同年龄层次、兴趣爱好的老年人的学习需求。社会学习点促进区域内老年教育办学布局更加均衡、居民参与学习更加便捷、课程选择更加多元，已成为徐汇区老年教育三级办学网络的有力补充。

六、存在的问题及下一步实验打算

（一）疫情常态化形势下社会学习点的生存发展

2020年新冠肺炎疫情暴发以来，民非教育培训机构的生存挑战空前严峻，甚至部分机构已经面临关停的处境，随之而来的是对社会学习点工作的巨大冲击。疫情常态化下社会学习点的发展问题是下一阶段需要重点思考的。接下来计划由联盟牵头，首先，对已挂牌的45家社会学习点开展调研，了解办学机构在自身经营领域的运营现状，听取学习点管理者对当前形势下开展老年教育的理解；其次，开展疫情时期老年群体的生活状态、心理诉求等方面的调研，对教学服务对象有更清晰的了解；最后，思考疫情下老年教育如何组织的问题，包括继续办好"光启e学堂"直播课程，梳理联盟内适合直播的优质教学资源，同时还要引进联盟外更多优质的社会资源。

（二）社会学习点办学能力的进一步提升

2019年下半年，联盟理事长率副理事长等单位负责人对18家联盟成员单位进行走访。调研显示不同机构在课程、师资、场地方面各有优势，下一步计划加强机构之间的合作，实现优势项目的叠加，促进各学习点之间齐头并进、均衡发展。

（三）政府对社会学习点的进一步管理

学习点建立初期，发展比较粗放，展现出多元化的蓬勃发展态势，但是如何进行标准化管理是区教育局需要进一步探索的方向；另外，随着学习点工作的进一步推进，如何开展社会学习点品质化、品牌化培育也是我们需要思考的问题。

2 金山区老年教育场所倍增计划建设的实验

金山区教育局

随着终身教育、终身学习、学习型社会建设理念的不断深入，为认真贯彻落实《上海老年教育"十三五"规划纲要》中"老年人学习场所倍增项目"要求的精神，进一步加强金山区老年教育三类学习点建设，引导金山区老年教育规范和特色发展，形成"就近、便捷、快乐、丰富"的金山区老年教育特色，整体提升基层老年教育服务水平，金山区启动新一轮老年教育场所倍增计划建设的实验。该实验项目在我们实验组全体成员的努力下，工作步步推进，进展较为顺利，实验项目取得较为丰硕的成果。现将实验项目有关情况报告如下。

一、实验背景

（一）时代需求

人口老龄化是一个世界性趋势。在未来很长一段时间内，人口老龄化是我国社会发展的常态，这一趋势将对我国经济社会的健康发展带来新的机遇和挑战。上海是我国最早进入老龄化社会的城市，也是我国老龄化程度最高的大型城市。随着时代的进步，老年人的文化素养也在逐年提升，对自己的晚年生活也有更高的要求，大多数老年人已不满足退休后待在家里的现状，他们趋向于参加老年教育充实自己的生活。然而，现有的老年教育场所有限，不能满足日益增长的老年人对老年教育的需求。因此，老年教育场所倍增计划的实施迫在眉睫。

（二）市级引领

为了让老年人可以"就近入学"，享受更加便捷的终身教育服务，上海市实施"老年人学习场所倍增计划"，继续倡导"在学习中养老"，提升老年教育学习品质。努力形成广泛覆盖、社会参与、资源融通、灵活多样、优质均衡、充满活力的现代老年教育体系，让更多老年人共享改革发展成果、共享优质教育资源。

（三）实验基础

2017年，试点建设了金山区卫镇社区学校海帆学堂、山阳镇社区学校龙泽园学堂、石化街道社区学校阳光城学堂，打造以"琴棋书画"为主题的居（村）民家门口学习场所，开设具有区域特色的本土化课程，吸引区域内老年人积极参加学习活动。2018年，在试点的基础上，建设了金山卫镇社区学校八字学堂，廊下镇社区学校中联学堂，金山工业区社区学校恒顺学堂、吾爱吾家学堂，亭林镇社区学校大居学堂和松隐学堂，朱泾镇社区学校钟楼学堂、众安学堂、花灯学堂，漕泾镇社区学校护塘学堂，吕巷镇社区学校蓝滨学堂，枫泾镇社区学校青枫学堂，张堰镇社区学校兰庭学堂等，全面推进金山区老年教育场所倍增计划的实施。

二、实验目标

通过老年教育学习场所倍增计划建设工作，在金山区各街镇（工业区）村居建设一批老年教育村居民学堂，因地制宜为广大村居民提供充裕的学习资源和充分的学习机会，提高村居民的政治、文化、技能等综合素质。加快构筑覆盖全区域、面向全体村居民的终身学习平台，进一步完善社区教育四级网络。

三、实验内容及方法

（一）实验内容

2019年，金山区老年教育场所倍增计划建设将以分批试点的方式逐步推进工作，注重创新和内涵深化，培育老年教育的学习品牌。到2020年，各街镇（工业区）都将开设3—5个倍增计划学堂，使之成为区域终身教育的重要组成部分，不断提升老年教育资源供给水平。在区教育局领导下，由区社区学院、区老年大学联合成立金山区老年教育场所倍增计划工作办公室。办公室负责倍增规划、宣传发动、组织实施、培育品牌等。办公室设在金山区老年大学内，协助指导全区老年教育场所倍增计划推进工作。

各街镇、工业区社区学校高度重视老年教育场所倍增工作，认真制定工作方案，做好与街镇、工业区和村居的沟通协商工作，积极争取街镇、工业区领导的支持，依托十五分钟学习圈建设的成效，有计划、分步骤推进落实。各社区学校要选好地点，布置环境，添置设备，开设课程、招收学员，要落实专人做好学堂管理工作，要制定工作细则并落实到位，让倍增计划发挥作用。运用金山本地"两台两报"和互联网宣传扩大社会影响，展现倍增计划学堂学习成果，总结和传播学堂学习中的典型案例，多渠道、多形式推广各学堂的精品课程，弘扬优秀志愿者老师和优秀学员的先进精神，进一步营造终身学习氛围。区教育局根据学堂实际建设情况给予其10万—15万元经费支持，各街镇（工业区）和各村居也要投入必要的资金，加强村居民学堂软硬件建设，多元化解决办学经费问题。

（二）实验方法

1. 文献研究法

本项目在实施之前，我们查阅大量关于老年教育方面的文献资料，包括老年教育方面的书籍以及老年教育倍增场所有关的学术期刊论文、硕士学位论文、博士学位论文，认真解读了国家颁布的有关老年教育方面的法律法规。

2. 实地调研法

前往各个老年教育学堂，实地进行课堂的观摩与调研，通过与老年人的交流互动，了解老年人的切身需求，选取出老年人喜闻乐见的学习内容，不断优化老年教育学堂。

3. 访谈法

本项目以老年人为研究对象，通过与老年人的访谈，了解其对老年教育的需求情况并以此为主要依据制定老年教育场所倍增标准。

4. 问卷调查法

在访谈的基础上，对老年人学习需求进行问卷调查，有利于开设老年人喜闻乐见的课程。

四、实验过程

（一）前期准备阶段（2019 年 1—5 月）

1. 成立实验项目组

实验项目组设立专家指导组、业务指导组和具体实施组，做好组织协调，保障试验项目有序开展。

2. 制定实施方案，进行人员分工

成立金山区老年教育学习场所倍增计划建设工作领导小组，由教育局职成教科对全区村居民学堂建设进行规划、组织、协调。各街镇（工业区）社区学校指导村居民学堂，落实专人负责，建立相应的工作机制，选址设点，有效推进。在各村居委的支持下，加强村居民学堂的建设和管理，建立和完善组织机构和有关制度，确保学堂正常运行。

（二）实施阶段（2019 年 6 月—2020 年 6 月）

进一步明确区教育局、街镇（工业区）、村居三级终身教育网络的职责，制订具体的工作措施，逐步将村居民学堂建设纳入正常化、制度化、规范化管理轨道。由各街镇（工业区）社区学校负责指导各村居民学堂制订年度工作计划，因地制宜挖掘资源，开发与实施培训课程；由区社区学院负责全区村居民学堂的业务指导，根据村居民需求，设置多样化课程，实现培训课程菜单式配送等；各村居民学堂进一步完善办学机制，注重制度建设和教学管理。

（三）实施考核阶段（2020 年 7—8 月）

对金山区老年教育场所实行年度评估。组织专家分组实地赴 11 个街镇听取了 30 家学堂的现场汇报，实地考察、检查举办学堂的资料，主要对学堂的服务能力、学习资源、队伍建设、学习组织、建设成效五大方面进行了考评。根据办学状况和水平，对全区村居民学堂教学工作进行每年一次综合评估，评出优秀、合格、基本合格三个等级，以此推动村居民学堂建设工作。

（四）反馈总结阶段（2020 年 9—10 月）

金山区老年教育场所倍增计划建设的实验的反馈总结阶段主要是进行年度表彰。开展评选先进活动并对年度优秀村居民学堂、优秀班主任和优秀学员等进行表彰奖励，以不断总结阶段性办学经验和成果，充分发挥先进典型示范作用。

五、实验成效

（一）重视学堂建设工作

各街镇社区学校、居委重视学堂的创建工作，部分学堂建设列入了居村委工作议事日程，大部分居委均由党支部书记任分管领导，负责统筹学堂工作。为确保学堂工作的有序开展，在社区学校的指导下，各学堂均配备了人员力量并明确了岗位职责，领导责任落实，办学干部负责日常教学管理工作，层层推进。创建工作提升了终身教育干部统筹、协调、指导、服务能力，确保了学堂建设的高效推进。

（二）办学条件提升明显

办学经费有保障。各学堂的经费主要来源于区教育局以及所辖居委、村委的政府拨付专项资金作为运营费用，均能达到具有支持办学项目的经费投入；部分学堂获得了所在街镇的经费支持与投入，各学堂均不以营利为目的。政府经费的大力支持与保障确保了学堂的持续稳定运行，确保市民能够真正在终身学习过程中受益。

办学场所不断升级。经过近几年的投入与改造，各学堂的办学场所有了较大改善，环境有序、整洁。通过合理的建设与规划，学堂的办学场所能够满足开展市民终身学习教育活动的需求，一些学堂还配备了较为先进的教学设施设备。

学习资源丰富多样。学堂充分利用自身优势开展终身教育活动，发挥综合学习优势，学堂以红色文化、传统文化、科普文化、民俗文化等文化建设为导向，以党建为引领，形成学堂建设的两大抓手，集教育、党建、文化、科技、艺术、卫生、科普、体育、非遗、乡村、工艺制作等行业之优势开展终身教育。除了来自街镇社区学校与居村委的学习资源外，各学堂注重挖掘、整合社区资源与社会资源，组织、协调各方力量，提升学堂终身教育的层次。

（三）组织制度得到落实

依托金山区教育局职成教科与各街镇社区学校的支持与指导、统筹建设与发展，通过协调居村委资源以及社会资源，协助学堂开展计划、教学、师资调配、培训、宣传、协调等服务工作，为保障学堂的组织制度打下了坚实的基础，学堂拥有具备相关服务能力的管理服务团队，制度建设较为完备，保证了学堂终身教育活动正常有序地开展。在社区学校的指导和管理下，各学堂均能按照规范使用经费，做到专款专用、账账相符、账物相符，真正把有限的资金实到实处，提高资金使用率。

（四）学习活动特色鲜明

各学堂以居民需求为导向，设立多种群众性终身学习活动，并设置个性化服务项目，全方位、多层次满足区域内市民的终身学习需求。为加速老年人学习场所倍增项目的落实，学堂开展的学习活动均能够聚焦老年人群体，符合老年人特别是乡镇老年人的学习需求。

学堂活动开展各具特色。绝大部分学堂能够做好统筹协调工作，发挥区域内教育设施、人才资源的作用，采取共建共享方式，实现资源利用的最大效应。各学堂根据辖区内优势资源与项目规划特色课程，能够针对辖区内人员结构的多元与不同的学习需求开设课程。

学习方式灵活多样。学堂以课程、讲座、团建、展示、活动等传统形式为主要学习方式，体验式、网络化、微信学习圈等时尚学习方式发展较快，为满足居村民多元的学习需求，创设体验式学习的新方式，让社区居民与乡镇村民融入终身教育的学习中去。

品牌培养取得实效。依托学堂优越的场地设施、先进的办学理念、升级的办学内容与广泛的覆盖人群，部分学堂已经在学习品牌创立的探索实践中取得实效，学堂的教育品牌获得了居民的认可，学堂的影响力得到进一步提升，例如山阳镇的金湾学堂、朱泾花灯制作等特色项目。

（五）以学堂建设带动美丽乡村建设

各学堂通过创设多样的学习活动，不仅丰富了社区居民与乡镇村民的业余生活，更是将终身教育的内涵融入内容丰富、形式多样的学习活动中，学堂组织的学习活动向居村民传递了共创、共学、共享的终身学习理念。例如各学堂举办的亲子活动拉近了父母与孩子之间的距离，给父母和孩子提供了寓教于乐的场所和机会；部分学堂开设了专门针对妇女的课程，增强妇女自主学习和自我维权的意识，如石化街道东礁二学堂邀请"滨海讲坛"讲师为社区内家庭女性学员传授专业的婚姻家庭权益保护知识，为构建平安和谐、社会稳定的良好目标打下了坚实的基础；青少年课堂以健康向上、寓教于乐的实践体验活动为载体，在青少年中广泛开展思想品德教育、法制教育、行为养成教育等活动；作为老年教育场所倍增项目的升级，各学堂均开设了专门针对老年人群体的课程，同时注重发挥老年人智力、经验优势，鼓励老年人服务社会、奉献社会。

区教育局做好学堂建设的顶层设计；各街镇在选址规划、课程设计、宣传推广等方面充分考虑到金山区区情；社区学校协调指导，送教上门，将教育送到企业工厂、居民楼里、田间地头，让宅基课堂成为村民终身教育的重要载体。将学堂建设与新农村建设、美丽乡村建设紧密结合，通过学堂活动的开展鼓励各类人群参与到家乡建设中，提升了居民的素质，促进了社会和谐，展现出社区自治与美丽乡村建设的旺盛生命力，体现了"人人时时处处"的终身教育理念，文化氛围、学习氛围浓厚，提升了居民与村民的幸福感与获得感。例如廊下镇学堂的建设是金山区终身教育助推美丽乡村建设的缩影，廊下镇中联学堂、山塘学堂、光明学堂三个学堂的建设成为当地青少年的田间课堂、村民的宅基学堂、老年人的养心讲堂、党员村民的议事公堂，学堂内涵丰富，具有典型代表性。

六、实验反思

"金山区老年教育场所倍增计划建设的实验"项目已经如期结束，但是，金山区老年教育场所倍增计划建设的工作仍需深入开展。在日后的工作中，我们仍需不断学习、不断创新、不断实践、不断思考，将金山区老年教育场所倍增计划建设不断推进，以促进社区教育的健康发展。此次实验过程中，我们对以下问题体会颇深，在此提出，以供商榷。

（一）扩大优质学堂的示范辐射作用

通过搭建宣传展示平台、文化传播平台、产品服务平台，对优秀的学堂工作经验与特色推广宣传不仅能够扩大示范效应，将有特色、有亮点的办学模式在全区范围内进行推广，充分发挥其榜样示范和引领带动作用，加深社区居民对终身教育、老年教育的认识，而且能够调动各类社会多元机构和组织参与建设终身教育学堂的积极性。

（二）梳理终身教育网络的概念与界定

进一步厘清终身教育学堂的概念，终身教育网络第三级及以下的所有学习场所统称为学习点，是组成十五分钟学习圈的主体，学习点包括居村学习点、社会学习点、学堂、体验点、课堂、人文行走项目等。如待泾村的花灯学习点可改为课堂，设在田头的可称为田间课堂。学堂设置应体现场所的倍增，可以以特色项目挂牌课堂、讲堂等。从鼓励和倡导金山区终身教育、老年教育发展的积极性出发，学习点经过培育，扩大面积、升级设备、社区学校配送教学内容与师资队伍后，可以升格为学堂。

（三）加强对学堂的指导与支持

在终身教育网络体系下加强对学堂的管理，明确学堂的管理责任，指导学堂规范、健康运行；加强经费保障，调动举办学堂的积极性。继续加大政府扶持力度，在政策和经费上对终身教育学堂予以保障；充分发挥街镇社区学校的优势进行资源配送和优化服务，最大化地为学堂提供指导服务。对存在困难和问题的学堂要根据建设标准强化指导，不断完善。

（四）建立学堂之间的联动机制

终身教育学堂应充分发挥和利用自身办学优势与特点，建立区域内以及全区范围内的学堂联动机制，立足于扩大、整合优质教育资源，互利共惠，提升学习项目的深度与广度，进一步扩大社会影响力与知名度。

3 推进上海市老年教育信息化管理的实验

上海市老年教育信息中心（徐汇区社区学院）

一、项目背景

上海市是全国最早进入人口老龄化的城市之一。为解决老龄化带来的一系列社会问题，上海市努力促进老年群体的教育状态改善。"十三五"期间，上海老年教育积极探索人口深度老龄化背景下，"精准"满足老年群体日趋旺盛的多元学习需求的策略和路径，专门实施了"老年教育信息化促进项目"。从 2016 年起，在上海市教委终身教育处的领导下，作为上海市老年教育支持服务体系单位之一的上海市老年教育信息中心，启动构建"上海市老年教育信息化管理平台"，优化各类老年教育机构信息化基础应用环境，推进信息技术与办学、教学的深度融合，开启了信息化服务老年教育向更高层次的优质均衡、个性多样发展的新模式。

2020 年，面对新冠疫情的冲击，上海老年教育信息化不仅为各老年教育机构抗"疫"贡献了积极力量，还为未来上海老年教育改革发展留下了新的"基因"，从而为后疫情时代的上海老年教育信息化发展搭建了新起点。

二、项目开展过程

（一）第一阶段：实现行政区域全覆盖（2019 年 3—9 月）

在市教委终身教育处的领导下，老年教育信息中心于 2017 年起，逐步将上海老年教育教务管理系统完成全市 16 个行政区、221 个街镇级老年教育机构的全覆盖，市老年大学、市老龄大学、市退职大，以及东华、华师大、交大、上师大老年大学也陆续启用系统。

上海各级老年教育办学机构使用教务管理系统，全面实现课程上报、教师登记、教室安排、学员报名与考勤的信息化管理，结合配发的固定与移动终端设备，学员以身份证实名登记注册的方式，获取唯一的学籍账号，既保证了管理机构所需数据的真实性，又避免了学员跨机构学习多次重复登记信息的烦琐步骤。

（二）第二阶段：数据挖掘，提供决策依据（2019 年 3—11 月）

随着上海老年教育信息化管理平台的全市覆盖，平台积累了大量宝贵的教育教学数据，但这些数据并未得到真正有效的利用。2019 年 3 月正式启动上海老年教育数据可视化系统的建设，梳理各级机构的教学数据，为每个办学机构提供"精准画像"，利用学习分析技术驱动精准的教育教学，从而实现全市老年教育教学数据的直观呈现，满足各级机构、各类教学数据的多维度与时效性分析，以大数据挖掘解析部分老年教育资源供需矛盾问题，将新兴的数据挖掘及可视化技术应用到上海老年教育领域，推动其均衡发展。

（三）第三阶段：探索"师资配送"服务（2019 年 11 月—2020 年 10 月）

以上海老年教育兼职教师注册制工作为基础，设计相关业务流程，会同技术公司推进老年教育"师资配送系统"建设进程，实现"机构岗位发布""兼职教师授课意愿发布""机构—兼职教师在线交流""兼职教师授课评价""聘用备案"等功能，并选择试点机构，探索老年教育"师资配送"服务。

在分析了社会上已有的相关招聘系统的功能后，结合老年教育实际需求，根据老年教育机构师资招募中不同角色的要素，设计了具体的信息化业务流程，如图 1-1、图 1-2、图 1-3 所示。

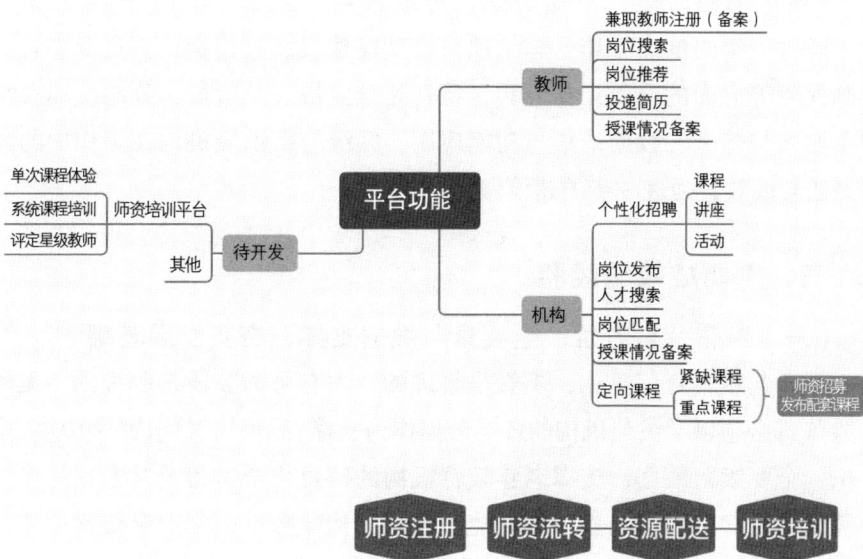

图 1-1 老年教育师资配送系统业务流程图

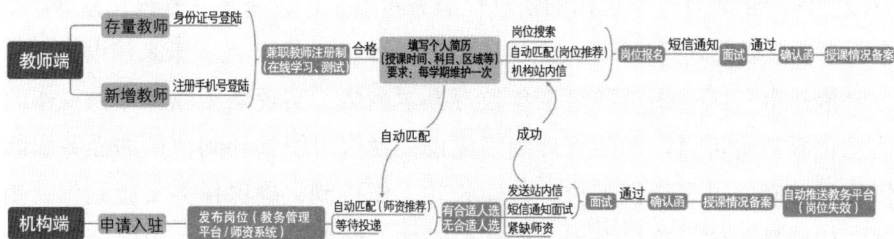

图 1-2 师资招募业务流程图

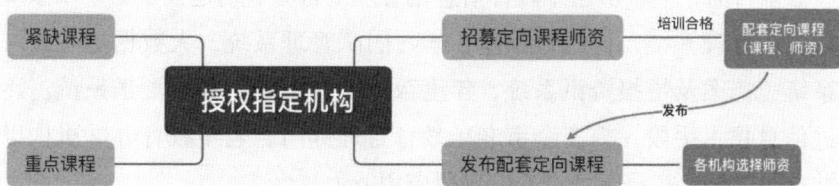

图 1-3 定向（委托）课程业务流程

（四）第四阶段：总结提炼，形成报告（2020 年 11—12 月）

通过一年的试点工作，总结项目在功能建设、宣传推广、资源整合、机制保障等方面的有效工作经验，特别是分区域、分阶段、分层次地总结中心城区与郊区、数据采集与功能应用、区级与街镇级机构在工作中的具体做法与成效，为进一步的建设做好准备。

三、主要成效与经验

（一）深耕"全方位、全要素"数据支撑，夯实发展基础

上海老年教育信息化，不管是管理的"大有可为"还是服务的"无限可能"，都必须以学员与机构的各类数据作为支撑。后疫情时代，必须深耕"全方位、全要素"数据，支持老年教育机构的信息化全覆盖及常态化运作，涵盖老年教育各办学与服务的全流程系统，构建数据采集的全要素框架，夯实自身发展的坚实基础，为上海市老年教育各主体提供服务。

1. 确保对老年教育办学实体的全方位覆盖

截至目前，上海市老年教育信息化管理平台已完成上海市 16 个行政区属范围内老年教育办学机构的信息化服务布点工作，采集课程班信息 54775 个、专兼职教师信息 7769 人、学员实名制信息 274237 人。未来建设中，平台要依托市—区—街镇各级老年教育办学网络，实现老年教育专项工作的信息化服务全覆盖。加强管理网络建设，确保组织领导到位；加强专职队伍建设，确保思想认识到位；构建长效工作机制，确保任务实施到位；拓展宣传动员载体，确保合力合作到位；加大经费设施投入，确保硬件建设到位；创新工作促进方式，确保信息化应用到位。

2. 夯实老年教育全流程的信息化管理

截至目前，上海市老年教育信息化管理平台分 3 期建设了 7 个子系统，包括教务管理系统、公共数据库、学习团队管理系统、大数据挖掘及可视化系统、档案及情报资讯系统、年度数据统计系统、师资配送系统。逐步通过信息技术手段，提高全市老年教育管理部门、老年教育办学机构以及各类学习组织、基层学习点的信息化应用能力。

3. 深化老年教育数据全要素框架构筑

在上海市老年教育信息化管理平台建设过程中，上海市教委与中国银行上海分行合作，发挥大型金融机构在网点分布、人员配置、硬件配备上

的优势，为平台的推进与数据的采集提供了有力的基础保障。在未来建设中，平台要充分将公共治理特征融入老年教育数据采集工作中，体现治理主体多元化、治理依据多样化、治理方式多维化的特征，构筑老年教育数据的全要素框架，促进协同治理，满足老年人终身学习的需求，促进公平，并提高效率。上海市老年教育信息化建设，要充分考虑老年学员学习需求的特殊性，采用信息化的方式，使得其拥有一个涵盖多个机构学习记录的终身学习账户，全面记录参与老年教育学习活动产生的数据，这是分析老年教育现状问题、谋划治理途径、制定治理策略的重要依据，如对学员报名情况、场地使用率、热门课程班师资配比情况、机构办学情况等的分析。

（二）构建全面体系化的精准服务，筑牢发展保障

上海老年教育信息化后疫情时代的发展，就是在规范和统一的信息化管理基础上，在进一步实现管理效益提升的同时，通过人数据挖掘与运用，带动老年教育供需的进一步均衡，推进老年教育内涵发展与服务能力提升，为老年人广泛参与终身学习提供创新技术支持与信息服务，从而推动老年教育通过内部治理优化实现"再"发展。

1. 实现深度老龄化背景下的高效服务

上海市老年教育通过技术手段提升管理效益，形成了规范和统一的教务信息化管理系统，为全市各级各类老年教育机构提供标准统一的课程、教室、师资、学员、报名等信息化管理方式，实现对各级各类老年教育信息的互联互通，不仅为管理工作提供了准确高效的手段，提升了教室、师资、课程等资源方面的利用率，同时又对广大学习者学习轨迹的数据沉淀、检索带来了极大的便利，为老年教育数据统计提供了真实客观的有效数据。

"十四五"期间，上海市老年教育必然面临更严峻的老龄化背景，也要实现更高规模的发展目标。老年教育人口数、老年教育规模将进一步激增，这就要求老年教育管理机构在教学资源持续加大投入的同时深耕科学管理，在有效调配与利用资源方面进一步突破。更为重要的是，人工智能、大数据、区块链等技术发展迅猛，正深刻改变人才需求和教育形态。为此，上海市老年教育信息化建设，未来要更深入融合信息化技术与理念，创新、优化管理流程，为上海老年教育治理能力提供更多支持。作为其中的上海市老年教育信息化项目，管理平台在完善数据采集、加强动态监测、深化数据分析、提供精准服务上，仍然任重而道远。

2. 满足差异化学习需求下的有效供给

上海老年教育规模不断扩大，不仅带来了快速增加的学习需求总量，也因学习者不同学历水平、不同年龄层次等复杂的学习背景，促使学习需求呈现出多元化、多层次的差异化，这对老年教育的资源供给提出了更大挑战。为此，上海老年教育明确以"以人为本、按需施教"为基本原则，要求从老年人根本利益出发，遵循老年教育规律，努力让不同年龄层次、不同文化程度、不同收入水平、不同健康状况的老年人，都享有受教育的机会和权利。这就要求政府决策者、办学机构管理者充分结合老年人群的学习需求特点进行资源供给改革与创新，确保老年教育资源的普遍可及性。上海市老年教育信息化管理平台，通过建立全市统一的师资库、学员库、课程库，实现了各机构办学条件包括功能教室、师资、办学设备等全面数据化，确保能够及时了解全市老年教育资源建设及利用情况。更为重要的是，平台为每一个参加学习的老年人建立了终身学习账户，并且围绕学习者进行数据的挖掘运用，实现对老年学习者学习动态的持续跟踪，保障学习者可以凭借"学习凭证"在全市自由选择地点、时间、课程进行自由、个性化学习，保障了上海老年教育资源的有效供给。

3. 推动均衡发展要求下的资源融通共享

长期以来，老年教育"两多两少"现象极为普遍。"两多"：一是指学生老面孔多，在校 5 年左右的学员占 52%；二是指女性学员人数多，是男性学员的近 3 倍。"两少"：一是指就近入学的少；二是指能坚持学完系统课程的学员少。造成这一现象的关键原因是办学资源的失衡，优质资源向"固定区域""固定课程门类"过度集中。为此，上海老年教育将"优化老年教育体系结构"列为发展任务，要求推动老年教育均衡发展，鼓励以结对方式促进老年教育机构的交流合作，做实做强上海老年大学教育联盟，扩大联盟资源共享与经验推广。目前，上海市老年教育信息化管理平台，通过统一师资配送系统进行全市共享共用师资，逐步带动课程、班级等各类资源的流动，让更多的老年群体享有高品质学习资源。

（三）围绕各方实现服务泛在可选，永葆发展动力

后疫情时代的上海老年教育信息化，要面向学习者、办学者、管理者、从业者等各方提供泛在可选的治理服务：为政府决策者提供科学精准、客观真实的数据支撑，确保更有针对性的政策决策与资源投入；为机构管理者提供泛在可选的技术手段、业务流程，实现更加规范、有序、便捷的管理；为学习者提供更加精确的服务支持，实现更便捷、更快乐地参与学习；为从业者提供更加适需的专业服务，实现继续发展与专业提升。

1. 为政府决策提供更加客观、科学的大数据支撑

上海市老年教育信息化管理平台运作之后，建立起了全新的老年教育统计管理系统，以信息化手段支持全市老年教育统计工作，简化数据统计层级及数据上报流程，为上海老年教育事业提供基本数据的积存、整理、汇总、分析、预测、应用、检索等多种功能。上海老年教育信息化建设，未来要坚持老年教育的持续跟踪监测，推进老年教育数据的可视化挖掘，提升老年教育数据的运用服务，并为老年教育决策、考评、总结等工作提供数据支撑。通过坚持对老年教育的持续跟踪监测、推进老年教育数据的可视化挖掘、提升老年教育数据的运用水平等，帮助各机构跟踪上海市老年教育发展的最新趋势，包括老年学员的学习兴趣转移、老年教育资源的利用效率、老年教育师资培育情况等，以便及时更新办学策略，为老年人群提供更适需的学习服务。

2. 为各类机构"定制"更加规范、便捷的治理服务

上海市各类老年教育机构，在管理场景中引入上海市老年教育信息化管理平台之前，已形成差异化的办学模式，并积累了较完整的制度规范。为保证它们能顺利过渡到信息化管理，上海市老年教育信息化管理平台推广过程中，在坚持信息化规范的基础上，根据各机构实际情况对各机构具体业务流程进行个性化的优化，以更加高效的信息化管理方式与手段，确保各机构平台使用的规范、有效与便捷，实现管理效能的显著提升。上海老年教育信息化建设，坚持信息化服务的规范性、业务流程的个性优化、信息化服务功能的不断拓展，进一步提升了老年教育的管理效能。正如新冠疫情暴发期间的老年教育应对，上海市老年教育信息化管理平台能够及时开拓服务范畴，为各机构提供了传统方式无法比拟的治理服务。上海老年教育信息化要通过数据接口的开发，不断实现服务功能的拓展，以更便捷的方式提高治理效能。

3. 为学习者提供更加快乐、个性的学习服务

上海市老年教育信息化管理平台秉持"一卡在手，乐学无忧"的理念，为上海市老年学习者配发了"上海老年教育学习卡"。未来，上海老年教

育信息化要围绕"学习卡"深耕学习服务，努力为其提供便捷、快乐、精确的个性化服务。上海市老年教育信息化管理平台坚持面向老年学习者服务的无障碍、无忧虑、个性化，利用涵盖全市老年教育机构办学数据的公共数据库，为每位学习者通过电脑网络、手机网络持续推送老年教育资源，提升学习者的学习效果。尤其是在报名时，平台能够根据轨迹数据信息的分析，获取老年学习者的学习兴趣、学习条件，为其推荐最为便捷、最符合需求的机构、师资和课程。当报名名额难以获取的时候，更能提供多种备选方案，在提升老年教育资源利用效率的同时，让更多的老年人获得最为便捷、优质的老年教育资源与服务。上海老年教育信息化未来要更加充分利用大数据技术，通过对老年学习者学习的跟踪分析，进行更精准的老年教育服务推荐，为每位老年学习者提供更加个性化的有效服务。

4.为师资队伍开拓更加适需、高效的发展服务

师资是老年教育办学的关键资源。如果能够实现这一资源的共享与流动，就能够有效扩大老年教育资源的服务效益。为此，上海市老年教育信息化管理平台通过兼职教师注册制，推动建立上海老年教育共享师资库。通过坚持推进注册制、坚持做好支持保障、坚持师资共享流动，引导优质师资资源共享，提升利用率，也为增强师资资源的准入、鼓励更多社会力量参与老年教育教学工作探索了相关路径。上海老年教育信息化未来将进一步完善配套配送体系，方便各机构获取所需的师资资源，培育开设更加丰富的课程，提供更加丰富的服务。

四、项目展望

（一）落实终身教育信息化战略，助推老年教育精准服务

未来上海市终身教育发展，必然将不断深化信息化服务平台建设，扩大上海优质终身教育资源辐射范围，以利用优质教育资源推进精准扶智。作为其中的上海市老年教育信息化服务平台，将对老年群体进一步完善数据采集、学习动态监测、数据深度分析，精准提供服务，也将为上海市通过信息化战略进一步推动全民终身学习提供莫大的助力。

（二）完善资源融通的学习平台，呼应各类老年学习需求

伴随上海市老龄化程度的不断加深，在"十四五"期间，上海市老年教育人口数、老年教育规模毋庸置疑将进一步激增。上海市老年教育信息

化服务平台将深入融合信息化技术与理念，不断创新、优化管理流程，尤其是借助数据、信息的共享与流动，推动老年教育资源的充分调配与共享，为上海市老年人满足多层次多样化学习需求提供更多支持。

（三）强化信息化教育服务供给，实现"泛在可选"智慧学习

上海市老年教育的核心理念是"在学习中养老"，这需要不断提升老年教育的学习品质，让更多老年人享受符合提高个人生命质量与幸福指数需求的高质量教育服务。上海市老年教育信息化服务平台将进一步深度融合新技术，不断创新发展，健全完善教育资源建设、更新、共享的机制，拉近优质资源与机构、教师、老年学员等实际需求间的距离，将为老年人个性学习需求的满足奠定更坚实的基础。

4 构建区域一体化家庭教育支持服务体系的实验

嘉定区真新街道办事处

一、实验项目背景

本实验围绕真新街道党工委、办事处提出的"城郊融合更趋深度、社会治理提升精度、民生服务体现温度、从严治党坚决态度"的目标定位，结合 2019 年市委、市政府和区委、区政府的重点工作，基于"大调研大走访"发现的问题和需求，结合嘉定区教育集团化办学与社区家庭教育工作现状，确立"区域一体化家庭教育支持服务体系的实验"项目。我们按照《真新学习型社区建设工作三年行动计划（2018—2020）》文件精神，通过建设品质型集团办学、标准化的社区（成人）学校，开展家庭教育活动，帮助真新家长提升家教水平与技能，收到了明显的实验效果。

真新街道成立于 1995 年，辖区总面积 5.34 平方千米，现有 13 个成熟社区和 3 个"村转居"社区，人口近 13 万人，其中村转居市民 0.6 万人，市区动迁导入居民 9 万多人，户籍人口 4.8 万中人户分离比例过半，户籍生源结构总体薄弱，家庭结构也是相对复杂，真新街道外来务工群体中约 75% 为各商贸市场的经营从业人员。我们构建区域一体化的社区家庭教育资源共建共享支持服务体系，重视家庭教育培训与指导，助推了区域家庭教育的整体提升，对于整合社区各方力量、统筹家庭教育管理事务、提升家长教育素质、改善家长教育行为、提高家庭教育质量、促进未成年人健康发展，进而推动学习型社区建设具有重要的现实意义。

二、实验项目意义

（一）家庭教育工作是落实社区职能要求的需要

《中国儿童发展纲要（2011—2020）》"儿童与社会环境"这部分，非常明确地提出要适应城乡发展的目标，基本建成家庭教育指导服务体系，主要指向家长素质的提升、家庭教育水平的提高等。2015年11月，教育部《关于加强家庭教育工作的指导意见》也提出构建家庭教育社区支持体系，教育部门必须与相关部门密切配合，推动建立社区家庭教育的指导机构，把家庭教育的指导服务纳入到社区体系中去，提供公益性的家庭教育指导服务。

（二）社区服务可以为家庭教育提供丰厚的资源

社区可以向家庭和未成年人提供公共文化设施、实践活动场地等资源，还可以提供丰富的人才资源。社区中居住着退休的老军人、老干部、老专家、老教师等，他们来自各行各业，大多有着丰富的人生阅历和社会经历，其中不乏有精力、有热情、有知识、有经验者愿意参与社区工作，更愿意参与家庭教育指导服务。同时，随着社会组织介入社区公共服务和管理，其中也不乏各类家庭教育学术团体、公益组织等，可以为社区家庭提供"面对面"的专业化指导和服务。由此可见，参与家庭教育指导服务不仅是社区服务的题中之义，而且能促进社区实现自我完善和自我提高。

（三）社区家庭教育资源需要共建共享

目前，街道妇联担负着政府赋予的家庭教育事业牵头管理职责，但因为其缺乏足够的行政资源，调动和协调社会各方力量的能力还比较薄弱，缺乏引导广大家庭重视家庭教育及自身素质提高的渠道；而街道教育部门和学校在家庭教育实际工作中发挥着较大作用，但教育部门在家庭教育管理中的职责不明确，个别学校的家长也流于形式，家校之间缺乏有效的沟通互动。因此，共建共享真新街道区域内家庭教育资源、构建一体化社区支持服务体系意义重大。

三、实验项目概述

（一）核心概念诠释

1. 区域一体化

本项目实验所指的区域一体化，是指从家庭教育资源运用、家庭教育课程内容、家庭教育服务路径三方面入手，通过整合、衔接和运行机制的探索，将真新街道所辖的学校、家庭、社会、政府家庭教育资源形成"四位一体"，实现中小幼家庭教育指导课程一体化有效衔接、线上线下家庭教育服务路径和载体立体式交互运行。

2. 支持服务体系

本项目实验所指的支持服务体系是指以政府为主导，创建街道"真新学堂""社区家年华""家长微论坛"等品牌项目，开发优质家长教育资源库，培养优秀家庭教育指导服务队伍，引进远程家庭教育信息技术教学手段，形成"纵向衔接、横向贯通"的政府、家庭、学校、社会联动的家庭教育指导服务多元交互支持系统。

（二）实验项目目标

顶层设计，形成社区和学校（幼小、小初）家长课程，创建区域家庭教育工作联动机制，重构社区家长学校，协调、推动社会各界优化家庭教育和儿童健康成长的社会环境，为区域家、校、社协同教育提供范例。

（三）实验项目内容

一是开发与配置区域教育资源，构建家庭教育工作的联动机制，顶层设计，重构社区家长学校，协调、推动社会各界优化家庭教育和儿童健康成长的社会环境。

二是通过家长学校平台将学校教育、家庭教育、社区教育三者结合，充分发挥"小手牵大手"的作用，引导和组织家长共同参与社会治理实践活动，助力居民素质的提升。

三是组织开展专业的家庭教育指导培训，提升社区家庭教育指导者、学校班主任及任课老师的家教指导能力，培养一批家庭教育人才，推动街道家庭教育工作科学规范发展。

四是规划和开发社区家长学校课程，创立"真新学堂——家庭教育大讲堂"和"社区家年华"学习品牌，促进社区家长学校活动经常化、内容科学化、形式多样化、收效显著化。

五是争取在项目实验基础上，形成社区和学校0—16岁中小幼家长课程，为区域家教协同教育提供范例。

（四）实验项目方式

主要采用以下实验项目方式。一是文献实验，即组织项目组成员专题学习，寻找理论支撑。二是问卷和座谈，即设计调研问卷，真实了解街道家长家庭教育现状和需求；召集各方面代表集思广益，畅谈街道家庭教育存在问题和解决之道。三是行动实验，即研制实验方案，在实践中改进完善，初步形成区域家庭教育支持服务体系。四是个案指导法，即针对问题家庭进行介入指导，边实验边干预，从家教成功案例总结区域一体化服务支持体系下的社区家庭教育经验。五是经验总结，即梳理实验资料，对行动实验中支持服务体系呈现案例进行剖析，总结区域一体化社区家庭教育资源共建共享操作路径。

（五）实验项目过程

1. 2019年1—3月：深入走访，全面摸排。通过问卷和座谈、访谈，聚焦调研对象反映相对集中、带有一定普遍性的突出问题，形成调研报告。

2. 2019年4月：问题梳理，专题实验。在摸清情况、找准症结的基础上，实验提出可操作、可执行的具有制度性保障的行动方案。

3. 2019年4月—2020年6月，根据实验方案落实推进工作。

表 1-1 试验项目工作开展具体实施步骤

项目	实施内容
队伍组建和培训	分类开展家庭教育指导者培训，提升从业人员专业服务能力
品牌打造和实践	1. 寻找智慧家长活动 2. "智慧育儿面对面"主题论坛活动 3. "社区家年华"活动 4. 书画、摄影作品展示活动（参与对象：学生家长、社区居民） 5. 真新学堂——家庭教育大讲坛活动（开通直播，提供线上服务）
课程资源建设	1. 依托家长慕课平台，构建家长学习资源库 2. 录播真新街道讲师团优质课程

4. 2020年6—10月，总结反思，形成反馈。中期总结反思提出可操作、可执行的制度性、机制性措施或政策建议。

四、实验项目成效

（一）初步搭建了区域家庭教育指导服务的工作思路和框架

本次实验初步搭建了区域家庭教育指导服务的工作思路和框架，尝试开展了一系列的家庭教育指导服务项目和活动，取得了一定积极效应和经验。近年来，街道建立了以街道教育集团为牵头单位，妇联、团工委等成员单位共同参与的家庭教育工作的联动机制；顶层设计，重构街道社区家长学校，协调、推动社会各界优化家庭教育和儿童健康成长的社会环境。组织开展家庭教育现状调查问卷，为家长提供更有针对性、更加有效的家庭教育指导和服务。组织开展专业的家庭教育培训，提升社区家庭教育指导者、学校班主任及任课老师的家教指导能力，培养一批家庭教育人才，推动街道家庭教育工作科学规范发展。组织中小幼骨干班班主任参加家庭教育高级指导者培训，开展"寻找智慧家长"征文评选活动，26 名骨干班主任和 21 名"智慧家长"被评为真新街道家庭教育讲师团成员。

（二）引导和组织家长共同参与社会治理实践

课题组聘请市教科院家庭教育研究与指导中心专家定期来校合作指导，协同街道妇联、各社区居委开展联盟合作，开展"真新娃，齐成长"家庭教育指导项目，通过家教讲座、亲子互动、拓展活动等，让家长在孩子成长的过程中与之共同进步，学会教育和倾听。同时进一步完善各校家委会机制，开展家长驻校办公、家长一日督察活动，让更多的家长志愿者和家长义工参与学校各项活动的组织和管理工作，实现家校协作零距离，最后通过"真新家长微论坛"的形式实行互通互融"交互式"研修机制，提升家校指导能力。

街道课题组通过家长学校平台将学校教育、家庭教育、社区教育三者结合，充分发挥"小手牵大手"的作用，引导和组织家长共同参与社会治理实践活动，助力居民素质的提升。构建"真新学堂——家庭教育大讲堂"和"社区家年华"两个终身学习品牌，目前已组织家庭教育大讲堂 15 次，线上线下听众超过 3000 人次。组织"社区家年华"主题活动，参与人数 5000 人次。活动以"小手拉大手，分类我时尚""抗击疫情，健康生活"为主题，通过实践性、创意性亲子活动的组织，动员和引导居民群众共同参与垃圾分类与防控疫情工作，助推街道社会治理创新发展；经过系统性的家庭教育指导，提升真新家长的家庭教育能力和其他文明素养，进而提升街道文明水平。

（三）形成线上线下"社区、学校、家庭"三位一体推进机制

根据市区校线上教育要求，基于街道实际，巩固"社区组织、学校配合、各方参与"的"社区、学校、家庭"三位一体的管理制度，以生命教育、生存教育、生活教育为主线，由街道课题组牵头的"探索区域一体化家校协同实验项目建设"课程群共建共享，成为一项应景的特色工作。课题组利用共享智慧学习数字化平台，以先进的云平台为核心技术，以学校网络和互联网为支撑，由学校、家庭、社区等组成一个由实体的移动和固定用户端等的大型学习社区，招募志愿者，聘请"五老"大咖专家，开展家庭教育现状调查问卷，组织专业的家庭教育培训，统编整合课程群。课题组还积极承办"真新家长微论坛""真新家庭教育大讲堂""家长慕课"在线课程等活动，有效提升了家长科学教育理念、亲子沟通技巧，实现了线上线下"社区、学校、家庭"三位一体的未成年人的良好教育效果。

五、实验项目思考

（一）发挥政府推动与指导社区家庭教育工作开展的优势

在管理体制上，街道学习型社区建设工作领导小组应担当起"区域一体化"和"支持服务体系"的领导职责，做到有计划、有组织、有布置、有检查。有效地发挥政府行政职能和教育行政部门参与的推动作用，并且在人员、经费、办公条件及活动场地方面给予支持和保证，积极统筹、协调区域内各个部门及社区内的学校、家庭、社会单位开展家庭教育活动。今后要定期举行优秀社区示范、优秀家教典型宣传、优秀家教论文评比等活动。

（二）组建稳定的专兼职家教专家团队

家庭教育指导队伍可由退休教师、社会热心人士和大学、中小学及幼儿园的专业教师等组成，定期组织家长参加各种培训并组织专题研讨，提高家长的素质。

（三）定期组织家长开展交流经验活动

根据时代要求，及时调整家长学校教学内容，并加强与学校的联系，让孩子们在学习、生活中提高道德文明素养，培养孩子的爱心，促使他们主动学习，提升他们责任感、自我感知能力，而不是一味地让他们学习文化知识。经常组织成功家教经验介绍，定期组织家长交流家教的经验和困惑，让更多的家长相互学习，取长补短。

5 浦东新区社区教育多元管理体制下，社区学院功能定位与引领作用升级的实验

浦东新区社区学院

一、实验背景

（一）站在"十四五"发展的起点来看，区域发展对浦东新区社区教育工作发展提出了新的要求和挑战

2021年7月，中共中央、国务院发布《关于支持浦东新区高水平改革开放打造社会主义现代化建设引领区的意见》，浦东打造社会主义现代化建设引领区的大幕已全面拉开。市委常委、浦东新区区委书记翁祖亮表示，浦东将对标最高标准、最高水平，加快提升引领力。浦东新区社区教育工作以服务区域学习型社会建设为核心任务，站在"十四五"发展的起点来看，社区教育工作面临新发展、新任务和新挑战。一方面，要示范创新、提升引领力。社区教育工作要契合时代发展要求、契合浦东区域发展要求、契合浦东居民学习需求并不断发展。另一方面，要内生优化、增强服务力。要充分考虑浦东新区街镇地域特点，考虑浦东社区教育三级网络平台的实际，考虑浦东社区教育管理体制，在此基础上进一步梳理优化，形成社区学院为龙头、街镇社区学校为骨干、村居委学习站点为基础的三级网络合力，区域社区教育工作继续先试先行、勇于创新，肩负新时代社区教育发展的使命担当，服务全民的终身学习体系，提升城市发展软实力。

（二）梳理历史沿革来看，浦东社区教育多元管理体制造成了街镇社区教育工作差异化发展格局

浦东新区原辖11个街道和12个镇，2009年原南汇区并入浦东，又增

加了 14 个镇，最终形成了 36 个街镇 37 所街镇社区（成人）学校[①]。街镇社区学校体制各异（具体见表 1-2）。多年来，在多元管理体制背景下，37所街镇社区（成人）学校在人、财、物管理方面区别很大。街镇社区教育工作发展、街镇学习型社区建设发展已经出现了不平衡的趋势，根据 2018 年浦东街镇学习型社区发展指数统计结果来看，街镇在一些特色发展性指标之间差异性较大，有些街镇在基础性指标方面表现不足。街镇社区教育工作存在差异性，长期发展将影响水平低的街镇社区教育发展以及全区社区教育工作整体性发展。一方面，街镇社区教育管理体制面临改革；另一方面，作为区域社区教育龙头单位，社区学院在街镇社区教育多元管理体制下，要思考如何发挥引领示范作用。

表 1-2　浦东新区街镇社区教育管理体制情况

类别	所辖学校	主管部门	是否法人	校长
街道主办（非法人）	9 所街道社区学校	本街道	否	街道委派（社工）
街道主办（民非登记）	2 所街道社区学校	本街道	注册民非	街道委派（社工）
镇属事业单位（北片）	12 所镇社区学校	镇主管	独立法人	社区学院选派
局直属独立法人（南片）	14 所镇社区学校	区教育局主管	独立法人	区教育局任命

（三）社区教育多元管理体制下，社区学院对自身定位重新思考再出发

2006 年底，作为上海市唯一一所具有独立法人资格事业单位建制的浦东新区社区学院成立，学院定位是由浦东新区人民政府主办的区域终身教育指导与办学机构。2011 年，经新区人民政府批准，上海老年大学浦东分校在浦东新区社区学院挂牌。2013 年初，上海开放大学浦东西校在浦东新区社区学院挂牌。至此，浦东新区社区学院确立了以服务新区学习型社会建设为核心，以指导服务街镇终身教育工作为重点，积极开展老年教育和开放教育实体办学，发挥区域社区教育三级网络引领作用。近年来，浦东新区社区学院以科研为引领，深化社区教育工作内涵，积极探索社区教育规律，在创新示范方面做出了诸多探索和努力，形成了一批卓有成效的社区教育成果和经验。在社区教育三级网络发展中，面对不同的街镇社区教育管理体制，社区学院引领作用的发挥也受到阻力。由此引发社区学院对于自身功能定位如何升级的反思：如何有针对性地引领不同发展水平街镇

---

① 川沙镇与六灶镇合并，但是 2 所社区学校均被保留。

的社区教育工作，让三级办学网络整体更具活力，发挥更大的作用。这也是确立本实验项目的初衷。

二、实验目标

本项目以社区学院功能定位的重新思考再出发为契机，厘清街镇社区教育多元管理体制下社区学校的基本情况以及存在问题；面对区域发展要求和体制改革契机，探索社区学院的功能定位和引领作用升级，以便更好地适应新时代的发展要求。

三、实验内容与方法

（一）调研法

实验项目采用调研法，把握多元管理体制下街镇社区学校工作现状与发展诉求。实地走访社区学校，对社区学校负责人及相关管理人员进行访谈，了解其社区教育工作开展现状、资源整合情况、工作特色、取得的成效和工作中存在的困难，明晰其在三级办学网络中作用发挥的基本现状、已有成效、存在问题与发展诉求。

（二）总结提炼法、行动研究法

探索多元管理体制下社区学院引领作用升级的路径与方法。基于学院工作梳理与实践调研，探索多元管理体制下社区学院如何更好地发挥引领作用的路径。探索社区学院如何在课程开发、教育示范、业务指导、理论研究等方面更好地发挥引领作用，为街镇社区学习与居民学习点提供更具实效性与针对性的指导，逐步形成长效路径为区域内社区教育提供示范引领作用，更好地促进区域终身教育体系的构建和学习型社区的建设。

四、实验过程

（一）组建项目团队，明确实验方案

本项目申报之初组建实验项目工作组，形成以院领导为组长、以发展研究中心和青年沙龙部分教师为成员共同参与的项目团队。形成实验会议交流制度，组建项目工作微信群，制定项目实施方案，形成具体工作计划，为项目的顺利开展打下良好基础。

（二）调研街镇社区学校基本现状

项目组于 2020 年 6 月实地调研周浦镇社区学校；同年 10 月，调研东明街道社区学校、周家渡街道社区学校、潍坊街道社区学校与上钢街道社区学校。实地调研后发现，在不同的社区教育管理体制下，街镇社区学校办学各有优势，但也存在很多问题。在实验期间，南片镇成人学校正在进行体制改革，14 所镇成人学校撤销独立法人，并入新区社区学院。目前，37 所街镇社区学校重新调整后的结构是街道主办社区学校、镇主办社区学校、14 所社区学院教学点（名称暂定），形成了街镇社区教育管理体制新格局。街镇社区学校面临着发展定位、师资发展、资源建设、疫情影响等各类问题，亟需得以突破。

表 1-3　浦东新区街镇社区学校管理体制情况（体制改革后）

类别	所辖学校	主管部门	是否法人	校长
街道主办社区学校	7 所街道社区学校	本街道	否	街道委派（社工）
	2 所街道社区学校		注册民非	
	2 所社区学校		否（委托第三方办学）	
镇属事业单位（北片）	12 所社区学校	镇主管	独立法人	社区学院选派
社区学院教学点（暂定）	14 所镇社区学校	社区学院	无	社区学院选派

（三）构建区域社区教育统一发展的基本格局

浦东社区教育提升教育服务质量，走社区教育优质化发展之路。发挥龙头引领作用，社区教育工作要统一理念和目标，在全区不同街镇社区教育的对象和内容都不尽相同，但是开展社区教育的理念和目标要全区统一。因此在这样的理念下，新区社区学院实施社区教育办学五统一，即统一办学理念、统一课程建设、统一教学教研、统一教师培训、统一监测评价，形成区域社区教育统一发展的基本格局，促进引领作用升级。

（四）科研引擎，赋能社区教育高质量发展持续动力

科研引领是近年来浦东新区社区教育创新发展的重要抓手。2014 年，学院制定"常规工作制度化、重点工作项目化、项目工作科研化、科研工作规范化"工作模式，奠定了科研引领工作发展的基础。近年来，学院积极整合资源，先后挂牌终身学习实验室、上海终身教育研究院浦东研究所、上海老年教育教材研发中心、上海市老年教育理论研究基地等。在各类平台

支持的基础上,科研引领,探索规律,为社区教育发展提供持续动力。多年来,也形成了一批社区教育科研成果。另外,还以科研项目为载体,积极搭建国际交流对话的平台。《街镇学习型社区发展监测》项目参与了国际会议交流。在市教委的指导下,由上海市终身教育研究院牵头,"浦东社区老年人心理健康"项目、三林镇"社区教育绿色课程"项目参与第五届全球学习型城市建设大会案例交流,助力上海可持续教育发展项目（ESD）的发展。

（五）课程建设,赋能新时代社区教育高质量发展的核心

课程是教育的核心。浦东新区社区学院提出开展层次化课程建设,一方面满足社区居民不同层次的学习需求,另一方面打造更多前瞻性、引领性社区教育精品课程。近年来,学院打造了养生等十余门精品课程,具体体现在以下两个方面。一是关注居民心理健康素养,打造推广性课程。学院联系专业机构研发"社区老年心理健康教育微课",自2021年3月开始,每周一次通过"浦东社区教育"微信公众号推送播放,创新的内容设计与形式表达都取得良好的反响。二是教材研发,丰富全市老年教育教材内涵发展。2018年,上海市老年教育教材研发中心落户浦东新区社区学院,学院秉持传承、规范、创新的原则,从理论与实践层面"两手抓",同步开展老年教育教材研发工作,研发了系列上海市老年教育丛书,打造"指尖上的老年教育"线上阅读,体现新媒体时代下老年人学习特点和学习形式,以有趣、有用、有效为标准,以读、看、听、说、用多种方式,丰富老年教育教材呈现形式,对于全市老年教育教材研发都有引领作用。

（六）教学示范,赋能新时代社区教育发展的表现形式

一是打造区级社区教育在线大课堂。2021年开始,社区学院组织专兼职教师,打造区级社区教育在线大课堂,以线上授课、线下组班的形式,拟定《2021年秋季线上课程教学和管理要求》,完成线上教学计划表、教学大纲、教案等资料编写,完善线上教学规范。此外,社区学院提供直播或录播教室,供专兼职教师使用。二是建设社区教育教研基地,打造师资交流发展的平台。浦东新区社区教育教研基地建设到2021年已经是第11个年头了,基地成为开发社区教育优秀课程以及选拔师资的平台。基地凝聚全区优秀的社区教育师资力量,建设更加规范,教研质量越来越高。三是打造社区教育魅力课堂,推选高品质社区教育课程。社区学院每年开展魅力课堂教育教学活动,旨在选拔新区社区教育优秀课程。制作评审标准、评审流程,对专家进行分组等，为新区社区教育教学评比提供专业支持。评选出的优秀课程还将参加上海市社区教育教学评比活动。

（七）决策咨询，积极履行区教育局学促办相关职能

2015年成立浦东新区教育局学习型社会建设与终身教育促进委员会，简称区教育局学促委，承担原区学促委职能。区教育局学促委在社区学院设立办公室，简称区教育局学促办。当前浦东新区教育局学促委的工作机构是"区教育局——教育局高中（职业）与终身教育处——区社区学院"。社区学院具体落实区教育局学促委管理与规划职能。由于区学促委职能变窄，资源整合能力弱化，社区学院尤其在新区终身教育发展中的规划、评估、发展等过程方面，要提供科学、准确的数据以及分析研判，为浦东终身教育未来发展提供智力支持。2020年，社区学院参与新区教育"十四五"规划的制定工作，组织开展全区调研，并完成了终身教育部分的规划内容。在2020年全市学习型组织监测工作中，社区学院完成浦东的相关监测任务；并积极参与学习型城区监测工作，社区学院完成相关数据的报送工作。

（八）管理培训，加强对街镇社区学校师资队伍建设

随着南片成校的并入，社区学院将全面加强对镇成校人、财、物方面的管理和业务指导，包括设立专门的管理沟通部门等，促进机构体制改革顺利过渡。在开展全区社区教育师资培训工作中，社区学院将根据新时代下社区教育发展的要求，研发培训课程；也要考虑街镇社区教育教师的差异性，开展个性化培训设计，全面有效地继续提升社区教育教师的水平和能力，为社区教育高质量发展蓄力赋能。

（九）监测评估，制度化开展全区街镇学习型社区监测

浦东社区学院从2015年开始探索街镇学习型社区监测工作，经历了"探索—发展—成熟—推广"四个阶段，已经提炼出一套内涵比较完整、具有浦东特色的街镇学习型社区建设指标体系，以及监测工具和方法。当前该项目正在研发的电子平台有利于更加制度化、规范化搜集数据，以及开展相关分析和数据展示。从2021年开始，浦东新区全部街镇将参与监测工作，并且研发信息数据电子化采集平台，监测评估将形成制度化，每两年全区推进一次监测评估。

五、实验成效

（一）通过实验，社区学院功能定位发展成多层次立体化格局

作为全市唯一一家有着独立法人单位资格的浦东新区社区学院，地处全国改革开放前沿。学院一直勇于创新、先试先行，探索社区教育发展规律，服务浦东区域学习型城区建设。通过实验项目探索，社区学院在原来"理论研究、课程建设、教学示范、活动指导"的基础上，基于新区教育局学促办的职能定位、南片成校机构改革的现状以及社区学院在科研引领方面的发展，实施决策咨询、管理培训、监测评价，这三方面对全区社区教育工作有着积极推动和发展作用，实现了学院功能定位的拓展。至此，社区学院在区域社区教育发展中形成了立体化七大功能定位，积极发挥社区教育三级网络的龙头引领作用。

（二）通过实验，社区学院引领全区社区教育的发展形成策略

针对浦东本土街镇特点，街镇社区教育工作与区域发展定位相结合、与街镇重点工作相结合、与区域人口发展紧密结合，推进社区教育本土化和多样化发展。因此，学院在指导引领街镇社区教育发展过程中形成了健全的体系：理念统一，夯实全区社区教育内涵基础；科研引领，创新全区社区教育发展高地；分类指导，提升街镇社区教育特色品牌；科学评价，完善街镇学习型社区建设发展。

（三）通过实验，社区学院在区域社区教育网络引领作用不断升级

1.从无到有，课程引领

社区学院立足社区教育发展内涵不断探索深化，紧贴学习对象学习需求，不但满足需求，还要引领社区居民的学习需求，践行满足人民群众对美好生活的需要。在疫情背景下，创新学习内容，新研发"社区教育＋心理"社区老年人心理健康微课，创新社区教育内涵发展。

2.探索规律，内涵引领

社区教育为了满足新时代党和国家对社区教育的发展要求，并且社区居民发展需求不断增长，作为一个新兴发展的教育，社区教育内涵也在不断深化和完善之中。浦东新区社区学院立足社区教育内涵要求，探索社区教育规律，包括对层次化老年教育课程发展、社区教育服务区域发展路径、社区教育品牌、老年教育教材内涵探索等，形成了社区学院长远发展的丰

厚的内涵基础。

3. 交流互动，国际化引领

近年来，社区学院主动与华东师范大学、上海开放大学、上海财经大学等高校机构进行交流研讨，开展系列课题研究，形成了一定的影响力。2017年联合国教科文组织前所长卡尔森到社区学院交流课题，反馈北欧相关研究经验；2019年学习型社区监测课题成果在国际会议上发布；2020年社区学院指导三林镇开发的"绿色课程"项目参加国际交流；2021年社区学院的社区老年人心理健康可持续发展案例，获准参与国际会议交流；等等。这些为浦东新区社区教育打开了国际化视野，促进了师资、科研等多维度发展。

六、实验思考

浦东新区社区学院作为全市唯一有独立法人单位的社区学院，一直以来都是举全院之力开展社区教育工作，开展社区教育工作的统筹力、协调力都具有优势，但是与其他社区学院相比也缺乏夜大、开大等教育资源支持。在2009年浦东新区社区学院牵头徐汇、长宁、青浦三家社区学院共同开展了"社区学院功能作用的实验"课题研究，在社区学院发展初级阶段，积极探索不同区社区学院的功能定位与发展问题。时隔十二年，社区教育工作已经发生内涵性、全方位的变化，社区学院也在不断发展壮大，虽然曾经的实验结论早已不适用今天的发展，但是从这两轮实验的推进工作，足以见证上海浦东社区教育的发展速度与发展质量，这些速度与质量是一代代社区教育人努力奋斗的结果。

随着浦东南片成校改革的推进，今后浦东新区社区学院还将不断发展壮大。一方面，对区域的引领示范作用不断提升；另一方面，学院内涵建设也会不断丰富和完善，社区学院的发展将规模发展与内涵发展相结合、满足需求与引导需求相结合、内在驱动与外在驱动相结合、载体建设与资源建设相结合，不断努力，创新发展。

6　构建长三角四地社区教育协同发展机制的实验

普陀区社区学院

一、实验背景与意义

2019 年，中共中央政治局召开会议，审议了《长江三角洲区域一体化发展规划纲要》。习近平主席在第二届进口博览会上庄严宣布："为了更好发挥上海等地区在对外开放中的重要作用，决定将支持长江三角洲区域一体化发展并上升为国家战略。"从顶层设计层面来看，中共中央政府高度重视长三角一体化的国家发展战略。

乘着政策的东风，作为普陀区社区教育的龙头单位社区学院长期定位于服务和满足更广大市民终身学习需求，并适需和引领区域性社区教育，建设学习型社区。为应对长三角一体化发展战略，践行上海普陀、江苏苏州、浙江嘉兴、安徽芜湖四地教育联盟宗旨，社区学院把握时代脉搏，以政策支持为契机，以做大做强高质量、一体化社区教育为目标，尝试构建长三角四地社区教育协同发展机制，从而积极回应从中央到市委市政府到各级政府对长三角一体化战略的落实，彰显社区教育在促进区域教育、经济、文化发展中的推动与辐射作用，助力区域软实力发展。

二、实验目标

（一）构建长三角四地社区教育协同机制

上海普陀、江苏苏州、浙江嘉兴、安徽芜湖四地社区教育加强交流与互通，为此建立四地社区教育联席会议制，定期远程或实地开会，运营相对稳定的协作协调机构，稳步持续推进社区教育事业协同发展。

（二）构建长三角四地社区教育共享机制

四地社区教育统一目标是践行党的十九届四中全会精神，构建服务全民终身学习的教育体系，落实增进人民福祉、促进人的全面发展这一我党立党为公、执政为民的本质要求。为此应构建开放协同、资源共享机制，这才是对全会会议精神的贯彻与践行。

（三）构建长三角四地社区教育融通机制

普陀区与苏州、嘉兴、芜湖创建社区教育的"事业共同体"，形成多元主体协同发展，各地、各部门独立"自转"并互相合作"联转"，最终达到围绕目标"公转"的新的发展格局。在自转过程中形成一批各具特色、多姿多彩的长三角四地社区教育的品牌，再通过联通联转，最终促成四地社区教育的集群效应，推动地域间的理念分享、组织协同、资源开放与融通。

三、实验过程

（一）前期开展的工作

1. 签订协议，建立合作共商平台

由于受新冠疫情影响，本项目实施有了一定的难度，但为了汇聚并开放长三角四地社会各类资源，搭建开放、多元、便捷的学习平台，本项目组通过线上调研、参与和体验，对长三角四地的典型代表性社区教育资源进行梳理，就其中的特点和问题进行归类，以期通过签订合作协议的形式建立共商平台。普陀区社区学院与其他各地社区学院签订的区域终身学习发展共同体合作协议，将从课程开发、资源共享、管理创新等方面入手，推进"互联网＋老年教育"，推动区域文化交流互鉴，开发康养学项目与课程，构建区域老年教育发展新生态，打造共同体特色品牌。

2. 共培队伍，促进社区教育高质量发展

本项目组成员，一方面使用文献法进行构建长三角四地社区教育协同发展机制的文献查阅、搜集和整理；另一方面，以前期合作为基础，摸底长三角四地师资队伍状况，以打造优秀线上青年教师团队、名师为载体，借助社会平台展示各地社区教育教师教育教学成果，如合作开展社区教育课程建设、教材辐射等，以市民学习成果展示，如作品展览、游学体验等，高质量提升长三角四地社区教育教师专业化水平，初步形成一体化社区教育的集群效应。苏州工业园区社区教育同行到访普陀区社区学院，进行为

期三天的研修活动。此次研修旨在通过两地合作，进行队伍共培，提升长三角社区教育教师高质量发展，为一体化协调发展机制提供运行路径。

3.共建项目，共融互通协同发展

普陀区社区学院为促进长三角社区教育共融互通发展，承办嘉兴市老年教育骨干高级研修班项目，以社区老年教育为切入点，以提升工作者能力为重点进行项目实施。开班仪式上，上海市普陀区社区学院、浙江省舟山蓉浦学院、山西省太原社区大学、四川省雅安市社区教育服务指导中心、广西壮族自治区桂林市社区学院经过充分的研讨交流，一致达成了共建意向，成立"6+X"跨区域老年教育发展共同体。分组会上，与会成员达成共识，先行先试，切实加强队伍共培、项目共建、资源共享等合作，积极打造区域终身学习发展共同体。在接下来的工作中，要将老年教育直播课堂、师资队伍培训、地方特色资源开放等融入跨区域老年教育发展共同体的工作中，助推各地老年教育更具发展品质。

4.共享机制，同创社区教育品牌

四地以队伍共建、课程建设、数字化资源共享、品牌打造等为载体进行项目共建共享。上海普陀社区学院近年来打造的"普陀雅韵大讲堂"在区域层面上具有一定的辐射力和影响力，鉴于疫情和互联网思维等背景影响，雅韵大讲堂又在2020年举办了多次直播云讲座，并把云讲座推向市平台。长三角其余三地收看收听云讲座或者参与到"普陀雅韵大讲堂"的直播中，一地直播、四地收视，共建共享合作成果。由普陀区社区学院主办的2020年春季"普陀雅韵大讲堂"第四讲顺利进行网络直播，带网上观众朋友们从诗词中领略了千年间的社会风俗、人文情怀，网络课堂讲述了诗词之外那些文人墨客的人生经历和创作心境。

（二）推进开展工作

1.开展终身教育论坛，结成事业共同体

普陀区与苏州、嘉兴、芜湖建立"事业共同体"，是主动适应当前社会转型的深刻变化，提供多层次、多元化终身教育服务，提升市民获得感、归属感和幸福感的重要举措。长三角四地终身教育发展论坛在普陀区青少年中心举行，长三角四地教育工作者共聚一堂，探讨如何拓展终身教育的空间，助推终身教育向着更高的目标和更远的方向发展。四地代表就终身教育发展分别做了题为"开放协同 融通共享——普陀区终身教育服务社会治理的路径探索""建设学习型苏州践行教育惠民""长三角一体化发展战略背景下嘉兴终身教育实践与思考""强化布局 扩大参与面 推动全民终身学习"的汇报。这场终身教育的探讨旨在总结优秀做法和典型经验，为三省一市合作共建提供借鉴。

2. 启动长三角四地"人文行走"学习项目，形成合作联盟

普陀、苏州、嘉兴、芜湖教育局负责人共同启动长三角四地终身教育"人文行走"学习项目，标志着四地教育合作迈出了坚实的一步。普陀区是"申城行走·人文情怀"上海市民人文行走项目试推区之一，目前，宜川路街道、真如镇街道和桃浦镇已经形成了"人文行走"学习地图和学习手册，拓展了终身教育资源。今后，苏州、嘉兴、芜湖也将结合各自区域的人文景点、历史底蕴等，开展各具特色的"人文行走"学习项目，提供更具层次的终身教育学习体验场所。2021 年，为加强协同合作，项目组成员岳燕老师来到苏州工业园区开放大学，针对园区社工委、街道社区教育中心共 40 余名负责人进行了 2 个多小时的培训。项目组就上海普陀区社区教育开展情况、长三角一体化社区教育协同发展的课题进行了介绍，并与园区社区教育同仁互动，他们主要依据区域人群特性展开社教活动，诸如青少年科普、幼儿教育、老年教育等。培训过程中苏州、普陀两地的社区教育工作者进行了工作特性、资源共享、活动共建、师资建设、瓶颈问题等探讨，加强了协同合作，助推了两地社区教育发展。

3. 行政支持，推进四地教育工作交流

2021 年，上海普陀、江苏苏州、浙江嘉兴、安徽芜湖长三角四地教育联盟工作交流会在嘉兴市召开，与会人员共谋长三角教育一体化发展大计。会议签订了关于建立健全四地教育联盟工作制度和机制的协议，举行了上海普陀和浙江嘉兴两地轮值交接仪式。为合力打造长三角四地教育发展共同体，会议发布了四地教育联盟工作机制，发布 2021 年四地教育联盟项目，由四地教育局局长依次解读牵头重点项目；发布 2021 年四地教育联盟工作要点，重点任务包括共同开展庆祝建党百年活动、共同推进教育改革、共享特色办学经验、共建产教融合联盟平台、共推教学研究等方面。

四、实验成效

实施长三角一体化发展国家战略，是上海正在推进的新的重大任务之

一。项目组与时俱进，把社区教育协同发展融入长三角四地战略发展中，在体制机制方面进行了有益探索和行动实践，对照预期目标，取得了实际成效。

（一）形成四地社区教育协同机制的行政保障体系

长三角四地教育联盟以服务国家发展战略为根本，谋划教育发展新格局，在社区教育协同发展方面通过深化合作，不断推进理念共通、平台共建、成果共享，合力破解教育改革发展中不平衡不充分的共性问题，行政保障的支持体系已经形成。四地通过建立领导负责统筹制度、深化教育协同沟通机制、完善区校联动推进机制，协调推进基础教育、产教融合、教育人才队伍等方面高质量发展并取得新突破、新进展。嘉兴市教育局局长武曜云表示，联盟将以促进政校行企全面、协同、可持续发展为目标，以人才培养和技术创新为重点，通过建立跨行政区域的产教融合、校企合作联动机制，合力打造高质量的区域职业教育协作典范，努力实现职业教育资源、产业资源和企业资源的有效配置和优势相融，实现长三角职业教育一体化发展。苏州市教育局四级调研员张可伟指出，自2019年联盟成立以来，四地教育部门围绕学习方式变革、中小学党建、国际理解教育、学前教育、终身教育、职教联盟建设等领域开展了深入而广泛的交流合作。2021年，苏州主要牵头推动探索建立长三角区域集团化办学新样态、深化长三角区域基础教育课程教学改革两个合作项目，四地教育部门将以务实扎实的合作成效更好地实现优势互补、资源共享、互利共赢。

（二）建立以项目为联盟契机的社区教育融通机制

长三角四地还以项目联盟为工作契机建立跨区域、跨领域的社区教育互相融通的开放多元机制。家庭教育融入社区治理，四地携手打造家庭教育论坛，安徽合肥的"父母'童'学公益课堂"，江苏常州的"科学家教社区行"项目，丰县的"柒星智慧家长"基层农村家长帮扶计划，浙江嘉善的企业"15分钟微课堂"、"小脚丫起步"工程、"阳光家园"社工服务、"新蓓蕾成长"计划等，这些品牌项目都开展得有声有色。宁波开放大学建"新智库"、搭"大平台"、当"贴心人"、筑"蓄水池"、做"助推器"，并强调要打造家庭教育领域开放大学的品牌。杭州上城区引进"星级家长执照"，设计了专门的课程体系和学习平台，帮助家长从"合法"走向"合格"；闵行一分校建立了完善的家庭教育工作体制和机制；杨浦一分校打造了"教子有道"大学堂教育品牌；苏州苏锦街道的"物里探风家风馆"以家风传承助力家庭教育。普陀分校在家校社协同方面积累了丰富经验，为响应疫情期间"停课不停学"的号召，2020年率先承办上海家长学校在线课堂，以家校共育、护航成长为主题，线上线下相结合，举办上海家长学校首次区域校长培训班；成立沪上首个巾帼培训基地，同时成立首批普陀区家庭教育讲师团，围绕"双减"政策下家庭教育和隔代养育的相关问题开展专题研讨。

（三）汇聚以社区教育成果为吸引力的共享机制

长三角四地终身教育发展成果的展板吸引了各方关注。普陀区把终身教育纳入整个教育规划之中，形成了三级管理网络，打造了"普陀雅韵大讲堂""社区教育讲师团""乐学乐龄315""一茶一太极 弘扬传统文化"等多个全国、市区终身学习品牌，凸显了区终身教育的"竞争力"。苏州、嘉兴、芜湖也探索了各具区域特色的全民终身教育发展模式和实施路径。苏州培养终身教育专职教师队伍，建设万门特色课程，培育了"学说昆山话""江南船拳进校园""龙狮文化教育传承""沙家浜红绿新课堂"等广受学习者欢迎的终身教育品牌。安徽芜湖"普通话诵读艺术""老年人学声乐""老年人学摄影""中医养生保健"还被纳入了长三角地区老年大学教材编审委员会课程库；浙江嘉兴以一个社团的成长、一位上海老人、一个乐学社团、一群音乐业余爱好者、影响了一方百姓为例，彰显全民终身学习的精彩，"缘乐"社团被评为嘉兴市"十大乐学社团"、浙江省优秀工作品牌。长三角四地互通有无，各具特点，续推终身教育，宣传全民学习、终身学习的理念，展现区域学习型社会建设与终身教育事业发展的全新姿态。

自2019年长三角四地教育联盟成立以来，四地教育部门围绕教育综合改革、基层党建、教师交流、学生社会实践、终身教育等开展了全方位、宽领域、多层次的交流合作，有效推动了四地教育均衡发展、内涵发展、特色发展，但也有主客观原因导致本项目需要进一步完善和延展。

五、实验反思

2020年，因新冠肺炎疫情防控要求，全国各地的社区、老年教育学校等处于停课或者线上授课的状态，而长三角四地及全国各兄弟社区院校的同仁也处于相对内循环自发组织社区教育活动的情形。普陀社区学院只能组织线上社区教育或教学活动，分享彼此工作成果与经验总结。2021年，随着我国防控疫情的形势朝着有利方向的发展，本项目组在不放松防疫要求的前提下，组织多种类型的长三角四地的社区教育活动，进一步提升四地社区教育一体化线上线下协同发展的水平和质量。

（一）行政保障机制需完善

建立线上线下长三角四地联席会议制度的行政保障措施还在项目实施运行过程中体现不足，原因是各地社区教育的行政领导有频繁更换的客观现实存在，需要汇集各地各层面成员，尤其是由长三角四地的社区教育行政管理者、社区学院院长、教师等组成项目团队来建章立制，定期举行例会。由此，一方面从行政层面保证四地进行社区教育协同发展的人员和力量，而且会有利于梳理长三角区域性社区教育文化资源，探寻共性或特性问题；另一方面，通过强化高效协同、深化协作互助，进行优势互补、资源共享、深度合作，实现共赢发展。

（二）品牌共创意识需提升

要在长三角四地开展共创社区（老年）教育品牌需要汇集各方力量，除了行政力量支持和保障措施到位外，还须具有包容性和持续性的共创品牌理念。在共创意识的引领下，建立促进长三角四地多层次、多主体和多元化的融通机制，为协同发展提供内生动力。实现长三角地区社区教育更高质量的一体化发展，推动该区域服务协同联动进步，以机制创新推进长三角四地的协同发展。还须加强各地之间的社区教育高级管理者、教师培训；优化资源共享，加快创新扩散。积极利用物联网、云课堂、大数据等新技术打破地区、部门、层级之间的信息壁垒，促进数据信息的开放和共享，促进长三角区域内社区教育的互联互通，实现异地同步学习与体验等。

六、实验后续思考

通过长三角四地社区教育的实践探索，以长三角四地社区（老年）教育工作者队伍培训、课程建设、品牌打造等为载体的社区教育共同发展与特异性发展，力图构建联盟、共享、融合的协同发展机制，促进长三角四地社区教育高质量发展。"协同发展"不是"一样化"或是不切实际地"消除差异"，而是通过朝同一个方向引导社区教育教师的专业成长，汇聚与共享社区教育成果，普惠更多市民，从而促进区域优质资源的流通、均衡各地教育的协同发展。社区教育协同发展的协议签订、工作交流和活动展示是走出区域协同一体化发展的第一步。接下来就如何办好高质量的长三角四地社区教育，为区域构建开放、联动、协同的终身教育体系，四地还有很多方面需要合力探索与突破。尤其以党的十九届五中全会指出的改善人民生活品质、提高国家文化软实力，以及上海市"十四五"教育发展规划中指出的进一步完善终身教育体系、增强服务市民终身学习和终身发展的能力为要旨进行对照，四地还需要在数字转型、人本生态、社区治理等方面进一步深入创新研究，服务国家战略，提高能级水平。

7　社区党建与社区教育相融合，推进基层社区治理的实验

宝山区大场成人中等文化技术学校

一、实验背景

（一）理论指导

习近平总书记强调："党的工作最坚实的力量支撑在基层，最突出的矛盾和问题也在基层，必须把抓基层打基础作为长远之计和固本之举。"习近平总书记在青和居社区考察时指出："社区是基层基础，只有基础坚固，国家大厦才能稳固。"可见党中央高度重视社区的发展，而社区的发展与党员作用的发挥息息相关。因此，加强社区党员教育、进一步发挥党员的先锋模范作用已成为新时代基层党建的重要内容，也是社区教育开展的重点。只有不断加强社区党员教育，充分调动社区党员的积极性，用党员的旗帜带动群众、凝聚人心，在社区中传播正能量，社区才会更加和谐稳定地发展。

（二）现实基础

1. 学校的现实基础

学校拥有丰富的社区教育课程资源以及优秀的师资，指导居村委开展社区教育活动有着较为丰富的经验。宝山区大场成人中等文化技术学校是宝山区教育局直属的成人学校，近年来办学规模逐步扩大，学员人数不断递增。目前该校已与大场镇50家村居委完成对接工作，由学校专职教师下社区指导各居村委开展社区教育活动，同时配送相关课程资源。学校已有多名教师加入大场镇社区党校志愿者宣讲团，通过各居委党支部点单的方式来为社区党员配送党课与公益讲座。

2. 居委的现实基础

师资力量薄弱，党员教育形式单一。党员在社区治理中作用发挥不明显。大场镇社区党员以退休老党员居多，本地与外来户口夹杂，党员的学习内容及学习方式都比较单一，学习积极性也不是很高。党员教育经费有限，师资力量薄弱，授课形式单一、内容枯燥，且覆盖面不大。单一的教育方式使部分党员特别是年龄偏大的党员很难在短时间里消化和接受学习内容，实际教育效果并不理想，党员在社区治理中没有充分发挥作用。将社区党建与社区教育融合起来则可以达到效果扩大化。如何将社区党建与社区教育相融合，调动社区党员的学习积极性，发挥党员先锋模范作用，更好地服务于社区大众参与社区治理，是摆在我们面前的重要任务。

二、实验目标与内容

（一）在实验过程中修正目标

从实验项目立项、开题到实施中期，经过项目小组的多次讨论，并听取了多方专家的意见后，项目小组对实验目标进行了修正，最终确定了如下具体目标：

（1）探索社区党建与社区教育融合的路径与机制。

（2）探索社区党员学习的多元方式。

（3）探索社区党建与社区教育相融合、推进社区治理的新途径。

（二）设计了具体的实验内容

（1）访谈党建中心负责人，了解大场镇居委党课、讲座配备与开展情况，以及居委党支部在活动开展过程中所遇到的困难及亟待解决的问题，进一步了解该校能给予的协助与支持。

（2）问卷调查居委党员参与学习活动的情况。

（3）收集居民区社区治理中的成功经验、居民生活中出现的问题及处理方式的相关案例，整合学校社区教育课程资源，围绕党建工作目标，结合社会热点，制成课件进行宣讲。

（4）探索适合社区党员的多元学习方式。

（5）通过问卷调查了解各项活动开展后党员参与学习活动的情况及对所开展的学习活动的满意度。

（6）初探社区党建与社区教育相融合的路径与机制。

三、实验方法

开题后，我们根据实验目标与具体实验内容选择了相适应的实验方法，主要包括：

（1）文献法：查阅习近平总书记关于城乡社区治理的重要论述。

（2）访谈法：访谈党建中心负责人，了解居委党课、讲座配备及开展情况、该校在哪些方面可以提供支持等。

（3）问卷调查法：在实验初期了解居委党员参与学习活动的情况，在实验后期再次调查党员参与学习活动的情况及对所开展的学习活动的满意度。

（4）行动研究法：创新学习活动形式，将社区教育渗透于党员学习活动中。

（5）实验法：比较活动开展前后党员参与学习活动的情况。

四、实验过程

（一）实验实施的第一阶段——调研汇总阶段（2019 年 1—4 月）

（1）召开项目组会议，明确实施方案，进行分工。

根据实验项目小组成员的不同特点落实项目分工，开展研究任务，并且做好实验项目的进展记录，以便于把控实验进度。

（2）访谈党建中心负责人，了解党课、讲座配备及开展情况。

我们了解到目前居委党员的教育活动形式比较单一，均以线下活动为主。党课普遍存在着灌输式、照本说教式的现象。讲座活动的内容与党员思想实际和需求贴得并不紧密，对党员关心的热点、疑点问题涉及较少，党员参加学习活动的自觉性相对比较弱，党员的辐射力度不够强。

（3）发放调查问卷，统计数据，分析结果。

向 98 名社区党员发放了问卷，了解他们参与学习活动的情况。经统计发现，社区党员近一年内参加学习活动的次数普遍较少（见图 1-4），学习方式以自学及听讲座为主（见图 1-5），他们普遍认为学习活动开展的形式比较单一，希望可以形式多样化一些。

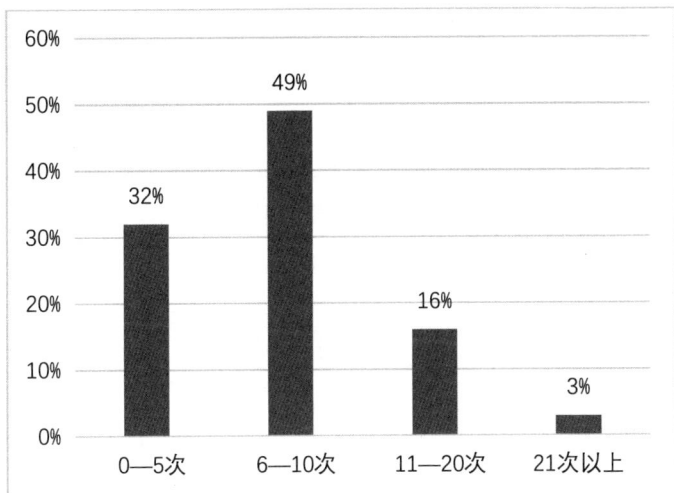

图 1-4 社区党员近一年内参加学习活动的次数情况

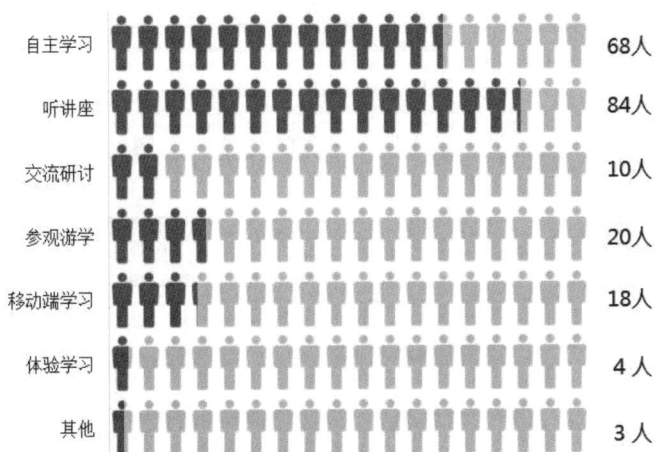

图 1-5 社区党员近一年内学习方式调查情况

鉴于上述情况，我们项目小组讨论研究后决定尝试改进传统党课教学模式，创新内容设计，将社区教育渗透其中，进一步丰富课程内容，在社区党员中开展形式多样的活动，来拓宽社区党员现有的学习方式，进一步调动他们的积极性，进而发挥他们的示范引领作用。

（二）实验实施的第二阶段——初步融合阶段（2019 年 5 月—2020 年 5 月）

1. 围绕居民区出现的常见问题，有针对性地制作相关课件

通过走访居民学习点，从居委书记及办学干部那里我们收集到了一些

社区治理的成功经验以及居委在处理问题时遇到的一些困难，围绕这些常见问题，我们有针对性地进行相关课件的制作。为了在居民区更顺利地推行垃圾分类，使居民将垃圾分类的理念入脑入心又见诸行动，项目组成员王老师收集资料，图文并茂、穿插案例，精心设计课件"践行环保新时尚，垃圾分类我先行"。为解决居民对法律知识的缺乏，项目组成员夏老师以其专业的法律知识，结合典型案例，精心设计课件"生活中的法律"。

2. 因地制宜，按需施教

除了通过各支部点单的方式进行相关党课、讲座的配送，我们针对支部党员的实际情况，按照适需与引领相结合的原则，来配送相关社区教育课程。

考虑到社区老党员居多，不会使用智能手机的占多数，项目小组挑选了两门社区教育课程送教进居委党支部：智能手机系列课程以及声乐课程。一则是为接下来的移动端互动学习做准备；二则是想通过传唱红歌来激发党员们的爱国初心，进一步增强支部凝聚力。

为了能更好地与党建活动紧密结合，我们在原有的智能手机课程内容上增添了社区通平台的应用与学习强国的使用，在原有的声乐课程内容上添加了传唱红歌板块内容。

3. 拓宽学习内容，创新学习方式，在党员中开展多种形式的学习活动

（1）体验学习——剪纸、烘焙、参观

剪纸与西点烘焙是该校的两门特色体验课程，颇受学员欢迎。剪纸活动加深了党员们对剪纸文化的认知，党员们纷纷表示剪纸作为我国传统文化之一，我们应当去传承和发扬它。在开展西点烘焙体验的过程中，我们充分利用点心送入烤箱等待的时间播放公益宣传片，让党员们进行"学中学"，党员们都很赞同这种比较新颖的穿插式的教学方式。

为了多形式、多角度地宣传与推广红色文化，调动社区党员走进红色文化的积极性，我们项目小组尝试将红色文化融入社区教育，组织踏寻红色足迹活动，让红色文化入脑入耳入心。我们组织居委党员参观上海淞沪抗战纪念馆、陶行知纪念馆、陈云纪念馆，让他们进一步了解、学习和宣传党的优秀事迹和伟大精神，增强爱国爱党的热情，增加组织凝聚力。

（2）线上学习——网上学习、移动端学习

我们在居委党员中宣传"上海学习网""上海老年人学习网"，推荐相关网络课程。我们还动员各居委党员进入上海学习网积极参与第九届上海社区网上读书活动——"共读红色爱国主义经典喜迎新中国成立70周年"，通过阅读图书、观看课程、发表评论来激发阅读兴趣和学习热情，营造"人人皆学、时时能学、处处可学"的终身学习氛围。疫情期间，我们发动党员与群众进入腾讯课堂移动端参与直播互动。

4. 联动合作，整合资源

开展"四史"学习活动期间，我们与党建中心加强互联互通，资源共用，力求用活"四史"红色资源、讲好"四史"红色故事，切实把"四史"学习教育落到实处。党建中心为老师们提供很好的学习与交流平台，通过专题培训、观摩党课、集体备课，老师们精心设计课程内容，参与大场镇"四史"直播活动，为党员群众进行直播分享，同时发动党员们与社区学员们积极参与直播互动。大家留言表示对党史、新中国史有了全面系统的了解，且从中受到了极大鼓舞，坚定了理想信念，进一步增强了坚守初心使命的思想自觉和行动自觉。

（三）实验实施的第三阶段——引领提升阶段（2020年6—9月）

1. 借助讲座、微党课强化思想教育

为提升居民素养，构建和睦家庭邻里关系，我们陆续制作并完善了"身边的心理学""点滴体现修养，细节彰显文明""弘扬传统文化，传承中华文明"等相关课件。该校须老师作为大场社区党校宣讲员，她积极参与大场党建"百日学习"系列微党课的录制，作为领读人带领大家读原著、学原文、悟原理。我们将"百日学习"推送给社区党员们进行学习，反响甚好，大家纷纷发表评论，给领读人点赞。

2. 结合主题教育，破解"老大难"问题

我们把社区党建活动中涌现出来的先进事迹和优秀典型转化为社区教育的优质资源，我们项目小组选择垃圾分类这个社会热点，将垃圾分类活动中涌现出的先进人物事迹做成案例进一步宣传教育。

宣讲员夏老师和顾老师参与大场党建中心组织的"传递身边感动，分享时尚感悟"先进事迹宣讲活动，在社区中营造学先进赶先进的良好氛围，传递社区正能量。党建引领，党员志愿者带头，努力破解"超大型社区生活垃圾分类"难题。

3.加大社区教育活动力度，将党的理念扎根到基层

我们以社区党建为龙头，将各类创建活动与开展社区教育有机结合，寓教育于活动之中，发挥党员先锋模范作用。如党员志愿者行动——在人户分离比较多、社区志愿者比较紧缺的铂金华府居委，党员志愿者行动吸引到了社区广大居民，社区居民自愿加入社区志愿者队伍中，并涌现出众多志愿服务典型。"奉献、友爱、互助、进步"的志愿精神在社区得到进一步弘扬。

4.提炼社区党建与社区教育融合的路径

一方面，我们将党的路线方针政策有机融入社区教育中；另一方面，我们通过发挥社区教育的陶冶和凝聚功能，来强化党的建设。我们通过开展形式丰富、喜闻乐见的各种社区教育活动，将党建植根于社区教育中，共同营造互助友爱、睦邻友好、和谐共生的社区环境，把地理上的生活共同体发展成为治理共同体和精神共同体。

5.后期进行社区党员学习活动情况及满意度调查

通过对同一批社区党员的调查发现，他们参加学习活动的次数较前一次有明显增多（见图1-6），学习方式也更加多样化了，同时还吸引了不少社区党员参与该校的社区教育课程建设。

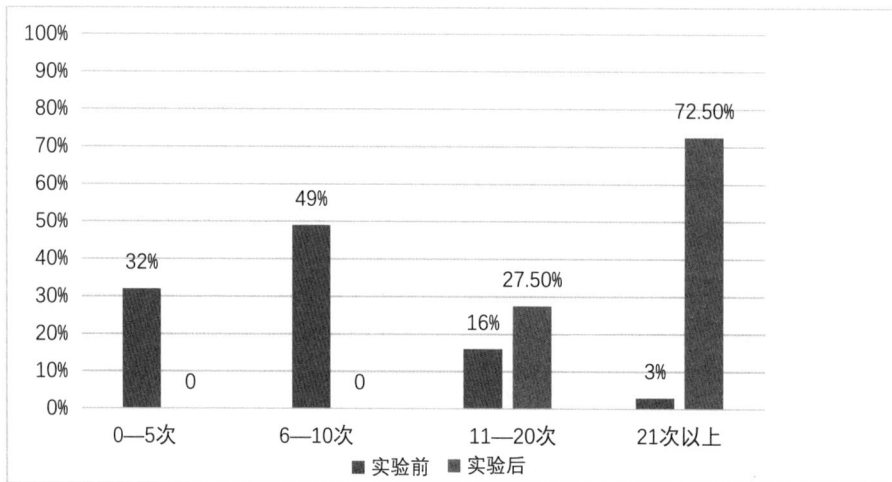

图 1-6　实验前后党员参与学习活动次数情况对比

此外，从我们设计的八项指标如活动的内容、形式、组织方式等了解到他们对目前所参与的学习活动满意度很高。

（四）实验实施的第四阶段——结题阶段（2020 年 10 月—2021 年 11 月）

（1）收集资料，准备结题。

（2）项目组开展研讨。

（3）撰写实验报告，听取各方意见并进行修改。

（4）参加实验项目组验收。

五、实验项目取得的初步成效

（一）创新了基层党员的学习方式

除了自主学习、讲座学习，党员们还学会了体验学习、合作学习、移动平台学习、远程学习，尤其是直播课程的开设，让他们感受到了线上互动交流的便捷与乐趣。

（二）破解了"超大型社区生活垃圾分类"难题

通过将先进人物事迹做成案例、宣讲先进事迹，营造学先进赶先进的氛围，顺利破解社区"老大难"问题。

（三）形成了共同推进基层社区治理联动合作机制

我们将社区教育与基层党建相结合，进行资源整合，该校提供师资与课程资源，为居委党员开设党课讲座，将党员们关注的内容与区域自治、民生福祉结合起来，调动他们的学习积极性，在社区中传播正能量，带动群众参与社区治理。

（四）促使更多的居民参与社区教育，促进社区治理

宝山社区通是一个鲜活的实例。党员在学会平台的使用之后，以点带面，教会居民简单的操作，如怎样在"社区共线"上的"左邻右舍"板块中"闲置物品"里面操作，进一步促进邻里关系。此外，他们在学习的同时无形中成了社区教育宣传者，吸引身边人一同参与社区教育，共同促进社区治理。

（五）制作出新的党课、讲座课件

围绕社区党建工作以及社区党员实际需求，该校专职教师制作党课课件 7 个以及社区公益讲座课课件 7 个。

六、实验项目的思考和启示

党建与社区教育相融合，可使社区教育充分发挥社会功能，为社区党建扩充力量与资源，进而助力基层治理创新。我们以各种创建活动为载体，通过组织形式多样、喜闻乐见的培训和文化活动，丰富社区教育内容，充分调动社区内广大群众参与社区教育的积极性、创造性，为提高社区文明程度、构建学习型社区发挥基础作用。另外，我们将进一步加强党建引领力度，进一步加强合作交流，进一步将社区教育与社区治理进行深度融合，促进学校、社区、社会力量共建共育，组织开展更多的教育活动，为推进和谐社区建设而不断努力。

8 儿童友好社区构建助推社区治理的实验

闵行区古美路街道社区学校

一、实验背景及意义

党的十九大报告提出，加强和创新社会治理，并强调加强社区治理体系建设，推动社会治理重心向基层下移，发挥社会组织作用，实现政府治理和社会调节、居民自治良性互动。古美路街道社区学校作为基层教育服务单位，有责任和义务参与社区治理。学校于 2017 年 4 月正式启动了"儿童友好社区构建"项目。经过这几年的探索与努力，儿童友好社区构建已颇有成效，申报的实验项目"以社区教育为载体 构建儿童友好社区"被评为 2018 年度上海市社区教育优秀实验项目。在这个基础上，把"儿童友好社区构建"作为助推社区治理的切入点，符合社区学校的长远目标，契合社区发展的内在需求。经过上一轮项目的实践探索，期望儿童友好社区构建的良好效果能拓展到社区治理中来，既为社区教育扎根社区、服务儿童以实现特色发展提供了典型样本，又为社区治理提供了新的载体和新的形式，开拓了更宽阔的可行路径。

将儿童作为街道探索社区教育特色发展的重点人群，符合街道人群的分布特点与殷切期望，更契合了社区治理良好协作与发展的需求，充分发挥"抓住一个人，辐射一群人"的深远功能及作用。从长远来看，古美街道进行对"儿童友好社区构建助推社区治理的实践"的探索和引领，不仅能深化针对儿童这一重点人群的社区教育服务，拓展社区治理的新形式，而且也能为助推社区治理带来更丰富、更普遍的平台与路径。

二、概念界定及实验内容

从实验项目提出的背景和预期的价值意义来看，其核心逻辑在于，通过"儿童友好型社区构建"与"社区治理"的相互融通，以"儿童友好"为主要抓手，协同社区各项资源，创设协同共作的机制，有效推动社区治理创新。

（一）核心概念

"儿童友好型社区"是指最有活力的、更适合居住的、有利于儿童健康成长的、并为成人营造更有幸福感的社区。"社区治理"是指政府、社区组织、居民及辖区单位、营利组织、非营利组织等基于市场原则、公共利益和社区认同，协调合作，有效供给社区公共物品，满足社区需求，优化社区秩序的过程与机制。儿童的健康成长与家庭、社区密不可分，旨在倡导"儿童友好"的社区发展理念和价值观的同时，从儿童权利视角出发，创新以儿童为核心的社区治理模式。

（二）实验目标

社区治理的内容涉及社区成员社会生活的多个方面，事关社区成员的切身利益。它包括：社区服务与社区照顾；社区安全与综合治理；社区公共卫生与疾病预防；社区环境及物业管理；社区文化和精神文明建设；社区社会保障与社区福利等。要做好社区公共事务的治理就必须最大限度地整合社区内外资源，构建社区治理机制，调动社区居民参与，达成社区事务的良好治理。作为参与社会治理的一个分支，社区学校承载着社区文化和精神文明建设的重要使命。

以"儿童友好社区构建助推社区治理"的理念作为实验目标与方向，在党建引领模式下，以社区教育为依托，抓住重点人群，探索助推社区治理新路径。通过政府与学校、学校与机构、个人等彼此之间建立起多种多样的协作关系，通过体验式课程、实践式活动、广泛式宣传等，引导树立正确的家庭教育理念，创造宜居的社区生态环境，营造良好的社区教育氛围，使儿童友好社区的构建多角度参与到社区治理中来，进而探索并实践党建引领下深化社区治理课题，不断增强社区居民的幸福感，建立有内涵、有品质的学习型社区。

（三）实验内容

经过上一轮的实践，将"儿童友好社区"解读为政策友好、空间友好、服务友好三个层次。参照这三个层次，本实验将最终目标具体表现为三个维度的内容。

1. 从政策上，全面普及理念共识，搭建系统制度体系

建立各部门联席会议制度，定期开展项目研讨，每年投入专项经费、落实保障机制。

2. 从空间上，整合社区资源，提供儿童友好型公共空间

从儿童的视角出发，将社区学校、邻里中心、社会资源紧密相连，进一步满足了儿童对公共活动空间的需求，实现了社会资源与社区建设共享共用、互利双赢。

3. 从服务上，凝聚丰富服务资源，开发系列服务活动

充分关注时事热点问题，开展以"儿童友好"为主题的系列活动，增进居民间的沟通交流，引导社区居民和谐相处，促进社区的和谐安宁。

从"三个友好"出发，整合各类优质资源，协同社区内的家庭、学校、企事业单位、志愿者等等充分调动积极性，使其共同参与到社区建设中去，并以此为抓手，达到提升社区治理能力的目的。

三、实验方法

（一）文献研究——明确指导理论

运用文献法，梳理社区教育与国家治理能力创新二者之间的关系，明确国家治理能力创新对社区教育提出的任务与要求，重新审视社区儿童及青少年教育发展在促进社区治理中的功能与作用。

（二）调查研究——厘清实验基础

运用调查研究法，有针对性地选择街（镇）及居（村）委的社区家庭促进社会和谐的典型案例，进入实践领域开展调研，积累素材，掌握、梳理儿童教育团队在促进社会治理方面已有的做法和经验。

（三）行动研究——边实验边总结、边反馈边调整

运用行动研究，发挥实验的引领指导、辐射带动作用。强调以时间为序，不断探索与回顾本项目推进过程中成功的经验与做法，同时就遇到的困惑和问题提出改进策略，纠正工作中的偏差，解决工作中的问题，提出符合

实践的工作思路和行动策略。

四、实验过程

古美路街道社区学校于 2018 年 11 月正式启动"儿童友好型社区构建助推社区治理的实践"项目，实验阶段安排如下：

（一）实验启动阶段（2018 年 11 月）

1. 成立实验项目小组

本实验项目由古美路街道办事处副主任牵头，社区学校团队共同组成实验项目小组。一方面，项目组定期召开实验项目小组会议，研讨实验方案，明确实验方法和具体实验内容，结合具体工作，着手布置实验中所需的调查、观察、讨论、座谈、动员等工作；另一方面，项目组广泛动员，统一认识，明确"儿童友好型社区构建助推社区治理"项目的研究是探索社区教育与社区建设、社会治理交融、互动与促进的过程，即实验既是社区教育的工作需要，也是社区建设发展的必然要求。

2. 厘清实验现状

古美路街道是闵行区的东大门，位于中环线和外环线之间，东起虹梅路、南临沪闵路、西抵虹莘路、北依漕宝路，交通便捷，有着得天独厚的区位优势。街道筹建于 1996 年，1999 年正式成立，辖区面积 6.5 平方千米，现有常住人口近 16 万人，设有 39 个居民区，涵盖 70 个住宅小区。街道先后荣获全国文明单位、上海市先进基层党组织、上海市先进街道办事处、上海市文明社区等称号。学校是闵行区古美路街道的重要文化教育阵地，利用多种载体为社区居民创设全方位、多渠道的学习交流平台，打造了"古琴文化进社区""古美市民文化讲坛""悦音古美艺术教育发展"等品牌项目。学校在创建学习型社区和参与社区治理的过程中，不断整合教育资源，形成教育体系，创造教育特色；在改善社区学习环境、增进邻里关系、提高居民素养等方面起到非常重要的作用，为实现古美居民"和谐古美，品质生活"的愿景努力前行。

根据项目的含义和条件，结合近几年古美社区为儿童发展创造的良好硬件基础、营造的良好氛围以及居民对辖区生活质量进一步提升的迫切期望，我们认为古美社区学校"儿童友好型社区构建助推社区治理"项目有实施的必要性和可行性。

（二）实施阶段（2018 年 11 月—2020 年 10 月）

实验项目自启动以来，便被纳入学校最具特色的重要工作，学校围绕如何通过"儿童友好型社区构建"这一问题参与到社区治理中进行了全面探索。

1. 政策上

对照前一轮实验的政策友好标准，在街道的大力支持下，项目组定期召开联席会议制度，提出以理念普及为基础、以共识凝聚为抓手，通过教育大讨论等多种形式，共同探讨儿童友好社区构建助推社区治理的有效模式。

为推动社区对实验项目的关注，实验组进行了科学的设置：在组织过程中，将讨论划分为宣传、活动、展示三个阶段，明确群众关心的主题、全面动员社区居民参与、进行深入讨论、形成结果进行广泛宣传；在主题设定上，广泛涉及各年龄阶段群体的各方面生活，包括学前教育、学校教育、家庭教育等；在参与人群上，广泛动员儿童直接参与反馈，又吸纳与儿童有关的家长、教师等各群体参与；在专业引导上，邀请与主题密切相关的领域专家，对教育讨论进行引导与指导，保证讨论的方向与成效；在经费保障上，街道设立了专项经费，确保项目的顺利实施。

2. 空间上

由于社区学校场地有限，设施设备不够完善，无法提供完全满足儿童活动需求的空间。为解决这个迫切问题，从街道、社区、社会三个层面入手：街道层面，打造了儿童图书馆、儿童看护点等公共场所；社区层面，邻里中心更是免费开放给社区儿童，并围绕"儿童友好社区构建助推社区治理"的目标定期开展公益性、普惠性的亲子活动；社会层面，由街道牵头，整合了街镇有资质、有条件的社会组织的资源，实行场地开放。如大众书局，打造了"公益阅读空间"，为孩子们的阅读提供了温馨、便捷的场所。除此之外，新华教育、阳贝教育、凯尔福托育园也被纳入社区教育场地资源，以未成年人校外教育基地的名义参与到儿童友好社区构建中，实现资源共享。同时为进一步规范基地行为，真正将其打造成为儿童友好型公共空间，学校与各基地签订了合作协议书，在固定的时间段内免费开放给社区儿童，为进一步满足儿童对公共活动空间的需求提供了保障。

3. 服务上

根据"儿童友好型社区"服务友好的理念标准，项目组定期开展头脑风暴，为儿童设计主题鲜明、目标明确的活动项目，并通过各种活动的开展，助力社区工作、助推社区治理。

（1）垃圾分类。

自 2020 年 7 月 1 日起，上海进入垃圾分类"强制时代"。为响应政府号召，进一步倡导垃圾分类，探索"以儿童为主要抓手，助推社区治理"的新途径。因此在暑假期间，学校就垃圾分类这个社会热点问题，于该校、三个邻里中心、大众书局开展了 6 场以环保为主题的系列亲子活动，如"神奇的易拉罐""石头画""蛋壳画""创意小花盆"等活动，将环保理念进一步灌输给儿童和家长，从小培养儿童垃圾分类意识，助力社区做好垃圾分类工作。

（2）疫情防控。

一场疫情打破了原本平静的生活，为响应政府的号召，学校暂停了各种线下活动。来势汹汹的疫情让孩子们度过了一个超长寒假，宅在家中和父母、家人一起共克时艰。我们发现，社区中有不少医护家庭，他们的孩子被我们称为"医二代"。在这特殊的时期里，我们发动这些孩子用笔记录父母在前线"战斗"的情形，用文章表达自己对父母的牵挂与爱。通过街道微信公众号发表了这些情真意切的文章，纸短情长，用书信传递战"疫"力量，向社区居民展现了医护家庭为大家舍小家的大爱情怀，增强了社区凝聚力，坚定了万众一心战胜疫情的决心。疫情的突如其来，使得传统的活动模式迎来了挑战，各种"云活动"逐渐成为主流。为了丰富儿童宅在家中的生活，同时分担家长的顾虑与担心，社区学校联合各居委、各学校创新思路，同心抗疫：通过组织"云唱红歌""云诵读"等活动增加同学间的交流，通过鼓励孩子参与家务劳动的方式促进家人间的交流，通过张贴儿童画出的有关疫情的温馨提示、分享孩子制作的抗疫微视频等方式增进邻里间的交流。以上各种活动加强了同学间、家人间的联系，更重要的是以儿童为切入点，让社区内的居民能够"云相聚""云交流"，既严格落实疫情防控要求，又创新了活动模式，间接助力社区打赢疫情防控阻击战。

（三）总结阶段（2020 年 10 月）

汇总整理实验过程中的调查问卷、照片、录像、文字等资料，并形成文本，开展实验总结，撰写实验终期报告，接受终期验收。

五、实验成效

社区是指聚居在一定地域范围内的人们所组成的社会生活共同体，家庭作为社区的重要组成单位是参与社区治理的微细胞。因此，实验项目自实施以来，坚持以"儿童"为抓手、以"儿童友好型社区构建"为载体、以"抓住一个人、辐射一群人"为导向，通过家长及整个家庭对孩子的重视来提升他们的参与感，创新社区治理模式、增强社区凝聚力、提升社区自治能力。经过前期的探索和实验，我们及时梳理了一系列的经验及做法，完善机制，构建了"儿童友好"的社会服务体系，创新了以"儿童"为抓手助推社区治理的新模式。

（一）实现了社区教育特色发展的新突破

首先，理念创新。我们认为"儿童友好型社区"是建立在社会和家庭合理科学的分工基础上，抓住儿童这个关键点，在社区内建立一个良好的精神文化联结点。在这个联结点上，也实现政府、家庭以及社会组织、市场组织既合理分工又有机配合的局面。这个发展符合国家、社会和家庭的共同利益，也契合古美社区"十三五"规划"更新社区、提升品质"的发展主线。

其次，做法创新。我们创新了工作方式，从单一走向多元。社区治理最重要的是居民自下而上的自治，通过以"儿童"为抓手，采取线下、线上相融合的活动方式，调动居民参与社区治理的积极性，提升居民对社区的归属感。

最后，传统宣传与创新宣传相融合。在信息化迅速发展的今天，整合社区资源，通过运用传统媒体《古美家园报》和新兴媒体微信公众号等多种媒体，编辑、发布有关儿童健康成长报告，让"儿童友好"受到更广泛的关注，在整个社区帮助大家树立正确的教育观。

（二）创建了以"儿童"为抓手助推社区治理的新模式

一是改善了社区居民间的关系。社区是居民学习和各种活动聚集的场所，也是教育和宣传及营造舆论的场所，更是改善政府与群众之间、居民与居民之间关系的场所。在社区内开展一系列亲子活动，增强了居民间的互动，寓教于乐，进行正确思想传播、科学文化普及、生活教育、法制教育等，潜移默化地引导人、教育人，形成社区正能量，改善社区人际关系，改善社区居民和政府的关系，促进社会文明和谐。

二是提升了社区居民归属感。居民在社区内的社会关系状况（居民之间的融洽度、信任度，居民与社区的关联度等）、居民对社区生活的满意度（包括生活设施和社会文化生活两个方面），以及居民对社区活动的参与度，是影响社区归属感的重要因素。开展内容丰富、形式多样的亲子活动，为居民创造人际交往的平台，密切居民与社区的联系，增加居民对社区的认知度，吸引居民对社区事务的关心和投入，提升居民对社区的归属程度，推进社区自治。

六、实验展望

儿童友好社区构建助推社区治理的研究，有利于拉近政府、民间组织和社区民众之间的距离，共同推动儿童教育以及文化学习的发展，从而产生良好的社区认同感和归属感。由此可见，儿童友好社区构建助推社区治理的进一步研究，将在繁荣社区文化、教育等多方面发挥着重要作用。古美社区是一个人口导入型的社区，人口"三多"——年轻人比较多、知识分子比较多、职场人士也比较多。我们希望通过"儿童友好社区构建助推社区治理的实践"这一项目的开展，探索家、校、社协同发展的社区教育新路径的同时，提升广大居民参与社区治理的热情和信心，提升社区自治能力，为日后社区教育融入社区治理提供可行性经验。

9 社区教育推动高校青年群体参与社区治理的实验

上海行健职业学院

一、实验背景

当前,随着我国社会的老龄化和独生子女就业、养老压力的增大,很多原来由家庭承担的诸如老年人生活和孩子陪护等问题迫切需要社区参与解决。然而,我国正处于经济转轨和社会转型期,社区治理还存在着人力资源供给不足、专业管理落后、治理资金缺乏和对弱势群体关注不够等诸多问题,不能有效满足社区居民的需要。大学生志愿服务具有服务主体素质高、专业技能强、服务时间充裕等优势,恰好能有效弥补当前社区治理中的不足。因此,探索大学生志愿参与服务社区治理的相关问题,对推动社区治理体系和治理能力现代化、构建社会主义和谐社会具有重要现实意义。

(一)青年群体的社区治理参与率低

2017 年上海市都市社区调查(SUNS)数据显示,上海市青年在"与本小区邻居交谈、聊天或互相拜访的情况"选项中,选择"差不多每天"的比例为 16.67%,而选择"很少"和"几乎从来没有"的比例总共为 56.36%。这也意味着,将近六成的青年缺乏邻里之间的日常交往。而在参与小区业主大会投票方面,青年参与的比例仅为 11.96%。由此可见,社区治理中青年群体的参与率很低。

(二)高校青年群体缺少和社区关联的通道

由于高校青年群体的特殊性,他们往往不归属于高校所在社区,因此缺少直接和社区发生关联的渠道。学校提供的志愿服务多以团委为主导、自上而下发起组织活动，具有明显的行政性和计划性，且内容较为单一，导致许多想要参与社区治理和社区服务的高校学生找不到系统性和长期性的平台载体，供需不平衡。

（三）高校青年群体社会责任感欠缺

由于当前高校学生以独生子女居多，在人际交往过程中，不尊重老师、不体谅同学、人际交往冲突、校园贷等现象时有发生，其根源在于大学生群体的自我意识过强，社会责任感欠缺。欲缓解这一现象，需要增加高校青年群体参与社会、了解社会、锻炼自己的机会，从而增强其社会责任感，完善其个体性格发展。

二、实验目标

（一）提升青年学生个人品质，催生思政教育落地有声

高校青年群体参与社区教育，为学生提供将专业知识转化为实践的良好平台，学生通过结合专业特长参与社区治理，不仅能提升学生个人品质，促进个人学习的知行合一，帮助思政教育落地有声；还能够用民族复兴伟大梦想激励青年、用习近平新时代中国特色社会主义思想指引青年、用真诚贴心的服务团结青年，汇聚出同心共筑中国梦的磅礴力量。

（二）为社区治理注入活力，实现学校和社区互利双赢

当前在社区治理的参与者中，青年群体尤其是青年学生群体的参与度有限，但青年群体的创造力和活力决定了他们应该成为社区治理的重要参与者和贡献者。本实验旨在为社区治理注入新活力和创造力，用高校青年群体的力量助力社区治理。

（三）充实社区志愿者力量，形成长期参与良性机制

志愿者队伍作为社区教育领域的主要力量之一，需要不断注入新鲜血液，青年学生作为思维活跃、志愿意愿强烈的一个群体，也希望能通过参与志愿活动充实社会经验。探索行之有效的青年学生志愿者力量参与机制，也是本实验的目的之一。

三、实验过程与内容

（一）由内而外，转变观念，激活参与社区治理动力

为了帮助青年学生转变观念，激活他们参与社区治理的内生动力，学院专门召开青年学生参与社区治理工作会议，就青年学生当前存在的问题、参与社区治理的积极意义等内容进行明确，通过班会、系会等形式及时传达给学生。此外，学院还将参与社区治理内容纳入"第二课堂"学分，并在学时上予以倾斜，进一步帮助学生转变观念、提升参与社区治理的积极性和自发性。为了保障参与质量，学院建立了社区教育工作委员会—系部—班级三级网络体系，由社区教育工作委员会开展顶层设计并统一协调，系部结合自身特色进行活动选择和组织，班级将任务落实到具体参与人群和项目上。

（二）由浅入深，链接需求，确立参与社区治理内容

当前的社区治理，不能仅仅停留在社区打扫卫生、定期护理老弱病残人士和免费家教等方面，而应逐渐转变为借助学校学科专长、发挥自身专业之长，开展各具特点的特色服务，并注重发挥高校在其中的链接作用。学院在确立高校青年群体参与社区治理的内容上花费了较多心思，通过钻研当前文献研究资料、梳理学院专业优势、链接社区治理实际需求"三部曲"进行实施。

1. 查阅相关文献资料

项目组成员联合华师大职成所研究生、社区教育领域研究学者，共同梳理了当前社区治理相关文献。通过文献梳理，最终形成研究结论：当前对于高校青年学生参与社区治理的提法较少，更多的是高校参与社区治理，而且此类研究多停留在事物表面，如谈论参与的重要性、必要性，实现的具体路径，存在哪些困难等，对于事物自身内部深层次的规律比如制度化设计等，却鲜有涉及、研究。

2. 梳理学院专业优势

上海行健职业学院面向经济社会发展和生产服务一线，设置了学前教育、经济管理、信息技术与机电工程、应用艺术、商务外语5个系20余个专业，形成以五大市级重点专业为龙头的五类专业群。学院专业数量虽不多，但各专业培养目标清晰、专业特色鲜明，各系在立足本专业优势的基础上，

也探索了与专业相符合的社区服务实践，能为社区治理提供坚实、清晰的支持。

3.链接社区治理需求

项目组成员对彭浦镇社区、共和新路社区、南京西路社区相关人员进行了线上访谈，主要就当前社区治理内容、社区治理存在的困境、希望得到的支持三个方面进行了了解。通过访谈和探讨，结合当前社区治理的需求方向，考虑学院实际状况，最终确立了"4+X"的社区治理服务内容。"4"即助老、帮教、弘文、党建四个方面，由学院社区教育工作委员会统一协调，根据系部特色安排活动；"X"代表除四个项目之外的、针对各系部个性化和差异化自主提供的灵活的社区治理内容。

（三）由上而下，明确要求，确保参与社区治理成效

确立了青年学生参与社区治理内容之后，学院社区教育工作委员会牵头，对青年群体参与社区治理提出具体要求，主要包括凸显系部特色、组织安排合理、确保参与成效、形成长效机制等四个方面。在明确要求的前提下，各系部开始有序开展青年群体参与社区治理的具体工作。

1.助老

在上海老龄化不断加剧的背景下，围绕"助老"这一主题，学院社区教育工作委员会多方挖掘助老资源，联合优势社会力量，组织学生深入社区开展助老服务。项目组联合上海星堡中美合资养老社区、静安区"日月星"养老院、静安区颐和养老院，组织外语系、经管系学生开展助老活动，包括舞蹈表演、急救知识讲座、健身操等，帮助老年人在丰富自身生活的同时，提高健康意识和水平。

2.帮教

挖掘信机系计算机专业学生专业优势，针对社区老年居民智能手机操作的学习需求，深入辖区白玉兰馨园居委会、悠和家园居委会等居民学习点，为老年居民开展智能手机使用、手机 App 操作课程，学生在每个学习点至少开展一个系列（共四次）活动。疫情背景下，学生还通过线上指导的形式，帮助老年人解决智能手机使用中遇到的问题。学院对接上海申爱社会工作发展中心，开展静安区民政局桥计划项目——"两小时的伙伴"线上服务计划，实验项目期间共服务学习者 284 人次，服务时长超过 568 小时。

3. 弘文

以各类节日和纪念日为契机，结合特色活动和专业优势，社区教育委员会积极发动各系部学生努力投身弘扬社会主义先进文化的活动中去，开展了一系列社区治理志愿服务。一是开展弘扬优秀传统文化相关活动，学院依托大师工作室的专业资源，围绕"非遗传承与保护"主题，组织艺术系师生前往大华阳城社区为居民教学非遗文化技艺。二是开展弘扬社会正能量相关活动，联合上海大学、同济大学以及复旦大学志愿者，组织外语系学生到民办山海小学进行禁毒宣传演讲，并表演了"模拟法庭"节目；组织信机系学生在上海火车站南广场开展志愿者活动，帮助旅客指路和处理突发状况。三是开展弘扬志愿精神相关活动。应上海市阳光社区青年事务中心静安工作站的邀请，学院组织艺术系学生参加由团区委主办的"学雷锋"义卖活动。

4. 党建

社区党建工作是社区治理中的重要环节。在调研过程中，社区普遍反映党建工作缺乏创新、思维不够开阔，目前党建活动形式较为单一。结合这一需求，学院将学生党建工作和社区党建相结合，开展了一系列党建活动。包括走进结对共建的彭浦镇阳城居民区和灵石路 963 居民区，开展"青春社区 环保嘉年华"大型亲子活动、学雷锋清洁家园、禁烟和垃圾分类宣传等志愿者活动累计 20 余次；举行阳城贵都党支部、新和初级中学党支部结对共建签约仪式，搭建了合作育人平台，结合学雷锋和学生志愿者活动，先后开展了陪伴老人、环保宣传、辅读等各项社区志愿服务。

5.X

一是关注特殊人群需求。为了关注残疾儿童的需求，外语系青年学生坚持每周五下午到静安区"悦苗"天使寄养园为残疾儿童开展活动，协同院方负责人为每个小朋友"量身定做"一个活动项目，内容包括聊天谈心、讲故事、唱歌、锻炼等，让残疾儿童真切地感受到爱心和关爱。二是参与医疗卫生服务。经管系学生长期与上海市第十人民医院保持联系，参与医疗卫生志愿服务。在服务过程中，青年学生指引、帮助病人更快地找到就诊地点，同时帮助病人进行电子设备操作，以便让病人减少排队时间、及时就诊。

（四）由表及里，建章立制，建立长效参与机制

为了将青年学生参与社区治理作为长期工作进行推进，学院在青年学生前期参与的基础上，形成长效参与机制进行保障。目前，学院已经形成了包括社区教育工作委员会制度保障、社区教育工作架构保障、青年高校群体队伍保障在内的保障体系，后续将从"第二课堂"学分考核、新生入学培训、学生手册修订、优秀学生表彰等方面进行规定，力求由表及里，逐步建立起学院参与社区教育和社区治理的长效机制。

四、实验成效

（一）关注社会发展，了解区域实际

在参与社区治理过程中，青年学子面对较多的是老年群体，这与当前上海社区教育中老年群体参与居多的现状直接相关。在这一因素的推动下，青年群体最直接的感受是"原来上海有这么多的老年人"。上海市民政局、市老龄办、市统计局联合发布的数据显示，截至 2017 年 12 月 31 日，上海户籍 60 岁以上老年人口为 483.60 万人，占户籍总人口的 33.2%。在日常生活中，由于自身所处群体的限制，这一数字无法为青年群体带来最直观的感受；而通过参与社区治理，他们切实接触和感受到了上海社会的老龄化现象，有助于他们更加清晰地了解社会发展现实状况。

（二）提升个人素养，强化社会责任

参与社区治理服务为青年学子提供了一个提前接触社会的平台。为了做好服务工作，他们必须在语言表达能力、服务意识、活动设计能力等方面不断提升自己，才能适应和满足终身学习者的各类需求。通过一次次的授课、指引、沟通、组织协调，他们在其中得到锻炼和成长，"我现在上海话听力进步可大了""我从来没想过自己还能给老年人上课"，这些最生动的话是青年学子自我成长的最好印证，这些经历也不断增强着青年学子的社会责任感和社会服务能力。

（三）转变认知角度，凸显人文关怀

社区教育中老年学习者居多的现象，为高校青年学子带来了一定的挑战。他们所习惯的是"教一遍就懂""做一遍就会"的学习经历和教学方式，而在社区老年学习者身上如何根据老年学员的学习特点进行授课，成为了一项新挑战。在这个挑战中，青年学子开始了解老年人的学习特点，更是

通过这个过程逐渐反思和父母的相处方式。一名志愿者学生这样反馈："以前我以为是我爸妈学得慢，现在知道了原来老年人都是这样的。"通过参与社区治理服务，让他们学会反思家庭中的代际交往现象，正确看待父母的身心特点，从而有助于家庭交往和家庭关系的优化。

（四）注入新鲜血液，激发治理活力

实际上，青年学生参与社区治理很受欢迎。青年学生作为新生力量，他们的激情和创造性能给社区带来更多的活力。每次送教和志愿服务，学院的学生志愿者总能成为重点关注对象和最受欢迎的"小老师"，因为年轻的面孔不仅代表年龄小，更代表着新鲜的方式和与时俱进的内容，这些优势能够为社区治理注入新鲜血液，从而激发社区治理的活力。

五、实验经验

（一）凸显高校的社会公共属性

我国高校是以政府财政拨款作为运营经费，为社会培育并输送高级知识分子、提供社会服务等公办组织，具有鲜明的社会公益性质。上海行健职业学院作为一所区办高校，其区属的公共属性更为凸显。在推动高校青年群体参与社区治理的过程中，学院始终注重凸显公共属性，注重融入区域环境，联通社会服务，更是将"立足社区、服务社区"纳入学院办学理念，始终注重实现社会公共利益、为社会提供公共服务、履行公共职能，牢牢把握为国家和地方经济发展、社会发展服务这一大局观，这也为学院参与社区教育和社区治理提供了良性土壤。

（二）设立专门的社区教育机构

当前本科院校大多设有老年大学，综观整个高职院校，有一些院校虽然设立了专门的社区教育机构，但并未将服务社区、联通社区纳入办学范畴，说明其参与终身教育和社区教育的意识较为淡薄。上海行健职业学院历来重视社区教育功能的发挥，学院不仅设有静安区市民学习指导中心这一专门的社区教育窗口部门，还成立了社区教育工作委员会，专门指导学院社区教育工作的开展。

（三）创新高校融入社区的形式

高校参与社区教育和社区治理，一定要围绕社区需要、居民需求，创新融入形式。一是主动把有效资源"送出去"，整合优化各项资源，为社

区居民打造一个高效便捷的"教育资源库"；二是主动把高质服务"传出去"，积极开展与社区结对共建活动，通过选派师资、开展大学生志愿服务、高校文化进社区等活动，切实以主人翁精神融入社区教育；三是主动让社区居民"走进来"，为高校建设献言献策，加强双方互动，让高校与社区的关系真正"活"起来。

六、实验反思

在本实验开展过程中，对青年学生参与社区治理的具体活动和路径投入时间较多，存在机制建设不及时、不完善的现象，具体实验反思如下：

（一）机制构建不完善

本实验较为注重活动的开展，而对机制建设的重视不足；在机制建设方面，也只建立了保障机制，而对于青年学生的激励评价机制建设较少。主要体现为：在针对过程性记录上和具体效果的考评、评价机制建设上未能有详尽的标准或是通用标准，只是简单地记录时长和种类，忽视了参与社区治理环节的过程以及相关项目的权重，尤其是对于学生在参与社区治理中的收获和成长关注较少，进而直接影响到社区治理工作的开展质量。对于后续工作的开展，要注重将社区治理服务时长、相关活动荣誉纳入学生综合素质测评体系和评奖评优工作中；尤其在激励机制的建立上，如何将专业实践、社会实践的学分、课时与社区治理的实际工作相融合，产生教育教学方面的激励还需要多加考量。

（二）学生辐射范围不足

当前的青年学生参与社区治理，在系部和学生群体方面均有所侧重，外语系、经管系、艺术系学生参与较多，信机系学生参与相对较少，学前系学生参与则更少，因此不同系部之间存在差异；同时，在学生群体的覆盖面上，也存在覆盖面过窄的现象，一些学生往往重复参与，而更多的学生则尚未参与其中，导致学生的辐射范围不广。在后续过程中，要注重对系部和学生参与群体的筛选，对于经常参与的学生可以减少其参与次数，优先选择参与感较低的学生，让更多的学生在参与社区治理中得到锻炼。

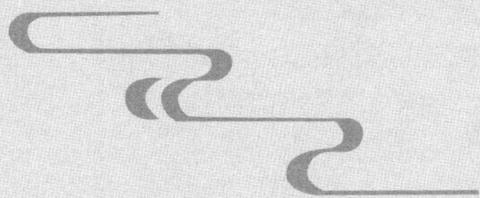

第二篇　多元主体参与篇

DUOYUAN ZHUTI CANYU PIAN

1 社区教育精准服务居家孤寡老人的实验

长宁区仙霞新村街道办事处

一、实验背景

教育部等九部门发布的《关于进一步推进社区教育发展的意见》中提出："坚持以人为本，需求导向。以学习者为中心，以学习需求为导向，为社区内不同年龄层次、不同文化程度、不同收入水平的居民提供多样化教育服务。体现社区教育的普惠性，促进社会公平。"上海市在《关于进一步推进本市学习型社会建设的若干意见》中指出："倡导在学习中养老，充分利用社会资源，扩大老年教育资源供给，促进老年教育均衡发展，满足老年人日益增长的精神文化需求。"

当前，我国已进入老龄化社会，老年人的需求增多，但是家庭小型化和核心化使更多老年人与子女分开居住，城市老年人的居住安排出现新的变化趋势，独居老人的比重大幅增长。而在"独居老人"的这一类群体中又有许多"无配偶、无子女、丧失劳动力"的孤寡老人，他们在居住方式上与外界隔离，与他人的交往和交流受限，可能有更强的孤独感。仙霞新村街道老龄化趋势明显，孤寡老年人的数量也在逐年增加。为此，仙霞新村街道根据本街道孤寡老年人的生活习性，积极发挥社区教育的作用，在为居家老年人提供社区教育的基础上，拓展社区教育的爱老、敬老、助老功能，帮助孤寡老年人满足生活需求，排遣空虚感、孤独感。

二、实验目标

一是排遣孤寡老人的孤独感，建立社会信任。借助社区教育的丰富资源和设施，通过上门探访、电话问候、为老人读报、为老人朗诵诗歌、陪老人聊天，缓解老年人孤独感、空虚感、抑郁感，为孤寡老年人提供精神慰藉和生活服务，建立社会信任。

二是助力孤寡老年人融入现代化生活。社区教育能够对老年人进行信息素养和网络学习能力的培训，一对一地帮助孤寡老年人学习智能手机。这样他们通过打电话、发短信和微信视频等方式加强与亲朋好友的沟通和交流，能够获得更多的信息，从而融入现代社会生活。

三是汇聚社区尊老爱老正能量。开展互助服务的方式，将孤寡老人带入到社区生活中，最终形成一支既能拉动更多老年人参与学习团队，凝聚关怀力量推进社区教育、社区治理，又能推动孤寡老人融入社区生活的队伍，形成服务社区孤寡老人的良性循环。

四是生成社区教育精准服务孤寡老人的经验。根据项目运作的具体实践，从中提炼出典型的实践案例，将成功的经验固化为常规性工作制度，以生动的实践案例和规范的工作制度，在各居民区进行推广，促进社区和谐，助力社区治理。

三、实验内容

（一）开展孤寡老年人生活需求的现状调研

为更好地帮助孤寡老人，创新社区教育为老年人提供适需服务，需要对社区教育供给现状和孤寡老人需求进行调研。制定《仙霞新村街道孤寡老人需求调查问卷》，通过抽样走访、访谈等方式调查收集孤寡老人需求，以便更好地为孤寡老年人提供适需服务。通过与居民区工作人员的座谈，了解孤寡老年人群体参与社区教育的频率，以及社区教育过程中存在的困难和不足，以便完善社区教育内容。

（二）发挥社区教育网络作用

为减少孤寡老人的孤独感，社区教育要充分发挥社区教育网络作用，创新服务方式为孤寡老年人提供适需服务。以睦邻学习点、居民区教学点、社区学校、社区学院、市民学习体验基地为阵地，通过各种方式组织丰富多彩的交流活动、学习活动、体验活动等，吸引孤寡老年人走出家门，为其提供由倾听到主动参与的进阶式社区教育服务。

（三）拓展学习团队的辐射功能

孤寡老年人的社区教育参与度较低。为解决这一现象，更好地为孤寡老年人提供服务，要走进孤寡老年人的家庭，为孤寡老年人提供其喜欢的上门服务，为孤寡老年人送去知识。组织社区晚晴读书会、摄影队、合唱队、红枫心理咨询队等学习团队，为孤寡老年人撰写回忆录，举办故事分享会、"老时光图片展"、临终心灵呵护等活动，使孤寡老人感受到自我价值与存在感，加强自我实现能力与社会参与能力。

（四）寻求提供适需服务的合作

关爱孤寡老人，为其提供精准服务是一项系统工程。社区教育是"大教育"，要发挥牵头示范作用，主动寻求与体育、文化、养老、科普、医疗等各方面的合作，整合各类主体，通过举办专家讲座、聘请专业教师授课，以及制作防诈骗、老年人运动项目、高血压疾病的管理与治疗等教材、微课程，为孤寡老人提供健康专业素养教育、自我健康管理教育、法律维权教育等普适性教育。

（五）挖掘社区教育精准服务孤寡老年人的案例

实验过程中，将充分挖掘社区教育精准服务社区孤寡老年人的典型案例，注意对优秀案例的收集和整理，同时借助现代化宣传媒体对优秀案例加以宣传，如通过微信、互联网、报纸、视频等向社区居民进行推送，发挥典型引领示范作用，达到以身边事影响身边人的效果，营造尊老爱老的社会氛围。

四、实验过程

（一）准备阶段（2019 年 12 月）

1. 整合部门资源，建立实验项目团队

2019 年 12 月，本实验项目的实验团队成立，街道社区服务办主任任组长，社区学校常务副校长、社区服务办老龄干部任副组长，社区学校教师、居民区老龄干部、仙霞新村街道老年协会理事、居家护理工作人员共同参与。明确了各职能部门在项目中的分工与职责，保证实验项目有序开展。

2. 进行项目论证，明确任务目标

利用中国知网，以"社区教育""居家养老""孤寡老人"等作为关键词进行检索，寻找相关的电子学术成果。收集、整理相关的实物文献资料，包括专门著作、研究报告和项目总结等，为研究提供文献素材。吸收现有理论成果，撰写文献综述，制定实验方案，完成开题工作。

（二）调研阶段（2020年1—4月）

1.组织调研，了解居家孤寡老人的需求

通过"冬送温暖"的春节走访慰问，实验项目组的各居民区老龄干部、街道老年协会理事走进辖区内居家孤寡老人的家门，座谈、登记孤寡老年人的基本情况、生活需求，掌握老人的第一手资料，协助居民区关注居家孤寡老人的动态。疫情暴发后，为避免过多接触，同时要关心居家孤寡老人日常生活、看病、精神慰藉等需求，社区防疫志愿者利用上门送菜、代买药和口罩的机会，向孤寡老人发放调查问卷，安抚老人，克服他们心理上的忧虑感和恐惧感。

2.对接需求，分析归纳

通过上门询问并记录老人的日常生活需要和精神需求，将各类需求进行分类，分为健康的需求、学习的需求、快乐的需求、和谐的需求。从回收的150份问卷来看，其中对"快乐的需求"占据90%，对"健康的需求"占据88%，居家孤寡老人最担心的是身体病痛的折磨。

（三）实施阶段（2020年5—10月）

一年来，虽然受新冠肺炎疫情的影响，不能聚集地开展关爱居家孤寡老人的活动，但仙霞新村街道最大程度地调动辖区内的各种社会力量，利用丰富的社会资源，创新孤寡老人社区教育活动，从满足孤寡老人需求、创新社区教育途径等方面进行探索，拓展社区教育为孤寡老人服务项目。

1.组建"帮到家"团队，凝聚服务力量

由于老年人依赖传统的社交方式，在新冠肺炎疫情管控下，他们成为社会联结薄弱人群、心理支持弱势群体，尤其是孤寡老人需要给予更多的关怀。他们当中有些对疫情非常恐惧，担心自己染病；有些则固执拒绝有效的自我防护，孤独感强，渴望外出。社区里的学习团队中有很多退休教师、干部、医务工作者，他们具备专业知识，愿意发挥个人社会价值，愿意为其他社会成员服务。为加强与外界的联系沟通，方便居家孤寡老人熟悉使用微信、商品订购等各种常用生活类App软件，社区学校智能手机班的学员志愿当起了指导老师，将自己所学的知识手把手、一步步教授给孤寡老人，使得老年人群熟练掌握信息化应用技巧，逐步提高老年人疫情期间居家的

生活质量。

2. 发布"每日课堂"，满足学习需求

网络直播课程在新冠疫情防控下应运而生，仙霞社区学校坚定"停课不停学"的理念，积极响应区终身教育指导中心的号召，发布"每日课堂"空中教学课程。根据课程活动自身的特点及直播的效果，选择贴近大家生活的艺术类、舞蹈类、语言类、技能类、养生保健类等十多门课程，有动有静，大家足不出户即可在家"云学习"。课程安排表、登录会议号等重要信息通过微信群、街道微信公众号向大家发布。为保证居家孤寡老人在家的学习，也为了让老人体会到学习的乐趣，老年协会理事将课程重点内容、学习要点都打印成文字送给老人。

3. 拓展阵地服务功能，创造参与机会

作为社区教育的第四级网络，睦邻学习点与居民区教学点、街道社区学校一样，共同实施着社区教育工作。金顺、幸福驿站、茅台花苑 6 号等睦邻学习点是利用公共楼道、地下车库改造的公共空间，疫情期间只针对社区孤寡老人开放，引导他们"走出家门"。居民区坚持场地每日消毒、测量体温、实名登记，不仅要让老人学好、玩好，还要确保学习场地的安全。随着疫情的缓解，"悦读"睦邻学习点的负责人专门请孤寡老人进来坐坐，让他们感受到大家庭的温暖。

4. 开展"定制"教学活动，提升服务能级

居家孤寡老人"形成"的原因多样，每个老人也因身体状况、经济收入的不同，表现出不同的生活状态。他们中有的积极向上，认为阳光是灿烂的、生活是美好的、疫情一定会过去的；也有一些老人因为患有慢性病或老年病而心理压力过大，同时由于长期生活孤独而导致性情古怪、偏执，生活方式较为刻板、单调，甚至有抑郁自杀倾向，对老年人的身心健康产生了较大危害。在实验过程中，项目小组根据前期的调研需求，为部分老年人开展了"定"教学活动，增加个性化的服务，包括开展专题讲座、定制"圆梦服务"、记录时光留影、认知症早期介入等服务。

5. 整合社区资源，实现力量联动

一是引入社区力量。主要是从区域特点出发，加强区域联动。虹旭居民区的生境花园以"行近自然、健康生活、美好邻里"三大主题为特色，是仙霞新村街道、虹旭居委会与大自然保护协会（TNC）合作，引入社会组织

四叶草堂、上海大学上海美术学院公共艺术工作室等多方资源参与打造的。生境花园不大，但老少"通吃"。这里花草植物一簇簇，有较完整的乔灌草群落结构；种植箱里，瓜果蔬菜有的新芽萌动，有的已结出果实。每次收获，居民都会先送给小区里的孤寡老人，让"老小孩"开心得合不拢嘴。二是用好社会力量。充分发挥活跃在社区里的衣、食、住、行、休闲的商户的作用，为居家孤寡老人提供上门送菜、上门配镜、上门眼科齿科检查、助洁、助餐服务，用市场的语言、社区的力量引导形成关爱孤寡老人联盟行动。

（四）总结阶段（2020年10月）

在实验项目实施后期，项目组对整个实验过程进行系统、理性的思考，根据项目运作的具体实践分析实验成效，梳理出经典案例和成功做法，将实验运行中的先进经验与典型做法固化为工作制度，使社区教育真正能精准服务社区居家孤寡老人。对实验取得的成果进行总结，提炼实验中产生的优秀经验，在街道、各教学点进行宣传推广，发挥示范效应，扩大实验工作的影响力，调动社区关注孤寡老人的热情，培育居民主动参与关怀居家孤寡老人的行动意愿。同时，寻找实验中存在的不足，小组商讨解决办法，并制定后续的实验计划，对实验中的文献材料进行整理，撰写实验项目结题报告。

五、实验成效

（一）形成了社区教育服务孤寡老人的联盟机制

通过实验的组织实施，社区学校邀请了社区内相关单位，包括市民体验基地、社会学习点参与到实验过程中，为实验提供指导建议和资源支持。仙霞新村街道借助外界力量的资源优势与平台优势，保证实验目标的有效落实。居民区教学点、睦邻学习点、社区学习团队作为服务孤寡老人的组织者、实践者，是开展社区教育工作的基础阵地，通过思想宣传发动，举办体验式、互动式、参与式活动，团结街道、社区单位、社区商业、社区社群，突出"融合""共享"，形成联盟机制，发挥联盟联动作用。

（二）集聚了一批多层次的服务孤寡老人的社区教育资源

通过实验，仙霞新村街道进一步整合资源、挖掘人才、完善保障，结合居家孤寡老人衣食住行乐、医养康护健等需求，使孤寡老人的社区教育服务在现有的基础上不断拓展，集聚了一批多层次、有特色的社区教育资源，包括：智能手机云播课、刮痧养生、西点烘焙等市民课程；花坊议事厅、瓶子菜园、逸社等市民自主学习、互动学习场所；乐龄驿站生命展陈、AI互动体感体验等市民体验活动；智慧养老展厅、辅具展厅等市民体验点。这些资源保证了居家孤寡老人学技能、保持健康的身体和心理、陶冶情操、增进和谐的需求，有利于独居孤寡老人重新融入现代生活，为他们的生活提供切实的便利。

（三）建成了积极能动、素质优良的老年互助团队

在推进老年互助团队建设的过程中，社区学校提供丰富的数字化、多元化教育教学资源和场所设施，为老年群体提供交往平台。普通老人、积极参与社区活动的老人与独居孤寡老人之间的互帮互助，有利于从老年人内部建立起紧密积极的联系。通过多次、良性的交往，最终建成多支积极能动、素质优良的老年互动团队。如以学习团队为主的"帮到家"志愿服务队、虹旭生境花园"小蚂蚁"志愿服务队、可恩口腔志愿服务队、威宁家庭仿视队、安龙义务诊疗队，引领更多的老年人志愿者加入关爱孤寡老人的队伍中来。

六、实践创新

首先，将实体教学与虚拟教学相融合。充分考虑到居家孤寡老人的身体状况、心理特点和学习需求，鼓励他们加入学习、参与活动、融入社区。性格活泼开朗、身体状况较好的孤寡老人可以参加线下课堂传统教学和集体活动。性格孤僻、行动不便的老人，在家通过网络直播课程在线学习，根据自己的需求获取学习资源和服务，让居家孤寡老人消除寂寞感和孤独感。

其次，老年人基础社区教育叠加"定制"教育服务。居家孤寡老人首先是"老年人"，在生活、学习、精神需求方面有共同性，但每个居家孤寡老人又有其特殊性和个性需求。仙霞新村街道在保证居家孤寡老人日常社区教育服务的基础上，为部分老人开展了"定制"教学活动，增加个性化的服务，包括圆梦服务、时光留影、认知症的早期筛查和干预、老年人生命展陈，帮助居家孤寡老人提高晚年生活质量。

最后，引入专业社会力量加入社区教育服务行列。服务居家孤寡老人涉及医疗、康复、心理慰藉等专业领域。在本项目的实施过程中，仙霞新村街道以"孝亲茅台"乐龄惠老服务街区营造为主，引入智库养老、大鱼

社区营造、可恩口腔、捷益文化传播等专业团队，深入社区做需求调研，共同策划为老服务项目，更好地为居家孤寡老人服务。

七、问题与思考

（一）已有的社区教育服务项目缺乏可及性

社区教育为老服务资源，经过多年的努力，已经在社区沉淀，有的服务资源已经品牌化、项目化，但对于居家孤寡老人来说，却是迷茫的、无知的，感受不到的。加大体验课程的投入，让大家亲身体验什么是 AI 智能、什么是生命、什么可以为生活提供便利，让社区教育真正能精准服务社区居家孤寡老人。

（二）社区教育服务的内容应更具层次性和针对性

社区居家孤寡老人的年龄、性别、经济收入、形成孤寡原因都不同，社区教育提供的服务内容应该更具有层次性和针对性。比如年轻孤寡老人、退休工资高的孤寡老人，他们表示更需要的是多元化的活动、好玩有趣的事情；而70岁以上的孤寡老人、低保孤寡老人，更多依赖社区情感上的关心、大家庭式的活动，所以要深究每位孤寡老人的需求，"量身打造"精准服务。

（三）新加入社区联盟培训需要加强

关爱社区居家孤寡老人联盟机制的建立，必然会撬动社区联盟行动。来自社区的不同群体、不同业态，对如何照护居家孤寡老人的心理、如何为孤寡老人提供需求服务存在盲区和误差，需要组织专家、学者为其开展专业的心理培训、消费培训和照护培训。

2 未成年人社区实践品牌建设的实验

金山区朱泾镇社区学校

一、实验背景

2013年，朱泾镇政府申报创建学生社区实践指导站；同年6月，朱泾镇学生社区实践指导站（以下简称"指导站"）在镇社区学校挂牌成立。自此，未成年人社区教育开始在朱泾镇社区学校生根发芽。

2019年，上海市精神文明委员会办公室、上海市教育委员会、上海市青少年学生校外活动联席会议办公室等部门下发了《〈关于深化推进新时代上海市学生社区实践指导站建设工作的若干意见〉的通知》（沪文明办〔2019〕18号）。文件指出，各学生社区指导站需全面贯彻落实习近平新时代中国特色社会主义思想，围绕立德树人根本任务，以培养德智体美劳全面发展的社会主义建设者和接班人为主线，科学化创新实践项目，加强对未成年人社区实践活动品牌的建设。因此，打造具有创新性和可持续性并具有社会影响力的未成年人社区实践活动品牌，是指导站对未成年人开展教育的有效途径，也是该校开展青少年人群社区教育的重点难点。如何创新实践项目，提升实践项目的质量？如何通过品牌建设实现社区实践项目的多样化？如何通过实践项目引导未成年人坚定理想信念、厚植爱国情怀、加强品德修养、培养奋斗精神、增强综合素养？找寻答案，需要我们在实际操作中去探索学习、实践创新，从而开启了我们的实验之路。

二、实验目标

一是通过实验初步形成不少于2个可以长期开展的未成年人社区实践

活动项目，继而形成实践活动品牌。

二是通过实验进一步实现社区实践方式的多样性、实践内容的丰富性，提升实践项目的品质，从而提升未成年人教育效能。

三是通过实验构建社区、学校、家庭协同机制，架构起未成年人参与社区实践活动的基本网络。

三、实验内容

（一）探索未成年人社区实践品牌

制定年度未成年人社区实践品牌项目计划。对已开展的优质社区实践活动项目——暑期拓展训练营、科普训练营、垃圾分类志愿者活动等进行梳理、优化升级，建设爱国主义红色实践小课堂、科学科普蓝色实践小课堂、文化修养黄色实践小课堂、健康教育绿色实践小课堂、巧手劳动紫色实践小课堂等5个项目，形成红蓝黄绿紫"五彩"实践移动课堂品牌。

（二）探索未成年人社区实践品牌建设的运行机制

构建社区、学校、家庭协同机制，完善志愿者服务机制，形成项目开发及其运行机制。

（三）做好未成年人社区实践品牌项目的推广宣传工作

巩固深化传统媒体阵地，大力拓展社会公益宣传阵地，深度发挥微信、网站等新媒体的优势，多方位、多角度进行宣传，全力打造未成年人社区实践品牌宣传阵地。围绕爱国主义教育，开展宣传工作，营造良好氛围。

四、实验方法

（一）调查研究法

通过实地探访、座谈等方式对辖区内的教育资源进行梳理，精选一批优质学生校外实践基地，完善与加强学生社区实践管理网络。同时对朱泾镇未成年人参加社区实践活动的现状进行调查研究，通过抽样问卷调查的方式了解学生的兴趣与需求，为社区实践品牌项目方案的制定与落实提供借鉴与帮助。

（二）实验研究法

通过实验，了解社区教育中未成年人社区实践工作的重点、难点问题。

探究适合未成年人发展的社区实践活动的新方法、新举措，为创新型人才的培养提供借鉴与经验，努力发挥社区教育终身育人的桥梁作用。

（三）行动研究法

通过实践品牌项目的推进，优化未成年人参加社区实践活动的目标、内容和方法，让未成年人在体验中发展、在感悟中成长。

五、实验过程

（一）调查社区未成年人的实践需求

（1）实地走访区域内中小学、村居委会及各类青少年活动基地，与社区实践相关负责人、社区未成年人进行沟通了解并做好记录。

（2）通过微信、QQ、邮件等电子手段适时了解未成年人对社区实践活动的需求方向。

（3）向区域内中小学及村居学习点投放《朱泾镇未成年人社区实践调查问卷》，抽样了解社区未成年人对于社区实践活动的需求，并从中获取学生、家长和老师对于新建社区实践品牌建设的意见和建议。

（二）根据需求，形成未成年人社区实践项目

从多种方式的调查来看，社区未成年人更趋向于参与多样化的实践课程，其中对劳技类及文化鉴赏类课程的感兴趣程度较高。根据当前素质教育的特征，开展的实践活动的内容需尽可能包含德智体美劳五个方面。因此，该校对已开展的优质社区实践活动进行梳理及优化升级，全力打造"五彩"实践移动课堂品牌。

社区实践课程的呈现方式包括线上实践课程（疫情期间）、线下实践课程（站内实践课程、站外实践课程）。站内实践课程设在社区学校内，一为站内兴趣班，邀请志愿者教师以及专家为未成年人开设文化礼仪、手工艺劳技、体育健身等兴趣类课程；二为外出实践活动，参考上海市未成年人实践地图，以参观爱国主义基地、科普教育基地为主，在全市范围内开展活动。

（三）探索未成年人社区实践品牌建设运行机制

1. 完善志愿者服务机制

建立一支由社区学校教师、社区文体干部、实践基地联络人、中小学教师、社区教育专家等社会各界人士组成的学生社区实践辅导员队伍。社区学校教师主要负责活动的策划、活动流程的管理及活动的总结；社区文体干部、实践基地联络人和中小学教师主要负责参与活动的推广、活动流程的监督；社区教育专家主要负责提供活动素材、教授课程。

2. 构建社区、学校、家庭协同机制

项目活动的发布和管理主要有两种方式：一种是建立微信联络群，进行报名及活动的组织联系；另一种是由社区学校公众号"学吧朱泾"或镇文明办公众号"今日朱泾"发布招募通知，采取自主报名形式。上下联动，确保活动信息准确及时地传递到每个未成年人和他们的家长，保证每场活动信息公开透明、过程安全。

3. 形成项目开发及其运行机制

一是成立未成年人社区实践活动品牌运营小组，保证有专人负责品牌项目活动的策划、流程的管理、资料的收集归档以及资金的使用。对指导站的基地进行排摸，保证每个基地都有专人负责，制定基地管理制度，保证基地的正常运营。二是整合区域资源，挖掘社区实践载体，助力品牌建设。由于学校场地、课程资源有限制，仅仅在校内开展活动无法满足社区未成年人的实践需求，因此该校通过指导站的平台在区域内建立 8 个未成年人社区教育实践基地和 7 个村居委会分站，利用每个基地和分站的特点和优势，通过教学资源派送、项目指导策划等方式合力打造活动项目。

（四）开展未成年人社区实践项目活动

该校以打造"五彩"实践移动课堂品牌为目标，开展丰富多彩的各类未成年人社区实践活动。疫情期间，指导站通过"学吧朱泾"微信公众号推送精彩纷呈的线上"云课堂"，包括家庭教育大讲堂、线上人文行走以及非遗文化的微课程，让社区未成年人足不出户也能得到实践学习。线下活动同样开展火热。

1. "五彩"实践移动课堂之红色实践小课堂

"童心学四史""你听我颂爱国情"等活动引导未成年人树立初心、牢记历史，知史爱党。红色实践小课堂重在培养未成年人的主人翁意识和责任感，厚植未成年人爱国主义情怀。

2. "五彩"实践移动课堂之蓝色实践小课堂

"青少年科技制作"等活动让未成年人通过亲手制作电力小风车，明白风车转动的科学原理。蓝色实践小课堂重在培养科学思维，提高未成年人的创新能力和科学素养。

3."五彩"实践移动课堂之黄色实践小课堂

"金山农民画绘画""文明礼仪伴我行"等活动,指导未成年人感受非遗、传承非遗,让青少年学会讲文明讲礼仪。黄色实践小课堂重在提升未成年人文化情操、礼仪素养、动手能力,加强民族精神凝聚力。

4."五彩"实践移动课堂之绿色实践小课堂

"身体的秘密""健康饮食知多少"等活动,让未成年人加深对身体器官的认识,扩大健康饮食的知识面。绿色实践小课堂重在增强未成年人的身体素质、心理素养以及环保意识。

5."五彩"实践移动课堂之紫色实践小课堂

"家庭劳动小能手""剪纸艺术"等活动,通过劳动实践、环保手工等方式,让孩子们学会发现身边的美,学会珍惜他人劳动成果。紫色实践小课堂重在锻炼未成年人的动手能力,增强劳动技能。

六、实验成效

(一)创设未成年人社区实践项目,并顺利开展活动

1. 项目数量增加,活动内容更充实

该校为打造未成年人社区实践品牌"五彩"实践移动课堂,创设五个实践项目,五种颜色的实践课堂有其不同的效能和意义。目前,已开展二十多场活动,开展的活动内容涉及爱国主义教育、自然科普教育、非遗文化教育、身心健康教育、科技制作、手工艺制作等等,教育覆盖面十分广泛,有效助力社区未成年人德智体美劳全面发展。

2. 项目活动形式更加多样化

在现有校内少儿兴趣班、暑期拓展训练营的基础上,新增线上实践课堂,满足未成年人居家实践学习的需要。在现有线上线下活动形式之外,新增人文行走、亲子课堂、家庭教育、定向越野等新的活动形式。

3. 参与活动的未成年人数大幅增加

据统计,2019年,该校开展未成年人社区实践活动,参与人数共计130人左右(包含校内兴趣班人员),自"五彩"实践移动课堂项目运行以来,参与人数已达500多人,实现巨大的飞跃(见表2-1)。

表 2-1 "五彩"实践移动课堂开展线下项目活动场次及参与人数

名称	开展场次	参与人数
红色实践小课堂	3	46
蓝色实践小课堂	2	32
黄色实践小课堂	9	208
绿色实践小课堂	3	70
紫色实践小课堂	6	122
合计	23	478

（二）未成年人参与社区实践活动的基本网络初步形成

实验期内，该校积极构建社区、学校、家庭协同机制，建立了朱泾镇未成年人社区实践活动联席会议制度，讨论确定年度实践活动计划。形成了"一、二、三"工作机制，即成立一支实践活动指导员队伍，由文明办、社区学校人员组成，定期开展实践活动的探讨，调整完善阶段性实践活动计划；落实两项推进举措，邀请村居有关人员对实践活动进行常态化监督，各实践基地将实践活动列入日常工作内容，确保实践活动正常有序开展；三类人群成为活动参与重点人群，将社区未成年人、家长和志愿者作为实践活动的主要参与者。参与实践的中小学生可以从中获得丰富多彩的实践经验，高中生还可以获得相应的志愿者学分。

（三）"五彩"实践移动课堂获得广泛关注，打响区域知名度

"五彩"实践移动课堂自开设以来，饱受学生和家长的喜爱，开展的项目活动几乎场场爆满，供不应求。镇文明办的"今日朱泾"微信公众号积极推送"五彩"实践移动课堂的相关资讯，品牌活动在区域内获得了更高的关注度。该校荣获朱泾镇2020年未成年人暑期工作先进集体，负责此项目的李吟薇老师荣获朱泾镇2020年未成年人暑期工作优秀组织者。

七、实验反思

（一）开展的活动深度有待拓展

目前，该校通过"五彩"实践移动课堂开展的项目活动，课程形式大都以手工艺课、专家讲座为主，仅在社区学校及区域内的青少年实践基地开展线下实践活动，课程创新度不够，活动的种类和学习资源也相对受限，导致参与者对于活动的新鲜感不足。

（二）经费有限导致品牌推广范围受限

目前，该校的未成年人社区实践专项经费不足，并且经费使用受限制，无法开展外出参观实践活动，导致无法满足更多的实践基地和分站开展未成年人实践活动，整个品牌项目不能达到扩展效果。品牌项目的宣传也只局限于校级和镇级平台，品牌项目的建设之路任重道远。

3　老年教育学习型团队的培育

青浦区练塘镇成人中等文化技术学校

一、实验背景

《上海市老年教育发展"十三五"规划》中指出，贯彻习近平总书记提出的"党委领导、政府疏导、社会参与、全民行动"的老龄工作方针，积极应对人口深度老龄化趋势，培育社会主义核心价值观，全面推进老年教育的内涵发展，打造丰富多样的学习途径和学习资源。

具有"红色、绿色、古色"之称的练塘古镇，自古以来人文历史丰富、物产富饶，老年人口比率不断上升，老年人的学习需求越来越旺盛，学习的多样性要求也越来越高。学校教育已不能满足老年人的学习需求，团队学习成为老年人学习交流的主要平台。

二、实验目标

探索团队发展规律，聚焦学习团队的质量和增量，优化和拓展老年人的团队学习模式，坚持发展性原则、指导性原则、示范性原则、科学性原则和通俗性原则，培育和建设一批新型的、有影响力的老年学习团队，让原来的校内组织学习转化成校外的一个个学习组织。具体包括探索丰富多样的老年人学习途径，从学习方向、学习方式、学习过程三个方面变革老年人学习方式，探索培育学习型团队机制，培育可持续发展的老年学习团队，培养团队领袖，打造品牌学习团队。

三、实验方法

（一）调查研究法

项目组成员分别进班级、进社区、进乡村，针对居民的学习需求和现有的各种活动团队进行调查分析，为获取培育学习团队掌握最基础的信息。

（二）提炼法

针对收集上来的信息，按成员的共同学习愿景分门别类整理形成各个团队的雏形。

（三）介入引领法

在学习团队建设初期，项目组成员深入各自负责的团队，实行专人负责制，辅助相应的学习团队制定学习计划、学习目标、学习内容。

四、实验内容

创新思路，优化模式，努力让多元化的学习元素融入团队学习中，让不同学习基础和学习能力的成员之间通过参与学习、实践活动实现信息传递与能量交换，从而使每个老年学习者身上产生观念与行为的变化，让成员感受到学习的意义，提升学习成就感和集体归属感。

（1）接管转化现有活动型团队，使其成为学习型团队。

（2）在现有老年学校的班级中，引导有更多学习愿望和时间的学员参与建立老年学习团队。

（3）从各个社区和村居引领有共同学习愿望的老年人以兴趣为中心、以知识交流分享为目的组建学习型团队。

（4）制定团队目标、规章制度、学习目标、学习内容来确保团队规范化和可持续发展。

（5）指导学习型团队进行丰富多样的学习活动，参与社区与各级各类展示活动和竞赛，扩大学习型团队的社会影响力，争取更多的老年人参与团队学习。

（6）逐步扩充学习型团队的数量和规模，使学习型团队逐渐成为社区居民的主要学习组织。

（7）培育学习型团队领袖和团队骨干。

（8）打造具有品牌特色的学习型团队。

（9）参考《上海市星级老年学习团队建设标准》，将符合标准的学习型团队进行网上申报注册，来促进学习团队的梯度式发展。

五、实验过程

（一）准备阶段（2018 年 11 月—2019 年 2 月）

（1）建立社区教育实验项目工作小组，召开实验项目工作小组会议，确定实验项目课题。

（2）编制社区教育实验项目实施方案，明确实验项目目标、内容，落实实验项目专项经费。

（3）按照社区教育实验项目实施方案，明确实验项目工作小组成员各自工作职责。

（二）实施阶段（2019 年 2 月—2020 年 10 月）

1. 调查摸底（2019 年 2 月—2019 年 3 月）

（1）深入社区、村居、老年学校，调查居民学习需求和学习方式方面的需求，掌握基础信息。设置调查表格，统计村居现有学习团队概况。

表 2-2 练塘镇村居学习团队调查表

_____村居

团队名称	创建日期	负责人	团队人数	学习内容	学习频率	指导老师

（2）分析整理，提炼有效信息，为社区教育实验项目实施提供决策依据。

（3）建立学习团队培育策略，包括引导和顺应社区老年人的发展需要、鼓励不同老人不同程度的参与、实行自主运作自我管理、丰富学习内容、体现成员和组织的价值。

（4）制定团队组建的原则，具体包括：由固定的社区老年人组成、由老年学员自发成立，以兴趣为中心，进行知识的交流分享，促进个人和团队的成长；学习活动具有持续性和定期性。

2. 分层实施培育（2019 年 4 月—2020 年 10 月）

（1）梳理既有团队、扶持初级团队、建立新生团队。

分层次确立培养目标。通过分析整理，我们把收集的学习团队分成三个层次。第一层次是在我们学校建立得比较成熟的既有团队，比如"非遗打莲湘学习沙龙""翰墨章练书画沙龙"等。第二层次是根据调查得来的数据选择已初步建成的具有特色的活动性团队，我们把它称为初级团队，比如旭辉朗悦庭的"雅姿旗袍秀"学习团队。第三层次是指从摸底情况了解老年居民学习愿望，帮助他们组建新生团队，譬如以旭辉朗悦庭中外来居民为主要成员的"夏荷秧歌舞沙龙"学习团队。实验项目工作小组成员采用专人负责制，针对不同层次的团队提出不同的培育目标。对既有团队着力于学习能力和学习组织规范化的提升，以及示范性的推广，是第二、第三层次团队的发展方向和目标。针对初级团队，我们分派专人介入，引领和转化原有活动性团队，使团队学员从思想上、行动上、主观意识上、学习内容上都发生转化，帮助各团队学员进入团队学习的状态，逐步提升团队的星级。建立新生团队时，我们在了解学员学习愿望和需求的基础上，将有共同学习愿景和学习时间的学员组成新的学习团队。我们在 2019 年建立了"夏荷秧歌舞沙龙""夕阳红音乐沙龙""乡之韵健身沙龙"等 6 个团队。因地制宜，因材施教，根据团队不同的层次建立不同的学习目标、推出不同的学习内容。

（2）指导团队学习和规范化发展。

按照制定的培育策略和培育原则，参考《上海市星级老年学习团队建设标准》，帮助团队制定团队规章制度、团队目标、学习内容、学习计划等要素，记录团队学习情况，及时调整学习进度与内容。项目组成员引领指导开展各类学习活动，不断创新思路，优化模式，学习内容上体现学员的自主性选择，学习方式上体现学员的自我管理。在对既有团队的实验中，我们着重于"半亩方塘读书会"团队的提升和示范性建设。在学习方式上体现团队的自我管理性，在学习内容上体现团队的自主选择性，自学为主，或小组学习采风。每月至少组织一次集中活动，学员交流分享各自的学习心得，讨论社会热点问题。在此过程中，学校适时给予引领和扶植，逐步完善团队的章程和制度，优化团队管理模式，以期达到学习团队的健康发展。在 2019 年 11 月，"半亩方塘读书会"被评为上海市老年学习团队五星级团队。

（3）建立团队领袖培养目标，培育团队领袖。

项目组成员深入各个团队，挖掘优秀团队负责人，采用组织定期培训和专题交流相结合的方式，采取结对互帮和典型经验示范相结合的方式培育团队领袖。建立团队领袖微信群，由项目组成员专人负责微信群的内容发布。学习团队负责人是团队的设计师、组织者、带领人，具有带领团队学习文化、把握方向、提升团队的学习创新水平、形成团队凝聚力等多方面的积极作用，所以对团队负责人的培育至关重要。比如，我们选派旗袍秀团队领队和指导老师参加东华大学老年教育时装模特表演师资培训，"非遗莲湘沙龙"团队负责人周美红每年都到上海师范大学参加老年教育舞蹈师资培训，等等。通过培育，团队负责人成为领导信任、群众认可，有道德素养、有社会责任意识和专业技能的社区精神文明的组织者、宣传者和推动者，成为学习型团队具有号召力的团队"领袖"。从实验项目开始到现在，我们培养了5名能力比较强的团队领袖。

（4）团队学习成果展示。

为提升老年人的学习动力、兴趣和学习成就感，契合老年需要得到社会认可的心理，在实验和学习的过程中，我们契合各种节日举办学习成果展示活动，引导更多的老年人来参加老年学习团队，以实现"上海市老年教育发展'十三五'规划"总体目标中提出的"到2020年，老年教育参与人数翻一番，老年学校学习人数达到120万，老年人学习组织数量翻一番"的目标。针对不同的团队采用不同的展示方式，包括联合练塘镇九峰养护院、秋韵歌咏沙龙、夏荷秧歌舞团队以及炫舞飞扬团队，在九峰养护院举办了"不忘初心、牢记使命"练塘镇老年学校2019年团队展示暨敬老工艺演出活动；参加各类社区艺术节活动，炫舞飞扬舞蹈沙龙、秋韵歌咏沙龙、雅姿旗袍秀等团队参加社区、镇、区等各级各类慰问节庆活动，实现老有所学、老有所为、反哺社会的良性社会效应；参加市、区老年教育艺术节比赛，"非遗打莲湘沙龙"等参加区和市庆祝中华人民共和国成立70周年展演，均获得了一等奖的好成绩。

（5）打造品牌特色学习团队。

"半亩方塘读书会"和"非遗打莲湘沙龙"两个特色团队，通过各方协调，采取协作发展、考察交流、比赛汇演等方式，努力将之打造成具有地方特色又有较强发展动力以及良好运营模式、在本地区和青浦区甚至更大范围内具有影响力的优秀学习团队。2019年11月，"半亩方塘读书会"经审核被评为上海市老年学习团队五星级团队。我们正在培育的星级团队共有20支，目前正按照我们的实验过程稳步推进，并已收到了比较明显的实验效果。

（三）新冠肺炎疫情阶段（2020年2—10月）

面对从未碰到过的突发公共卫生安全事件，项目组成员及时召开会议，针对不同的学习团队研讨相应的对策。一是了解需求，通过微信电话做好宣传工作，缓解团队成员的紧张情绪。发布官方防疫信息，包括如何洗手、消毒、口罩的使用等等。二是调整学习方式和学习内容，开展线上学习，比如线上唱歌、线上运动、线上阅读等等，增加居家个人学习和训练内容，鼓励团队成员将学习过程和创作成果在学习团队微信群分享，比如书法绘画分享、美食烹饪分享、手工编结创作分享等等。三是加强日常联络，了解学员身心健康，制定应急方案。

（四）总结阶段（2020年10月）

撰写社区教育实验项目总结报告，完成实验项目终极评估。

六、实验成效

一是通过本实验，我们建立了学习团队培育的策略，具体包括引导和顺应社区老年人的发展需要、鼓励不同人群不同程度的参与、实行自主运作自我管理、丰富学习内容、体现成员和组织的价值。

二是通过本实验，我们建立学习团队组建的原则，包括由固定的社区老年人组成、由老年学员自发成立，以兴趣为中心，进行知识的交流分享，促进个人和团队的成长，学习活动具有持续性和定期性。

三是通过本实验，我们初步构建了老年学习团队发展阶段的模型，如图2-1所示。

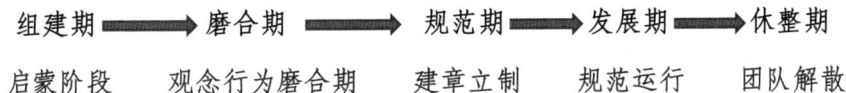

组建期 ➡ 磨合期 ➡ 规范期 ➡ 发展期 ➡ 休整期

启蒙阶段　　观念行为磨合期　　建章立制　　规范运行　　团队解散

图2-1 老年学习团队发展阶段模型

四是通过本实验，我们培育了第一批具有号召力、热爱学习、热心社会服务的团队领袖；打造了一支五星品牌团队——半亩方塘读书会、一支特色学习团队——非遗打莲湘沙龙；满足老年人参与群体活动的社会性需求，提升老年人社会认同感，营造社会和谐氛围。同时，丰富了学习内涵，拓展了学习方式，使社区内的老年人树立终身学习的理念，把学习作为一种生活方式。

七、实验思考

我们在实验过程中发现，培育老年学习团队既容易又困难。容易的是，老年人空闲多，热心人多，要组建一个没有规范的团队很容易，但是老年人观念相对固化，团队要规范化、制度化有一定的难度，需要引领和指导。另外，农村老年人的参与率不高，参与度不均衡；有的老人不管哪种团队都要参加，热情非常高，但还有一些老人因为各种原因，不愿意参加学习团队。

4 提升团队老年人学习能力的实验

崇明区向化镇社区学校

一、实验背景

上海市人口老龄化问题日益凸显，第六次人口普查结果显示，崇明区60岁及以上老年人口占常住人口的比重已达到 25.45%，比联合国标准 10% 高出 15.45 个百分点。而地处崇明岛东部的向化镇是一个典型的以农业经济为基础的农村地区，人口老龄化形势尤为严峻。老年人群是构建和谐社区的重要力量，生活水平在不断提高的同时，农村老年人对了解国家热点问题、学习新技术新理论、丰富晚年生活的欲望日益强烈。如何提升老年群体的综合素质、改善他们晚年的生活质量是社区教育的重要任务，也是终身教育的重要组成部分。

向化镇社区学校一直以来都非常重视老年教育，在镇政府的关心支持下，各村组织成立了一些受老年人喜爱的团队。另外，一些因兴趣爱好相投而自发组建的学习团队也逐渐涌现。这些老年学习型团队的出现，有利于老年群体获得新的知识和追求，有利于解决人口老龄化带来的一些社会问题。但是团队成员的学习能力已经成为团队发展以及成员个人发展的制约因素。比如老年人线上学习能力有待提高，手机、计算机等设备的操作技能有待提升，与人交往、社会互动、团队协作的能力有待增强，这些问题不但阻碍了个人的发展，打消了个人学习的积极性，同时也在一定程度上阻碍了团队的发展，造成团队的活力以及创新性不足。为此，向化镇社区学校认为有必要开展提升团队老年人学习能力的实验。

二、实验目标

本实验将立足学习团队，依托社区资源，通过各类课程和活动，运作多种教学方法和途径，提高老年人在知识获得与应用、自我监控、资源管理与应用方面的能力。通过项目实验，我们构建了团队老年人学习能力的模型，探索提高团队老年人学习能力的途径与方式，增强学习团队成员学习能力，进而激发其进一步学习的热情与兴趣。

三、实验内容

（一）深入调研并确立实验对象

对本镇学习团队的情况进行调查摸底，深入了解影响团队老年人学习能力提升的限制因素，选取2—3个学习团队为前期实验对象，有针对性地开展提升老年人学习能力的实验。

（二）整合资源，多维度提升团队老年人的学习能力

首先，加强培训与指导，丰富团队老年人的学习途径；其次，搭建平台，创新方法，激发老年人的学习兴趣；最后，强化硬件设施，优化团队老年人的学习环境。

（三）总结经验并进行推广

以点带面，把经验推广至其他学习团队，提高全镇学习团队成员的学习能力，进一步激发成员学习的热情与兴趣。

四、实验方法

（一）调查研究法

首先，对本镇老年人学习团队的情况进行调查摸底，选取有代表性的2—3个学习团队作为前期的实验对象。其次，通过问卷、访谈等调查方法，了解并选取团队老年人的学习能力并备案。实验一段时间后，对团队老年人的学习能力做重新评估与鉴定，跟踪实验效果。

（二）行动研究法

根据项目设定的实验内容开展实验，在理论指导与理念统领下，强调实践和探索。项目实施过程中对于如何提升学习能力，做到边实践边探索，及时调整与总结实验思路和策略，验证并提升对团队老年人学习能力的理

性认识。

（三）文献法

通过查阅大量文献资料，定义学习能力的含义和范畴，增加实验的针对性，了解国内外有关学习能力以及团队能力建设方面的理论成果与实践，从而使项目更好地服务于老年人群。

五、实验过程

本项于自2019年2月经市项目办立项，项目组于同年4月参加区学习办组织的项目论证会，5月立即举行了项目启动会与工作研讨会，并且按照项目实施计划进行分工，分阶段实施项目。前期具体开展了以下工作：

（一）深入调研，确定实验对象

2019年4月对本镇学习团队的情况进行调查摸底，并对影响团队老年人学习能力提升的限制因素进行了深入分析。经过项目组成员商议，选取了3个学习团队为前期实验对象，有针对性地开展提升老年人学习能力的实验。

表2-3　实验对象基本情况

基本情况	实验对象		
	卫星村妈妈们农家学堂	阜康村夕阳红腰鼓队	向宏居委红叶舞蹈队
学员人数（人）	15	20	22
男女比例	5:10	2:18	4:18
平均年龄（岁）	58	64	62
建团年限（年）	3	4	6
市级团队认定年份及星级	2017年二星	2016年三星	2014年四星

开展实验前，项目组对选取的3个学习团队具体设计了由两部分组成的调查问卷，第一部分包括年龄、文化程度等6个方面的情况调查；第二部分为多选项，内容包括参与学习团队的目标、看法、学习方法、学习途径等9个方面的调查。项目组共发放60份问卷，收取有效问卷52份，并做了数据统计，为实验项目的开展提供了科学的客观依据。

（二）整合资源，多维度提升团队老年人的学习能力

一是加强培训与指导，丰富团队老年人的学习途径。调查显示，团队中老年人的学习途径比较单一、单调，以课堂集中学习为主，团队户主学习为辅。针对此问题，镇社区学校从多方面丰富了老年人的学习途径。在原来课堂集中学习、团队互助学习的基础上，培养其个体自主学习能力，比如个体主动在家用手机观看新闻、网上视频聊天等。

二是搭建平台，创新方法，激发老年人的学习兴趣。项目组突破思维限制，创新方法，为团队成员提供体验多种不同学习模式的机会。同时镇社区学校在多个部门的协作下，搭建各种平台，给3个学习团队充分展示自己的机会，展示氛围影响着其他观摩的团队，使更多的团队纷纷表示以后要加强队员的学习，提升团队影响力。

三是强化硬件设施，优化团队老年人的学习环境。在培育和建设学习团队时，学校按照"十个一"标准规范团队建设，所以3个学习团队都有一个固定的学习活动场所，包括室外和室内。为了改善学习环境，共同美化学习场所，在团队负责人的带领下，室内墙面都张贴了学习园地板块、团队规章制度、剪纸画等，很多队员又从家里搬来了花卉盆栽，拿来用土布自做的坐垫，购置的气球和彩带给室内环境增添了温馨和舒适感，学习环境的改善大大激发了队员参与团队学习的热情。

（三）结合疫情，提升并验证老年人线上学习能力

2020年上半年，疫情当前，线上学习再一次被提上日程。疫情期间，许多老年人并没有完全停止学习，反而学习团队中有些成员开始尝试利用手机、电脑等进行线上学习。2020年上半年，社区学校开展了在线学习能力的专题培训，3个团队40多位老年队员参加了"玩转智能手机"培训活动。活动采用互动式教学，大家在遇到不懂的问题时可随时向老师提问。老年朋友认真聆听，时而一手拿手机一手滑动着屏幕，时而高举手机拍摄讲座PPT。为方便课后指导，讲座现场还建立了手机学习微信群，活动既满足了老人们对智能手机学习的需求，同时也提升了队员线上学习的能力。培训内容成为团队老年人在疫情期间开展学习的重要法宝。2020年3月以来，学校通过上海学习网等公众号选取学习资源，每天在微信群分享团队学习资源，3个月内共分享90多条学习资源，基本保持团队每天线上学习1条学习内容。

六、实验成效

（一）界定了"学习能力"概念，初步构建了老年人学习能力模型

"学习能力"的内涵和外延都很丰富。作为一个实验，我们首先对其概念进行界定，进而构建本实验中老年人学习能力的模型。老年人学习能力的提升也主要围绕这三方面进行。

1. 知识获得与应用能力

知识获得能力是指学生在学习中能很好地理解、消化、筛选及吸收所学知识，善于通过有效方法和途径寻找相关知识，不断完善自己认知结构的能力。掌握知识的目的在于应用。应用知识的能力则是指学生根据实际情况把所学知识进行转化后并入自己的知识体系中，并在学习中、日常生活中及工作中将其加以灵活、有效运用的能力。

2. 学习过程自我监控能力

学习过程中的自我监控能力是指个体对从事的学习活动所进行的自我调节与控制行为。它包括在学习过程中确定学习目标、安排学习步骤、调节学习努力程度、选择学习方法、利用学习时间、检查与分析学习结果、采取补救措施等行为表现。学习过程中的自我监控能力是帮助学习者更快获得知识的前提，也是保证学习效果的重要条件。

3. 学习资源管理与应用能力

学习资源可分为学习材料与教学环境两大类。学习材料指教学软件、音像教材、多媒体课件、教育信息资源等各种直接承载学习资料的知识载体，可辅助学习者进行学习。教学环境则是指学习资源中心、微格教室、网络教室等。学习资源管理与应用能力主要是指知识获得与应用维度和自我监控能力维度。

（二）初步总结提升老年人学习能力的方法与途径

1. 多途径学习：课堂集中学习、团队互助学习、个体自主学习

农村地区的老年团队源于志趣相投、特色相近的各类人群，他们的管理模式往往比较随性，属于"粗放型"，缺乏可持续发展力。要使这些团队向学习型团队转化，就要加强对团队的引导，创建多途径、多模式的学习模式。在对3个实验性团队进行实验过程中，项目组在学习形式和内容上可以允许各团队具有自己鲜明的个性，结合老年人自身年龄特点和团队

特色，鼓励他们寻找适合自己团队发展的目标。目前主要有课堂集中学习、团队互助学习、个体自主学习三种学习途径。项目组打破原来老年人学习途径单一的模式，根据不同学习内容涉及和选择不同的学习途径。

2. 多平台学习：基地体验学习、人文行走学习、网络数字学习、视频音像学习、手工制作学习

老年人学习的平台应该是宽阔的，对于他们的学习更要打破原来陈旧观念里对学习的认识，学习应该是"身"和"心"的愉悦。体验式学习是人类最基本、最自然的一种学习方式。它是先由学员自愿参与相关活动，然后分析他们所经历的体验，使他们从中获得一些知识和感悟，并且能将这些知识和感悟应用于日常生活、学习和工作中。本项目提升团队学员的学习能力，拓展学习渠道，丰富学习内容，激发队员学习积极性。

3. 情景设置指导队员学会学习的方法：带着问题学、带着任务学、带着兴趣学

经过研究证明，学习兴趣促进深度学习，深度学习促使学习者提高学习能力及提升学习效果，学习效果又进一步激发学习者的学习兴趣。这就要求深入了解老年人的需求，设置老年人适需的学习课程。带着问题学、带着任务学，除了兴趣之外，老年人可能还会关注某一个问题的解决，比如一项技能的习得，这就需要教师创设情境，引导学员带着问题学习、带着任务学习。

（三）初步总结提升团队老年人学习能力的经验

1. 优化课程设置，提升老年人学习效能感

课程的开发通常包含两个方面，其中自上而下是由国家教育权力机构组织专家决策、编制，自下而上则是根据调查学员需求的结果开发课程。老年教育课程的设计一般更倾向于自下而上。课程的设计内容与安排根据老年人的心理发展特点与需求开设，使老年人能够自信会完成学习行为，是提升老年人学习自我效能感的重要途径。

老年人随着年龄的增长，其认知特征会有一些变化，但其生活阅历的丰富也使老年人具有知识面广、理解能力强的特点。老年人的课程设置需针对这些老年人独有的特点进行优化，使老年人了解他们能够继续学习的可能性，提高学习的自我效能感，从而使老年人拥有自己可以学、能够学及愿意学的态度。

2. 以老年人学习兴趣特点及心理为基础推进活动内容及形式创新

根据调查，发现老年人的学习动机各有不同，有些是为了满足求知欲，有些是渴望对周围事物和自身有更多的了解和把握，还有些是为了提高生活品质。了解不同老年人的学习兴趣点开设适合老年人且能充分调动老年人学习积极性的活动内容，是提高老年人学习能力的重要途径。在课程形式方面，可创新性地利用一些网络平台，利用微课、公众号及交流群等都是比较成功的例子。就学习方式而言，以老年人自学为主，教师可采取各种教学辅助手段教学。老年学习者可以根据自己的具体情况在互动平台上进行学习和交流，没有时间、地点、人数等传统课堂上的限制。自主性较强的远程学习者能够自由安排自己的生活和学习时间，使老年人的学习也可以不受时间、地点的限制，且更加多样化，更加方便老年人的学习。

3. 注重梳理学习团队的学习需求，并根据现有的学习条件加以调整和组合

在学习过程中，老年学习团队既能产生积极影响，也不可避免地会产生消极影响。一方面，若群体中身边学员的学习态度积极，则会带动整个学习群体的氛围；反之，则对学习积极性产生负面的影响。另一方面，团队中的个人有着不同的学习需求，这就使得内部会产生一些矛盾，对于整个活动设置也会产生较大的难度。要消除这种可能出现的问题，我们就需要梳理引导群体的学习需求，并根据现有的学习条件加以调整和组合。项目组对3个学习团队的成员、学习需求等进行了详细分析，制定不同的学习计划。比如分小组进行学习，有同样学习需求的可在同组进行讨论，同一组活动设计也可根据学员自身的需求有选择性地实施。

4. 注重老年人学习进程指导及心理疏导，提升老年人的社会化程度

社会化是个体在特定的社会文化环境中，学习和掌握知识、技能、语言、规范、价值观等社会行为方式和人格特征，适应社会并积极作用于社会、创造新文化的过程。老年人随着年龄的增长，其追随时代的脚步逐渐缓慢，学习进程的缓慢可能会导致老年人的自信感逐渐下降，进而学习兴趣减弱，主动学习可能变成被动学习。因此，在学习过程中，教学者不仅要关注学习的进程与结果，更要关注老年人心理态度的微妙转变，及时进行疏导。另外更要注意老年人的学习需求，以现代化的方式教授会更加适应老年人想要追逐时代发展的心理，提升老年人的社会化程度。

（四）有效提升老年人的学习能力，增加团队活力

项目选取了3个学习团队的老年人作为实验对象。实验开始之前，项目组对实验对象进行了全面了解，对其学习能力进行了全面评估。实验进行一段时间之后，项目组成员对团队老年人的学习能力重新做评估与鉴定，发现这些团队老年人的学习能力有了明显改善，学习兴趣也有了很大提升。通过一个阶段的实践研究，团队通过文化体育活动与学习文化知识相结合、线上学习与线下学习相结合、学习与参与创建相结合、学习与参与社区治理相结合，进一步调动了团队建设的积极性，不断提高团队学员的学习兴趣，团队学员学习能力明显提升。同时，参加实验的三个学习团队，在团队制度建设、日常管理、团队活力等方面有了明显提升。

七、实验思考

（一）加强团队管理，切实提升团队老年人的学习能力

团队学员由于各方面的差异性，在推进多途径的学习过程中发现老年人学习过程自我监控能力、学习资源管理与应用能力和自主学习能力、自觉性等方面提升效果欠缺。如何把学校的常规工作和提升团队老年人的学习能力结合起来，充分利用好每次活动和培训，达到实验目标，项目组人员需要做深层次思考。团队没有专门指导老师，基本靠团队负责人指导，师资和经费缺乏也会限制实验目标的深度实现。

（二）丰富团队课程资源，引导学员学习内容

目前团队课程单一，多以健身娱乐、修心养身为主，基本满足居民的文化生活需求，但需要深化拓展、引领知识类课程，以进一步提升社区居民的文化素养和文化品位。然而知识类方面的课程推进有一点难度。下一阶段，项目组将加大引导老年人审美趣味，培养健康积极的人生价值观。

（三）开展线上学习，丰富线上优秀课程资源

对于线上学习，老年人还有很多心理和技术上的障碍，需要不断创新学习方式，提升数字化学习的吸引力和感染力。丰富线上优秀课程资源，改善学习无线教学环境，加大移动终端的培训力度，积极利用瀛通老年大学直播课堂，提升团队学员线上学习能力。下阶段，项目组将总结推广实验成果，把实验中的3个实验团队作为辐射点，以点带面，把经验推广至其他学习团队，发挥实验成果的辐射作用，提升全镇学习团队成员的学习能力，激发成员进一步学习的热情与兴趣，进而推动全镇的终身教育水平提升。

5 德育为先，科创引领：川沙新镇社区教育构建青少年素质教育"大学校"的实验

浦东新区川沙新镇社区建设和社会事业发展办公室

一、实验背景

随着学习型社会教育诉求和终身学习理念的不断渗透，社区教育逐渐成为整合家庭、学校、社会三方教育资源，促进青少年德智体美劳全面发展的一条新路径。根据上海市教育委员会等七部门《关于进一步推进本市学习型社会建设的若干意见》的精神及要求，川沙新镇人民政府提出关于进一步加强社区教育工作的意见，要"充分发挥社区教育在青少年校外教育领域中的思想道德'主阵地'作用、社会实践'大舞台'作用、素质教育'大学校'作用"。由此，川沙新镇以"三位一体"社区教育运行模式为基础，通过"政府支持、部门推进、学校主抓、社会参与"的方式成立川沙新镇社区教育联盟，构建"德育为先、科创引领"的青少年素质教育"大学校"。

（一）贯彻落实关于青少年社区教育的政策目标

2019 年 2 月，中共中央、国务院印发《中国教育现代化 2035》，提出要"坚定实施科教兴国战略、人才强国战略"，"培养德智体美劳全面发展的社会主义建设者和接班人"。[①]2019 年 11 月，中共中央、国务院印发《新时代爱国主义教育实施纲要》，强调"把青少年作为爱国主义教育的重中

---

① 中共中央、国务院.中国教育现代化 2035[EB/OL].[2019-02-23]http://www.gov.cn/zhengce/2019-02/23/content_5367987.htm.

之重"①。2020 年 1 月，《上海市推进科技创新中心建设条例》通过。这是我国首部科创中心建设的"基本法"，要大力推进上海市科技创新中心建设，明确提出要"组织开展青少年科学普及活动，提高青少年创新意识和科学素养"②。由此可见，积极探索青少年社区教育路径，紧抓爱国情怀培养和科创能力提升，促进青少年德智体美劳全面发展，不仅受到了国家的高度关注，而且得到了相关政策的支持与指导。

（二）积极探索镇域青少年社区教育的发展路径

川沙新镇社区教育中心（以下简称"教育中心"）积极开展幼儿早期教育、中老年课程、青少年素质教育、安全普及培训等，辐射镇域六大社区及周边街镇，每年服务 5000—10000 人，但是存在着主题割裂融合不足、研发创新可利用资源不够等问题。另外，学校具有特定的场所、明确的教育目的、规范的课程体系，对青少年成长有着举足轻重的作用，但是因为学校特有的封闭性、德育及实践课程开展的局限性，并不能充分满足青少年成长的各方面需要，又因"社区教育资源短缺与学校、社会等其他可利用教育资源闲置共存"，家庭教育与学校教育耦合程度、学校环境与社会环境协调度等问题，较难形成教育合力。

基于上述政策推动及经验基础，川沙新镇于 2019 年开始构思"德育为先，科创引领：川沙新镇社区教育构建青少年素质教育'大学校'"的实验思路。

二、实验目标

本实验目标是以川沙新镇作为实验区域，通过"政府支持、部门推进、学校主抓、社会参与"，以"学校、家庭和社会"三位一体社区教育运行模式为基础，成立川沙新镇社区教育联盟，构建"德育为先，科创引领"的青少年素质教育"大学校"，建立健全"处处能研究、榜样美名扬、校校皆参与、科技能量强"的青少年社区教育格局。

---

① 中共中央、国务院 . 新时代爱国主义教育实施纲要［EB/OL］.［2019-11-12］http://www.gov.cn/zhengce/2019-11/12/content_5451352.htm.

② 上海市人民代表大会 . 上海市推进科技创新中心建设条例［EB/OL］.［2020-1-22］http://www.spcsc.sh.cn/n1939/n1944/n1946/n2029/u1ai205150.html.

三、实验内容

整合家庭、学校、社会三方教育资源有着相应的理论依据。根据社区教育相关研究，基于"三位一体"的青少年社区教育运行模式，川沙新镇通过成立教育联盟的组织主体，依托"德育"和"科创"双目标引领，教育资源整合促进"大学校"可持续发展，品牌化、数字化、智能化助力青少年德智体美劳全面发展。

（一）搭建立体的青少年社区教育运行模式

家庭教育、学校教育、社会教育都是我国青少年教育格局中的重要组成部分，各有优势，互相影响，也互相补充。[①]"三位一体"的青少年社区教育运行模式可以在社会范围内挖掘用于青少年教育的人力、物力、财力以及精神资源。从宏观层面上，能够协调社会政治、经济、文化等各方面力量，为青少年开辟更广阔的实践空间和更丰富的活动内容；从微观层面上，能够借助学校教育和家庭教育开展青少年社区服务、社区慈善活动、亲子游戏等形式。学生家长参与到学校教育中是现代教育的重要特征之一，依托家校合作所产生的教育合力，能实现教育从学校中"走出去"（把青少年教育的区域扩大至学校和家庭之外的社会，把教育对象扩大到青少年的父母及其家庭成员）和从家庭中"请出来"（把青少年及其父母吸引到社区并参与社区教育活动）的过程（见图2-2）。[②]

① 共青团上海市委员会.社会教育与青少年全面发展［J］.中国青年研究,2013(3):5-8+115.

② 吴爽."三位一体"青少年社区教育模式及其实施路径探究［J］.中国教育学刊,2018(5):68-72.

宏观
层面

社会教育　　　　　◆　艺术活动

社会常识　　　　　◆　城市设施场馆

中观
层面

社区教育

优化教育社会效益

微观
层面

技能　　　　　◆　为生之道（身、康、安、体）
　　　　　　　　　为人之道（志、心、灵、交）
　　　　　　　　　为学之道（学、思、理、文）

　　　　　　　◆　亲子活动

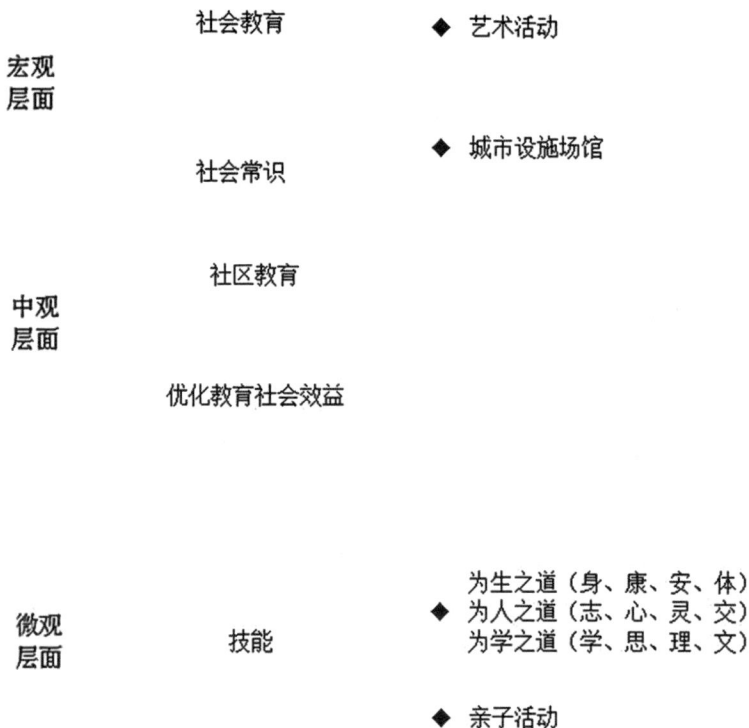

图 2-2　"三位一体"的青少年社区教育运作模式

（二）构建完善的青少年社区教育体系机制

为发挥该运作模式的整合性和功能性，本着"政府支持、部门推进、学校主抓、社会参与"的原则，川沙新镇确定了以政府为主导，引领、监督和支持"大学校"的持续发展；以教育联盟为组织主体，实现"大学校"的资源整合；以教育中心为根据地，引领"大学校"的品牌建设；以数字平台为进阶，推动"大学校"的智能化发展，形成政府统筹领导、相关部门配合、社区组织引领、学校有力协助、青少年广泛参与、社会全力支持的青少年社区教育运行机制和组织体系。

1.教育联盟成立主导"大学校"共享式发展

川沙新镇社区教育联盟（以下简称"教育联盟"）是由川沙新镇人民政府牵头，川沙新镇社区建设和社会事业发展办公室（以下简称"社建办"）负责，镇域内中小学校、社会机构、民非组织等为成员的非营利性社会组织，负责青少年素质教育"大学校"的运作。

教育联盟由川沙新镇人民政府领导，成员单位包括观澜小学、园西小学、侨光中学、川中南校、五三中学等镇域中小学校和惠育、鹿尚、双馨、伽牛、每创等社会机构。上海计算技术研究所、上海科学种子青少年科技创新服务中心、浦东新区科学技术协会、川沙新镇科学技术协会等为"大学校"提供发展建议和专业指导，下设理事会和秘书处。理事会由川沙新镇社区建设和社会事业发展办公室负责，决定"大学校"重大事宜，把控工作方向、提供资金保障、召集成员单位、促进沟通共享等；秘书处设在川沙新镇社区教育中心，主要发挥协调组织职能，根据联盟成员单位各自优势整合专业化资源，发挥联盟成员单位合力，在项目运行流程中分别机动对接社区学习者的需求、建立综合技术和资源支持平台以及重点打造数据能力等，缩短供需距离，以实现社区教育供需精准。对接联动学校及社会机构开展品牌项目，整合学校及机构师资资源，研发系列教务教学体系，深入社区、居、村委学习点，推动更多家庭参与活动等。

2. 教育资源整合促进"大学校"可持续发展

在川沙新镇人民政府的统筹协调下，"大学校"经过两年的探索发展，基本囊括了镇域内中小幼、职校、社会机构、民非组织等，关联六大社区及各个居、村委，实现了组织主体从服务站到教育联盟的进阶，在系列活动开展中，教育联盟的优势就是能够进行师资资源、课程资源、物力资源等教育资源整合，充分利用公共文化资源，促进家庭、学校、社会联动，扩大受益青少年的辐射范围。

（1）师资资源整合。

师资是社区教育活动不可缺少的基本因素，是推进社区教育发展的主干力量。为了优化师资结构、整合师资资源，"大学校"以教育中心专职教师及工作人员为支点，组成了一支包含中小幼教师、机构及社区居村委兼职人员、指导单位专家、志愿者等在内的多元化的师资队伍，通过为联盟师资开设专家讲座、活动教学实践、课题研究探讨、院所场馆学习等方式，改变师资人员的创新意识和思维模式，人才共享、合理配置、能力提升、均衡发展。

（2）课程资源整合。

课程是社区教育区别于社会事业的显著标志，是社区教育资源的基本要素，受到学校的基础设施建设、信息资源建设、课程资源建设、管理制度建设、师资队伍建设等方方面面的影响，是社区教育的重中之重。"大学校"通过整合联盟成员课程资源，探索实施将素质教育实践环节与青少年节假日、寒暑假社会实践活动有效衔接的途径，进行会议会务探讨、指导单位规划、社会机构座谈、青少年需求调研等，协调配套、重点突破、循序渐进；根据最新政策、时事、节日和相关研究，结合实际实施活动中的反馈、经验和教训，寻求接受专家建议和指导，实现教学、研发、管理、筹备、教务等的共享优化，构建培养人格健全、身心健康、理想远大、技能过硬的青少年特色课程资源体系。

（3）物力资源整合。

物力资源是贯彻教育理念和实施教育活动的载体，必须为社区教育提供相对完善的教学设备和场地。"大学校"以教育中心教室为主，充分利用中小幼学校场地设施，社区和居、村委活动点，社会机构教学点以及公共文化设施开展系列活动。随着"大学校"的发展、教育联盟建设的深入，物力资源整合范围也会不断扩大，充分挖掘和使用镇域内各类公共文化资源，诸如图书馆、体育馆、文化中心、公园等，促进资源共享，提高社区教育资源利用率。

3. "德育""科创"先行引领"大学校"品牌化建设

川沙新镇通过"德育""科创"双目标并行，发展特色项目引领"大学校"品牌化建设，围绕以爱国主义为主线的德育教育、以科创教育为主线的智育教育，增加艺术熏陶、体育锻炼和劳动教育形成五大系列活动（见图2-3），开设文化传颂、爱国基因、科学报国、以劳育德、艺术鉴赏、学工学农、开心农场、普法安全等系列板块，筹备文艺汇演、科创大赛、场馆参观、工艺制作、科学家拜访、数字编程、亲子运动会、模型制作、军事夏令营、创新实验等系列活动，"家庭、学校和社会"三位一体共同培养全面发展的社会主义接班人和高科技人才。本实验累计开展系列活动411场，大型演出、评比及比赛8次，受益青少年近4万人次，得到青少年和家长的热情反馈和好评，获得区、市级奖项及荣誉。

图2-3 "大学校"开展素质教育层次结构

4.数字平台建设推动"大学校"智能化发展

信息技术已成为日常教学、学情统计、师资培训等工作的重要支撑力量。"大学校"依托"川沙新镇社区居民线上学习中心"平台，搭建社区教育中心专业化录音室，通过输出丰富优质的教育微课、公开课等，以网络为传播媒介扩大优质教学资源覆盖面；充分利用"互联网＋""区块链＋"，以及Xapi技术，通过平台系统更新迭代，修复平台技术漏洞，确保青少年素质教育课程直播、录播，普及讲座等正常上线推送；研发校园一卡通（软件部分）功能，健全青少年学情记录数字化管理系统，形成学习积分与公益积分互兑积分激励机制；利用微信、微博等新媒体平台，推动互动传播、共构内容等宣传形态创新，宣传推广社区教育活动。这样的智能化发展才可能突破家庭、学校和社会之间的封闭和局限，以数字平台为载体，整合教育资源，解决优秀师资分配不均等问题，通过校校联动、校外联动、社会参与，去除因组织壁垒重复开展的同质化活动，精准高效，提高教育资源利用效率、优势互补、科学优化、合理配置，扩大线上课程和线下活动的影响范围，为青少年提供多样、精准、智能的智能化教育服务。

四、实验成效

在往年川沙新镇社区教育经验的基础上，经过两年的实验实践，川沙新镇青少年素质教育"大学校"探索了一条以"三位一体"社区教育运作基本模式为依托，通过政府主导成立川沙新镇社区教育联盟，校内校外联动、整合家庭、学校和社会教育资源，实践"三位一体"社区教育运作模式的发展路径；以川沙新镇社区教育中心为根据地，整合师资、课程及物力等教育资源，确立了以"德育"和"科创"为品牌特色，围绕德育教育、智育教育、艺术熏陶、体育锻炼和劳动教育开展活动的实施框架。

（一）明确了以"教育联盟"为组织主体整合教育资源的发展路径

素质教育"大学校"明确了以促进青少年德智体美劳全面发展为愿景，以"教育联盟"为组织主体探索社区教育多元主体关系及运作模式，"资源共享、优势互补、共同发展"，整合家庭、学校和社会教育资源提高利用率的发展路径。"大学校"作为平台和桥梁，实现的是镇域内校内校外的资源融通和共建共享，为川沙新镇的建设和发展提供更多的人才保障。政府作为教育联盟的发起者和"大学校"的把控者，提供系列动态化、权威化的社区教育政策顶层设计、战略性的信息分析与决策把控，充分发挥成员单位的组织能力和互动创新性；高校科研院所、指导中心等作为"大学校"的指导单位，运用在理论研究、业务指导、资源开发、政策咨询、信息服务和师资培训等方面累积的关系资本，对改善社区教育环境和助推"大学校"主动适应新形势助益颇多；学校、社会机构等作为教育联盟的成员单位和"大学校"的实际执行者，凭借其在教学研究、教育资源、学生力量、多元文化、信息技术等方面的资源，构建共识、去粗取精、协同共享，统筹配置教育资源、提高社区教育质量，切实保障青少年更加公平地享有优质教育资源。

（二）形成了以"德育""科创"为品牌特色开展素质教育的实施框架

素质教育"大学校"形成了以爱国主义为主线开展德育教育、以科创教育为主线开展智育教育的特色，逐步推进德育教育、智育教育、艺术熏陶、体育锻炼和劳动教育五大系列共同发展的实施框架，以特色带动品牌，逐步输出更多根正苗红的高科技人才。本实验累计受益青少年近4万人次，得到青少年和家长的热情反馈和好评，例如青少年科创大赛、红色主题汇演、航天科普系列、青少年研学系列、寒暑假未成年人实践活动等等，在川沙镇域形成一定的影响力，为进一步输出更多的紧跟时事、主题融合、形式新颖、优质创新的青少年素质教育系列活动奠定了坚实的基础。

五、实验思考与总结

2021年7月24日，中共中央办公厅、国务院办公厅印发的《关于进一步减轻义务教育阶段学生作业负担和校外培训负担的意见》中指出，要"开发丰富优质的教育教学资源，利用国家和各地教育教学资源平台以及优质学校网络平台，免费向学生提供高质量专题教育资源和覆盖各年级各学科的学习资源，推动教育资源均衡发展，促进教育公平"①。为此，川沙新镇青少年素质教育"大学校"后续应该是从统合综效，完善联盟多元化配置；数字赋能，提升资源智慧化供给效能；融合各方优质教育资源，以点带面，达成人群全面化覆盖等方面着手开展工作。

（一）统合综效，完善联盟多元化配置

通过完善社区教育联盟的组织架构和素质教育"大学校"的运营机制，融合校内校外教育资源，在现在以政府主导学校联动为主的成员中，进一步融入社会力量，合理选择资源嵌入路径，提升资源增量，增强资源使用精准度，这是社区教育发展的重要增长点之一。

（二）数字赋能，提升资源智慧化供给效能

在"双减"政策实施背景下，通过数字平台建设进行学习行为记录、学情认定智能匹配提升教育精准度。校校联动、校外推动，搭建信息化系统整合优质教育资源，提高教育实施效率，智慧化供给将实验成效和机制数字化。同时加大宣传推广力度，为青少年健康成长成才提供良好的社区教育生态环境。

（三）以点带面，达成人群全面化覆盖

社区教育是面向社区所有居民的大教育，能够广泛动员镇域内搭建终身教育立交桥、建设学习型社会共同愿景的"利益相关者"。通过青少年德智体美劳全面发展，以家庭为单位实现人群全面覆盖，不断扩大素质教育"大学校"的影响，以点带面深植爱国之情、砥砺强国之志、实践报国之行，培养出符合新时代需要的优秀人才，加快推进学习型社会建设。

---

① 中共中央办公厅，国务院办公厅.关于进一步减轻义务教育阶段学生作业负担和校外培训负担的意见［EB/OL］.［2021-07-24］http://www.moe.gov.cn/jyb_xxgk/moe_1777/moe_1778/202107/t20210724_546576.html.

6 依托公办学校类市民学习基地助力多元主体参与社区教育的实验

黄浦区学习促进办、黄浦区社区学院

一、实验基础与背景

近年来，随着我国终身教育体系的构建和学习型社会的建设，我国社区教育蓬勃发展，社区教育参与人数大幅增加，社区居民对社会教育期望值明显提升、需求愈加旺盛，社区教育工作已逐步成为我国教育事业的重要组成部分。多年来，黄浦区以资源整合为抓手，理顺机制、规范管理，落实场所、提升能力，整合资源、激发活力，实现社区教育工作持续推进和创新发展，在黄浦描绘出一幅星罗棋布的学习地图。随着学习型城市建设的不断推进，越来越多的社会公共资源和社会教育力量被充实到终身教育领域，黄浦社区教育服务指导体系更加完善。随着社区教育的蓬勃发展、终身教育的逐步推进、黄浦区市民学习需求量的不断增长，作为特定区域（街道社区）范围内的"市民学习中心"，市民学习基地承担着为社区居民提供学习场所、学习资源的任务。目前，学校类（特别是公办学校类）的市民学习基地由于具有良好的硬件设施、良好的教师资源、稳定的教学环境和教学时段，故成为社区居民青睐的学习园地。

区内公办学校挂牌成立市民学习基地，是学校参与社区教育、与社区融通的一个重要途径。然而，长久以来，社会对传统教育背景下的学校教育任务和职责的理解局限，以及对终身教育背景下学校教育宗旨和教育终极目标的模糊认识，使得大部分中小学校与社区依然存在着隔阂与壁垒，即便是作为市民学习基地的中小学校，其参与社区教育的主动性仍然很有限，许多优质的教育资源（包括场地、师资、课程等）未能得到充分利用。在此基础上，如何发挥教育行政管理机构的职能和作用，建立良好的机制，加强教育资源的整合力度，促进区域教育资源共享，通过社区教育实验项目开展的形式加以推进，提升区域实验项目工作水平，进一步满足区内市民的学习需求，正是本实验需要探索的问题。

二、实验目标

通过开展本实验项目，在全面掌握黄浦区公办学校类市民学习基地与社区教育融合发展现状的基础上，以终身教育理念为指导，探寻当前区级教育行政机构的管理职能及管理方式优化，探索社区教育资源的整合、利用的途径与方法；探究区域公办学校类市民学习基地开展社区教育实验项目的管理体制和运行机制，构建更加完善的教育体系。

本实验主要目标如下：

一是明确区教育局、社区学院、社区教育中心和公办学校类市民学习基地在开展社区教育实验项目中各自的基本职责和主要任务。

二是鼓励多元主体参与社区教育，分析影响因素，总结社校联动融合推进实验项目工作的经验及做法。

三是完善符合黄浦实际的社校互动融合推进实验项目工作的机制。

三、实验过程

黄浦区是全市较早开展探索中小学校与社区教育融通实践的区县之一。在原黄浦区、原卢湾区合并之前，原黄浦区就设立了"市民学校"，分布在6个街道所辖的18所中小学之内；原卢湾区设立了包括街道社区教育工作站、部分民办学校、部分公办中小学校、部分公共文化场馆、部分企业社区组织等类别的26家"市民学习基地"。两区合并之后，原有的"市民学校"和"市民学习基地"被统一命名为"黄浦区市民学习基地"，主要包括公办学校类、民办学校类、企业社会组织类以及文化场馆类等四种类别。

2013年，为了更好地建设市民学习基地以发挥其辐射作用，黄浦区首批25家公办学校类市民学习基地挂牌成立，这标志着黄浦区的终身教育格局架构基本形成——区级层面：在区教育局指导下，区学促办统筹规划终身教育相关事务；在区学促办统筹之下，区教育咨询服务中心负责指导区内民非院校的工作（其中包括民办学校类的市民学习基地），区社区学院负责指导公办学校类和企业社会组织类的市民学习基地工作。在街道层面：各公办学校类的市民学习基地与所属的街道办事处联合开展教育活动。

（一）影响公办学校类市民学习基地参与社区教育的因素

1. 有利条件分析

公办学校机构由于专门化的积累和专业化的事业发展，所拥有的人力、物力、文化、信息、管理等教育资源是非常丰富的，具有为社区教育服务的巨大潜力。首先，公办中小学校具有不可比拟的人力资源优势。学校拥有实力雄厚的教师队伍，他们拥有广博的科学文化知识和丰富的教育教学经验，在社区教育的组织、管理、教学、科研等方面能发挥重要的作用。其次，学校拥有丰富的物质资源。由于国家和政府的长期投资和学校自身的不断发展，学校拥有丰富的物质资源可供社区教育开发和利用，这些资源主要包括教学设施、图书资料、网络资源、实验实习基地、体育场馆等。最后，学校具有深厚的文化底蕴。学校在长期的发展过程中创造和积淀了丰富的文化资源。这些无形的教育资源不仅对在校的教师和学生具有潜移默化的影响，而且在思想观念、行为准则、价值取向等方面也会对社区居民产生潜在的影响。上述这些正是社区短缺资源，综观国内外社区教育，学校资源已经成为社区教育的重要资源。

2. 制约因素分析

区内公办学校挂牌成立市民学习基地，是学校参与社区教育、与社区融通的一个重要途径。然而，长久以来，大部分中小学校与社区存在着隔阂与壁垒，即便是作为市民学习基地的中小学校，其许多优质的教育资源（包括场地、师资、课程等）未能得到充分利用。

（1）社区教育与学校教育存在一定的协调难度。社区与学校分属于不同的条线，学校的经费主要不是直接来自社区，与社区也不存在隶属关系。因此，社区在开发和利用学校资源时会遇到体制上的障碍，之间的沟通缺乏制度和经验，说明政府的协调功能尚不健全。

（2）学校资源有限。学校的教育资源虽然比较丰富，但这是针对在校学生而言的，是相对的。当学校将自身的资源向社区开放满足社区居民的需求时，资源的开发和利用就受到了资源的数量、质量、管理水平等的限制。

学校只有在不影响其正常的教育教学活动的前提下，才有可能将其教育资源对社区居民开放，为社区提供直接的服务。这是社区教育开发和利用学校资源面临的制约性因素。

（3）立法和制度建设不够完善。虽然有些法律和政策提到学校应当对社会开放，但是也只是"支持""鼓励"，并没有规范的投资渠道、章程约定和方法，学校资源向社区延伸也就没有达到"事业化"。

学校、社区的教育资源有着各自的优势和特点，也存在着不足与需求。教育资源的相互注入，加上有意识地引导、有选择地开发与利用，促进了学校和社区的双向互动，形成了优势互补的良性循环。社区有着良好的自然、人文、经济资源，这些都是学校开展教育活动的有效资源。

（二）具体实践

1. 推动优质教育资源融合，助力社区教育工作特色化发展

在市民学习基地工作推进过程中，黄浦区建立了区内市民学习基地（公办学校类）校长联席会议制度，定期召开市民学习基地建设工作会议，加强各基地对终身教育的理解和认识、对参与终身教育重要性的认识，加强各基地负责人之间的沟通交流；出台相应的有关公办中小学校参与社区教育的管理办法，制定市民学习基地的运行管理办法，明确规定各基地的运行规则、经费使用规则和激励措施等，教育行政部门严格按照该管理办法进行监督，各市民学习基地严格遵照该管理办法开展各项活动。为了进一步保障基地建设质量，区学习促进办制定了相应的《市民学习基地经费使用办法》，为项目开展提供保障；加强委办单位之间的交流合作，以市民学习基地为示范，促进学校与街道以签约合作的方式开展社区教育活动，开设相应的社区教育课程，为后续实验项目工作的推进提供了基础。

2. 探索"中小学校＋对口社区教育中心"的实验项目工作模式

多年来，以实验项目为抓手，黄浦区全面深入实施和优化社区教育实验工作，在优化社区教育管理体制、探索建立社区教育运行机制、丰富社区教育内涵、提升社区教育质量等方面取得了阶段性成果。为进一步提升资源整合的整体效能，2018年，黄浦区新成立五大社区教育中心，每个中心负责两个街道的社区（老年）教育工作，实现了中心辖区内两个街道的师资、课程、场地等资源的融通，这一举措也成为黄浦区终身教育领域的新探索。

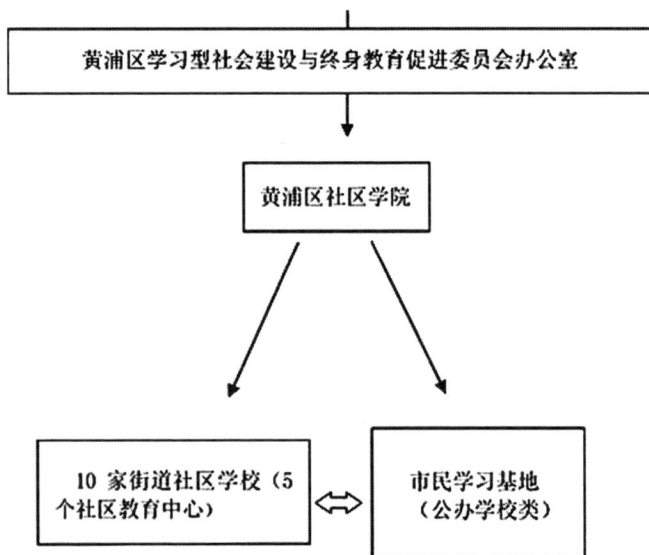

图 2-4　黄浦区社区教育实验项目工作推进组织架构

2020 年度，黄浦区新申报的 12 个实验项目中，首次以辖区内 9 所中小学校为主体参与实验项目申报，形成了"中小学校＋对口社区教育中心"的申报模式，将参与社区教育实验项目纳入对各校市民学习基地建设绩效考核中，并开展了实验项目专题培训会，带动公办学校类市民学习基地参与社区教育的项目化合作。2021 年度，又有 4 所中小学校加入社区教育实验项目的队伍中来，进一步扩大了实验项目的覆盖面。两年来，黄浦区以"中小学校＋对口社区教育中心"模式开展社区教育实验项目，将参与社区教育实验项目纳入对各校市民学习基地建设绩效考核中，并开展了实验项目专题培训会，带动公办学校类市民学习基地参与社区学教育的项目化合作。

通过实验项目的开展，在全面掌握黄浦区公办学校类市民学习基地与社区教育融合发展现状的基础上，各中小学校市民学习基地以终身教育的理念为指导，探寻自身管理职能及管理方式优化，探索社区教育资源的整合、利用的途径与方法；探究区域公办学校类市民学习基地与社区教育中心开展社区教育实验项目的管理体制和运行机制，构建起更加完善的社区教育体系。

3.逐步形成三方评估机制，保障实验项目顺利开展

为了鼓励中小学校积极参与，2020 年，黄浦区将参与社区教育实验项

目纳入对各校市民学习基地建设绩效考核中，并提供专项经费予以支持。2020 年因为受疫情的影响，社区教育机构线下课程和活动无法开展，给实验项目预期推进工作带来了困难，在此背景下，区社区学院积极对接各项目承担单位，协调项目推进过程中面临的困难和问题，对个别项目采取延期的做法，保障实验项目工作的稳步推进。

（1）学校自评。黄浦区学习型社会建设与终身教育促进委员会办公室督促各市民学习基地以学年为单位，每年年初向区社区学院提交学校开展社区教育工作的年度计划，年末提供本年度学校社区教育工作信息汇总材料（包括场地开放、课程开设、专题活动、实验项目开展等内容），以及基地社区教育工作年度总结。区社区学院在初步审核自评材料之后，汇总上报区学习促进办。

（2）专业机构评估。为期两年的市民学习基地命名有效期届满时，由区学习促进办牵头，区社区学院组织落实，委托专业评估机构（如区教育评估院）制定评估标准，对各市民学习基地的建设运行情况进行多方位的绩效评估。

（3）街道评估。黄浦区学习型社会建设与终身教育促进委员会办公室定期召开"推进区域终身教育暨学习型社区建设大会"，了解社区与市民学习基地融通的现状与进程；每年年末召开"市民学习基地建设·街道评审会"，各街道社发办主任从场地开放、课程建设、师资共享等主要维度，针对辖区内市民学习基地的建设和运行状况进行评估，提出相应的评审意见和建议，并将相关的评估材料提交区社区学院汇总审核。

在学校自评、专业机构评估和街道评审等三方评估的基础上，黄浦区学习型社会建设与终身教育促进委员会办公室根据评估结果，对黄浦区各市民学习基地建设质量进行遴选、分类，并给予相应的激励，提升了中小学校参与社区教育和实验项目工作的积极性。

四、成果与反思

经过持续不断的探索，本项目完成了计划目标要求，取得了一系列成果。

（一）突破终身教育和学校教育体系之间的壁垒

对黄浦区域内的优质教育资源进行整合，梳理教育关系，总结归纳了具有一定的开创性实践价值。随着实验项目的不断推进，越来越多的优质学习资源和师资被充实到终身教育领域，推动黄浦社区教育服务体系得到不断完善。

（二）促进区域公办学校类市民学习基地和开展社区教育实验项目工作机制形成

推动黄浦实验项目工作形成了"三化管理""三方合作"机制，即"一体化管理、立体化布局、多元化运作"的框架和"区社区学院、社区教育中心、学校"三方合作为特征的运行模式。进一步明确区级教育行政管理机构、社区学院、社区教育中心和中小学校多方在融合发展中的定位、职责及联动关系，建构较为完备的实验项目组织管理体系。

（三）以区域性社区教育资源共建实验项目的形式，推进了黄浦社区教育的内涵建设

实验项目推进的两年里，虽然因疫情原因，常规的场地开放和线下课程没有正常开展，但各公办中小学校以实验项目为抓手，开展了新的探索。例如，以上海市光明中学为代表的学校自设直播、录播室，自建或借用教学平台，选派优质师资开展线上教学，深受学员欢迎。格致初级中学与黄浦区第一社区教育中心、南京东路社区图书馆开展长期合作，创建社区"阅读实验室"，共享图书资源。复兴东路第三小学积极发挥学校的名师资源，为来自各行各业的社区教育志愿者提供有针对性的辅导和培训，并尝试为社区家长开设青少年学习、心理问题的咨询专场。其中，格致初级中学、黄浦区第一社区教育中心开展的"创建社区"阅读实验室"，促进社区未成年人互动式阅读的实验"获评2020年度上海市社区教育实验优秀项目。

下一阶段，黄浦区将积极探索实验项目开展的有效途径，完善公办学校类市民学习基地参与社区教育的组织管理体系和教育运行架构。通过多方努力、更广范围的各界协同，持续推进场地、师资、资源的全域覆盖、全域共享，扩大实验项目的辐射面和覆盖面，鼓励社会组织参与，吸纳多元主体开展实验项目，通过项目推进让更多优质资源向社区教育开放，以项目实施促进社区教育内涵发展，推进黄浦区居民学习基地建设再上新台阶。

7 初中生家长终身教育模式的实验

静安区社区学院

一、实验背景

（一）家长教育的重要性

家长教育是指对家长实施的有关家庭生活和教育孩子成长以及加强自身修养的专业知识与有效技能的教育。它是揭示家长提高家庭生活质量和教育子女质量的一般规律的新兴学科。广义的"家长"，既包括孩子的父母，也包括孩子的祖父母、外祖父母和其他监护人（如保姆），还包括"准父母"（即将为人父母者）在内。家长教育的目的在于帮助父母将孩子培养成身心健康的成人，同时增进家庭成员间的关系，促进家庭的健康。在这里，父母指所有直接负有教养责任的人。初中生是指正在初级中学学习的学生，也泛指青春期早期的一个阶段。初中，是中学阶段的初级阶段，初中一般是3年，但也有些地区是4年（相对于小学来讲就是6年或5年），包括初一、初二和初三，有些地区称为七年级、八年级、九年级。

（二）家庭教育的法律依据

2004年《中共中央国务院关于进一步加强和改进未成年人思想道德建设的若干意见》中指出，重视和发展家庭教育—各级妇联组织、教育行政部门和中小学校要切实担负起指导和推进家庭教育的责任。同年，全国妇联、教育部在《关于进一步加强家庭教育工作的意见》中指出：家庭教育工作的主要任务是四个"教育和引导家长"，一是教育和引导家长更新家庭教育观念；二是教育和引导家长学科学教子知识；三是教育和引导家长加强自我约束，重视言传身教；四是教育和引导家长拓展家庭教育空间。2009

年，上海市教委、市妇联印发了《上海市家庭教育指导内容大纲》(试行）；2010年全国妇联、教育部、中央文明办等七部委联合下发《全国家庭教育指导大纲》；2011年，全国妇联、教育部、中央文明办联合下发《关于进一步加强家长学校工作的指导意见》；2014年，习近平总书记提出关于家庭建设特别是注重家庭、注重家教、注重家风的重要指示；2017年，市教委、市文明办、市妇联、市未保办联合印发《关于进一步加强家庭教育工作的实施意见》；2019年，全国妇联、教育部、中央文明办、民政部、文化和旅游部、国家卫生健康委员会、国家广播电视总局、中国科学技术协会、中国关工委等九部委联合发布《全国家庭教育指导大纲（修订）》。

（三）上海家庭教育的做法

为了贯彻落实上海市委、市政府关于"做好家庭教育"的相关要求，积极推进"家庭教育　家校共育"，2020年1月21日，上海开放大学成立了"上海家长学校"。上海家长学校积极发挥系统办学优势，努力拓展开放教育内涵，秉持"只有家长好好学习，孩子才能天天向上"的家庭教育理念，聚焦社会关切，关注民生所需，提供科学指导，取得了明显成效。

一是区校联动和系统发展相结合，构建家长学校协同运作体系。积极发挥上海开放大学"大学＋平台＋系统"的特色，在上海开放大学20所分校和上海电视中专挂牌成立"上海家长学校分校"，在全市范围内布局"1+21+X"的家长学校联盟，建设"市—区校"三级体系。二是立足优势创新平台，打造全方位"空中课堂"。通过在线课堂、电视栏目、电台节目等多种平台，拓宽线上指导服务。在线课堂聚焦疫情防控期间"有效陪伴""网课挑战"等热点话题，精选实践经验丰富的优质师资，以讲座、访谈等多种形式呈现每周一期的直播课程。三是线上线下结合，共聚共建共享，拓展家长教育。针对不同群体，分层分类启动线下培训指导，包括针对不同年龄段孩子家长的智慧父母成长课堂、针对祖辈教养以及外来务工人员家长的家长公益课堂、针对家庭教育工作者的家庭教育指导师和讲师团培训等。搭建培训和交流平台，举办"家校共育、护航成长"上海家长学校普陀论坛，推广科研机构、区教育局、上海家长学校分校、中小学校的经验做法，以研讨交流形式开展中小学家长学校校长培训。着手建设优质课程资源，目前已完成《智慧父母成长指导手册》的编纂工作。

（四）静安区家庭教育的做法

2019 年末，上海家庭教育指导服务中心静安分校成立。静安社区学院作为上海家庭教育指导服务中心的静安分校，2020 年，在各级领导的指导和支持下，根据区域家庭教育需求，有针对性地安排线下讲座和线上直播课程，帮助家长树立正确的教育观念，掌握科学的育儿方法，促使孩子从小养成良好的生活习惯和动手能力，有效助推社区家庭亲子关系和谐发展。学院以共建亲子关系为核心，围绕升学、心理疏导、语言学习、亲子阅读等日常相关的话题，全年共计开展了 12 场线上线下学习讲座，内容则涉及"孩子在家上课，家长如何助力？""疫情期间，面对幼儿的这些情绪变化，我们该如何疏导？""如何不做一个焦躁的父母""正面管教体验之旅——如何培养孩子的良好习惯"等，借由不同的角度为家庭成员们传递最新的科学教育理念和教养方式。通过系列家长课程的学习，越来越多的家长停下脚步开始审视生活，重新定位父母在孩子成长过程中的作用，重新反思在陪伴养育儿童过程中的教育本质。通过整年度的推进，一定程度上助推社区家庭亲子关系和谐发展，也在一定程度上提升了社区家长科学育儿的能力与素养。

（五）初中生家庭教育现状及对初中生家长提出的学习要求

目前开展的家庭教育在人群的针对性方面、家庭教育的系统性方面还存在不少短板。比如，一方面，缺乏针对不同年龄阶段生理、心理特点的学生家庭的特定人群的家庭教育实施计划，开展的相应的各类讲座活动咨询也无法解决不同年龄段学生家庭的家庭教育问题。另一方面，学生所在的学校所开展的家庭教育课程、家校共建等活动因为受到经费、时间、主题、师资等因素的影响，开展的家庭教育课程数量、内容、家长参与率等都非常有限。

（六）初中生家长在家庭教育学习方面的重要性与紧迫性

由于初中生年龄阶段的一些特殊性，初中生家长急需进行家庭教育相关知识与能力的学习与培养。本实验选择以上海静安为实验范畴，也即正在静安区各初级中学学习的学生家长及所在学校家庭教育负责人作为对象，探究如何以社区教育为载体开展初中生家庭教育，并通过实践和研究，探索出一条可复制的区域社区学校开展特定年龄人群家庭教育的模式。

二、实验目标

一是明确现阶段初中生家庭教育最需解决的问题。

二是构建区域依托社区教育开展初中生家庭教育的模式雏形。

三、研究方法

本实验项目主要采用文献研究、调查研究和行动研究等方法。

一是通过文献查阅等，了解家庭教育的相关政策和文件，了解家庭教育的普遍做法等。

二是通过问卷调查、访谈等方式，对初中生家庭最需要解决的家长教育问题进行梳理。

三是通过行动研究，将理论思考与实践探索有效结合，开展上海静安初中生家庭教育模式的有效实验，并进行相关分析与总结。

四、实验内容

（一）依托社区教育开展面向初中生学校及家庭的家庭教育主题活动

表2-4　家庭教育主题活动

2021年5月21日—22日	面向初中生家长的家庭教育培训（活动）
2021年6月4日—5日	面向初中学校家庭教育负责人的培训（活动）
2021年7月3日	面向初中生家长的主题讲座和专家咨询（活动）

1. 面向家长的家庭教育培训成功举办

为落实《教育部关于加强家庭教育工作的指导意见》和上海市教委《关于进一步加强家庭教育工作的实施意见》等相关文件精神，进一步提升静安区家庭教育的整体水平，2021年5月21日至22日，上海家长学校家庭教育志愿者（家长）培训于静安社区学院顺利举行。本次培训在上海开放大学、上海家长学校、静安区教育局的指导下，由静安区社区学院、静安区家庭教育指导中心主办。

2. 面向学校家庭教育负责人培训成功举办

为落实《教育部关于加强家庭教育工作的指导意见》和上海市教委《关

于进一步加强家庭教育工作的实施意见》等相关文件精神，进一步提升静安区家庭教育的整体水平，2021 年 6 月 4 日至 5 日，上海家长学校负责人培训于静安区社区学院顺利举行。本次培训在上海开放大学、上海家长学校、静安区教育局的指导下，由静安区社区学院、静安区家庭教育指导中心主办。

3. 呼应热点，面向家长的主题讲座圆满举行

2021 年 7 月 3 日，静安暑期家庭教育活动由静安区家庭教育指导中心、静安区社区学院主办。上海市开放大学人文学院讲师、教育学博士、家庭教育专家李爱铭为众多家长带来"走出过度焦虑，不做焦虑家长"的主题讲座，现场讲座结束后还有很多家长与主讲嘉宾继续进行个别交流。

4. 尊重隐私，面向家长的专家咨询专场受到热捧

2021 年 7 月 3 日，静安暑期家庭教育活动由静安区家庭教育指导中心、静安区社区学院主办。教育、心理、医学领域资深教师和医生提供公益咨询服务。

（二）实验过程

1. 面向家长的家庭教育活动主题策划

表 2-5　面向家长的家庭教育主题课程

助人自助—家庭教育志愿者如何发挥效能
家庭教育志愿者的基本素养与能力
家校社协同，合力推动家庭教育
家庭教育志愿服务活动的策划与组织

2. 面向学校的家庭教育活动策划

表 2-6　面向学校的家庭教育主题课程

社会情商养育
全员导师制背景下的家校沟通
家校社协同，合力推动家庭教育
家校社联动家庭教育项目策划与活动组织

3. 面向家长及学校的家庭教育活动报名形式策划

信息化时代背景下，数字化手段的应用在静安区家庭教育活动中得到充分体现。无论是 5 月 21 日至 22 日面向家长的家庭教育志愿者（家长）培训、

6月4日至5日面向家长学校负责人培训，还是7月3日面向家长的主题讲座和专家咨询活动，全部都运用了线上预约、线上报名的活动参与方式。

4. 定向与非定向的家庭教育活动并举

5月21日至22日面向家长的家庭教育志愿者培训、6月4日至5日面向家长学校负责人培训是定向安排给静安100余所学校的。7月3日面向家长的主题讲座和专家咨询活动，则是完全面向社会公众开放预约的。

五、实验成果

（一）家长的终身学习，社区教育大有可为

举办主题研讨、讲座、咨询、体验等学习活动，建设相关教材、读本、视频、微课等学习资源，可以进一步扩大家庭教育的辐射效应；通过主题课程的设计打造，可以进一步深化家庭教育建设内涵，为全面推进上海市学习型社会建设与市民终身学习，开创了一个新的篇章。

很多家长在参加活动时反馈，认为社区学院开展家庭教育活动、开展家长培训，通过讲座主题的有效设计、资深专家的优选搭配、学习形式的创新变化，引导家长经过寻找、发现、记录、体验、分享等一系列学习过程去感受、感知、感悟家庭教育。社区教育学习平台能更好地激发家长的学习热情。很多家长在参加活动时还反馈，在积极引导孩子进行社区志愿服务的同时，自己也非常愿意主动为社区教育做出自己力所能及的服务。他们主动加入了上海市社区教育志愿服务静安工作站。社区教育平台能更好地动员家长服务更广范围的家庭和社区。

（二）初中生家长的学习意愿与学习成效较高

5月、6月的两场家庭教育主题活动，经统计，初中生家长及初中家长学校负责人参与家庭教育的比例均高于60%，其中5月的初中家长学校负责人参与比例为62%、6月初中生家长参与比例为65%；而7月的初中生家长参与家庭教育活动比例并没有特别高，其中参与家庭教育咨询的占比为50%、参与心理辅导的占比为33%、参加心理医生咨询与眼科医生咨询的比例都仅为25%左右，但是初中生家长参与语文、数学、英语学科类咨询的比例则非常高。从这些数据中我们可以初步了解到，随着初中阶段升学压力的不断提升，这个学段家长会更主动、更积极地寻找、寻求专业的帮助，他们希望通过专业人士的辅导、专业课程的学习、专业沟通等技能的学习

掌握，成为一名家庭教育的合格的、重要的同行者。

在为期三个月的三个主题学习教育活动中，我们观察发现，初中学段家长学习时的参与互动意愿高、积极分享比例高、课后咨询沟通程度深，因而他们的学习成效也普遍较高。

（三）社区教育视域下初中生家长终身教育模式的初步构建

基于本项实验，初步提出构建初中生家长"3+3"家庭教育模式。所谓"3+3"家庭教育模式，具体如下：

第一个"3"：社区学院开展不同形式家长家庭教育学习与活动，包括：一是每年为社区学院开展为期三天的家长家庭教育专业学习，初中学段家长可以通过公众号进行学习预约；二是每年家长参加三次面向初中学段学生的亲子活动；三是家长每年给初中学段学生三次书面或当面的深入沟通。从家庭教育的专业课程学习，到针对特定年龄段孩子的亲子活动共同参与，再到针对不同个性特点的初中生孩子的深入沟通，使得初中生家长的成长更为科学、全面，也更为可行。

第二个"3"：社区学院集聚不同形式家长终身教育的学习资源，包括：一是优质的家庭教育课程与讲座师资队伍库；二是优质的初中生学段亲子活动的主题、内容和形式；三是优质的初中生学段家庭教育的市民读本和微课。有了家庭教育的队伍、形式和资源，可以使得初中生家长的成长可以依托的公共教育资源更为广泛，也更容易获得。

六、总结与展望

在推进本次实验的过程中，结合活动后的评价与反馈，项目组认为后期初中学段家庭教育中社区教育还可以在以下两方面进行不断完善，以便于初中生家长更好地终身学习，初中学段孩子更好地成长，初中生家庭能够和谐幸福。首先是面向家长的整体培训安排，目前的满意度为99%，尚有1%的家长对于课程主题、培训时间等综合考量的满意度为一般。通过问卷调查，我们发现反映的问题主要集中在：参加培训的机会太少，可供分享借鉴的案例不足，家校社协同的深度与内涵不足。其次是初中学段家长可以利用碎片化时间进行手机端学习的共同教育资源比较缺乏，家长对于社区教育的相关学习资源与平台的获取渠道了解不多，相关信息还不对称、也不够畅通。

　　基于静安区的初中学段家长终身教育模式的实验与研究，社区教育更明晰了在区域家庭教育推进过程中社区学院的功能与定位。后期，基于"3+3"模式的构建，我们可以更好地促进初中生家长的终身学习，推进静安家庭教育整体水平的提升，打造更符合社区教育拓展需求的学习空间，为家长提供更广泛、更便捷、更高品质的教育服务，有效推进静安学习型城区的建设。

8 菊园新区 0—3 岁早期家庭教育服务的实验

嘉定区菊园新区教育委员会

一、实验背景

（一）时代背景

家庭是最小的社会细胞，家庭教育是实现社会细胞健康发展的基础，也是社会稳定、人民和谐发展的基石。党的十九大提出要"办好继续教育，加快建设学习型社会，大力提高国民素质"。同时，菊园新区响应党的十九大号召，深入贯彻习近平总书记提出的"完善国民健康政策，为人民群众提供全方位全周期健康服务"工作要求，以保障和促进人的健康为宗旨，将健康理念融入政策实施中，通过营造健康环境、构建健康社会、优化健康服务、培育健康人群、发展健康文化，实现全方位、全周期维护和保障人民健康。在这些重要精神以及新区大发展的背景下，嘉定区菊园新区从0—3岁婴幼儿家庭着手，整合新区社会和教育资源，从医疗、营养、心理等多方面为家长提供家庭教育服务。

国内外很多研究表明，家庭环境及家庭的教养方式对儿童的成长有着重要的意义。儿童的健康成长需要良好的家庭环境、正确的教养方式，需要家长与儿童一起不断学习、陪伴和成长。但目前家长多为"80后""90后"，很多父母缺乏相应的教养知识，养育婴幼儿较为依赖祖辈以及社会培训机构，使得婴幼儿错过成长过程中的敏感期，进而造成儿童成长和发展等方面的缺失。

（二）菊园新区背景

菊园新区不仅拥有中科院上海硅酸盐所、光机所、航天空间研究所等尖端技术科研院所，还集聚了嘉定一中、实验小学、实验幼儿园等知名院校。在近 22 年的发展中，菊园新区人口结构发生了重大的变化。据统计，2020年初，0—3 岁婴幼儿接种疫苗数量达到 2000 余人，随着二胎和三胎政策的放开，婴幼儿的数量势必还会不断增加。

菊园新区在建设健康城市三年行动计划（2018—2020 年）中提到，到2020 年，保障和促进健康的政策更加健全，健康文化氛围更加浓厚，健康人群更加壮大，健康环境更加优化，健康服务能级更加提高，健康社会保障体系更加完善，居民健康素养和健康水平更加提高。因此，开展 0—3 岁早期家庭教育服务项目是健康城市计划和实施的基础，是地区人口质量发展的种子工程。

（三）菊园新区 0—3 岁早期家庭教育服务现状

1. 政府服务现状

当前，各部门条线工作相对独立，部门之间缺乏系统性和联动性，造成部分教育资源浪费的现象。同时，服务对象的局限性也造成了 0—3 岁早期家庭教育普及性的缺失。

2. 市场服务现状

随着当地教育局对 0—3 岁早期教育机构规范化建设的排查和整治，市场上无证经营的早教机构逐渐退出历史舞台。当前菊园新区只有一家持证的早教机构或托育机构，随着卫健委、妇联等多部门推出的托育政策的落地，在政策落地的初期，街道教委发动社区办学干部以及外部资源来支持政策的发展和执行。同时通过社区早教项目的开展，为家长提供更多的教育支持。

因此，街道教委联合卫生中心、街道妇联、社会组织以及"菊盟"的相关单位开展菊园新区范围内的 0—3 岁婴幼儿早期家庭教育服务项目，是顺应社会发展需求的一种有利举措。

二、实验目标

通过调查，了解嘉定区菊园新区 0—3 岁婴幼儿家庭早期家庭教育服务的现状；在辖区内搭建平台，从不同角度开展婴幼儿培育的相关服务，建立全方位的早期家庭教育服务机制。整合多方资源，取得多元社会支持，构建家庭、社区、卫生中心、学校四位一体的早期家庭教育指导和服务模式。

三、实验方法

（一）调查研究法

通过问卷调查的方式向家长发放问卷，了解服务对象的基本信息以及进行问题调查，作为课题研究的依据。

（二）文献研究法

对有关0—3岁早期家庭教育的研究成果进行文献查阅、分析与学习，为课题的开展提供理论支撑与依据。

（三）案例研究法

在调查研究的基础上，发现服务对象在家庭教育中存在的问题，建立成长个案跟踪，制定干预措施。

（四）经验总结法

对实践中的做法进行归纳、提炼，再进行分析、总结。

四、实验内容

（一）调查摸底，开展现状调研

了解辖区内0—3岁婴幼儿早期家庭教育服务现状，把握幼儿家长对早期家庭教育的认知，以及了解之前参加商业早教和其他方式早教的情况，确立实验对象。

（二）紧贴需求，提供多元服务

从医学、营养学、教育学等多种角度，提供婴幼儿发展相关知识培训等服务，提升家长营养学知识以及对常见婴幼儿疾病的认知，树立正确的婴幼儿家庭教育观念。

（三）建立全方位的早期家庭教育社区服务机制

从儿童保健、家庭教育、家庭养育三方面着手，通过线上和线下相结合的服务模式，全方位为0—3岁早期婴幼儿家庭提供外圈、中圈和内圈相结合的三圈服务。

（四）构建多位一体的早期家庭教育指导和服务模式

联合菊园新区卫生中心、菊园社会组织以及菊盟单位，从医学、营养学、教育学、社会学等多领域出发，立体化地实现早期家庭教育服务新模式。

五、实验过程

（一）开展需求调研，明确实验对象

项目实施之初，项目组对辖区内 371 名 0—3 岁婴幼儿的父母做了问卷调查。其中：0—1 岁的婴幼儿家庭占 23.99%；1—2 岁婴幼儿家庭占 25.34%；2—3 岁婴幼儿家庭占 50.67%。在这些群体中，认为早教有必要的占 89.76%，已经参加商业早教的占 50.13%，曾参加过公益早教的占 54.18%，认为需要接受早教知识培训的占 92.99%。父母每天陪伴孩子的时间在 5 小时以上的占 31%，3—5 小时的占 28.57%，说明菊园街道的父母对 0—3 岁婴幼儿的陪伴程度相对较高，能够给予孩子充分的父母陪伴，建立良好的依恋关系。而在陪伴方式问题中，了解到 49.33% 的家长是陪孩子一起玩耍；37.47% 的家长是陪孩子一起亲子阅读。从这点可以看出父母的陪伴质量还是比较高的。而对早教需求方面的了解发现，首先希望提高孩子认知水平的家长占比最高，达到 77.09%，说明中国家长希望孩子早慧的美好愿望。其次是提高婴幼儿的交际水平，占 69%。最后是希望通过早教自己能学到一些科学的育儿知识。从这些方面可以看出家长的需求，也能感受到家长对育儿知识的匮乏以及渴求。

在需求调研的基础上，根据实验项目的目标和要求，在辖区内选择适龄的服务对象，建立服务对象信息档案以及成长跟踪档案。档案核心基本信息包含以下几个因素：婴幼儿出生方式、父母文化程度、家庭结构、对婴幼儿发展水平的了解程度和教养理念等。

（二）加强组织建设，明确经费保障

1. 强化组织保障

项目组从菊园新区教委、社区卫生服务中心、社会组织中遴选专业人员组成项目核心团队，成立领导小组，联合"菊盟"成员单位，制定实施方案，进一步明确各相关部门的职责、任务，密切协作，形成统分结合、部门联动的组织保障体系。

2. 建立工作阵地

根据菊园新区地形地势的特点，在菊园新区东、中、西三处地块抽选 1—2 个社区作为项目实施中心，配备专兼职项目人员，评估、检查项目开展情况，由菊园新区教委统筹协调辖区内的早期家庭教育相关工作，指导项目

实施方开展好日常工作及承担相关咨询、服务工作。

3.给予经费支持

将0—3岁早期家庭教育服务项目纳入菊园新区建设健康城市三年计划的一部分，统一部署，统一推进。整合资金，通过政府财政拨款，保障早期家庭教育项目工作持续有效开展。

（三）注重专家引领，优化工作队伍

1.组建专家团队

以菊园新区菊盟单位的教育专家、学者、教师、医生等为主要成员，建立早期家庭教育专家队伍，开展对早期家庭教育工作的理论研究和实践指导。

2.培养和发展骨干教员

吸收有专业能力的家长或者教师加入项目团队，为项目后续的发展提供人才的保障。

（四）开展多元培训，探索工作机制

项目组通过整合学校、居委、卫生中心等资源，根据社区内0—3岁婴幼儿群体需求，采用讲座、沙龙、小组、亲子活动等多种形式为他们提供服务（具体内容如表2-7所示）。活动频次每月至少2次，线上线下相结合，对线上活动采取线上签到模式。从医学的角度开展婴幼儿发展水平的讲座，提高家长对婴幼儿常见疾病的认知、识别以及预防。开展母婴护理知识普及，提升新手父母科学育儿的能力，内容包含产褥期护理、哺乳期护理、小儿生长发育、早期促进、婴儿生活护理、新生儿疾病、婴儿期疾病和意外伤害的预防和急救等。从营养学角度为服务对象提供婴幼儿营养学方面的知识，内容包含营养与喂养、婴幼儿营养与身体发展的关系以及重要性等，通过讲座、案例分享的方式来普及家长的营养学知识。从教育学的角度为家长提供家庭教育的知识，从拥有良好的家庭教育理念，到营造良好的家庭教育环境，再到实施正确的家庭教育方式，全方位地为家长提供亲子教育服务，内容包含婴幼儿习惯的培养、父母情绪对婴幼儿发展的影响、婴幼儿感知觉发展的重要性、0—3岁婴幼儿发展的关键期等。通过讲座、亲子活动、父母沙龙、小组活动等多种方式，为家长提供教育服务。

表 2-7　2021年菊园新区社区居委开展婴幼儿服务活动一览表

项目开展频次、内容及满意度

项目内容	子项目名称	活动形式	频次（次）	参加人数（人）	满意度
婴幼儿护理	婴幼儿问题发展研讨活动	线上课程	1	90	95%
	婴幼儿常见问题的解答	线上课程	1	50	95%
	护爱童真，启明行动	线上课程	1	48	100%
	护爱童真，儿童早期发展	线上课程	1	120	96%
	夏天婴幼儿护理	线上课程	1	120	95%
	婴幼儿健康体检的内容及重要性	线上课程	1	70	95%
婴幼儿教养	如何培养宝宝的吃饭习惯	线上课程	5	50	95%
	幼儿便便习惯养成	线上课程	5	50	95%
	婴幼儿敏感期的捕捉	线上课程	7	50	95%
	你家孩子为什么这么胆小	线上课程	1	50	95%
	我该如何区分孩子行为是否规范	线上课程	1	50	95%
	我该管教还是放任自由	线上课程	1	50	95%
	我该如何控制自己的情绪	线上课程	1	50	95%
	3岁儿童家长需要注意的三个问题	线上课程	1	50	95%
婴幼儿早教活动	社区亲子活动	主题活动	16	20	100%
	亲子户外活动	主题活动	1	30	100%
	亲子按摩操教学	主题活动	1	50	100%
	亲子主被动操	主题活动	1	20	100%
	幼有善育零距离活动	主题活动	1	60	95%
总计			48	978	99%

（五）注重资料积累，完成总结材料

材料的积累包括会议签到、工作总结、会议记录、活动表格等形式。如项目核心人员每月召开项目研讨会，组织研讨项目内容和实施形式，预估项目实施效果，每次都会总结已执行活动的成效情况；每次开展培训活动都会留下包括参加人员名单、活动满意度、服务对象的意见和建议等；教学教研团队在每月总结活动经验的同时组织开展教研活动，每次的教研成果以表格形式呈现。

项目实践中，项目组还注重收集实验案例，总结实验经验，形成有科学性、针对性以及参考价值的0—3岁早期家庭教育实践手册。在以上基础上，形成项目总结报告，完成结题验收。

六、项目相关制度

项目实施过程中，为保障项目的稳定顺利进行，项目组还建立健全了激励制度、联席制度等相关制度。

（一）建立激励保障机制

对参加活动的家长实施积分考评制度，促进家长积极参与项目活动。对累计参与活动数最多的家庭进行表彰和奖励。

（二）建立项目联席制度

定期召开项目进展会议、阶段性总结会议等，以会议总结促项目可实施性的发展，以保障项目健康有效地开展。

（三）建立项目台账管理制度

对项目执行过程中的签到、方案、总结、影像等资料等做好收集和整理工作。

（四）建立财务管理制度

对项目执行过程中产生的经费进行专项专用，做到账目清晰。

七、实验成效

（一）建立全方位的早期家庭教育服务机制

从儿童保健、家庭教育、家庭养育三方面着手，通过线上和线下相结合的服务模式，全方位为0—3岁家庭提供早期教育服务。打造外圈、中圈和内圈的三圈服务。其中外圈拓展社区活动场地，中圈为家长提供丰富的早教课程和内容，内圈给予家长良好的服务体验。外圈活动场地方面拓展室内游戏场所至外部，形成"广场区域游戏"角落，借助社区健身广场，在广场上开辟若干个不同内容的区域，将社区中散居的婴幼儿家庭组织起来，在游戏中为祖辈家长和孩子提供家教指导的活动模式。内圈提供了丰富的活动内容，包括养育类的、教育类的和医疗保健类的，让家长有更多的菜单可以选择，并根据自己的需求和时间去体验早教课程。

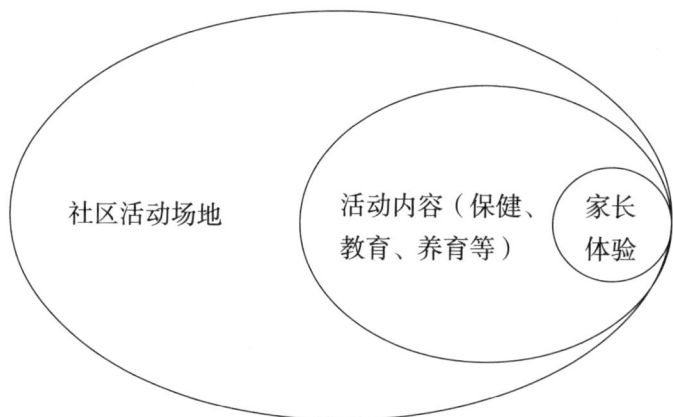

图 2-5　早期家庭教育服务机制

在区域游戏开展过程中，采用的是"1+1+1"的组织形式。每一个小区域配备一名指导老师，面对面指导一名祖辈和一名孩子。考虑到祖辈的特点，老师会运用有趣简短的儿歌和形象的语言来帮助祖辈去指导孩子。广场区域游戏的开展，不仅仅是让孩子在说说、做做、玩玩中得到动作、语言、认知等发展，更重要的是让祖辈获得了简单易学、灵活变通的指导经验，同时也使其体验到了和孩子一起游戏的快乐。

（二）完善立体化的早期家庭教育服务模式

联合菊园新区卫生中心、菊园新区社会组织以及菊盟单位，从医学、营养学、教育学、社会学等多领域出发，立体化地实现早期家庭教育服务新模式。以菊园文化中心为主阵地，整合各方资源，并将资源分配至各个社区，为社区早教提供医学、营养学、教育学、社会学等多元化支持。

（三）探索三位一体的早期家庭教育教养方式

从婴幼儿保健、家长课堂、祖辈教养课堂三方面入手，统一家庭教育思想，实现三位一体的早期家庭教育教养方式，达到家庭科学育儿的目标。将婴幼儿家庭看成一个整体，而家庭中的主要成员有婴幼儿、家长以及祖辈三类人群。为实现家庭教育相对统一，让家庭在教养孩子的问题上能达到思想一致，实验小组以婴幼儿为抓手，白天父母没有时间带孩子的时候就安排祖辈亲子课堂，周末或晚上就安排父母家长课堂。这样让每个家庭成员都能接受到科学的育儿方式，同时还能促进家庭的团结与和谐。

（四）形成健全服务载体的实体化服务体系

搭建了菊园新区 0—3 岁早期家庭教育平台，进一步夯实了社区学校作为家庭教育指导服务主要阵地的基础，构建了家庭、社区、卫生中心、学校四位一体的早期家庭教育指导模式。

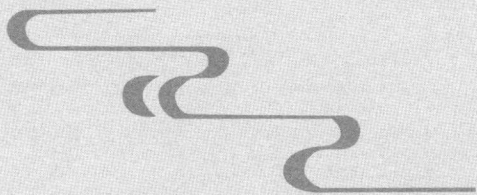

第三篇　资源开发建设篇

ZIYUAN KAIFA JIANSHE PIAN

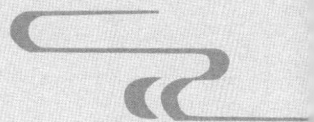

1 疫情背景下社区教育健身类课程资源开发建设与推广的实验

宝山区吴淞成人中等文化技术学校

一、实验项目背景

（一）社区教育健身类课程开发与建设的理论依据

目前，我国已经进入老龄化社会，上海更是率先进入深度老龄化社会。随着老年人受教育程度和学历层次的不断提高，他们对具有比较完整体系且文化元素含量较丰富的健身类课程需求与日俱增。社区教育应充分利用区域内现有的教育资源，实现各种资源最大限度的开发与使用。基于此，本实验以解决"社区教育健身类课程资源短缺"的问题为研究目标，进一步开发与建设健身类课程，满足社区教育的需要。"社区教育健身类课程"即各种主体在一定区域范围内，有组织地开展非学历、非认证（职业资格认证等）、非营利的并以健身类体育运动项目为主要内容的社区教育健身类课程。因此，应根据社区教育课程资源的不同进行课程开发、多元化的设计、规范建设，社区教育健身类课程教育者应以此为契机，抓住机会，推进社区教育中健身类课程资源的开发与建设。

（二）社区教育健身类课程资源开发建设的现状

社区教育课程资源相对匮乏，健身类课程体系不完善。项目组通过查阅社区教育健身类课程资源，结果发现，目前社区教育健身类课程资源缺乏，且门类不齐全，仅找到社区教育通用教材《健康拳操》、上海市长宁区社区教育校本教材《鹤丽莊气功（上）》等。由此可见健身类课程资源数量较少，门类不齐全，更谈不上形成体系。

（三）疫情期间社区教育健身类课程"停课不停学"

2020年年初，突如其来的新冠病毒疫情让我们短期内无法按照原计划开展线下教学活动，但是终身学习理念早已深入人心，市民健康教育更是被提上日程。由于平日的健康习惯与意识不足，且社区健身类课程不完善，亟待社区教育工作者们持续发力。作为社区教育工作者，我们理应为社区教育的发展和进步而努力。为了积极响应市教委和区教育局"停课不停学"的号召，校领导立即开会积极商讨对策，决定将《八段锦》微课教学视频由各班班主任发到班级群里，让学员在家自发地跟着教学视频学习。学员们学习后给予反馈，同时师生也会在群里交流学习心得体会，充分利用好已有的课程资源，挖掘课程的价值。

（四）疫情常态化社区居民对健身类课程需求迫切

通过国家一系列的有力措施，疫情得到了有效控制。疫情已经逐渐常态化，后疫情时代的健康生活到来，人们开始从疫情中走出，恢复正常的生活，越来越多的人回到健身房、操场、公园，开始健身和锻炼。同时，经过这次疫情，人们的健康观念再一次深入。互联网时代获取知识的渠道越来越多，但是网上健康养生的知识讲座也是参差不齐，很多社区学员就把目光集中到社区教育上，因为这里有专业的老师、固定的教学时间，教室教学设备也比较完善，学员可以通过线下讨论和线上微信视频电话的方式交流，并且很多社区学员已经迫不及待地想参加学校的健身养生课程，还经常到学校咨询线下开学时间。

（五）健身类课程资源开发建设与推广具有深远意义

健身类课程开发与建设，从经济成本来看，通过健身锻炼，可以远离疾病的困扰、愉悦身心、增强体质，进而延年益寿，降低医疗成本，减轻家庭和社会的经济负担。从社区教育层面来看，丰富社区教育健身类课程的内容，为老年人搭建学习和交流的平台，促进社区教育研究向理论化、系统化、规范化的方向发展。从社会关系来看，有效促进老年人健康人格的完善，有利于家庭和睦与团结，进而促进社会关系的和谐。从国家层面来看，"老年安，则社会安、国家强"，继续重视和加强对老年人的教育，更好地发挥他们的作用，丰富老年人文化生活，可以促进邻里和睦、维护社会稳定。

二、实验目标

（一）编写和出版适合老年人社区教育健身类教材

市面上有许多健身教材，各大公众号、视频网站也有许多健身视频。但是许多教材没有科学依据，按照这样的教材坚持锻炼甚至会产生"副作用"。为了满足老年人健身养生学习的需求，必须从健身、养生专业理论水平和技术上规范化、标准化，提供教材，做到有理可依、有据可考，使老年人健身更加科学，从而传播正确健身养生知识。本次实验中编写和出版适合社区教育健身类教材，如《八段锦》《五禽戏》，目的是逐步建构社区教育健身类课程体系。

（二）整合"本土化"教育资源，建设特色社区课程

本次实验对周边居委、社区协办单位教育资源进行调查、整合，并从中筛选出一些受居民喜爱、乐学、健身效果较好的运动健身类项目。通过分析研究得知，该校周边的居民对八段锦、五禽戏等传统体育十分喜爱。在社区中也有一些学习团队，但是居民的学习主要都是自学，没有完整的传承，在锻炼的过程中动作呼吸等都不是很规范。规范、系统化的学习可以帮助居民更好地锻炼身体。本次实验拟在社区内整合一些资源，积极尝试建立社区专业学习团队，建设特色社区课程，将八段锦、五禽戏打造成社区特色教育项目。

（三）完善课程教育资源的配送路径，积极推广健身课程，提高全民科学健身意识

在健身类课程开发建设过程中，需要加强健身养生知识的推广传播，在课程推广过程中，不断完善辖区内各类人群健身养生课程资源的配送路径。学校创建了公众号，将优秀课程定期推送给学员。通过送教上门、建设专门的学习团队等，打造一门社区特色课程，形成社区锻炼的品牌；借助吴淞街道的力量推广八段锦，由学校推广到吴淞各街道，从吴淞各街道推广到宝山区，逐步扩大课程影响力，扩大受众群体，让更多人参与到科学健身中来。

三、本实验开展和完成的进程

（一）成立课题实验组，明确分工职责

实验项目立项后，学校利用教职工大会的契机，招募实验小组成员，成立课题实验小组。通过召开组员会议，根据每位组员的特长进行了分工，明确各自主要的工作内容及职责，并建立了实验小组微信群，便于组员之间互相讨论交流。

（二）资料搜集，走访实验对象，调查分析

实验小组广泛地查阅国内外社区教育健身课程相关的文献资料，重点对上海市各区社区老年教育健身类课程开展情况及课程资料进行搜集，分析整理，以此为基础寻求突破口，明确研究思路，获得理论依据，在实践中吸取经验，为实验项目的顺利开展奠定坚实的理论基础。

为了充分挖掘社区居民喜闻乐学的健身类运动项目，实验小组深入居民中去，到有关街镇各个居委教学点调查，了解居民们最常参加、最喜欢参加的健身类项目，实地调查每个居委教学点有哪些健身类的体育运动项目，搜集合作教学社区已经成熟或者比较成熟的健身、养生类的运动项目资源（如健身气功、太极拳、球操等），咨询该课程教师，搜集相关的教学参考资料。

本次使用了"问卷星"创建问卷调查，问卷开放时间为2天，共收回有效问卷200份，具体结果如图3-1所示。

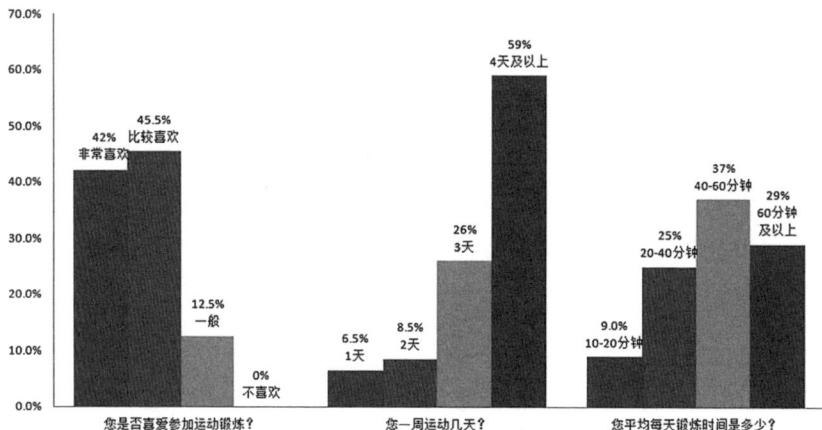

图 3-1　居民运动锻炼喜爱程度和频率比例

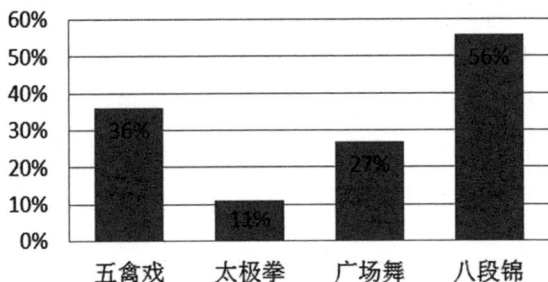

图 3-2　居民经常参加的健身运动项目比例

综合以上调查结果看，以"社区老年学员对健身类体育运动项目的需求和喜爱程度"为重点的调查问卷，结果显示与预期基本一致。首先，居民对运动健身的喜爱程度高，每周参加运动天数以及每天运动锻炼时间比预期还要高；其次，社区老年居民用于健身支出比预期的要低，他们更希望以最少消费支出获得最大的健康效果；最后，在调查过程中居民有锻炼的习惯且积极性较高。出于安全的考虑，他们对"八段锦"和"五禽戏"两套健身养生功法更加喜爱。项目组根据社区老年居民对健身类课程需求的调查结果，最终选择了安全性较高且健身效果较好的"八段锦"和"五禽戏"两套健身养生功法。

（三）撰写《八段锦》《五禽戏》脚本和校本教材，拍摄教学视频

根据小组成员的优势分工操作，通过各种有效手段搜集相关材料，反复推敲、斟酌，以研究者的身份完成课程脚本的撰写和校本教材。目前针对社区老年人的《八段锦》养生功法校本教材已经印刷，且《五禽戏》养生功法校本教材初稿已完成。根据编写的《八段锦》校本教材，撰写微课脚本，进行教学视频拍摄与制作。目前《八段锦》全套微课教学视频已经完成光盘刻录出版，与校本教材配套使用。微课视频教学动作演示规范，教学讲解内容翔实通俗易懂，已经在日常的教学活动中推广。

（四）加强多层次配套队伍建设

经过这几年的不断实践，健身类课程已经逐渐成为该校社区教育的特色课程。把本实验项目扎根于该校社区教育大的发展规划之中，为该校社区教育特色项目建设添砖加瓦，这也是对本实验项目的"升华"。

1. 加强健身类课程教师队伍建设

该校在已有 1 名上海师范大学体育教育专业高级职称教师和外聘体育舞蹈教师的基础上，2018 年刚进编 1 名上海体育学院武术与民族传统体育学专业硕士研究生，为了进一步加强师资队伍建设，准备再引进 1 至 2 名体育专业人才。同时，先于学员之前，组织校内在编教师学习太极拳、八段锦等课程，大力提倡和培养教师一专多能。目前已有 1 名教师成功转型为健身减脂操老师。

2. 加强对班级和团队负责人及骨干的培养

无论是校内运动养生初级班和中级班，还是校外杨行镇天馨花园居委、吴淞街道西朱新村居委、淞南镇三湘海尚居委和长宏新苑居委 4 个团队，学员除了保证每周半天的正常上课以外，每个班级都民主推荐产生 1 名班长，课下由班长组织带领学员复习巩固，既提高了学员学习效果，也增强了班级学员之间的情感。此外，我们非常重视班级和团队负责人及骨干的培养，因为，我们深刻地知道他们才是社区教育的中坚力量。

（五）健身类课程走出校门，推广教学，资源共享

1. 疫情前健身类课程开发建设与推广

健身类课程开发建设与推广的初期，在完善课程内容中不断推广教学，带领学员参加社区教育"享学习之乐，展社区之风"汇报演出；为了推广课程，健身课程主讲老师带领学员参加宝山区吴淞街道举办的"社区达人赛"，展示八段锦功法套路；老师带领学员参加全民终身学习活动周活动，每周各半天分别带领参加实验的 4 个居委学习点社区居民学习八段锦、五禽戏等功法套路。目前线下开设的教学班级和各街镇教学点名额均已报满，很多新学员在预约报名参加下一期课程学习。

2. 疫情期间健身类课程开发建设与推广

2021 年年初，"八段锦"微课教学视频被吴淞街道宣传科推送到宝山区委宣传部，由宝山区委宣传部推送到上海市学习平台，经过上海市"学习强国"平台审核筛选，"八段锦"课程被评为优秀稿件。疫情期间，该校将"八段锦"微课整理打包，推送给在校全体学员以及其他学员在线学习，"八段锦"课程的浏览量约有 7500 次。由此可见此类课程受欢迎程度。

3.疫情常态化健身类课程开发建设与推广

（1）通过微信公众号积极推送

2020年秋季开学，根据该校上学期的工作计划，微信团队成员立即开始着手校微信公众号的推文工作，在推送文章选择中优先选取了较为成熟的"八段锦"课程进行教学推广，文章刚推送出去就有333次的浏览量。从数据上来看，大家对健身养生类课程是非常喜爱的。

（2）开展线上直播课

根据疫情防控常态化工作安排，2020年春季新学期，上海市老年大学课程教学已经开始采用"虚拟课堂"的模式，开展在线教学活动。例如"长者星空"空中课堂、上海老年大学"乐学大讲堂"等，以前教学一直是以线下面授课为主，现在采用线上教学，对于老师们来说都是一个全新的挑战。为了提早进入线上教学状态，老师一直在关注直播课的教学方法和直播工具的使用。2020年秋季学期，上海市老年大学、宝山区教育学院、宝山社区学院联合启动2020"乐学宝山"社区（老年）教育"直播大课堂"线上教学活动，这次直播课教学对象覆盖全区的社区人群，不论是年轻学员还是中老年学员都可以免费参与到课程学习中，在"八段锦"课程直播过程中，社区居民积极参与，第一次直播课观看人数达230人次，相信参与人数会越来越多。

（3）健身类课程扩大到老年学员以外的在职人群

泗东小学是宝山区教育局下属的一所公办小学，离吴淞成人技校近在咫尺，在业务往来的过程中，学校教职工对吴淞成人技校"八段锦"课程和自编教材很感兴趣。2019年上半年，他们邀请我们教师为他们上"八段锦"课程。自此，他们每周一下午四点下班后锻炼一小时，教学效果很好，部分老师有不同程度的肩颈方面的慢性疾病，通过参加八段锦课程学习他们身体得到了较好的恢复，受到了泗东小学领导和老师们的肯定与好评。

四、经验总结

（一）课程建设方面

社区教育健身类课程非常缺乏，数量少，门类缺乏，更谈不上形成体系。本实验项目做了大胆的尝试和探索，做课程开发与推广前一定要做好调研工作，开发建设人民群众喜闻乐见、简单易学、锻炼效果好的健身类课程，推广时要结合自身的优势做好宣传，同时要发挥学员"名片"的作用。健身类课程扩大了社区教育受益群体，课程开发建设不仅惠及社区老年人群，下至孩童，上至耄耋老人，其中也包括办公室白领均在参加健身类课程的学习，参加健身类课程的人数逐年增加，班级规模也在不断扩大。

（二）课程教材编写和视频制作方面

社区教育健身类课程开发建设过程中的教材编写和教学视频的拍摄，客观要求较高，内容讲解要详细，且语言通俗易懂。在教材的编写过程中，尽可能使用通俗易懂的语言，减少使用专业术语。例如：为了使教学语言更加简洁、鲜明，让学员们一听就明白、一学就会，项目组成员仔细阅读教材，细致琢磨，反复推敲，提炼主题，概括内容，寻仄求韵，按章节编排了顺口溜，学员们都说那是"口诀"。用"口诀"教学，一是可以提高大家学练健身气功的兴趣，特别是文化基础薄弱的学员，听"口诀"不像是听"天书"，而是像听快板书；二是辅导用"口诀"教学更方便，省时省力，有的一页文字只需几句话就可以概括；三是学员们听"口诀"易学易记，言简意赅。记"口诀"更容易把握动作内涵和要领，可以纠正易犯的错误动作，既提高了学员们学习兴趣，也提高了他们的学习效率。

（三）教师队伍建设方面

针对社区教育健身类课程专业教师师资缺乏的现状，首先，建议招聘专业教师；其次，请相关的专家给予理论和技能指导；最后，引导专业老师积极参加校外的健身类课程培训，提高自身理论水平和专业技能，帮助一些有基础和有兴趣的老师向健身类课程教师转型。

（四）实验项目推进方面

本实验项目《八段锦》《五禽戏》校本教材和教学视频是重要的成果之一，但是仅依靠社区教育健身类课程科研经费远远不够。为此，在实验项目开展初期，项目组一直在努力寻找能够帮忙完成实验项目的单位，通过向宝山区社区学院提交课程开发建设的申请，赢得了宝山区社区学院的重视和肯定，将"八段锦"微课程纳入宝山区社区学院社区教育健身类课程开发建设的计划之中，这就为本实验项目的顺利完成提供了有力的经费保障。因此，在今后的实验项目研究中要学会借助外界力量，助推实验项目顺利完成。

（五）课程推广方面

社区教育健身类课程的推广要全方位覆盖，不但要满足疫情前的线下教学需求，而且当疫情来临和疫情常态化时，也要能充分利用线上教学的功能发挥健身类课程的作用。课程推广渠道要多样，可以利用微信公众号、"社区通"、"学习强国"、"乐学宝山"直播大课堂等渠道扩大受益人群。此外，充分发挥优秀学员"名片"的作用，让学员为课程推广代言。同时，着力把学校打造成健身类课程的品牌学校，有效扩大宝山区吴淞成人中等文化技术学校在本地区社区学校中的形象和影响力，提升对中国传统体育文化的继承和发扬水平，培养学员的文化自信。

2 关于推进老年教育教材建设的实验

上海市老年教育教材建设指导中心

一、实验背景

（一）老年教育教材研发与推广是赋能老年教育重要举措

《老年教育发展规划（2016—2020年）》中提出要"扩大老年教育资源供给"，从市级层面研发老年教育教材，能丰富老年人晚年精神文化生活，帮助其建立晚年生活与国家社会发展之间的知识桥梁，搭建老年人网上交流圈，赋能老年教育新发展。

（二）老年教育教材研发与推广是老年教育深化推进的内在需求

课程设计是学校教育质量的核心，教材开发也是需要关注的重要工作。老年学校没有国家统一的课程大纲和教育方针，面对老年学员越来越丰富的学习需求，很多学校反映缺教材、缺师资等，亟须进行教材研发和推广。

（三）老年教育教材研发与推广促进老年教育教材更优化发展

"十二五"期间，在上海市学习型社会建设与终身教育促进委员会办公室等单位指导下，上海市老年教育教材研发中心会同有关单位共同研发100本"上海市老年教育普及教材"，上线配套电子教材等。2018年，上海市老年教育教材研发中心落户浦东新区社区学院，聚焦"学习资源建设"和"学习资源推广"，探索老年教育教材研发和推广的内涵、规律和要求，为全市老年教育教材（读本）建设提供借鉴和指导服务。

二、实验目标

本实验通过科学的实验方法，在当前已有老年教育教材建设成果和工作经验的基础上提炼老年教育教材内涵，形成老年教育教材研发流程、研发标准和原则，对老年教育教材（学习读本）开发形成可推广、可借鉴的成果；通过各种研发手段，研发 10—15 本具有引领性、前瞻性的上海市老年教育教材（学习用书）；开发电子书、视频、听书等相应资源呈现形式，以及编制教学大纲、教学 PPT 等学习材料包。

三、实验内容与方法

（一）提炼老年教育教材内涵

运用文献法、座谈法和调研法等，从老年人学习的特点以及需求出发，结合国家意志、区域发展等提炼教材内涵，形成对教材科学、清晰的认识。从相关理论出发，根据老年教育实践经验，提炼教材研发的流程、标准、研发方式、研发要求等。

（二）研发老年教育相关教材

通过行动研究法，研发一批具有时代特点、上海特色的老年教育教材，开发配套学习资料包，利用微信公众号多元化呈现教材。通过案例研究法，针对委托研发、合作研发和自建教材的不同方式形成案例。

四、实验过程

（一）实验前分析

走访上海市学指办、上海市老年大学等，了解老年教育教材建设现状，对教材建设存在的问题进行分析。

1. 建设现状

老年教育机构教材建设处于探索阶段，市级、区级层面建设教材数量较多，街镇等基层老年教育机构教材建设还有待完善。

首先，形成了市、区两级老年教育教材建设模式。2008 年至今，上海市学习型社会建设指导委员会办公室开展上海市社区（老年）教材征集和评比工作，评出一批代表市级水平的老年教育教材，积极建设社区（老年）教育微课程，出版老年教育教材读本 50 余本。其次，形成了一批有影响的市、区级优秀老年教育教材。最后，还形成了相关的数字化学习资源，如"指尖上的老年教育""老年教育慕课"微信公众号的数字化教材资源。

2. 老年教育教材建设问题分析

第一，缺少规范和标准。老年教育教材建设应该采取何种标准、原则、建设流程、教材评价等，各机构整体较为随意。第二，缺少建设机制。当前老年教育教材建设大多是因师而建，规范性、有效性等有所欠缺。第三，资源重复建设。各级老年教育机构中课程内容趋同化。第四，缺乏引领性内容。第五，缺少推广和应用。教材缺少宣传，收效不明显；缺少相关师资，编写后使用率不高。

（二）教材研发的选题工作

实验组对选题的原则、选题的方法等方面进行实验探索。

1. 明确老年教育教材建设原则

老年教育教材价值取向要体现国家意志、区域和时代发展特色及学习者学习的需求。其研发原则要体现以下四个方面：一是政治性。要全面落实社会主义核心价值观的基本要求和内容，体现中华优秀传统文化、国家安全、民族团结和生态文明等，提升老年人道德修养和文明素质。二是时代性。老年教育教材要反映社会进步、科技发展和学科前沿。三是选择性。分类分层设计可供选择的教材内容与教材形式。四是适应性。老年教育教材要遵循老年人身心发展规律和学习特点，注重教材内容选择、排版结构以及活动设计等。

2. 开展调研是选题的关键

考虑国家、上海市以及区域发展对老年人的要求，以及老年学员当下的学习需求，确定选题。

（1）问卷调研。项目组发放《老年教育教材建设问卷》，发至全市、区、街镇老年教育机构。问卷发放 220 份，回收 220 份，有效性 100%。其中：街镇老年学校 198 份，占比 90%；区级老年大学 16 份，占比 7.27%；市级老年大学 2 份，占比 0.91%；其他办学机构 4 份，占比 1.82%。

由问卷分析得出当前老年学员最喜欢的课程内容前 4 名分别是舞蹈健身类（占比 83.64%）、艺术修养类（占比 70%）、健康养生类（占比 55%）、信息技术类（占比 19.55%）。可以看出老年学员较重视提高自身艺术修养以及养生等；随着信息化技术的发展与应用，老年人对信息技术应用的需求也逐步体现。结合问卷，项目组在教材选题方面聚焦老年人身心健康，如《食疗药膳》《心理健康》等。

此外，问卷还对老年人喜欢的教材形式进行了解。最受欢迎的老年教育教材形式中，纸质书占79.55%，电子书占30%，微课程占50%，有声书占30%。纸质书是老年教育教学的主要载体。随着信息时代的发展，老年学员对其他教材形式的接受度有所很高，如微课程接受度占比50%，这就需要我们不断创新教材形式。

（2）召开各层面座谈会。组织社区学院院长、学习办领导召开座谈会，讨论老年人学习的内容。2019年正值中华人民共和国成立70周年，专家组讨论确定了《上海时刻》主题教材；上海全市正在开展垃圾分类活动，确定《生活垃圾分类》主题教材；随着上海国际化，确定《老年人学唱英语歌》主题教材。

（3）组织优秀教材征集活动。提交专家小组评审后，确定15本为年度优秀教材。从中确定"电影欣赏、健康饮食、插花艺术、经络养生、谈医论证"等为教材研发选题的参考内容。

（4）出版社征集选题。召集复旦大学出版社、科学出版社上海分社、上海辞书出版社、上海教育出版社、上海音像出版社以及上海教育音像出版社等6家出版社，进行教材主题推荐，征集47个教材选题，确定了10个选题为教材研发选题的参考内容。

3. 制定教材专家委员会制度

组建了由市教委终身教育处、老年教育小组办等相关人员构成的教材专家委员会，对本次研发的教材进行全程审核，确定了本次研发的10个主题教材名单。

（三）教材研发的实践工作

在教材研发的实践环节中，项目组认为要做好厘清研发内容、明确教材级别、明确教材研发方式、明确教材内容要求、明确教材体例要求等五方面工作。

1. 明确教材研发内容

（1）教材立体化资源建设。项目在"十二五"期间教材研发经验的基础上，以纸质教材为主，继续应用各种信息手段开展教材形式的拓展和尝试。如建立电子书、听书、微课视频、学习成果圈等，打造立体化教材资源。

（2）教材资源包为老年教育教师使用教材提供帮助。教材要充分考虑教师需要，项目组针对每本教材同步设计教学大纲、教学计划等，形成资源包，为后续使用做准备。

2. 明确教材级别

教材研发设计三个教材级别：老年教育推荐教材、老年教育参考教材、老年教育学习读物。

老年教育推荐教材体现国家、上海发展对老年人的要求，推荐给各级老年教育机构使用。

老年教育参考教材与当前老年学员学习需求紧密相关，体现特色，各级老年学校教师可参照使用。

老年教育学习读物供有学习能力的老年人自学使用。

3. 明确教材研发方式

教材研发方式分为委托研发、合作研发和独立研发教材。

（1）委托研发教材。教材更多要体现上海特色，教材内容要更为专业。这类教材需要寻找专业机构或者人员编写，如委托东方宣教中心开发《上海时刻》。

（2）合作研发教材。由教材中心与其他机构或者个人合力研发。由机构或个人负责教材内容的准备和编写，由教材中心明确教材的规范性要求，对教学大纲、教材计划等内容进行指导，如与环境学校合作开发《垃圾分类》；与迎智正能合作开发《老年心理保健与自助手册》。

（3）独立研发教材。该方式重在凸显特色。选题过程中发现了一批教材有课程实践基础、学员粉丝基础，特色明显，授课教师也有一定专业水平和能力，因此组织教师独立研发教材，如《家居艺术插花》《鹤发童颜》。

4. 明确教材内容要求

由专家或一线老师提供教材的初稿和素材，确保内容正确性，由出版社专业编辑、研发中心专家和教材专家三方联合完成研发及出版。每本教材原则上16课时；内容相对独立，包括基础（知识）、实用（技能）、前沿（信息）；教材的语言要通俗、精练，让老年人轻松易懂。

5. 明确教材体例要求

统一体例设计，根据老年人学习特点编排，涵盖四方面内容：简明学习——让学习者能通过很短的时间了解主要内容；主体学习——完整的教材内容；巩固学习——设计生动活泼的练习题等帮助学员巩固学习效果；拓展学习——为学有余力的老年人提供延伸学习资料。凡适用于各级老年学校开班授课的教材，均按课时编写教学大纲。

6. 教材研发小结

（1）组建工作团队，形成制度保障。建立固定的工作团队，由教材研发中心、编写者、出版社编辑构成。教材中心负责总体牵头和具体协调，作者或机构负责内容编写以及修改完善；出版社从出版角度对研发时间节点进行把控，对教材编写规范等提出要求。

（2）制定教材研发方案，确保时间节点，保障研发顺利进行。

（3）形成由市教委、小组办、研发中心等人员组成的专家委员会，对每本教材进行审核。

（4）出版社负责就教材内容与作者沟通协调。

（5）整个实验过程以三种方式研发了10本老年教育教材以及相关学习资料，比较发现：委托研发的教材内容专业性较强，学习对象具有普适性，委托研发的效果较好；合作机构提供教材内容，但合作机构并不熟悉老年教育的情况，所以还需研发中心就老年教育的特殊性和学习要求多次沟通；自编研发教材为有一定课程实践基础和学员基础的教材，编写教师有多年一线经验，编写中会体现适合老年人的学习内容和学习习惯，教材研发中心或者出版社要就内容专业性、科学性等方面进行沟通保障。

（四）教材推广

有效的推广对教材使用会起到重要作用。

1. 组织推广

由教材研发中心组织教材推广工作，利用网站、微信公众号介绍宣传；召开教材宣传会，组织街镇社区学校教师试用；做好教材讲解工作，积累教材反馈意见。

2. 宣传推广

借助新闻媒体，宣传上海市老年教育教材研发成果。

3. 活动推广

以教材为载体，通过线上线下活动扩大教材影响力，如利用"指尖上的老年教育"，以《鹤发童颜》为朗读参考书目，组织老年人朗读比赛。

4. 应用推广

由市教委牵头，老年课程中心和老年师资培训中心对出版的教材进行使用培训。

五、实验成效

（一）通过实验，形成老年教育教材建设完整流程

结合黄健教授社区教育课程的开发模式以及王敏等学者社区教育课程开发六阶段的理论，本实验将老年教育教材研发流程分为三阶段、六环节。

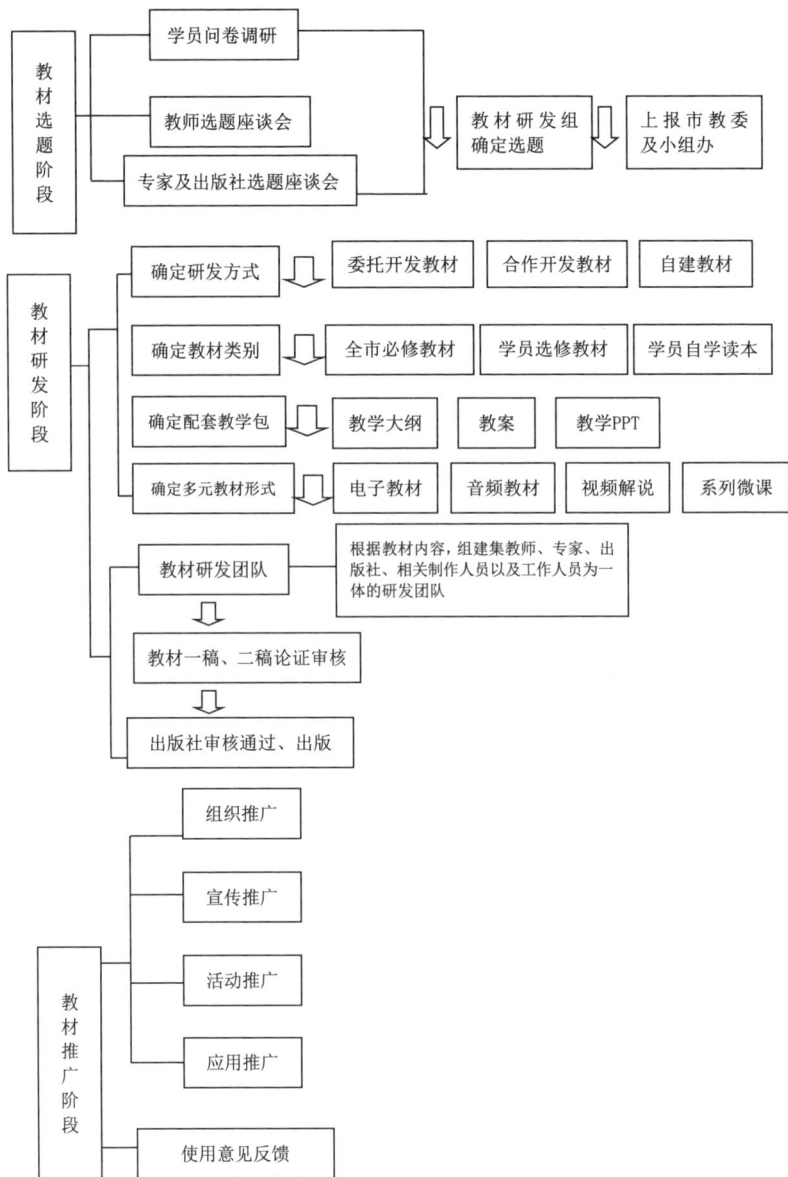

图 3-3　老年教育教材研发流程

（二）通过实验，提炼老年教育教材研发经验

研发老年教育教材要从四个方面重点把握：环节完整、整合资源、重视应用、关注评价。

1. 环节完整，保证教材建设的规范和质量

经过专家讨论确定选题，开展教材内容编辑，最后出版发行，各个环节设计要体现规范性和过程性。

2. 整合资源，丰富教材建设内容

教材的研发和教材内容的编辑需要不同专业人士参与，比如具体教材内容编辑、教材审核以及教材出版等，以老年教育机构作为牵头单位，整合各个方面资源以及专家，包括政府、高校等，为教材建设出谋划策。

3. 重视应用，解决老年教育缺乏资源的问题

建设老年教育教材的初衷是为了满足老年人学习需求，因此教材的建设一定是以使用为前提。要重视推广和宣传，使未能进入老年教育机构的老年人也有学习资料可以选择。

4. 关注评价，进一步优化老年教育教材建设

老年教育教材建设还处于初步探索阶段，要关注教材推广后教师以及学员的使用评价，以评促建。

（三）形成了教材研发实践成果

本次实验，共研发出版了15套老年教育教材（学习用书），按照国家意志、时代发展、学习需求等做好分类，并积极制作立体化教材资源，"指尖上的老年教育"微信公众号每周按时推出相关学习资讯、课程等。

六、实验思考

（一）形成了对老年教育教材的内涵认识

开展老年教育，各级老年学校一定要思考老年教育的宗旨理念，以及老年教育的目标等根本问题。

教材的定义有广义和狭义之分。广义来说，凡是有利于学习者增长知识或发展技能的材料都可称为教材。狭义的教材即教科书。依据老年教育实践，老年教育教材更适合从广义上理解，具体指供老年教育教学和老年人学习使用的各类学习资源和学习材料。

（二）通过实验，形成了对老年教育教材特点的认知

1. 老年教育教材的多样性

教材内容多样性：随着时代和社会的进步，老年教育教材随之丰富。教材形式多样化，可以是印刷的纸质材料，也可以是数字材料。教材类别多样化，可以是市级教材、区级教材、校本教材，可以是统一教材、自选教材，也可以是初级教材、中级教材、高级教材、研修教材。使用教材对象多样化，可以教师使用、学员使用，也可以居民自学使用。教材研发主体多样化，可以是不同级别的相关机构，也可以由社会组织参与研发。教材功能多样化，不仅适用于课堂教学，还适用于在家自学，以及适合团队使用等。

2. 老年教育教材的实用性

"以学习者为中心"的教育理念在老年教育中得到充分的体现。老年教育教材更加侧重现实，满足学习者的需求，使学习者学习后知识技能得到加强，并运用在实际生活中。

（三）通过实验，分析得出不同老年教育机构教材研发的情况

老年学校的课程处于"非统一性"的状态，各老年学校根据本身的理念、资源、特色，进行课程以及教材开发，校本化的教材就是老年学校发展的价值体现。市级老年教育机构资源范围较广，研发教材的专业性、规范性较强；基层的老年教育机构其教材的特色性更为明显。教材研发中心可对全市优秀的、有特色的老年教育教材进行征集，根据需要进行指导编辑、推广应用。

表 3-1　上海市老年教育教材建设状况

建设主体	教材内容	教材使用对象	教材形式
市老年教育教材研究机构	体现国家意志、城市发展要求下的引领性学习内容；体现时代快速发展中老年人需要学习的内容	面向全市及外省市老年人群	纸质教材、音频教材（听书）、电子教材、教材讲解配套微课版
市级老年大学	按照不同院系课程编制教材，类别详细、质量较高	面向在校学员	纸质教材为主
区级老年大学	整合区域优质教育资源，体现区域发展特色	面向全区老年学员以及居家老人	纸质教材、音频教材、电子教材
街镇老年学校	服务街镇居民，地方特色明显。教材内容表现为社区发展特色和辖区老年居民的学习需求	面向街镇社区居民	纸质教材为主

3 依托高校等社会力量多途径建设社区教育精品课程的实验

杨浦区殷行街道社区学校

一、实验背景

殷行街道辖区面积 7.98 平方千米，有 50 个居委会，常住人口近 20 万人之多。殷行社区学校作为居民家门口的学校，开办至今为居民提供了丰富的社区教育培训课程及活动，为街道构建多层次、全方位、开放式的"大社区、大课堂、大教育"格局，也为进一步完善社区教育服务体系奠定基础。

社区教育课程建设是推进社区教育的基本途径之一。随着社区居民物质生活水平的提高，精神文化需求日益增长，迫切需要更多更好的文化产品和文化服务，社区学校现有的课程及数量逐渐难以满足需求，有必要对新的社区教育资源进行开发，依托高校等社会力量的教育资源优势，多途径开设更多高品质课程，充实居民的精神生活，提高他们的生活品质。

二、实验目标

（一）依托高校等社会力量开发、建设、推广社区教育课程体系。

（二）引进高校、协会、辖区单位等社会力量的教师队伍，培养宣传、推广课程的志愿者队伍。

（三）探索社区教育多元化的服务。提高高校等社会力量教育资源的宣传面和知晓度，扩大课程的影响。

（四）增强社区学校在整合教育资源方面的能力，创建具有殷行特色的品牌精品课程项目，将之作为社区教育新的增长点，为社区居民提供丰富的学习资源，提升社区教育的整体水平。

三、实验内容

（一）开展广泛调研，梳理社区教育课程资源及内容需求

1. 开展课程资源调查

项目初期，社区学校及时了解毗邻社区的上海体育学院、上海开放大学分校、与社区共建的复旦大学先进材料实验室等的教育资源；了解区域内外有利于促进市民教育的中原文化馆、杨浦图书馆、中国电子电缆博物馆体验基地和杨浦"三个百年"的行走路线及相关文本资料，为开发课程资源提供借鉴。

2. 开展课程内容需求调查

项目开展初期，社区学校用问卷、访谈等形式了解不同年龄居民的身心特点和学习需求。首先对已有的老年课程和青少年课程做好分类梳理；其次依托高校等社会力量多途径新增各类课程。开设多样性的长期班课程、短期班课程、社区睦邻公益讲座、人文行读课程等。

（二）形成社区教育精品课程团队

1. 组建、充实主讲教师团队

项目开展初期，社区学校进行了广泛的调研，邀请体育学院太极学堂和"媒在玩"研究生团队、开放大学分校国学教师、高校学生社团、市级面塑非遗马家面塑、区级手工艺资源配送人员、辖区学校手工艺教师、企事业单位工作能手组成社区教育课程主讲教师团队，并逐步充实。

2. 培育志愿者队伍

在社区教育课程建设的过程中，结合杨浦"三个百年"行走路线、市民体验基地、殷行街道手工坊体验基地、阳光330项目等平台，打造一支由社区学校班长、文教干部构成的志愿者队伍；落实教师团队、志愿者队伍的联系沟通、日常管理等制度，为志愿者开展必要的培训，组织他们向社区各学段市民提供支援服务。

（三）宣传、推广课程，开展精品课程教学实践

1. 开展各种形式的宣传推广

学期初，社区学校统筹规划全年课程形式和主题、授课对象和内容，通过微信群、公众号等加大宣传力度，推广社区教育系列课程，吸引各类

人群参加学习。

2.通过文本、影像等形式记录系列课程的内容

项目组将2019年春完成的《社区教育课程》宣传下发到社区7个新村片、5个睦邻中心，并为社区50个居委学习点开展相关课程培训活动，提供学习资源。

（四）总结提炼课程主题、内容，探索社区教育精品课程建设

两年多来，社区学校引进高校、协会、辖区单位等教师队伍，联合社区学校、居委学习点、睦邻学习点的志愿者团队，多途径开设精品课程，精准服务老年教育、青少年校外教育和社区骨干培训。

1.社区学校课程最丰富

2019年春，社区学校联合体育学院，整合体院"太极学堂"和"媒在玩"课程资源，并启健身健脑情暖夕阳课程。教师都是国家一级运动员，老师们教学耐心细致，把最规范最标准的动作传授给学员，并拍摄成视频，供学员时时学习锻炼。体院的"媒在玩"研究生团队在社区学校分校、居委学习点开设"老年媒体素养课程"，指导学员使用视频通话、微信、拍照、购物、支付等App软件，鼓励其赶上自媒体时代步伐。

2019年秋，社区学校引进辖区正仁堂中医门诊倪医生开设中医养生经络课，指导学员领悟中医养生的奥秘，提高社区居民的自我养生意识，帮助他们对亚健康的预防与改善。特聘中国语言文学专家蔡老师开设了备受居民追捧的"朗诵训练"班。培训班规范学习者的普通话，指导学员学会用气、声、感情分享作品并一一点评，提高学员朗诵水平。聘请社区爱好摄影拍摄、图像处理制作的陈老师，开设PS软件和PPT软件学习课程，在社区学校创建PR、PS、PPT三位一体课程。学员们学习认真，互通交流，互帮互学，形成一个个正能量的学习型团队，老年学员们都已成为新时代立体交叉复合型学习的幸福老人。

2.社区学校公益讲座课程最便民

为满足社区居民终身学习的需要，社区学校引进上海明德学习型组织研究所讲师资源，开设了激发"心力"的公益讲座课程。2019年春，由闵行区人大代表杨海老师进行课程第一讲——"活出生命的意义"。2019年暑期，明德执行所长张原为"一点学堂"进行亲子讲座——"手机与学习"，教会社区亲子在互联网时代使用手机，提高了两代人的网络素养。秋季学

期张所长继续给社区亲子开设了"右脑开发及记忆方法""家庭教育中最重要的六个一分钟"等激发"心之力"的公益课程，促进了亲子共成长。复旦博士欧弟讲师的"奇趣英语课"通过互动、游戏，使孩子们在快乐中记下了所教内容。激发"心力"的课程提升了居民的生活质量，改善了亲子关系，进一步促进了学习型家庭建设。

2019年健康公益讲座进睦邻。社区学校联合社区中医门诊，邀请多位专家走进社区学校、走进社区睦邻，讲解肩关节周围炎、颈椎病的预防与调护、养生保健常用穴位自我疗法、阴阳五行养生法、中医穴位疗法，缓解疼痛立竿见影，居民能快速掌握，受到了一致好评。

金融公益讲座进睦邻。学校联合辖区中国银行包头支行为街道各睦邻推送"金融诈骗及金融理财小知识"讲座，例举社会上各种金融诈骗形式。比如"中奖""彩票""投资"……一个个生动的案例引起了大家的共鸣。防诈骗使"天上不会掉馅饼"成为大家的共识。理财经理为大家讲解了目前较为流行的金融理财方式以及优缺点，提醒学员投资须谨慎。讲座结束后，居民们表示受到了很大启发。

3. 七彩殷行普法课程最多彩

社区学校周老师联合殷行司法所、殷行街道老年协会，指导社区居民自编、自导、自演，节目形式涵盖了沪剧、小品、歌曲等群众喜闻乐见的表演方式，既有根据真实调解案例改编的小品《紫藤园说理堂》，也有当下人们最关心的扫黑除恶歌曲《扫黑除恶之歌》，还有体现社区法治建设成果的诗朗诵《法治建设靠大家》，以最接地气的方式、最直观的形式再现生活场景，在各睦邻学习点轮番演出，使"法治小剧场"成为殷行的法宣品牌。

4. 手工创意课程最有趣味

社区学校在手工创意作坊开设艾草、衍纸、发饰等系列课程，满足了居民体验手工创意DIY的乐趣。社区群众可根据个人兴趣及时间选择相应的课程，社区学校、居委学习点、睦邻学习点都分别开设特色的课程，自2019年春季学期以来，培训已覆盖辖区居民千余人次，共计带来10种创意手工、非遗课程。其意义在于激发群众主动参与性，使学员以学习、制作、传承的方式来了解传统文化。除课堂学习外，培训班还引导社区群众学以致用，将课堂内容应用到现实生活中。如将剪纸艺术应用于垃圾分类宣传，居民们在课程的学习中亲自动手，增长了知识和技艺，提高了艺术鉴赏力。

5. 人文行读课程最多感

2019年暑期，社区学校组织辖区70户亲子家庭，行走在百年复旦、财大、上理工等高校，亲身感受大学氛围，目睹校园风采，了解杨浦百年高校的沧桑历史、发展变化，并从大学历史文脉中汲取了红色光辉的养分；在滨江，组织100多个居民沿着黄浦江沿岸探访杨浦百年工业文明遗迹，了解秦皇岛码头的由来和相关红色故事；走入东区污水处理厂，24户亲子家庭感受了杨浦百年工业文明的最初模样；在杨浦图书馆，50多位居民感受了宫殿特色建筑的历史韵味，感怀着创新杨浦的强劲脉搏。2020年拓展人文行走，社区学校挖掘殷行街道的人文行走学习地标，组织社区居民进行区域人文行走。开展"四史"学习教育，组织居民参观闸北电厂，了解百年老厂的历史，厚植爱国主义情怀，汇聚奋勇同行的力量。

6. 区级配送课程最多元

2019年，殷行社区学校引入区学习办社区教育资源配送，高校—团—社课程有：复旦传统文化课程进殷行夕阳读书会；财大法学院普法讲座进睦邻中心；高级心理专家和美术特级教师为幼儿家长开设家庭教育指导课程；百人睦邻学堂讲座送社区；社区居民走进多所高校与大学生共享课堂、聆听讲座、欣赏高雅艺术；社区居民千余人参加线上和线下高校智慧课堂；行走百年高校，感受校史文化熏陶；行走中国电子电缆博物馆，获取知识，提高素养。多样化的学习资源，促进殷行社区教育三区融合、联动发展。

7. 未成年人教育课程最艺术

社区学校依托一点学堂家庭教育基地，发挥上海家庭教育指导服务中心杨浦分中心殷行街道工作站的优势，2019年组织辖区中小幼200多名家长8次聆听社区学院教子有道讲座。引进学习办专家讲座配送给幼儿园。引进杨浦少儿图书馆图书和作家讲座资源配送进辖区中小学。疫情期间，社区学校将2020年上海家长学校线上家长课堂和区学习办家庭教育睦邻讲座，有针对性地推送给辖区中小学、幼儿园和中职校，帮助家长做学习型父母，建立和谐、快乐、轻松、愉快的家庭生态系统。

殷行街道"阳光330"项目作为杨浦区首家"三点半课堂"，遵循"政府主导、学校负责、教师为主、因需提供"原则，依托社区资源和阵地，创新活动载体，积极构建"学校、家庭、社会"三位一体的育人格局，破解学生课后看护工作难题。街道"侨之家"派送社区老师教授非遗国粹篆刻艺术和国画艺术，让学子们感受传统文化的力量；街道体育俱乐部推荐教师教授武术，帮助学生们强健体魄；聘请上海开放大学教师教授童蒙《论语》，社区学校教师教授上海沪剧等各色传统文化课程。春季课程受益学生总人数为100人左右。秋季又引进体育学院太极学堂多个课程，将板球、花样跳绳等课程送入社区内的其他公办中小学，"阳光330"项目成为孩子们课后快乐成长的"第三空间"。

殷行学生社区实践指导站基地在学校、家庭、社会之间构建未成年人感知社区、了解社区、融入社区的"第二课堂"。2019年指导站由街道主导，联合多部门、辖区多单位重新开拓和整合了如杨浦少儿图书馆等15个站点，进一步完善了学校、家庭、社会合作互动的未成年人社会实践长效管理体制。社区学校联合辖区杨浦少儿图书馆，试点打造具有学校特色的馆校合作品牌——"移动图书馆"行动和作家进学校的精品课程，培养孩子们热爱读书的习惯，与学校教育形成强大合力。

8. 空中课程最多彩

2020年疫情防控期间，社区学校号召师生宅家"停课不停学"，带动中老年学员跟上节奏，享受"互联网＋"带来的时尚和便利。社区学校推送宅家科学健身体院"怡太极"课程；结合上海老年教育慕课网上"中医药与传统文化第七季"和"几何素描"课程资源，开启了中医养生班和素描班学习。老师批改作业并在班群点评和答疑，同学们积极参与，线上学习为线下班级教学打好基础。葫芦丝老师自己撰写教材，并在QQ群课堂开办了免费公益课程"葫芦丝初级班""葫芦丝入门班""零基础学葫芦丝"，截至2020年，已上了15次乐理基础知识课，共有500多人次收看学习。摄影班老师微信群带领学员开展摄影技术交流学习。朗诵班开启腾讯直播"云课堂"，学员交流作品，老师一一点评。声乐班老师指导学员宅家练声练唱。英语班老师带领学员结合防疫信息开展英语词汇拓展学习。沪剧班老师制作词曲视频发送给学员练唱。社区学校除了充分利用微信班群、居委学习点文教干部群、睦邻群、校园群定时向社区学员推送上海老年教育慕课网、上海开放大学网、上海学习网、杨浦终身学习网、杨浦图书馆网等网站的"空中课堂"外，还组织社区学员收听体育学院"高校智慧课堂"贺岭峰教授的空中直播课程"更多接纳自己接纳别人"，激励学员继续宅家安心学习，以老有所乐的健康心态去享受晚年生活，多学习，多锻炼，学有所乐，学有所获，享受夕阳无限好。

四、实验成效

（一）完善社区学校课程体系，营造终身学习氛围

2019—2020年，社区学校整合了多方教师资源，增设了市民教育、健康教育、体育健身、艺术修养、实用技能5个系列14门课程。其中2019年"PS软件学习"课程入选上海市新时代老年教育百门精品课程。举办"蔡国权讲朗诵"交流活动，组织学员参与上海诗剧社等单位的朗诵沙龙，搭建了朗诵班学员学习的"第二课堂"，学员的朗诵视频获杨浦区语言文字比赛一等奖。2019年，街道评选了中老年心理、青少年心理、健康类、信息技术类、法律类、器乐类6门精品课程。2020年，社区学校"素描零基础"课程被录入上海市学指办教学大纲一书。"拉丁舞基础"课程参加上海市老干部大学系统百门精品课程评选。"麦秆画制作——麦秆画书签"微视频参加2020年上海市终身教育周闵行杯评选。目前，前来社区学校交替学习知识、技艺的居民超过3000人，比原先增加了40%。

（二）打造课程师资和宣传队伍，提供人力资源保证

社区学校通过挖掘、引进、组建，打造了相对高端和稳定的课程师资队伍，引进师资中高校教师占50%，第三方社会组织专业师资占5%，辖区单位专业人士占15%，社区专业特长教师占30%，为课程开设的体系性、科学性打下基础。同时，形成一支稳固的、对社区教育感兴趣的百人志愿者队伍，社区学校班长、居委学习点文教人员、睦邻学习点负责人，相互配合，致力于社区课程的推广，最大限度地提高居民知晓率，方便居民更好地选择学习科目，让更多学员听课受益。

（三）强化资源整合利用，创建品牌课程项目

通过整合高校等多方线下教师资源和线上专家的空中课堂资源，创建了"殷行公益讲堂""手工创意坊""七彩殷行普法教育""人文行读""阳光330""一点学堂"6个品牌课程项目，丰富的社区教育精品课程多形式地全面开展，提升了社区学校的办学水平，推动了社区全民终身教育，满足了广大社区居民终身学习的需求，促进了社区总校、分校、学习点、睦邻点、辖区学校课程共享，线上线下课程共计有5万名居民、近1万多户家庭受益，

营造了殷行社区"人人学习、时时学习、处处学习"的良好氛围。

五、反思与展望

（一）深入研究高校等社区力量创建课程和活动的具体内容，进行学习资源的完善

以上海市学指办编写课程大纲的具体要求为模板，完善各门课程的教学大纲，加强社区教育精品课程规范化建设。

（二）创设精品课程和活动的推广载体，进一步提高人群覆盖面

在社区进一步推广精品课程，将课程资源配送由社区学校总校下沉到新村片、睦邻学习点；以街道"阳光330"项目为平台，直接将教育资源配送至辖区中小学及幼儿园；利用"今日殷行"微信公众号，积极推送"殷行公益讲座"和"手工创意坊"课程信息以及人文行读课程相关报道，资源辐射社区白领和企事业单位员工。

（三）加强调研，开展各类课程的效果评价

在向社区新村片、睦邻点和辖区中小学配送和推广依托各类高校等社会力量多途径建设的社区课程后，邀请社区教育专家拟定课程效果评估调查问卷，及时组织教师、志愿者、学员做好各类课程的效果评价，社区学校根据评价意见及时调整课程进一步实施的目标、步骤、方法和推广渠道，建设更多受社区各年龄段居民喜欢的优秀精品课程。

4 以"庭院课堂"为载体，创新社区教育教学模式的实验

松江区新桥镇成人中等文化技术学校

一、实验背景

（一）"庭院课堂"建设的政策导向

《中共中央、国务院关于实施乡村振兴战略的意见》中指出，坚持以社会主义核心价值观为引领，以传承发展中国优秀传统文化为核心，以乡村公共文化服务体系建设为载体，培育文明乡风、良好家风、淳朴民风，推动乡村文化振兴，建设邻里守望、诚信重礼的文明乡村。在学习型社会建设、乡村振兴的大背景下，基层社区学校需要立足社区教育内涵发展，发挥社区教育的服务育人及互动管理功能和服务社区治理作用。

（二）"庭院课堂"建设的现实需求

1. 社区教育资源分布不均衡

新桥镇区域面积 35.48 平方千米，学校地处街镇西首，居住在东部及南部地区的居民到学校路程较远，需要再拓宽社区教育学习平台，方便居民就近学习。

2. 多元人口结构下学习需求多样化

新桥镇域内有近 20 万人口，导入人口、外来常住人口、流动人口达16.27 万人，这种人口结构和文化背景使居民的学习需求呈多元化趋势，打造更加多元的学习平台是社区教育的一项新任务。

3. 邻里关系建构的需要

新桥临近市区，许多有条件的老年人退休后搬到新桥养老。但初来乍到，

邻里之间交流少，尤其一些空巢老人更加需要邻里之间的交流。

（三）"庭院课堂"建设的基础条件

新桥镇有2000多户农民动迁安置洋房和不少高档的别墅区，部分社区居民家庭具备开展学习活动的硬件条件。

新桥镇老龄资源优势明显，有一大批是来自市区和外省市的老年导入人口，其中不乏能人达人，可引领这批能人为社区教育当好领头雁。

二、概念界定

"庭院课堂"是学校以"特色家庭"为划分原则，挖掘社区能人达人，将学习阵地建在热心于社区教育事业的居民家中，开设特色学习内容，引导周边居民就近参加学习的高效温馨的学习平台；是社区教育服务群众、老年人在学习中养老的新阵地。

三、实验目标

1. 拓宽社区居民学习阵地，延伸社区教育触角。
2. 形成"庭院课堂"发展模式，树立特色学习品牌。
3. 丰富社区居民学习体验，提升社区居民参与度。
4. 形成社区学习型组织，推动社区精神文明建设。

四、实验内容

（一）构建"庭院课堂"基本框架

以"三个注重"为"庭院课堂"构建基本框架。首先，注重人才的挖掘，把能工巧匠吸引到社区教育的平台上。其次，注重特色引领，依托"特色内容"组织学习活动、开发课程、形成学习团队。最后，注重学习便捷性，方便居民就近享受优质学习资源。

（二）夯实"庭院课堂"建设基础

完善"庭院课堂"建设机制，制定"庭院课堂"管理制度，规范阵地建设；强化"庭院课堂"队伍建设；加强"庭院课堂"资源建设，发挥学校的作用，确保"庭院课堂"建设有序推进。

（三）开发"庭院课堂"教学内容

打造"特色学堂"，孵化特色课程，开展休闲技能方面的学习交流；融入文明道德教育、传统文化教育等内容。

（四）注重体验，丰富"庭院课堂"学习形式

注重学习形式的多样性、主题的鲜明性、过程的互动性，以专题学习、演出展示、技能切磋等形式带动居民提升自我素养。

（五）加强联动，拓展"庭院课堂"社区参与

"走出去""引进来"。将"庭院课堂"教学资源送进社区、送进学校，以志愿服务、展示演出等形式共享学习成果；将优质教学资源引进庭院，形成开放、共享的发展模式。

五、实验方法

（一）文献研究法

（二）调查访谈法

实地考察社区资源建设情况；调研挖掘社区中的能人巧匠，了解其家庭情况、建设学习点的意愿及想法；收集"庭院课堂"建设过程中的反馈建议。

（三）行动研究法

结合实际情况完善研究过程，解决过程中出现的问题。

（四）案例分析法

进行经验总结，分析优秀学习点的建设经验。

六、实验过程

（一）做好前期摸排工作，夯实实验基础

1. 梳理社区供给与居民需求

项目组走访居委学习点过程中发现，社区供给与居民需求之间存在一定的落差。以导入人口为主的东部地区居民学习需求旺盛，但社区设施、场所无法满足居民学习需求；以本地人口为主的新桥镇中心及周边地区居民的学习意识弱，一般的学习活动很难吸引大家学习。

2. 梳理街镇优质队伍

通过社区、学校、个人自荐，梳理社区能人巧匠、团队领袖，共梳理出新桥镇居委学习点团队负责人146人、学校团队负责人45人、草根达人14人。

（二）做好顶层设计，理顺管理体制

1. 成立"庭院课堂"委员会，统一工作思想

由学校牵头成立"庭院课堂"管理委员会，在区、镇级部门的支持下，形成以社区学校为组织管理机构、居委学习点共同参与的管理体制。社区学校作为"庭院课堂"管理推进部门，建立管理小组，形成以校长为组长，包括负责人、联络员、宣传员、后勤保障人员为成员的"庭院课堂"工作小组。

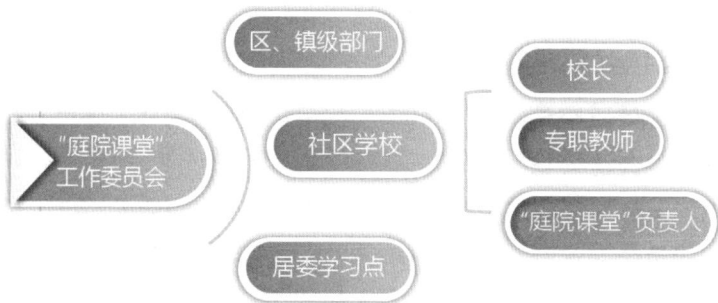

图3-4　"庭院课堂"管理委员会层级结构

2. 制定统一标准，落实阵地建设

学校拟定《"庭院课堂"学习点建设标准》。

（1）场地标准。场地宽敞，能容纳30人供社区居民开展学习活动，以庭院为最佳。

（2）负责人标准。要具备一技之长，积极践行终身学习理念；原则上年龄不大于75周岁且身体素质良好，有一定的组织能力、沟通能力及协调能力；思想觉悟高，积极参与社区建设，能发挥一定的辐射引领作用。

（3）家庭支持。家庭成员愿意支持"庭院课堂"学习点的建设，家庭氛围和谐、民主，有较好的学习氛围。

能人达人自主申报，在符合学习点建设标准的基础上结合负责人参与意愿第一批确定了8个"庭院课堂"特色家庭学习点，有诵读之家、书法之家等，后续又加入了丝竹之家、摄影之家。

表 3-2　十大"庭院课堂"特色家庭学习点

庭院课堂	负责人	庭院课堂	负责人
声乐之家	邢金花	美食之家	王春月
书法之家	孙杰锋	京剧之家	柴春荣
诵读之家	黄尽能	根雕之家	陈金海
布艺之家	孙世芳	舞蹈之家	吴森培
丝竹之家	缪玉叶	摄影之家	管　平

3. 完善管理制度，进行公开认定

对确定的"庭院课堂"学习点进行公开认定、授牌，为负责人颁发聘书，举办"打造庭院课堂　共创睦邻文化"邻里节活动。制定"庭院课堂"的活动标准，明确岗位职责和学习点活动管理制度，召开"庭院课堂"建设工作会议，制定《"庭院课堂"负责人工作职责》等。

（三）发挥学校作用，培育引导能人

1. 分层指导，提升能力

将庭院课堂负责人纳入终身教育推进员队伍，分层指导，将他们培育成为学校的兼职教师、班级管理员、团队负责人，为他们提供学习平台，如让他们参加上海市老年教育师资培训班等，提升专业水平与管理能力。

2. 搭建平台，展示风采

撰写负责人事迹，在校级、镇级、区级平台展示优秀事迹，将优秀的事迹推送至市、区级平台进行评选；在各类活动中给负责人创设更多展示与参与的机会。如，黄尽能老师通过学校的指导和搭建的平台，参与兼职教师教学大赛，获得了区级、市级的荣誉。

3. 线上线下，交流反馈

学校建立"庭院课堂"微信群，同时定期召开线下工作推进会，定期交流建设经验，形成了有序的交流反馈机制。

（四）聚焦"庭院"特色，丰富学习体验

结合"庭院课堂"负责人专长，开展特色学习和专题体验活动，激发庭院课堂的学习活力。

1. 形成"特色化""层次化"学习内容，凝聚学习爱好者

"庭院课堂"结合特色内容开展学习活动，10 个家庭各具特色，按照

分类分层次的方法推动特色"学堂"的建设。书法沙龙、歌曲练唱、葫芦丝演奏等，聚焦"庭院"，打造特色"学堂"。十大类学习内容满足不同兴趣爱好者的需求。

制定学习点发展规划，按照系统式学习、沙龙式学习、体验式学习对"庭院课堂"进行分类分层次。系统化学习以固定的活动周期、系统的学习内容为前提，负责人即专业师资，以孵化成特色课程为目标。目前，诵读之家、舞蹈之家、布艺之家、丝竹之家作为系统化学习试点定期开展学习活动。依托学习点场地开展学习，走出庭院，辐射社区。沙龙式学习定期围绕不同主题开展学习交流，将兴趣爱好相投的学习者聚集在一起，如书法之家、摄影之家、声乐之家、京剧之家。通过学习凝聚了一批票友，相互切磋、共同进步，形成稳定的学习团队。体验式学习依托负责人开展体验学习活动，除了在庭院内开展体验学习，还组织美食制作活动，进行作品展示交流等。

2. 组织"专题性""活动型"学习活动，扩大影响力

为扩大"庭院课堂"的影响力，在活动中融入育人元素、情感交流、文明创建，吸引不同群体参与学习。

（1）结合社区全民终身学习周活动，"庭院课堂"先后举办了松江区全民终身学习活动周分会场闭幕式和"庭院飘书香 书香飘四季"新桥镇全民终身学习活动周开幕式、闭幕式共3场活动，学习团队走进居民家中，展示全民学习的丰硕学习成果，营造浓厚、愉快的学习氛围。

（2）围绕不同主题开展专题活动。2019年"庭院课堂"结合新桥镇庆祝中华人民共和国成立70周年活动，开展了"我和我的祖国"快闪活动、"祖国啊，我亲爱的祖国"庭院诵读活动；结合重要传统节日开展"庭院之家"庆祝、联谊活动等。"庭院课堂"在丰富社区文化活动的同时，也加强了社区居民的情感体验与互动交流。

（3）面向不同群体开展专题活动。暑期开展学生学习体验活动，面向本地老年居民开展沪剧配送、运动养生体验等，丰富"庭院课堂"实践内容。

（五）深化资源建设，推动可持续发展

学校整合区级、镇级、校级力量，在环境场景、设施设备、活动资源等方面加以完善，增强学习点的学习氛围并优化硬件设施。成立资源开发小组，根据学习点情况逐步完善庭院课堂学习资源，提升学员们的学习品质。

目前已开发展示欣赏类作品读本《根雕》《书法》；学习用书《经典

诗文诵读》《葫芦丝演奏入门》；微课学习资源《唐诗解构》《海派水兵舞》。

（六）加强辐射引领，带动社区参与

1. "三个一"注重宣传展示

学校通过组织撰写一本"庭院课堂"人物事迹、拍摄一段"庭院课堂"宣传短片、创作一个情景剧"邻里情深"，形成了"庭院课堂"宣传展示的"三大载体"，将"庭院课堂"搬上舞台，搬上学校微信公众号，进一步扩大品牌的知晓率和宣传面。

2. "走出去""引进来"注重共建共享

学校联动社区，为"庭院课堂"负责人、学习团队打造展示交流平台，以志愿服务、送教送成果的形式共享"庭院课堂"建设成果。如，与区域内学校形成共同体，带领新桥职校、新桥小学学生走进庭院课堂体验学习。与居委、镇敬老院、镇文明办合作，组织"庭院课堂"学习团队到社区、敬老院义务演出；将优质建设成果分享到区级平台，诵读之家负责人受邀到区社区学院分享参加终身学习实践经验，根雕之家负责人走进区级全民终身学习活动周展示现场，共享非遗传承。2019年，"庭院课堂"建设经验在区级终身学习工作会上分享。

为扩大影响力，还邀请"东方之光"兄弟学校学习团队走进"庭院课堂"相互切磋，使"庭院课堂"受益人群和社区参与面更广。

3. "线上线下"助力社区治理

通过"学习＋活动"的形式引领社区宣传，如全民阅读宣传、垃圾分类宣传等。2020年疫情期间，"庭院课堂"在无法组织线下学习活动的情况下，负责人继续发挥引领带头作用，开展线上学习与疫情防控宣传。"诵读之家""书法之家"自发组织线上朗诵、书法创作等活动，居民们积极参与，充分展现了学习型组织的凝聚力。学校组织抗疫作品征集，学习点积极响应发动，创作出《为驰援武汉的白衣天使点赞》《致敬抗疫一线的英雄》等作品，为社区治理发挥了积极作用。

七、实验成效

（一）搭建了学习平台，引领居民终身学习

"庭院课堂"打造出以推进终身学习、服务社区居民、深化精神文明建

设为目标的 10 个"庭院课堂"特色家庭，创设"庭院课堂"品牌 Logo、口号，形成了以朗诵、书法、舞蹈、声乐、摄影等 10 大类型为主的特色学习内容，初步形成了"1+24+10"的街镇社区教育三级网络体系，以社区教育最基本的单位为着眼点，着力推动学习型社区建设，创新了社区教育内涵和阵地建设，让社区教育在社区内进一步落地生根。

"庭院课堂"自成立以来，近 7000 人次参与学习，许多原先不参与学习的社区居民也被"庭院课堂"所吸引。筑巢引凤，吸引到了来自"东方之光"资源联盟的学习团队走进"庭院课堂"切磋交流，全国首届诵读艺术家蒋孝良先生也走进"庭院课堂"，与社区居民亲密接触。

（二）探索了"庭院课堂"运行模式，树立终身学习品牌

"庭院课堂"载体建设，体现出社区教育推进形式的灵活多样，形成了"1234""庭院课堂"运行模式，即以"1 个特色"为核心，以"堂主"、专职教师"两支队伍"为主力，以居委、学校、学习点"3 个平台"进行宣传展示，以管理制度、培育激励、资源建设、成果共享"4 项保障"措施提升学习点建设内驱力，为特色家庭学习点建设提供了坚实的机制保障。

围绕"一堂一特色"，以特色家庭带动特色课程建设，以特色课程带动社区居民共学共治，以特色内容带动兴趣学习，以亮点活动辐射覆盖周边居民，以资源建设提升专业内涵，以志愿服务促进精神文明建设，实现"庭院课堂"教学过程趣味性、专业性的有机融合。

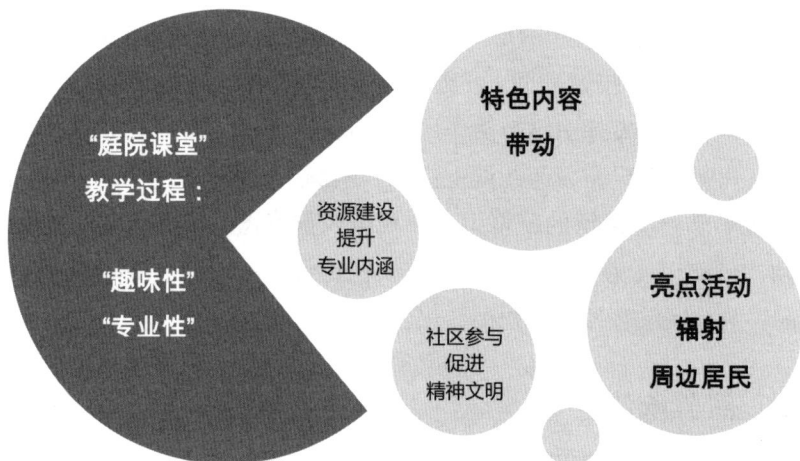

图 3-5 "庭院课堂"运行模式

（三）树立了达人领袖人物，培育特色学习团队

"庭院课堂"形成了以党员孙杰峰、孙世芳、黄尽能等人为代表的负责人队伍，他们从能人达人转变为学习领袖，带动身边的居民、朋友学习知识、掌握技艺。目前已有3人获评松江区"百姓学习之星"，1人获评松江区"最美老年学员"，1人获评上海市"百姓学习之星"。"一个人带动一群人，一个特色带动一个团队"，在达人领袖的引领带动下，居民们走进课堂、形成团队，孵化出新馨艺术团、新东苑书法团等特色学习团队。"庭院课堂"挖掘培育了一批优秀的学习爱好者，2020年新桥镇第二届艺术节诵读专场活动中，诵读之家的学员勇挑重担编排出多个优质课程。

（四）形成了"庭院课堂"教学模式，丰富学员学习体验

"庭院课堂"注重学习者的学习体验，以兴趣为导向的情景活动式教学、以情感为纽带的快乐体验式教学、以才艺为驱动的展示交流式教学，这些多样化的学习形式使学习者在轻松、愉快的过程中学习，觅到良友，切磋技艺，产生共情，"庭院课堂"成为睦邻文化创建的重要载体。

（五）探索了新型学习点模式，推动社区治理

"庭院课堂"不仅成为学校引领社区居民终身学习的重要阵地，更成为学校思想引领与宣传教育的"智治"抓手，是渗透爱国主义、社会主义核心价值观、传统文化教育的载体。爱国基调的歌曲成为重要的学习内容，社会主义核心价值观融入书法、布艺学习创作；在庆祝中华人民共和国成立70周年之际，学校依托"庭院课堂""不忘初心、牢记使命"教育活动等，开展群众文化教育，使居民们在学习中接受潜移默化的思想教育。接下来，学校拟成立"庭院课堂"宣讲团，挖掘"庭院课堂"中的优秀事迹并开展文明宣讲活动，促进社区教育融入社区治理。

八、实验反思及下一阶段工作

（一）"庭院课堂"学习点建设有待进一步均衡发展

"庭院课堂"各学习点建设不能"一刀切"，要通过发展评估，结合各学习点、负责人的特点和实际情况，进一步整合各方力量进行有针对性的指导，发挥每个"庭院课堂"的不同功能，推动各学习点可持续发展。

（二）进一步培育"庭院课堂"负责人队伍

"庭院课堂"负责人队伍是项目建设的中坚力量。为调动负责人的积极性，学校通过激励、引入、结对机制加强对负责人的培育和关心。作为品牌项目，学校需要进一步完善对负责人队伍的培育、提升工作；丰富"庭院课堂"内容形式，避免负责人产生思想上的倦怠，避免"庭院课堂"产生资源上的枯竭。

5 祖辈教养课程社区运用与推广的实验

上海师范大学

一、实验背景

（一）祖辈教养现象普遍

2017 年，中国教育学会家庭教育专业委员会发布的《中国城市家庭教养中的祖辈参与问题调查报告》显示，79.7% 的城市家庭存在祖辈参与家庭教养现象。

（二）祖辈教养价值与问题并存

祖辈承担了主要的家务和育孙的任务，但因为精力有限、理念陈旧等原因，对幼儿的发展需求，特别是认知方面的发展需求不够敏感。父辈对于幼儿在认知领域的发展期望往往高于祖辈，不匹配的教养期望与教养目标容易导致家庭矛盾增加，对幼儿发展无益。

（三）祖辈教养课程需求强烈，供给不足

绝大多数祖辈希望了解更多的科学教养知识，从而促进幼儿更好地成长与发展。而从目前的相关课程资源来看，提升祖辈教养质量的专业课程十分匮乏，现有资源缺乏科学性。

二、项目意义

（1）有利于提升祖辈教养质量，促进幼儿全面发展。

（2）有利于提升祖辈自身幸福感。

（3）有利于营造和谐健康的家庭氛围。

三、祖辈教养课程设计思路

（一）课程理念

本研究确立了"科学育孙观"的课程理念。首先，强调"科学性"，课程框架与具体内容要遵循幼儿身心发展规律以及幼儿各个年龄阶段的不同发展需求，体现了以幼儿为本的"幼儿中心"理念。其次，课程形式与实施途径要符合祖辈的认知规律与学习特点，体现"祖辈中心"理念。

除此之外，"科学育孙观"关注祖辈在家庭早期教育中的角色定位、祖辈与父辈的代际沟通等问题，希望能够支持祖辈明确正确的角色定位，以补充型祖辈教养为主，与父辈形成合力，为儿童发展构建和谐健康的家庭氛围。

（二）课程核心目标

知识层面，使祖辈明晰自身在家庭教养中的角色定位，了解在教养过程中可能存在的误区，掌握科学的育孙观念与知识。

能力层面，使祖辈能够掌握育孙相关的方法和技巧，尝试运用所学策略与方法，提升在家庭早期教养中的问题解决能力。

情感层面，使祖辈在课程中有良好的情感体验，并乐于尝试在课程中所学的育孙知识及方法，从而在家庭教养中拥有获得感和幸福感。

（三）课程内容体系

由0—3岁"入户指导"课程和3—6岁"社区互动"课程构成。"HVC"和"CIC"课程体现了目标维度（祖辈育孙的知识、能力、情感三个层面）、对象维度（祖辈、孙辈、父辈）和年龄层维度（0—3岁及3—6岁）三维度的交叉覆盖，从而形成"3×3×2"科学育孙课程内容体系。

（四）课程教材

1.《祖辈参与家庭早期教育学习手册》

手册将幼儿年龄段分为0—3岁、3—6岁以及0—6岁。0—3岁以入户指导的形式实施；3—6岁、0—6岁以社区教学的形式实施。0—3岁按照月龄段划分，以不同月龄段的"科学喂养""幼儿发展""实践指导""互动游戏""安全保障"五个维度展开。3—6岁围绕"饮食习惯""自理能力""兴趣培养""成就动机""榜样示范""表扬技巧""有效沟通""情绪管理"等八个主题展开。同时，"角色定位"和"家园沟通"则作为0—6岁的通用主题。

2.《祖辈教养"2+X"课程实施手册》

该实施手册的编写遵循模块化、步骤化、标准化的原则，通过为教师提供包括入户指导和社区教学两种形式的实施要点，从而为教师进家庭、入社区开展教育教学活动提供了可参照的操作指南。在本项目中，入户指导的对象是整个家庭，针对0—3岁幼儿。实施手册详细阐述了入户指导的内容及策略，主要包括入户指导前的准备工作、入户指导的服务流程、入户指导前期的祖辈沟通、入户指导实施指南、教师反思与家庭回访、入户服务突发情况的处理，其中入户指导实施指南包括8个月龄段的具体实施方案，便于教师在理解的基础上，将指导行为具体地运用到实践活动中。

祖辈社区讲堂是针对3—6岁幼儿的祖辈，以街道、社区教学点为基地，祖辈教养教师运用案例分享、讨论交流等多种教学方法开展的系列教学活动。为增强教师对于学习手册的理解与把握，本实施手册相应开发了包括饮食习惯、自理能力、成就动机、兴趣培养、榜样示范、表扬技巧、有效沟通、情绪管理等八大主题在内的教学设计。每个主题的教学设计都包含了教学目标、教学重难点、教学准备、教学过程等，其中教学过程又包含热身活动、案例导入、案例讨论、方法总结等部分。

3.《宝贝和我的幸福时光——祖辈科学育孙指导》

该教材基于《祖辈参与家庭早期教育学习手册》《祖辈教养"2+X"课程实施手册》等研究成果的基础上进一步研发而成，由复旦大学出版社于2021年8月正式出版发行。全书分为上下两篇4章，前两章论述了祖辈的角色认同、家庭育儿冲突、时代变化中的祖辈教养等理论层面的问题，后两章是0—6岁各年龄段的祖辈教养系列故事，涵盖成长困惑、照护实践、常见病预防与处理、满足发展需要以及家园合作等5个方面，具体就0—3岁儿童与3—6岁儿童的祖辈教养故事进行分述。该书是家庭教育"全新尝试"，在明确祖辈教养重要性和引导正确教养观念的基础上，将轻柔抚触、学习爬行、相互尊重、规则意识、就医准备、发热处理等14个方面以故事呈现，每个故事包括学习目标、小游戏、故事和故事解读等4个板块，融入科学育儿理念、知识和实操技能，是对传统育儿书籍，特别是祖辈教养方面书籍的形式和内涵上的突破。如《宝贝和我的幸福时光——祖辈科学育孙指导》配有微课，适合作为老年大学教材，也可以作为祖辈学习育孙的读物。该书全方位细致讲述了如何进行科学育孙，以促进祖辈与年轻父母、儿童共同营造和谐的家庭教育氛围。

四、课程推广与社会影响

（一）课程推广

本研究通过上海市老年教育教材研发中心、上海市早期教育指导服务中心、爱心学校、微信平台四个渠道进行课程推广。

1. 社区讲堂

科学育孙讲师陆续走进虹梅街道永兆社区、徐家汇街道乐山一村社区等，先后开办了以"食育之道""表扬的艺术""巧妙沟通"等为主题的科学育孙讲堂。

在虹梅街道永兆社区和徐家汇街道乐山一村社区，两位讲师从视频案例呈现入手，在与祖辈们进行案例讨论后，给予相应的建议。如通过实践参与、故事"诱惑"、代币奖励等方法来培养幼儿良好的饮食习惯等。

在湖南社区学校，课堂中祖辈们针对具体现象进行具体分析。比如针对"表扬的艺术"一课，祖辈们不仅意识到表扬的重要性，还获得了"表扬公式"。

在徐汇区田林街道社区学校，上海师范大学科学育孙家团队顺利开展两场科学育孙公开讲座，讲座主题分别为"应对吃饭困难户"和"勇敢地尝试，努力地坚持"。

2. 专题系列课程

2021 年 5—6 月，上海师范大学与上海老年大学共同筹备开设祖辈教养系列课程。以《宝贝和我的幸福时光——祖辈科学育孙指导》为教材，由上海师范大学成人教育学及学前教育学专业硕士学位点专业教师与研究生团队进行授课。系列课程共分 16 个主题，运用鲜活的生活案例和小游戏，为祖辈讲述各家育儿故事，让祖辈领悟育孙的乐趣，进而开创"科学育孙"新理念。

3. 入户指导

（1）人员培训。完成"入户指导"内容设计与材料包制作后，研究人员开始与上海市的三个社区联络，开展"入户指导"服务。在正式进入家庭之前，研究人员对志愿者进行了"入户指导人员"行为规范培训。培训内容包括服务流程、指导流程与行为准则。

（2）项目实践。整个"入户指导"实践过程为期2周，志愿者在完成了实践以后，由研究人员对20户家庭进行了电话访谈。主要包括项目满意度、内容调整建议及社区开展此类项目的政策意见。访谈结果发现，所有家庭都对本次"入户指导"项目感到十分满意，认为具有一定专业背景的指导人员能够令家长们比较放心，志愿者们也体现出一定的专业素养。

4. 微信公众号

项目组在实地调研中发现，受访祖辈经常在微信上阅览并转发相关推送知识，据此设计了适合祖辈阅读的微信公众号，推送主题及推广实施方案。

（1）推送主题

为了保证课程开发与推广的连贯性，微信推送主题与课程内容框架保持一致。针对0—3岁幼儿，设置科学喂养、幼儿发展、实践指导、互动游戏、安全保障等5个推送主题。针对3—6岁幼儿，设置饮食习惯、自理能力、兴趣培养、成就动机、榜样示范、表扬技巧、有效沟通、情绪管理等8个推送主题。同时，"角色定位"和"家园沟通"则作为0—6岁的推送主题。

（2）推广实施

为了拓宽微信公众号覆盖范围，项目组在社区讲堂、老年大学、早教中心、爱心学校等地授课时，向目标群体推荐"创意育孙家"公众号，介绍公众号的实用功能。开发出简单易行的操作教程，目前用户982人。"创意育孙家"微信公众号栏目主要分为"育孙攻略""课程视频"及"情景剧"三大栏目。"育孙攻略"又分为"饮食习惯""家园共育""角色定位""沟通妙招""往期精彩"五个子栏目。这些栏目每月阅读总量在1400次左右。

（二）社会影响

课程走进社区、走进街道活动一经推出，便获得了以人民日报、中国青年报、社会科学报、人民网、东方网、澎湃新闻等为代表的众多优质媒体的广泛关注与深度报道。其中，以"一份调查和一个大学生科创项目，成就了一门专为老年人准备的隔代教养课""老人带娃烦恼多？上海推出《祖辈科学育孙》指导教材""祖辈科学育孙有了课程体系，上师大率先开启祖辈科学育孙社区推广"等为代表的48篇新闻报道，引发了社会的广泛关注。

1. 赠书仪式引发广泛关注

2021年10月13日，祖辈科学育孙项目社区实践推广会暨《宝贝与我的幸福时光》赠书仪式在上海师范大学举行。上海市教委终身教育处二级调研员夏瑛，上海师范大学教育学院院长夏惠贤，上海学前教育学院副院长何慧华，复旦大学出版社学前分社总编辑黄乐，黄浦、长宁、静安、杨浦、徐汇社区学院领导及上海师范大学成人教育学硕士点师生共同出席了本次活动。

2. 公开示范课广受祖辈好评

2021年10月22日，项目组在上海师范大学开展"祖辈科学育孙"公开示范课程，吸引了不少爷爷奶奶报名听讲。上海新闻综合频道全程跟踪报道，并现场采访了该项目负责人及多位现场听课的爷爷奶奶，对本项目的社会意义与价值予以高度评价与肯定。

3. 受邀做客《夜线约见》

2021年10月25日，该项目负责人、上海师范大学成人教育学硕士学位点负责人徐雄伟教授与上海师范大学学前教育学院副院长何慧华教授受邀做客东方卫视新闻综合频道《夜线约见》栏目，共话祖辈科学育孙。本研究在祖辈育孙中不断深耕与拓展，为新时期祖辈育孙这一颇具中国特色的家庭教育模式创生了"教科书"，为现代家庭中家庭成员参与与接受专业教育提供了"实践范式"。

五、课程效果评价

本研究在课程开发时设计了课程评价维度，在课程实施时同步启动课程评价工作。

（一）基于祖辈反馈的效果评价

在课程实施时，本研究通过发放教学评价表的形式，收集祖辈反馈，并据此不断完善课程内容和教学形式，提高教学效果。教学评价表围绕教学目标、情境性教学内容、参与式教学方法、上课时长等四大维度展开，设问简明易懂、呈现形式简洁清晰。祖辈在教学评价表最后留下书面评价。他们纷纷表示，此类活动很有必要，期待多次参与课程。如，有的祖辈直接表示："通过这次活动，我了解掌握了新的育孙方法。"还有位祖辈感慨道："哦，原来育孙是有技巧的。"在课程结束后，祖辈与讲师交流课程感受，纷纷对课程表示赞许和期待。

祖辈的评价为课程的优化提供了基本遵循。通过对教学评价表的数据分析，得出祖辈对课程的总体评价满意度达99%，祖辈愿意将课程内容分享给孙辈父母的比例达97.5%。在教学内容、教学方式、时间设置等方面，祖辈认可度达到96%。从教学评价数据上看，祖辈教养课程得到了祖辈们的一致好评。

（二）基于实验设计的效果评价

1. 课程效果评价的实验设计

第一，对实验组和对照组各30名祖辈的教养知识水平进行前测，并将实验组与对照组的前测成绩进行对比；第二，在确定实验祖辈和对照组祖辈的教养知识水平没有显著差异后，对实验组开展祖辈教养课程的干预活动，每周2次，开展5周，而对照组进行其他正常的教学活动；第三，经过5周共10次的祖辈教养课程干预后，对实验组和对照组祖辈的教养知识水平进行后测，并对后测数据进行比较与分析，探究祖辈教养课程对提升祖辈教养知识水平的效果。

2. 测量祖辈教养知识和行为的工具

本研究采用幼儿发展知识量表来评价0—6岁幼儿的祖辈的教养知识和行为水平。该量表由Mac Phee于1981年编制，共58个题目，分为三个维度，即儿童发展规律及发展里程碑知识、教养实践行为、健康和安全行为，其中：有39个题目是需要祖辈选择"同意""不同意"或"不确定"（如，当你的宝宝在浴缸里时，你必须待在浴室）；有19个题目是关于幼儿特定发展里程碑的知识，祖辈需要从给出的4个答案——"同意""年龄再小一点""年龄再大一点""不确定"中选择认为正确的答案（如，宝宝到7个月时才能够得着和抓住东西，大多数幼儿在1岁的时候就可以训练他们如厕的习惯了）；每一个KIDI题目计分规则是："不正确"记0分，"正确"记2分，"不确定"记1分。原始问卷重测信度和内部一致性较好，α 系数在0.80 ~ 0.86之间。本研究中将使用教养知识总分来测量祖辈的教养知识和行为水平，该量表的 α 系数为0.712，内部一致性较好。

3. 实验结果

（1）实验组与对照组的前测差异检验。为了检验实验组和对照组的祖辈在实施干预前教养知识水平是否具有同质性，本研究对实验组和对照组的前测结果进行了差异分析。结果发现，前测数据均成正态分布，因此对实验组和对照组的前测成绩进行独立样本t检验，研究结果显示，对照组和实验组祖辈的教养知识成绩无显著差异，说明两组祖辈的教养知识水平没有显著差异，在前测时水平接近。

表 3-3　实验组和对照组祖辈教养知识的前测结果差异比较

	组别	N	$M\pm SD$	t	p
教养知识总分	实验组	30	52.43±5.57	1.24	0.22
	对照组	30	50.57±6.04		

注：*p＜.05，**p＜.01，***p＜.001（下同）。

（2）祖辈教养课程的效果分析

为了探究祖辈教养课程能否有效促进祖辈教养知识水平的提高，使用重复测量方差分析来比较祖辈教养课程开展后实验组与对照组祖辈的教养知识水平差异。从组间差异分析的结果来看，对照组与实验组的组别效应具有明显差异（F=187.06，p＜0.01），表明两组祖辈的教养知识成绩增长有显著差异。祖辈教养课程的干预，有效地提高了实验组祖辈的教养知识水平。

表 3-4　实验组与对照组祖辈教养知识的组间差异分析

源	III 类平方和	自由度	均方	F	η^2
截距	453870.00	1	453870.00	9171.11***	.994
组别	9257.63	1	9257.63	187.06***	.763
误差	2870.36	58	49.489		

由组内效应检验的结果来看，实验组与对照组经过干预后在教养知识的成绩增长差异显著（F=970.31，p＜0.01），祖辈的教养知识成绩增长与干预分组之间交互效应极其显著（F=597.93，p＜0.01）。祖辈教养课程干预有效地提高了实验组祖辈的教养知识水平。

表 3-5　实验组与对照组祖辈教养知识的组内效应检验

源	III 类平方和	自由度	均方	F	η^2
时间	12000.00	1	12000.00	970.31***	0.944
时间节点 * 组别	7394.70	1	7394.70	597.93***	0.912
误差	717.30	58	12.37		

图 3-6 是实验组和对照组祖辈的教养知识成绩在前测、后测中的平均得分情况。可以直观地看出，在不同时间节点两组祖辈的教养知识水平的变化，起初实验组和对照组祖辈的成绩并无显著差异，经过祖辈教养课程干预后，实验组祖辈在后测中得分迅速提高。

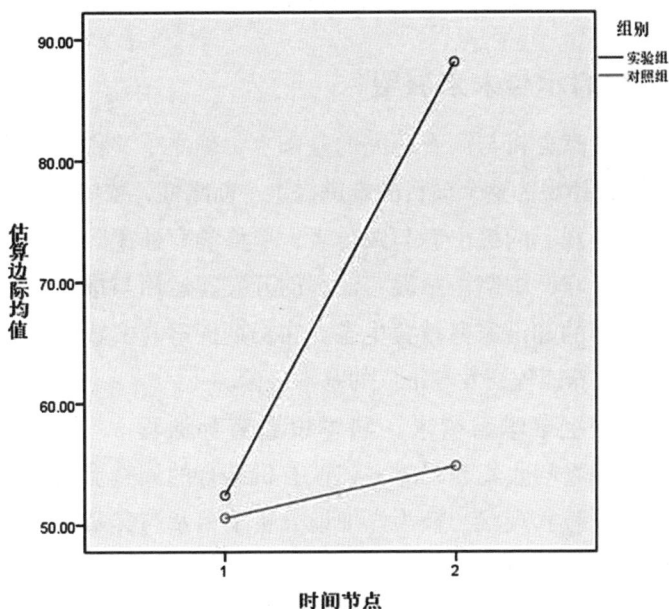

图 3-6　实验组与对照组教养知识水平前测、后测平均得分情况

（三）基于社会反馈的课程效果评价

在祖辈科学育孙项目社区实践推广会暨《宝贝与我的幸福时光——祖辈科学育孙指导》赠书仪式的现场，上海市教委终身教育处二级调研员夏瑛高度评价了上海师范大学在服务终身教育、创新家庭教育方面所做出的贡献，积极肯定了上海师范大学成人教育学和学前教育学硕士学位点在研究回答解决中国现代家庭教育现实问题方面做出的有益探索。复旦大学出版社学前分社总编辑黄乐教授指出，《宝贝和我的幸福时光——祖辈科学育孙指导》一书立足于新时代中国特色家庭教育格局特点，是对传统育儿书籍，特别是祖辈教养方面书籍的形式和内涵上的突破，为家校社协同育人体系建设打下了重要基础。

目前，本研究祖辈教养系列课程及《宝贝与我的幸福时光——祖辈科学育孙指导》教材已成为上海市早教中心和老年大学开办的科学育孙课程用书，课程教学陆续走进黄浦、长宁、静安、杨浦、徐汇社区学院，成为家庭教育中祖辈育孙的时代新风标。现已实施开展祖辈教养系列课程的老年大学、社区学院等机构充分肯定了项目的社会价值，充分肯定了研究者在社会热点、难点、痛点上所做的有益探索，并一致认为祖辈教养课程资源内容翔实、主题鲜明、科学有效、形式新颖，应该在更大范围内推广。

六、经验启示与未来展望

本研究在文献分析与调查研究的基础上，确立了"科学育孙观"的课程理念。科学育孙观为整个项目的推进提供了前瞻性、整体性的指导思想。作为"科学育孙观"的提出者与践行者，"科学育孙家"项目组以家庭与社区教育为切入点，围绕祖辈教养课程的开发、运用与推广，旨在助力构建祖辈积极参与的和谐家庭教育生态。在长期探索与实践的基础上，项目组积累了祖辈教养课程开发与推广的基本经验。

（一）依据祖辈学习需求，科学设置育孙课程

通过随机问卷的收集和一对一访谈有机结合的调查形式，深入了解隔代教育家庭合作教养现状，较为详细地分析了祖辈与父辈合作教养的共识与分歧，深入探究与总结了祖辈育孙的具体需求，作为搭建科学育孙课程的基础，保证了科学育孙课程建设的科学性和有效性，形成了目标明确、结构清晰的科学育孙课程体系，凸显科学化（以"科学育孙观"为指导思想和重点内容）、系统化（月龄段上覆盖0—3岁、3—6岁幼儿发展需要，内容上涵盖10个课程主题）、实用化（教材图文并茂，教学体现祖辈学习特点）、标准化（完整的、可参考的系列教学案例）的课程特色。

（二）对接高校优质资源，充实育孙人才队伍

对于建设科学育孙社区服务体系来说，拥有专业的教师队伍尤为重要。专业的合作教养教师不仅应具备教师的基本素质与能力，还应进一步掌握跨学科的理论知识，以完备自身的知识体系。高校研究生团队理论基础扎实，了解且熟知老年人心理学，掌握老年人学习特点，引进高校研究生团队加入社区科学育孙教师队伍，可以使其充分利用自身所学，对合作教养开展专题调研，深化自身理论知识的同时为社区建设建言献策，促进社区育孙服务体系的健康与可持续发展。

（三）线上线下融合一体，探索育孙课程模式

在构建科学育孙社区服务体系中，要破解日益增长的祖辈学习需求与疫情期间线下有限的教育供给之间的矛盾，就必须改变办学思维，创新教学组织模式，立足祖辈学习者的需求与特征，推动线上线下融合发展。为此建议社区要做好线上线下的育孙课程设计，将一些通用的理论课程放在线上，体验式课程在线下辅导。在线学习能够满足祖辈随时随地用手机和电脑了解自身感兴趣的育孙小知识，满足祖辈个性化、多样化的学习需求；线下实体班帮助祖辈面对面交流育孙心得体会，增加老年人的参与和互动，在学习中交流、在交流中成长。

（四）拓展推广的渗透面，建设课程反馈体系

在实施层面，通过在社区开办"科学育孙"讲堂、开设专题系列课程、在家庭中进行入户指导三种方式进行课程实施。在推广层面，通过与政府部门合作对接，以共建—应用—宣传的方式扩大课程的影响力，实现了政府—高校—社区—家庭四大主体之间的良性互动，极大地拓展了科学育孙课程的渗透面。此外，祖辈的反馈在科学育孙课程建设中起着非常重要的作用，需要不断收集祖辈的反馈，必要时还要和父辈的反馈相结合。在科学育孙课程体系建设中，要及时收集祖辈的课程反馈，根据不同祖辈的反馈来反思和发展课程。课程反馈设计形式要简明易懂，呈现形式简洁清晰。通过课程反馈，不断完善科学育孙课程体系，从而更好地促进社区科学育孙服务体系的发展。

2021年10月23日，十三届全国人大常委会第三十一次会议表决通过了《家庭教育促进法》。该法将从2022年1月1日开始实施。这是我国首次就家庭教育进行专门立法，而该立法是否能够缓解家长在家庭教育中的困惑与焦虑是当前广泛关注的社会热点。祖辈科学育孙课程社区运用与推广与国家政策导向同向并进，旨在以实现每个孩子的成长和幸福为目标，通过祖辈教养这一切入点，挖掘家庭教育在儿童发展过程中具有的不可取代的重要价值。相信不久的未来，"祖辈教养课程"将更广泛地走进社区街道，服务越来越多的家庭，为解决中国现代家庭教育现实问题提供科学的解决策略、创造和谐的家庭教育氛围，为推动家庭教育政策落地助力，为新时代更具活力、更加科学的家庭教育汇聚力量！

6 积极老龄化背景下推进老年生命教育课程建设的实验

静安区老年大学

一、实验背景

（一）国际上积极老龄化理论的提出

2002 年，联合国第二届世界老年大会通过了《积极老龄化：政策框架》，其中将积极老龄化定义为："老年人以提高生活质量为目的，在此过程中的健康、保障、参与都能获得最佳机会。"积极老龄化是人到老年时为了提高生活质量，使健康、参与和保障的机会尽可能获得最佳的过程。

（二）老年生命教育是时代之需

我国开展生命教育的历程较短，老年生命教育在实践层面还处于试验摸索阶段，还未形成体系。目前，开展老年教育的形式主要是老年大学或者社区（老年）学校（以下统称"老年学校"）。一直以来，很多老年学校出于完全为了满足老年学员的需求，将课程设置得偏娱乐化。这对上述问题有一定的缓解作用，但并没有直面问题的要害。因此，我们尝试探索以课程为载体开展老年生命教育教学的实践模式。

（三）应对新冠疫情，老年生命教育大有可为

2020 年新年伊始，新冠疫情全球暴发肆虐。同年 4 月 7 日，国际劳工组织发表研究报告称，新冠肺炎疫情大流行是"第二次世界大战以来最严重的全球危机"。老年人是疫情防治的重点对象。因此，开展老年生命教育课程建设，不但规划设计老年生命教育的课程，而且通过实验探究老年生命教育课程的教学实践过程，具有很强的针对性和重要的现实意义。

二、实验目标

（1）树立积极老龄化理念，促进老年人健康积极发展。

（2）培养老年人正确的生命观，提高生命和生活质量。

（3）推动老年学校有效实施生命教育课程。

三、实验方法

（一）调查研究法

采用问卷调查的形式，了解学员对社会服务的关注程度和参与意愿，深入老年学员中进行访谈，走进相关社会机构进行前期调研。

（二）行动研究法

根据学员服务社会的意愿、来源以及实际能力，对参与活动的老年学员群体进行相应的调整，不断调整和完善参与社会服务的学员主体。

（三）经验研究法

通过总结生命教育教学实践、老年学员人力资源建设、参与服务社会实践中成功的、有实际效果的经验，探索开展促进老年群体学有所成、服务社会的老年生命教育课程建设的有效策略和模式。

四、实验过程

2020年，在疫情防控的背景下，老年教育机构线下教学开启"暂停键"，以"停课不停学"为指导原则，区老年大学开展了丰富多彩的线上教学活动。实验主要从现状调查和课程建设两个阶段依次展开。

（一）现状调查阶段——开展调研，全面了解生命教育课程设置的现状

2020年3—6月，项目组面向上海市级老年大学、区级老年大学和街道社区老年学校全面开展调查，汇总分析截至2019年秋季学期开设的老年生命教育课程类型及课程内容，梳理总结老年生命教育的推进困难和经验，同年9月完成老年生命教育的推进现状调查报告。

1.老年学校课程设置情况

本次调查共收到259所老年教育机构的调研表，其中：42所为市级团体会员单位提交，217所为各区办事处提交，具体数量详见图3-7和图3-8。

单位：所

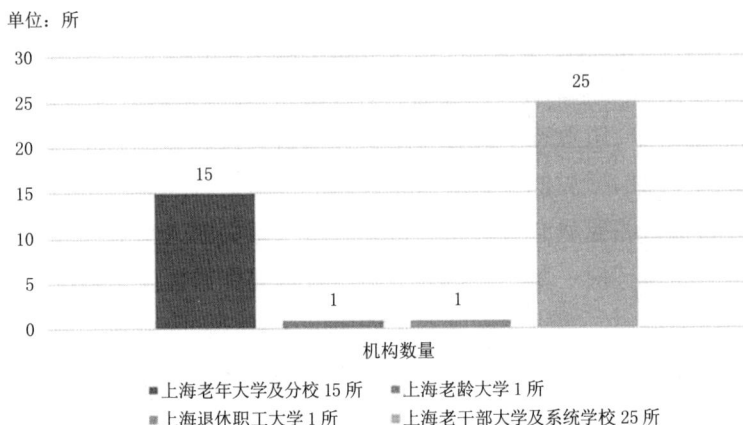

图 3-7　市级团体会员单位提交的老年教育机构数量统计

单位：所

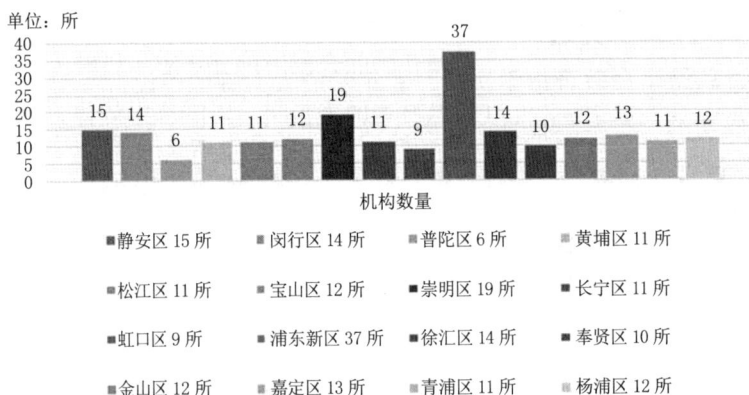

图 3-8　各区办事处提交的老年教育机构数量统计

根据调研工作要求，各机构根据《老年大学课程建设要略》（熊仿杰著，上海教育出版社 2017 年 12 月出版）对课程进行分类，分为社会科学类、历史地理类等十五大类。根据图 3-9 所示，全市总体而言，器乐类、舞蹈类、生活艺术类和健身类课程分列前四位，而农学类、社会科学类、历史地理类和文学类分列后四位。

单位：种

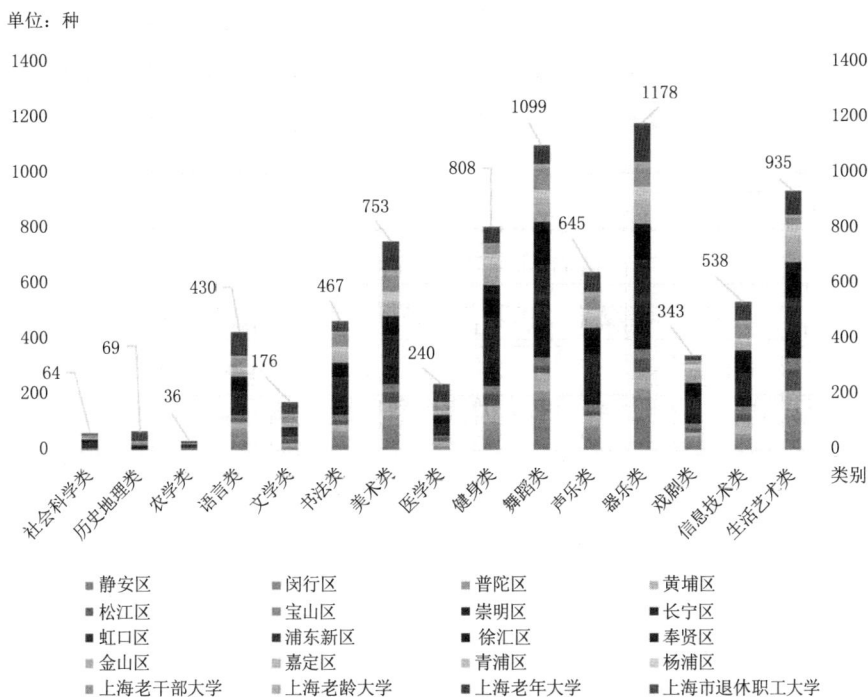

图 3-9　上海老年学校课程类别设置情况

2. 老年生命教育课程设置情况

目前，除上海老年大学开设若干学历教育课程以外，上海各老年学校基本上都是开展非学历型的休闲教育。根据老年生命教育课程的界定和分类，上海老年学校生命教育课程的设置情况统计和分析如下：

（1）自然生命教育课程的设置情况。

目前很多学校都开设了利于自然生命保健和延长的课程。这些课程大概可以分为两种：强身健体型和身体保养型。强身健体型课程中，太极拳、瑜伽、舞蹈开设班数最多，分别开设 277 个、216 个和 151 个班级；在身体保养型课程中，茶与养生、中医养生、经络养生开设班数最多，分别开设 75 个、46 个和 22 个班级。整体来看，老年学校开设了很多自然生命教育的课程，达到了 953 个班，其中强身健体型课程比身体养护型课程开设的班数要多，在强身健体型课程中又以太极拳最多，平均每所老年大学设置 1 个班来教授老年学员打太极拳。

表 3-6　259 所老年学校自然生命教育课程设置情况

课程名称	开设该课程学校数量	开设班数
太极拳	140	277
瑜伽	125	216
舞蹈	74	151
茶与养生	71	75
中医养生	37	46
太极剑	23	26
健身气功	21	26
木兰拳	21	23
经络养生	20	22
健身操	16	25
营养膳食	12	13
柔力球	12	14
心理健康	10	12
乒乓球	8	8
推拿按摩	6	10
黄帝内经	6	7
太极扇	2	2
合计	-	953

（2）社会生命教育课程的设置情况。

经统计发现，在所调查的老年大学中，少量老年学校开设了关于老年人进行社会参与、社会交往的课程，另外少数学校开设了政治理论、证券金融和读书读报的课程，具体设置情况见表 3-7。

表 3-7　259 所老年学校社会生命教育课程设置情况

课程名称 / 招生人数	开设该课程学校数量	开设班级数	上课安排
时事政治 /309	11	14	1 周 1 次
法律 /286	7	9	2 周 1 次
政治理论 /221	5	7	2 周 1 次
证券金融 /124	4	4	1 月 1 次
读书读报 /113	3	3	1 月 1 次
合计	-	37	

（3）精神生命教育课程的设置情况。

在 259 所老年学校中，有 2 所学校开设了以"生命"为主题的课程，分别是上海老年大学"活出精彩人生——老年生命教育"和静安区老年大学"生命画卷——诗歌中的生命价值",各开设1个班级,各招生20人左右。

总体而言,老年学校精神生命教育还比较欠缺。

3. 开展老年生命教育的形式与频率

开展生命教育活动主要包括三种形式:一是开设老年生命教育课程;二是以讲座为主、以老年生命教育体验活动或者老年生命教育论坛为辅;三是同时开展课程、讲座或体验活动,具体见表3-8。调查显示,在开展生命教育方面,148所学校开设老年生命教育课程;101所学校未开展老年生命教育课程、讲座、体验、论坛形式的生命教育活动,占比38.9%。

表3-8 开展生命教育活动的形式

开展老年生命教育活动的形式	小计	比例（%）
老年生命教育课程	148	57.1
老年生命教育讲座	68	26.3
老年生命教育体验	33	12.7
老年生命教育论坛	7	2.7
以上四种都没有	101	38.9
参与调查学校数合计	259	

各学校开展生命教育讲座频率不一,没有形成固定的模式和流程(表3-9)。开展的老年生命教育论坛主题有生命教育、关爱生命和心理保健等。

表3-9 开展生命教育讲座的频次

开展老年生命教育讲座的频率	开展讲座的学校数（所）	比例（%）
每周1次	3	4.4
每2周1次	4	5.8
每月1次	15	22.1
每学期1次	8	11.8
不定期	38	55.9
开展讲座的学校数合计	68	100

4. 老年生命教育的教材建设

对开设老年生命教育课程的148所学校统计发现,有教材和学制的学校比例不高(具体见图3-10),老年生命教育教材建设问题亟待解决。上海市老年大学从2019年开始专门设置了生命教育班级,开展生命教育课程的教学，学制1年，教学内容分总论、精神生命、社会生命、自然生命四个模块进行，尚未形成统一的教材。同样，静安区老年大学自2015年提出将生命教育融入课堂，对任课教师进行生命教育理念培训，开展的老年生命教育课程有快乐长者、回忆录撰写和诗歌中的生命教育等课程，由任课教师编写讲义。

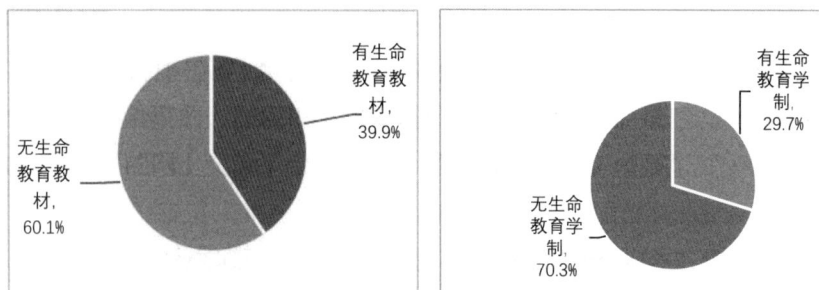

图3-10　老年生命教育教材和学制情况统计

调查也了解到，上海市学习型社会建设服务指导中心联合静安社区学院等老年教育力量主持编辑、并由复旦大学出版社出版《今天如何做长者》系列丛书。该丛书以正面积极的角度从四个方面探讨老年人如何做长者，分别为"健康长者""快乐长者""智慧长者""风范长者"，帮助老年人解决退休、晚年生活中可能出现的问题。此外，上海开放大学副校长王伯军等编撰《老年生命教育》一书，通过夹叙夹议的方式，引导人们系统认识和思考"老年生命教育"的主题内涵，帮助广大长者实现"感悟生命·夕阳更红"的愿望。《老年生命教育》一开始就提出了"三重生命"的生命观，引导老年人树立系统的生命观，即集自然生命之长、社会生命之宽、精神生命之高于一体的立体构筑。

更多老年教育机构在生命教育的教材建设方面未形成统一的教材，都是基于本校对生命教育的理解开展活动和教学的，没有形成可供推广和应用的通识教材。

5. 老年教育机构对开设老年生命教育课程的需求

如表3-10所示，接近八成（78.1%）的被调查学校表示愿意开设老年生命教育课程，超过八成（81.03%）的学校愿意参加老年生命教育研讨活动，说明大多数学校是愿意开设老年生命教育课程与老年生命教育研讨活动的。

表 3-10　开设老年生命教育课程和参加生命教育研讨意愿调查

是否有意愿开设老年生命教育课程	小计	比例（％）	是否愿意参加老年生命教育研讨活动	小计	比例（％）
是	107	78.1	是	141	81.03
否	30	21.9	否	33	18.97
本题有效填写人次	137			174	

（二）课程建设阶段——多维举措，合力推进生命教育融入教学实践

首先对教师进行生命教育理念培训，任课教师能秉持生命教育的理念进行课程设计、开发和实施，在日常教学中落实生命教育理念，主要从以下几个方面开展工作：

1. 显性课程建设——生命教育融入线上课程教学

2020 年上半年，面对疫情严峻形势，静安区老年大学通过微信平台转发全国老龄工作委员会给老年朋友、静安区老年大学致全体师生的信，加强生命教育和公共安全教育。

2020 年秋季学期至 2021 年春季学期，静安区老年大学开展线上教学，结合疫情防控知识，面向老年学员开展生命教育，部分课程如表 3-11 所示。

表 3-11　2020 年秋季至 2021 年春季静安区老年大学部分在线课程

编号	课程名称	学习人次
1	家常美味实用菜	596
2	中式点心	568
3	西式点心	445
4	家庭西餐制作	363
5	西点操作	355
6	太极瑜伽	318
7	经络自然养生	275
8	养生瑜伽	271
9	陈式太极拳新架一路	248
10	42 式太极拳竞赛套路	202
11	五禽戏	162

编号	课程名称	学习人次
12	安卓手机与生活	107
13	车儿尼 599	680
14	素描	425
15	约翰汤普森现代钢琴	411
16	旅游英语口语	394
17	当代影视金曲演唱	370
18	工笔牡丹	357
19	PS 照片处理提高	354
20	英语文学赏析	344
21	玩转 iPad	338
22	日常护肤美妆	336
23	电脑日常使用	334
24	桥牌入门	327
25	山水画	320
26	人人学英语	304
27	电子相册制作	301
28	指艺	295
29	二胡基础	289
30	家居艺术插花	275
31	水彩	273
32	节日花艺	272
33	走遍美国下册	262
34	明暗头像	261
35	PS 照片处理基础	258
36	SBS 第一册	254
37	PS 照片处理基础	241
38	Lightroom 数码照片后期处理	235
39	西方经典音乐鉴赏	214
40	快乐扬琴	214
41	欧楷	204
42	旅游英语	200
43	数码绘画	190
44	铃木小提琴	168
45	葫芦丝基础	167
46	唐宋诗词鉴赏与写作	150
47	生命画卷——诗歌中的生命价值	139

老师们把生命教育融入在线教学之中。"艺术插花"课程利用枝叶的修剪渗透中国文化中平衡与和谐之美；"PS照片处理"等摄影类课程引导学员收集生活中的素材……此外，在"安卓手机与生活""瓷艺彩绘"等课程中，教师们有意识地将课程拓展到生命教育领域，潜移默化地帮助学员树立生命教育意识。

2. 隐性课程建设——资源推介融入生命教育理念

学校的生命教育以云讲堂的形式推送了15期共30个防疫特辑，向学员普及防疫知识和心理健康维护常识，帮助学员以更加理性平和的心态应对新冠疫情。

为满足广大老年学员的学习需求，学校继续推进精品资源推介工作，资源云推荐成了老年大学停课期间的常态化项目。以2020年上半年为例，共推出"宅家乐学·资源推介"系列15篇，推介平台5个，范围从上海本地延伸到全国其他省市，顺利接入中国老年大学协会主办的网上老年大学，实现了现有知名老年教育线上平台的全覆盖，合计推送精品课程35门，涵盖了老年大学现有全部系别课程。同时，学校积极鼓励各教学系别有能力、有条件、有意向的教师录制视频课程，现制作完成4门共19节微课视频并顺利推送。

3. 课程大纲建设——生命教育课程落地实施的关键

2021年，静安区老年大学对所有教学大纲进行修订完善，以多年生命教育教学实践为基础，从课程特色、教学内容和课程考核评价三个方面融入生命教育理念着手，建设100门课程大纲。

4. 教材讲义建设——生命教育课程实施的有效载体

为加强老年生命教育教学的规范性，静安区老年大学组织教师编写适合老年学员的生命教育教材。目前，学校已开发3门生命教育课程的教材和讲义：《生命画卷——如何做快乐长者》《生命画卷——心理与养生》《岁月留痕——回忆录撰写指导》。

如，《岁月留痕——回忆录撰写指导》教材，教师启发和辅导老年人撰写回忆录，记录人生中所经历的人和事。同时，利用文字的形式记录和反映个人、家庭以及社会的变迁和发展，也为子孙后代留下一笔精神财富。每学期课程结束时学校都编辑出版学员习作，汇集为《岁月留痕》。

目前，还有3本教材讲义正在编印之中。

五、实验成效

（一）达成积极老龄化理念的共识

在项目推进过程中，无论是办学人员还是老年学员都对积极老龄化理念有了新的认识，让我们以更加正向、积极的眼光看待老年人。

（二）构建老年生命教育课程的体系

老年生命教育课程的建设目标从生命知识与技能、生命完善与拓展、生命观点与态度三方面展开，课程建设内容包括完善生命保护的内容、增加生命科学和生命哲理的内容、完善心理健康的内容、丰富社会参与的内容。

（三）促进老年人生命的全面发展

通过设置老年生命教育课程，一方面弥补了当前老年大学课程休闲性、娱乐性较明显的缺陷；另一方面能够让老年人意识到生命形态不仅只有自然肉体的健康，还有社会关系的拓展和精神世界的丰盈。

六、实验后的思考

基于以上对上海老年生命教育推进现状进行的调查研究，在静安区开展老年生命教育实践的基础上，总结提炼以下有效推进老年生命教育课程建设的策略，为老年教育办学机构开展老年生命教育教学实践提供可借鉴的行动路径。

（一）加强老年生命教育宣传，提升老年生命教育知晓度和参与率

加大宣传力度和拓宽宣传途径，让更多的老年人接受生命教育。可以借鉴上海市老年大学的宣传方式，如请有说服力和影响力的专家、教师专门开设讲座，介绍生命教育的内容、教师团队，通过实例让老年人了解生命教育的意义和重要性；设计课程名称，由简单的有局限性的"生命教育"课程改为"活出精彩人生——老年生命教育"，增加课程的吸引力和接受度；再辅以易拉宝等宣传手段提高课程的知晓度，提高老年生命教育的参与度，让更多的老年人融入生命教育的大行列中来。

（二）推进老年教育课程建设步伐，加强老年教育师资队伍建设

如今，老年教育逐渐由"欢娱型"转向"引导型"教育，关注对老年人思想精神、生命意义的关怀和引导。上海市老年大学在2019年春季开设"老年生命教育"课程，分为生命教育总论、精神生命模块、社会生命模块、

自然生命模块,经过2年的教学实践,将生命教育课程调整为总论、社会生命、精神生活、法学课程和临终关怀五个模块,课程内容更接近老年人的需求,可以借鉴融入到通识课程建设中。组建高质量的师资队伍是提高老年教育实效、实现老年教育使命的关键。

（三）加强老年群体学习需求研判，制定有效的教学策略

除了开展课堂教学这个生命教育的主渠道外,还可以和社会组织、民间团体及社区等各种非政府组织合作,以生命教育体验、走进养老院、走入社区为辅。

在开展生命教育的进程中,各级老年教学机构通过各种方式方法和途径推进生命教育的进行,虽然多数处于探索阶段,但是生命教育的理念已经逐步生根发芽。

7　建设社区教育融合课程的实验

徐汇区社区学院

自立项以来，"建设社区教育融合课程的实验"按照最初制定的实施方案，2019 年各项工作有序推进。2020 年受新冠肺炎疫情影响，社区学校无法开课，原计划的部分实验工作无法正常开展，2020 年 10 月申请了延期结题。2021 年，结合疫情影响下教育界对教学形式的研究和探索，以及我徐汇区社区教育的工作实际，项目组对实验方案进行了较多调整，在原来实验的基础上，结合工作现状和实际，对社区教育课程融合教学形式进行了深入的实践和探索。

一、实验背景

（一）大背景：融合创新释放教育发展新动能

如果说在 2018 年底举行的未来教育大会上，融合创新对于教育发展的推动作用还只是一种共识，认为人工智能、万物互联、大数据等新的社会生态会推动整个教育体系的深刻变革，"融合"已成为未来教育的必然趋势，信息化、智能化融入教育是未来的教育发展趋势，那么 2020 年初突如其来的新冠肺炎疫情之下，世界范围内开展大规模在线教学，则是教育系统应对重大突发公共卫生事件的一次"应急之举"，但同时也是未来教育形态的一次提前实战演练。开放融合的教育时代已经到来，线上线下融合的教学形式逐渐成为人们描绘未来教育的一条显著特征。

（二）小环境：丰富的课程孵化经验支撑

徐汇区一向重视社区教育课程建设，始终将"课程"作为提升社区教育内涵的"三课"抓手之一。徐汇区社区学院作为区域社区教育的业务指导部门，在社区课程开发建设、培育孵化上具有较为成熟的孵化平台，积累了较为丰富的孵化经验。此前孵化和培育的"阳台—平米菜园""咖啡慢生活""中药香囊的私人订制"等社区课程均深受好评，社区教育融合课程建设具有实践上的可操作性。

（三）微特性：社区教育课程离不开本土化区域性

社区教育课程建设是社区教育最有效、最直观的实现途径，也是社区教育发展的重要动力因子。就内容而言，社区教育课程在内容建构上更易于将学习内容解构成相对完整、独立的微主题，使知识元和能力元分散又融合；而在学习形式上，社区教育课程不仅注重依托传统课堂，还根据成人学习特点，通过网络平台、手机等智能终端开展各类学习，实现集中学习与分散自主学习相结合；再者，以区域文化和特色为依托，建设丰富多元、富有特点的社区教育课程，有利于调动社区居民的学习积极性，提高居民的社区归属感，在社区教育领域推行主题特色明显的融合课程具有可行性。

二、实验目标和内容

（一）社区教育融合课程内涵界定

实验之初，我们对社区教育融合课程内涵的界定是根据课程内容组织中心的不同从两个维度理解：一是以社区教育课程为主体，基于课程内容嵌入融合不同学习资源；二是以共同主题为线索，统领连接多门课程围绕主题核心开展跨学科融合。二者维度虽然不同，但并非平行独立，在各自融合的基础上也可"跨越边界"，形成立体互通的社区教育课程新形态。

调整之后，我们对社区教育融合课程的内涵做如下界定：社区教育融合课程从课程形态和教学样态两个维度来理解。课程形态即课程内容的组织形式，或"基于学科"嵌入融合不同课程内容和学习资源，或"基于主题"围绕主题核心以协同方式共同解决问题、完成任务；教学样态则是指课程教学的实施方式，即以技术赋能社区教育课程，利用在线教学平台、智慧教学辅助工具等各种数字化手段，建设线上线下有机融合的"双通道"课程。

（二）实验目标

我们对实验目标也进行了调整。调整之后的实验目标为：通过建设融合课程，对社区教育融合课程概念界定和分析。一方面，形成嵌入式融合课程实施建议，开拓社区学校特色品牌打造新思路，促进现有终身教育学习资源的盘活与整合；另一方面，从社区教育课程的教学形式出发，探讨社区教育课程的线上线下融合教学新样态，探索新样态下社区教育融合课程线上线下混合式教学的建设标准。

（三）实验内容

（1）以某一门或几门社区教育课程为主体，以课程内容为中心，开展嵌入式融合课程建设，力求在此基础上梳理出终身教育学习资源整合利用的新途径。

（2）以"智能手机应用"信息技术类课程为试点，在帮助老年人提升数字素养、跨越"数字鸿沟"的同时，探索线上线下融合教学新形态下社区教育融合课程的遴选标准。

三、实验过程

（一）确定试点课程，试行嵌入式融合课程建设

根据项目实施方案，项目组梳理了区级优势课程，并确定在社区英语类课程中选择试点开展实验。经过与相关授课老师协商，项目组选定了区老年大学"带着英语去旅行"课程作为试点，利用徐汇终身学习网上的公开课学习资源，根据学习内容需求，将"咖啡慢生活""烘焙'食'光"等系列微课嵌入该门课程的学习中。2019年6月，项目组积极沟通，协调资源，为试点英语课程班的学员开设了一堂既有英语学习，又有手工体验的咖啡融合课程体验课；2019年10月，为学员开设"燕麦饼干"烘焙融合课程体验课。通过融合课程体验，老年学员认为这种融合学习在掌握了相关的英语词汇表达的同时，还学到了咖啡和饼干制作的知识，加上自己动手泡咖啡、做饼干，这样的学习极大地丰富了学习体验，拓宽了学习思路和形式，希望以后能多些类似的课程。

（二）融合理念引领，寻找社区教育资源利用推广新途径

近年来，开发短小精悍、指向明确的微课成为数字化学习资源建设的主要发展趋势之一。而具体到课程授课，微课既可以作为课堂学习的辅助教学手段，也可以通过各种新媒体媒介提供给学习者，帮助学习者实现时时、处处学习。有鉴于此，本实验以上海市终身教育资源配送平台上的微课资源为基础进行梳理，希望能在融合课程理念下寻找学习资源的利用推广新途径。

在上海市终身教育资源配送平台上有一门"中药香囊的私人订制"系列微课，微课本身属于艺术修养系列手工艺类课程。徐汇区社区学院在借助区社区教育课程孵化室平台将它打造为区级体验课程的过程中，坚持以"融合"理念建设课程。课程本身既有香囊文化和中医药知识的普及和学习，也有亲手缝制香囊的动手操作；同时，我们还积极推广，在社区学校的健康养生类课程里，以及布艺、编织等手工类课程中，嵌入该体验课程。

（三）线上线下共融发展，赋予社区教育融合课程新内涵

为确保徐汇区社区教育的"停课不停学"，徐汇区教育局联合徐汇区社会学习点联盟于2020年4月培育上线了徐汇区统一数字学习平台——"光启e学堂"，探索终身教育的线上教学。"光启e学堂"正式上线后，随着逐步实现了手机端、电脑端同步覆盖，微信H5、徐汇学习网、抖音等各端口多平台上线，直播、回放同步生成，线上播放、线下支持服务有效衔接。2021年，徐汇区又设立了"汇e学云校"项目，拓展培育终身教育线上线下融合发展模式，在继续通过"光启e学堂"提供优质的线上直播教学的同时，支持各街道社区（老年）学校、徐汇区老年大学开通"云分校"平台共享品质课程。秋季学期，"汇e学云校"在随申办徐汇区旗舰店"教育培训"栏目正式上线，"徐汇终身学习网"端口开放了所有学习资源，学员不仅可以同步参与新课学习，而且还能通过回访实现自学，进一步突破个体终身学习的"时空"限制。

通过拥抱数字学习，区域终身教育资源进行了"重构"和"赋能"，在更广泛平台上发挥更大效能。项目组以线上线下共融发展的新视角，赋予社区教育课程建设新的内涵和意义，也带给学习者更加丰富的学习体验，实现市民终身学习需求的更充分满足。

（四）以试点促规范，探索社区教育课程混合式教学遴选标准

疫情背景下，在线教育的大规模实践使得人们基本形成这样一种共识：混合式教学将成为未来教育的"新常态"，社区教育概莫能免，未来社区教育课程以混合式教学方式开展，市民通过混合式学习方式学习也会逐渐

成为社区教育的新常态。社区教育课程未来的发展需要在实验和实践中探索前行。我们认为，现阶段，在门类繁多、形式多样的社区教育课程中，从行业背景各有不同、教学能力参差不齐的社区教育教师队伍中遴选出恰当的课程、合适的教师开展混合式教学实践，把好关、开好头，将有助于为未来社区教育课程进行深度融合积累混合式教学经验。鉴于此，项目组以"老年人智能手机应用"课程的甄选与教学为试点，尝试寻求建立适合开展混合式教学的社区教育课程遴选标准。

2021 年 5 月，社区学校部分课程可以开始线下授课，项目组综合考虑试点单位的支持和参与力度、课程基础和授课教师等多方面情况，分别选取了华泾镇社区学校和社区学院的"老年人智能手机应用"课程作为试点开展混合式教学实验。2021 年 9 月底，项目组编制《社区教育课程混合式学习情况调查问卷（学员）》和《社区教育课程混合式教学情况调查问卷（教师）》两份问卷，以了解社区教育教师和学员对混合式教学和学习的认识、态度与学习效果等。全区共回收学员问卷 702 份，两个试点班级各回收 19 份和 15 份，回收教师问卷 118 份。根据问卷调研分析情况，项目组又选择了试点课程授课教师、试点班级部分学员以及部分普通班级教师和学员，做进一步的交流访谈。

综合前期文献梳理、中期讨论交流、后期调研访谈的情况，项目组制定了适合开展混合式教学的社区教育课程遴选标准，包括 4 个一级指标、9 个二级指标和 19 个遴选要点，详见表 3-12。

表 3-12 适合开展混合式教学的社区教育课程遴选标准

一级标准	二级标准	主要指标	等级与权重			
			很好 /1.0	较好 /0.8	一般 /0.6	较差 /0.4
学校支持服务	基础设施保障（8分）	• 硬件设施能保证混合式教学顺畅开展 • 能为教学平台或教学软件使用提供技术支持和保障				
	专业支持服务（12分）	• 能组织开展混合式教学策略和教学法培训等 • 能组织混合式教学研讨交流与展示，促进教师能力提升 • 能帮助教师开展混合式教学数据统计、分析、运用与反馈等				

一级标准	二级标准	主要指标	等级与权重			
			很好/1.0	较好/0.8	一般/0.6	较差/0.4
课程前置基础	教学资料完备（8分）	• 课程有较为成熟的教学大纲、教材讲义等				
	配套资源丰富（12分）	• 课程有较为完善的教学实施方案等 • 课程有配套教学课件、教学视频、自学资料等				
教师能力准备	教学理念更新（10分）	• 教师对混合式教学有较为系统的理解和认知 • 教师掌握混合式教学相关的教学策略和教学法知识等				
	技术技能熟练（20分）	• 教师能熟练运用混合式教学所需的教学工具 • 教师具备混合式教学课程资源获取、使用和制作等能力 • 教师具备设计有效的线上和线下教学活动的能力 • 教师具备混合式学习课堂的组织管理能力				
	协作反思精进（10分）	• 教师愿意积极主动与他人协作，互助推进混合式教学 • 教师愿意在混合式教学实践中不断反思、总结和改进				
学员学习认知	学习方式接纳（5分）	• 学员对混合式教学持积极、肯定的态度				
	学习能力准备（15分）	• 学员具有一定的信息技术应用能力，能独立参与混合式学习 • 学员具备一定的自主学习能力，能按照要求完成混合式学习的前置性准备				

遴选建议：

得分＞70分，非常建议该课程采用线上线下混合式教学模式，可根据课程内容需要自由选择"线上主导""线下主导"或"学时平均分配"等混合方式。

得分在 50—70 分，该课程可以采用线上线下混合式教学模式，建议线上教学比例不宜过高，以"学时平均分配"或"线下主导"混合式教学模式为主。

得分＜50 分，不建议该课程采用线上线下混合式教学模式，或可尝试"线下主导"型混合式教学，降低线上学时比例。

四、实验成效与思考

（一）促进了社区教育课程建设的理念创新

本实验项目在接近三年的时间里，初步尝试了跨学科内容和跨教学形式的课程融合，这些实践探索丰富了社区教育课程的内涵，拓展了社区教育课程的外延，促进了社区教育课程建设的理念创新，也促使我们更多地思考未来的社区教育课程如何培育和建设，如何走出自己的特色创新之路。

以凌云街道社区学校"艺术与化学"融合课程为例。凌云街道社区学校与华东理工大学化学艺术研究中心联合打造"艺术与化学"科普美育融合课程，旨在引导社区亲子家庭了解艺术作品中蕴含的科学原理（特别是化学原理）。

课程内容涵盖版画、连环画、盘扣、撕纸、叶雕、蛋雕等多种艺术形式。课堂上，孩子们在不同的艺术大师的指导下，见识不同的艺术形式并学习制作简单的艺术作品，至于其中蕴含的化学知识则由华东理工大学博士生导师做通俗易懂的讲解，这种融合的内容、融合的授课团队和形式深受所有学习者的喜爱。

与基础教育课程相比，社区教育课程具有"专题性"的特点，更注重以专题、模块为中心而不是以传统学科为中心组织课程内容，针对性强，适合为社区成员提高自身素质和生活质量提供特定学习所需。因这种特点，我们在建设课程的时候更应该以"融合"的理念来思考，可开展更多样的融合形式探索，或可基于课程内容进行融合，或可根据授课场所进行融合，还可由多种融合形式再融合，等等。

（二）形成了社区教育课程混合式教学的参照标准

通过实验，我们编制了社区教育课程混合式教学的遴选标准。这个标准既可以是现阶段供社区教育院校甄选用于开展混合式教学的社区教育课程参考，以始为终，也可以成为未来社区教育课程进行混合式教学应依循的工作和评价标准的参照。

　　教师队伍、学员群体的特殊性使得在社区教育领域推行课程的混合式教学难度更大。但社区教育要发展，社区教育课程建设要提升，无法回避混合式教学这种未来教学的"新常态"。以建设"适合开展混合式教学的社区教育课程遴选标准"为契机，积累经验，形成示范，起好步开好头，可以为未来顺利推行社区教育融合课程打下良好基础。

　　社区教育课程混合式教学的成功，离不开社区教育办学主体、教师和学生多方面的态度和能力准备。研究表明，教师的态度和能力准备对于混合式教学的有效性有着直接且显著的影响，混合式教学能力必将成为未来教师专业能力框架中不可或缺的一部分。因此，加强探索为社区教育教师提供混合式教学的相关课程和培训，帮助教师了解、掌握设计、实施、评价混合式教学的方法和能力，提升教师混合式教学准备能力，促进混合式教学改革，是适应未来社区教育教学新常态的需要，也是推进社区教育高质量发展的重要内容，这也将成为我们社区学院今后进一步探索与实验的方向。

8 立足本土文化资源，开展市民终身学习人文行走的实验

徐汇区学习办

一、实验背景

（一）关于"人文行走"项目

2018年6月，上海市教育委员会、上海市精神文明精神指导委员会办公室联合颁发《关于开展"申城行走 人文修身——上海市民终身学习人文行走"工作的通知》，倡导"在行中学、在学中行"，引导市民在行走中感受城市人文积淀、触摸城市温度、激发终身学习的创新活力，提升城市发展的软实力。

（二）徐汇区开展人文行走条件分析

一方面，徐汇区作为首批全国社区教育示范区，社区教育体系完善，市民参与终身学习意愿强烈，可以为开展"人文行走"奠定扎实的群众基础。另一方面，徐汇区为上海市中心城区之一，是上海现代文明的发祥地，中西荟萃，文脉悠长，区域内人文历史底蕴深厚，海派文化、红色文化和江南文化等各种形态的文化资源极其丰富，为开展人文行走项目奠定了扎实的文化基础。

（三）关于实验项目选题

延续城市文脉、保存城市记忆、改善环境品质一直是徐汇区委、区政府工作的重中之重。2018年以来，区政府将"建筑可阅读"纳入区域文化建设重点项目，开放了一大片名人故居、优秀历史建筑。开展"人文行走"社区教育实验，旨在对接区政府重点工作，用好用足区域内丰厚的文化教

育资源，引导徐汇区市民尤其是青少年在行走中看徐汇、品文化、振精神，使之增进对徐汇百年文化的了解和认识。此外，人文行走学习具有实践性、参与性等特点，强调学习者在参与学习中的感受程度，充分体现了以学习者为中心的终身学习理念。

二、实验目标

（1）通过进一步挖掘、整合徐汇丰厚的海派文化、红色文化、江南文化资源，设计主题鲜明、具有区域特色并且富有教育内涵的"人文行走"线路。

（2）通过加强"人文行走"活动设计，不断丰富"人文行走"的学习元素，激活"人文行走"的育人属性。

（3）通过建立"人文行走"运作机制，广泛开展"人文行走"活动，使"人文行走"成为广大徐汇市民加深认识百年徐汇的终身学习有效途径，不断激发市民的家园情怀。

三、实验内容

（一）建立"区、街镇"两级人文行走工作运行机制

区层面，由区学习办负责组织推动、统筹规划、过程管理，打造区域人文行走支持服务体系，包括讲师培训、线路设计、资源开发、品牌打造；牵头建立区层面的市民终身学习人文行走工作特聘专家队伍和特聘导师队伍，负责整体筹划、专业保障、组织示范和指导评价等工作。

本着人文行走的资源在街镇、人群在街镇、活力在街镇、成效体现在街镇的思路，由街镇社区学校作为具体实施单位，负责人文行走课程开设、分人群组织开展、宣传发动、对外联动等一系列项目落实工作。

（二）整体设计，为人文行走提供支持服务保障

区学习办通过颁发红头文件、召开专题会议，在13个街镇层面加大对人文行走工作的发动和指导，同时从精选线路、讲师培训、行走设计三个方面进行区层面的整体设计。

1. 梳理区域资源，设计人文行走经典学习路线

对区域文化地标和学习资源进行深入研究，提炼出体现时代特征、徐汇特点的人文行走学习资源；挖掘具有文化性、科学性、历史性和教育性

的学习要素，截至目前共设计了江南路线、海派寻源路线、名人故居路线、红色路线、徐汇滨江路线5条顺畅便捷的人文行走经典线路，涵盖了30个人文学习点（如表3-13所示）。

表3-13　徐汇区人文行走经典线路及点位一览表

线路名称	人文修身点
江南路线	①黄母祠②东湾艺术中心③黄道婆纪念馆④宁国禅寺⑤邹容纪念馆
海派寻源路线	①徐汇公学旧址②徐家汇藏书楼③徐家汇观象台旧址④光启公园⑤徐光启纪念馆⑥土山湾博物馆
名人故居路线	①巴金故居②密丹公寓③湖南别墅④武康庭⑤黄兴故居⑥武康大楼
红色路线	红色旋律之路：龙华烈士纪念馆 复兴繁荣之路：①杜重远故居②宋庆龄故居③上海徐汇艺术馆 民主先驱之路：①田汉旧居②中共地下秘密电台旧址③新四军驻上海办事处旧居
徐汇滨江路线	①龙门吊②谷地花溪③海上廊桥④龙美术馆⑤龙华港桥⑥中国海事塔

2. 组建推进工作队伍，为开展人文行走提供师资上的准备

建立一支由指导员、管理员、讲解员组成的志愿者队伍。聘请来自建筑设计、海派文学、近代历史、非遗文化研究等领域的专家担任人文行走工作指导员，负责对管理员和讲解员进行业务培训和指导；街道（镇）社区学校的负责人担任人文行走工作的管理员，负责活动组织和人员管理；在社区中招募了36名（每街镇至少2名）热爱地域历史文化的市民志愿者担任人文行走工作的讲解员。通过小组沙龙、专家报告、现场教学等多种形式对讲解员队伍进行培训，提升讲解员的现场讲解能力和做好知识储备。

3. 加强项目研究，不断丰富"人文行走"的学习元素

重视"人文行走"的育人功能，引导各街镇围绕"赏""学""探""悟"四个方面丰富"人文行走"的学习元素，增强市民在"人文行走"中的学习体验。

"赏"：在行走途中欣赏徐汇美景，增添市民热爱徐汇本土的情怀。

"学"：通过手机扫描"人文行走"学习点上的二维码学习、了解其背景知识，增强市民对徐汇历史的认知。编辑了《徐汇区市民终身学习人

文行走学习手册》，让市民在手持学习手册的过程中边走边学。

"探"：通过设计一些探究性的问题，让市民在"人文行走"中思考、寻找、发现答案，提升市民自主学习能力。

"悟"：利用现代信息技术，让市民在网站、微信公众号等平台上交流参与"人文行走"的感悟，共同分享"人文行走"的学习成果。

（三）街镇落实，加强对人文行走项目的实施

1. 开设人文行走课程

全区有一半以上的社区学校都开设了人文行走课程，如"漫步天平·悦行走""优秀历史建筑与人文""龙华英烈精神品读"等，湖南街道社区学校还在开设课程班的基础上成立了老洋房工作室。通过课程凝聚一批热爱徐汇本土文化的居民学员，他们又吸引、带动身边人参与进来。

2. 设计街镇特色线路

衡复历史文化风貌区作为上海保护规模最大的地区，主要位于天平街道和湖南街道。风貌区内950幢优秀历史建筑，幢幢有故事；31条"永不拓宽"的老马路，条条有来历。

（1）天平街道设计了"红色经典"和"人文底蕴"两条微行走路线。2020年又推陈出新，在这两条线路的基础上按类别设计了醉美公园篇、花园单位篇、古树名木篇、林荫道路篇。

（2）湖南街道推进"共享梧桐树下的美好生活"人文行走项目，设计了以音乐、戏剧、绘画及美食为主题的四大类人文行走活动，制作了线路手册，还培养了包括老克勒、青克勒、小克勒三个梯队的志愿者讲师团队伍。

长桥街道教育资源密集，以上中路为主轴汇聚了公办、民办的中、小、幼、职等28家教育机构。街道挖掘每所学校的特色资源，设计了"走进上中路教育一条街"人文行走活动，如走进上海中学，感受具有150多年历史的沪上名校的办学底蕴；走进上海聋哑青年技术学校，近距离感受听障学生那种迎难而上的坚定精神；走进园南中学，在校园内的黄道婆展示馆中体验三锭纺车技艺；走进徐教院附小，在校园内的江南丝竹展示馆中了解民粹……

虹梅街道地处漕河泾高新技术开发区，设计了"人文行走进园区"项目，引导不同人群走进园区、走进企业，在行走中激发对智慧城市发展和高科技企业发展的兴趣，加深对现代化园区和各类企业的了解。

（四）2020年以来的人文行走工作

1. 人文行走线上直播课程

2020年上半年，新冠肺炎疫情的暴发，让线下人文行走按下暂停键。我们一方面在微信公众号上转发市级公众号发布的线上人文行走信息；另一方面依托徐汇"光启e学堂"社区教育线上直播平台，邀请专家为市民带来线上"云行走"。在直播主题的选择上，我们与今年以来火热开展的"四史"爱国主义教育相结合。如2020年4月22日邀请人文行走导师周培元在云端为市民解读徐汇历史建筑，重温不平凡的红色记忆；同年5月21日，线上走进夏衍旧居；同年6月11日，线上走进钱学森图书馆。每场直播课程的点击量都在1500次以上。

2. 暑期未成年人人文行走活动

每年暑期都是未成年人人文行走活动的高峰期，同时这也是各街镇学生社区实践指导站工作的重要组成部分。由于疫情，2020年暑期活动要求较低学段的未成年人参与活动时需要有家长陪同。

2020年，暑期部分社区学校组织青少年开展线上人文行走活动，如"小克勒带侬兜老马路"云游直播，由高中生志愿者通过边走边直播的形式开展；再如"行走凌云·探寻非遗"线上人文行走，直播镜头从凌云社区学校的古法造纸体验基地到华理大附中的扎染体验。此外还有5所社区学校在严格执行防疫要求的情况下分别组织体现街镇特色的线下人文行走活动，如龙华社区学校与上师大龙华中学合作，组织全体初一年级的中学生在2020年7月15、17日分别开展了"人文滨江之行"线上培训，在此基础上，7月26日组织学生实地行走，寻访徐汇滨江的百年历史和现代人文艺术。

2020年暑期，区教育局联合文旅局、腾讯地图专门开发了中小学生微信版"励志地图"，将人文行走与中小学"立德树人"工作相结合，倡导全体中小学生在家长的带领下走进爱国主义教育基地，开展"心中的英雄"爱国主义系列寻访实践活动，并要求每个中小学生在人文学习点打卡拍照并将照片上传至班级"小黑板"互动平台。

此外，疫情时期有组织的人文行走活动暂停，市民根据上海徐汇、魅力衡复、徐家汇源景区等微信公众号上发布的人文行走线路和人文学习点介绍，自主选择行走线路、自行选择主题内容、自我学习提升素养。

四、实验成效

（一）丰富了区域终身教育资源的供给

"人文行走"项目将区域大量历史建筑、场馆设施、名人故居等社会资源整合到项目中来，为社区教育所用，极大地丰富了徐汇终身教育资源供给，满足了徐汇市民对于优质终身教育的需求。

（二）为市民认识徐汇历史文化提供了重要途径

"人文行走"使越来越多的市民加深了对徐汇"海派文化的策源地和重要承载区"的了解和认识，促进了市民对区域历史文化的认同和热爱。通过行走感悟徐汇红色记忆，市民在润物细无声中接受爱国主义教育的浸润，在行走的过程中"修身、正己、立德"。

（三）推动了终身学习理念的创新

人文行走打破传统课堂教学的空间限制，打破单一学科教学的内容限制，形成各年龄段人群共同参与、互帮互学的终身学习共同体。让行走者在人际互动中充分参与学习过程，获得个人独特的体验和感受，并交流和分享学习结果，通过反思获得个人的新知识和新能力。市民与熟悉的同伴一起人文行走，置身于有底蕴、有故事、有颜值的情景中，边走、边学、边交流，兴趣盎然、充满情趣，体验行走学习的魅力所在。

9　合作共建国际文化交流体验基地的实验

杨浦区社区学院

一、实验背景

当今世界面临着百年未有之大变局，政治多极化、经济全球化、文化多样化和社会信息化潮流不可逆转，各国间的联系和依存日益加深，但也面临诸多共同挑战。和平合作的潮流、开放融通的潮流、变革创新的潮流滚滚向前，各国之间的联系从来没有像今天这样紧密，世界人民对美好生活的向往从来没有像今天这样强烈。我国提出建立人类命运共同体，倡议以共建"一带一路"为实践平台推动构建人类命运共同体，在对话协商、共建共享、合作共赢、交流互鉴的过程中，谋求合作的最大公约数，把沿线各国人民紧密联系在一起。

我国提出文化强国战略，文化强国对于每一个中国企业和个人来说，都是一次千载难逢的历史性机遇，它是中国经济转型升级的重要组成部分，是中国国民生活质量全面提升的重要组成部分；文化强国战略，从大的层面讲是增强国家文化软实力、中华文化国际影响力，通过创新与创造进一步解放文化生产力。中国特色社会主义巨大成功带来的道路自信、理论自信、制度自信为文化自信提供了坚实基础，也催生着文化自信。

上海是国际化大都市，地处改革开放的最前沿，是国际城市交流的中心之一，也是国际交流最广泛、最深入和最频繁的地域，越来越多的人都想着定居到这个城市。作为服务百姓终身学习的成人高校，有义务在国际文化交流的服务中承担高校的文化传承和社会服务的功能，要有所作为，讲好中国故事，讲好上海故事。为此，杨浦区社区学院立足上海，与上海教育服务园区合作，依托杨浦教育文化资源丰富和区情特色，根据自身功能定位，通过整合资源，优势互补，共享共建，合力打造国际文化交流体验基地，通过基地进行中外文化交流课程的建设、孵化与推广，加强文化交流的队伍建设与培养，开展文化交流体验活动等，宣传和介绍中华优秀传统文化，凝魂聚气，培育核心价值观；固本培元，弘扬中华优秀传统文化。宣传和介绍国外优秀文化，促进民间的国际文化交流，学习和互鉴，增进各国人民之间了解互信。

二、实验目标

建设国际文化交流体验基地，打造中外文化交流、促进国际友好的平台和媒介。通过基地进行中外文化交流课程的建设、孵化与推广，加强文化交流队伍的建设与培养，开展文化交流体验活动等，让杨浦以及上海的居民走进国际文化，让在沪外国人感受和走进中国传统文化，促进民间的国际文化交流，促进文化的传播和理解、互信和互鉴。

三、实验内容

（一）建设国际文化交流体验基地

整合杨浦区的高校、社区学院和社区等资源，在基地中可以开展参观体验、课程学习和交流研讨等活动。

（二）建设一支服务国际文化交流体验的服务队伍

通过整合学院、区域、社会组织的力量，形成服务队伍，为杨浦市民和外国人群体提供专业的国际文化以及中国优秀传统文化相关课程、讲座和文化体验服务。

（三）建设和开发优秀传统文化和外国优秀特色文化两大系列课程与体验活动

坚持"走出去"和"请进来"相结合，建设开发面向在沪外国人的有关中国优秀传统文化的系列课程与资源，建设开发面向上海、杨浦百姓的有关国外风俗礼仪和优秀文化相关的课程与资源，设计开发两大系列配套体验活动、主题活动，提升社区教育国际化程度。

（四）开展国际理解教育的系列体验活动和国际文化交流研讨活动

四、实验过程

（一）顶层设计，明确目标，确定运行方式

2019年3—4月，杨浦区社区学院与上海教育服务园区反复沟通，制定国际文化交流体验基地的运营方案，明确建设目标、建设项目、阶段及分工，并予以经费保障。

确定合作方式。社区学院提供场地，开展基地实体建设，负责日常运营、课程开发推广以及体验活动的开展等；上海教育服务园区在国际优秀文化课程的开设以及师资配备方面提供支持，并参与线上线下的宣传推广工作。

（二）建设实体基地，提供交流学习体验的场馆设施

2019年4—5月，杨浦区社区学院选择7号楼——一幢独立设置的两层小楼，作为国际文化交流体验基地进行内部改造装修。基地分为国际文化展示区、国际课程体验区两大部分。文化展示区重点围绕"一带一路"线路，以各大洲特色文化景观、特色文化产品的图片和实物展示为主，课程体验区中西合璧，现设有金缮（日本）、红酒品鉴（法国）、木工（中国）、中西式烹饪等课程，以点带面，让每一个来访者感受到不同的文化体验。基地配有可移动桌椅、多媒体设备、音响、小型舞台等，可以承载课程培训、参观体验、主题活动等各相关功能，使在沪外国人和杨浦市民有进行文化交流、学习、合作的空间。

（三）建设管理服务和教学队伍，提供人员保障

建设管理服务队伍。双方领导挂师组成专项领导小组，各自抽调人手成立工作小组，办公室设在区社区学院，分别指定项目负责人担任各类事务的对接和运营工作。定期召开工作会议，由工作小组汇报基地运营情况，及时调配资源、调整建设方向。由社区学院书记、副校长，上海教育服务园区总经理组成专项领导小组，学院培训中心、总务主任、上海教育服务园区企划办主任、培训部主管、企业副总经理组成5人的工作小组，分别负责基地日常运营、活动策划、课程师资协调、后勤事务等。

建设教学和体验活动服务团队。杨浦区社区学院多方整合优质师资，已经形成一支传授涵盖中华优秀传统文化、国外优秀文化、艺术人文等在内的高质量专家团队，提供各类教育服务。基地核心教学和体验活动服务

团队中既有来自学院的杨浦区"园丁奖"获得者和青年音乐家等专业教师，也有上海教育服务园区提供的葡萄酒品鉴师培训导师、历届世界技能大赛上海赛区评委等师资资源，还有来自高校、社会组织和社区的国家级高级茶艺师、国家高级插花师、"上海市百姓学习之星"等。顶尖的师资团队保证了课程的科学性、趣味性，专职兼职的搭配也保证了课程开展的相对稳定。

表 3-14　教学和体验活动服务团队部分成员

序号	姓名	专业特色和特长
1	杨 瑛	杨浦区社区学院专职教师，2017 年杨浦区"园丁奖"获得者，2018 年上海市社区教育"最美志愿者"
2	周远成	杨浦区社区学院专职教师，青年音乐家，上海音乐学院硕士
3	陈 辉	杨浦区社区学院专职教师，招生培训中心主任，建制面点师
4	陈勇刚	木工专家，历届世界技能大赛上海赛区评委
5	吕佳伟	Sensepull 葡香创办人，半岛美术馆酒廊合伙人，调酒师
6	韩 旭	专业夏威夷呼啦舞者
7	颜慧珍	华东师范大学美术学院硕士
8	孙晓怡	国家级高级茶艺师，上海市优秀茶艺教师，杨浦区新长征突击手，杨浦区艺术教育先进个人
9	黎益珍	国家高级插花师，上海市百姓学习明星
10	施 琳	上海师范大学美术学院和波兰华沙美院毕业，绘画专业教师

（四）建设开发两大系列课程与活动，提供交流体验的内容

项目方面，分为课程类、讲座类和活动类。课程类包括中华优秀传统文化、上海非遗项目、江南文化、全球韵动、艺术人文、语言习得、前沿科技等七大类，讲座类包括人文艺术系列讲座、家庭教育系列讲座、安全教育系列讲座三类，活动类包括主题活动、亲子活动、国际交流活动三类，分别对应不同群体的素质提升、文化休闲、人文交流等各种需求。

经过反复调研市民需求及梳理学院资源、社区资源、上海教育服务园区资源，形成一批重点打造的培训或讲座课程菜单。中华优秀传统文化课程包括中式面点、木工、艺术插花、创意手工、茶艺养生、剪纸等。国际文化课程包括西式面点制作、日本金缮、日本木工、西餐礼仪、夏威夷呼

啦舞、红酒品鉴、鸡尾酒调制等。目前已为各类市民和国际友人开设金缮、夏威夷呼啦舞、创意手工、剪纸、中式面点、艺术插花、日本插花、二胡学习与欣赏等讲座课程。

为了更好地服务、引领市民的终身学习，满足外国人士了解中华优秀传统文化的需要，学院建立市民数字化学习资源库，涵盖了上海市社区教育配送的优秀传统文化相关的 101 类数字化学习资源，自己建设开发和购买的 10 类数字化学习资源。结合"一带一路"战略宣传和对外交流的需要，学院建设和开发了相关的视频类数字化学习资源，"一带一路——新丝绸之路"的讲座课程及配套课件，进一步满足外国友人、杨浦市民的学习需求。

（五）组织学习体验和交流活动，推进交流互动

学院领导与市开放大学领导赴斯里兰卡和巴基斯坦开展"一带一路"文化交流活动，介绍杨浦在推广优秀传统文化、打造国际文化交流体验基地方面的工作。

杨浦区社区学院将课程讲座与体验活动对接，通过体验式学习、交流互访、参观体验、亲子活动、交流研讨等多种形式尽可能使更多的杨浦市民和国际友人接触到丰富多彩的"一带一路"国家文化，结合春节、元宵节、清明节、端午节、重阳节等中华传统节日以及情人节、妇女节、母亲节、儿童节等节假日，组织学习体验活动，通过体验活动，学习中外优秀文化，了解各国的文化传统和风俗习惯，增进了解、理解和互信。这些活动也扩大了基地的影响力，吸引了更多社区居民、国内外基础教育的学生，机关、企事业单位职工，高校的留学生和社区的外国人来学习体验、交流互动，有的还成为基地学习体验活动的志愿服务者、教师等，还吸引了国内外社区教育、成人教育的同行和专家学者前来考察研究。

2019 年，学院陆续接待了南加州大学教育领导力博士代表团、2019 国际访问学者团、"联合国教科文组织成员国面向终身学习的教育体系开发能力建设研修班"学员及联合国教科文组织终身学习研究所领队专家、廊坊市广播电视大学干部和骨干教师、美国高中学生交流团等参观、体验、考察活动，利用重大节日和活动契机组织"六一"亲子活动、端午节参观体验活动等。这些代表团成员在"一带一路"路线图下合影留念，逐一参观和体验美食制作、茶艺、木工等，观摩体验了学院教师讲授的智慧钢琴和茶艺课程，效果良好。

（六）聚焦项目，重点推进

杨浦区社区学院聚焦传承中华优秀传统文化和国际文化交流体验项目，通过专设"文化传承党员先锋岗"，全面深入推进项目运行，取得了明显的成效。

通过先锋岗在学院招募致力于推进中外优秀文化交流传承的管理志愿者队伍，实行定期例会、每日值班等制度，探讨基地每阶段的工作目标、任务和人员分工，为基地的正常运转提供必要的后勤保障。

表 3-15 "文化传承党员先锋岗"岗位职责

序号	人员	岗位	工作职责
1	王 芳	组长	负责整体思路确定，学习过程把控，学习成果确认；开展一至两次外向型中华优秀传统文化合作交流；开展一至两次专题研讨等
2	焦 洁	联络员	负责组员的召集联络，体验课程菜单的制作，基地宣传氛围的营造，具体工作进度统合，非遗文化课程联络，中华优秀传统文化精品课程设计，外国风俗礼仪类课程、优秀文化类课程联络、设计等
3	陈 辉	组员	负责体验课程菜单的制作，基地宣传氛围的营造，国际文化交流体验基地的前期设计策划，中式点心制作、各菜系代表菜品、中华优秀传统文化课程和西餐礼仪类课程的设计和开发等
4	陈定强	组员	负责国际文化交流体验基地内手工体验类课程的参观体验
5	李 伟	组员	负责留学生的衔接沟通，国际文化交流体验基地内涉及外籍人士参与课程的沟通、交流和体验，中华优秀传统文化课程的英文版校本教材开发
6	周远成	组员	负责部分外国文化照片文字资料的收集，二胡课程参观体验及英文版校本教材的开发，最终成果视频初稿设计制作
7	王海娉	信息员	负责每月信息收集（文字、照片），体验课程菜单的制作，各菜系代表菜品课程开发，国际文化交流体验基地内涉及外籍人士参与课程的沟通、交流和体验，中华优秀传统文化课程的英文版校本教材开发

五、实验成果

建立了设施较完备的国际文化交流体验基地实体，为开展国际理解教育和促进国际文化交流奠定了物质基础。

形成了一支相对稳定的服务国际文化交流体验的教学、管理和服务队伍。

建设和开发了中华优秀传统文化和外国优秀特色文化的两大系列课程与体验活动。

开展了丰富多彩的国际理解教育系列体验活动和文化交流研讨活动。

六、反思和前瞻

经过近两年的探索实践，基地的建设和运行取得了初步的成果。由于受新冠疫情的影响，2020年暂时停止了线下体验活动。在今后的日子里，杨浦区社区学院还会继续深化基地建设，在课程的开发建设、师资的整合优化、活动的设计开展方面做出更多更新的尝试。

（一）加强队伍建设，丰富课程内容，设计适切性强的体验活动

鉴于师资有限，现有的课程与体验项目种类相对较少，杨浦区社区学院正在与杨浦区域内高校团委、留学生院联系，计划与高校开展合作，招募一批优秀的、有特长的外国留学生，由他们传播、介绍各自所在国家独有的传统文化，设计更多的体验项目，吸引更多的杨浦市民学习体验。与此同时，这些留学生也作为学习者，深入体验中华优秀传统文化，通过生动的课程和多元载体增强国外学子对中华文化的认同感。

（二）进一步整合资源，扩大宣传，拓展项目深度和广度

加强线上线下的推广，通过微信公众号、免费体验活动等形式提升基地的影响力和知名度，在场地、师资、课程等资源方面深入合作，后续的重点工作放在向杨浦市民开放国际文化的相关课程、讲座和活动，吸引更多机构和学员学习体验，通过课程学习、讲座培训、活动体验等一系列运作带动品牌宣传，助力国际文化的交流融合和"一带一路"国家战略，也进一步拓展自身发展空间，满足百姓学习需求，服务杨浦学习型城区建设，扩大工作影响。

10 开展"一镇一树"培训，推进美丽乡村建设的实验

崇明成职教育学会

一、实验背景

《崇明世界级生态岛发展"十三五"规划》提出，按照建设国家 5A 级景区的理念及标准，推进全域景区、景观建设。根据《崇明区生态绿道布局规划》，各乡镇将根据不同条件，推进"一镇一树"生态廊道建设。本着"适生适长，经济实用，兼顾美观，服务生态"的原则，崇明生态廊道建设树种最终确定为桂花、枫树、海棠、合欢、红叶椿、高杆石楠、玉兰、银杏、无患子、乌桕、樱花、栾树、红梅、榉树、北美红栎、槐树，每种树对应一个乡镇。比如，新村乡是桂花之乡，金桂、银桂、四季桂，桂花飘香；庙镇是枫情之镇，红枫、青枫、三角枫，每个季节枫叶都变幻着绚丽的色彩；中兴镇是樱花之乡，早樱、晚樱、十月樱，樱花盛开得娇艳烂漫。绿华、长兴、横沙三个乡镇则是多树种种植。

2015 年，中兴镇成人学校开始进行樱花知识培训。2017 年初，崇明区教育局推广中兴镇的经验，动员各乡镇成人学校围绕"一镇一树"开展培训工作，同年年底对各乡镇"一镇一树"培训进行总结，全区 18 个乡镇，有 9 个乡镇成人学校编写了培训教材，组织了培训工作，接受培训的有 25000 人。2018 年，"一镇一树"培训在全区全面开展。检索互联网，上海郊区乃至全国都没有关于"一镇一树"建设和培训的经验及研究资料。可见，"一镇一树"是崇明进行生态廊道建设的特色做法，"一镇一树"培训是崇明成人教育和科普工作的特色项目。探索如何开展"一镇一树"培训，关系

着崇明世界级生态岛的建成。

习近平总书记在党的十九大报告中指出，要实施乡村振兴战略，坚持农业农村优先发展。美丽乡村建设是实施乡村振兴战略的主要手段和重点任务。美丽乡村建设的主要任务有四项：普及生态意识，达成思想共识；细化行为规范，确保人与自然和谐共处；完善空间规划，把生态和资源红线落到实处；优化人地关系，提升农村经济和社会发展的可持续性。"一镇一树"是建设美丽崇明的具体措施。开展"一镇一树"培训，提高农村居民对本镇"一镇一树"相关知识的了解和掌握程度，提高他们的生态素养和参与崇明世界级生态岛建设的热情，这必将有助于美丽乡村的建成。

二、实验目标

（一）开发适合居民学习的"一镇一树"培训课程与配套教材。

（二）探索"一镇一树"培训的有效方式与途径。

（三）建设一支专兼职相结合的师资队伍。

（四）普及生态知识，推进美丽乡村建设。

三、实验内容

（一）开展崇明区"一镇一树"培训的现状调查

通过文献、调查等途径了解本区已经开展的"一镇一树"培训现状，包括培训对象、培训教材开发、培训方法、培训保障、培训成果等方面的内容。

（二）整合多元化资源探索开发"一镇一树"培训课程的实验

一是教育部门根据课程开发规律，聘请农业科技人员和成人教育教师联合开发教材，增强教材开发的科学性。二是突破传统培训教材的课程呈现方式。课程呈现的方式不仅仅只有教材，还可以是微课、音视频、宣传手册等。

（三）突破传统培训界限，创新"一镇一树"培训方法的实验

一是根据不同对象，采用分类培训的方法。二是创新培训途径。采用讲座、体验式培训、知识竞赛、编排相关节目等多种方法组织居民学习。三是培训重视实践体验和课堂讲授相结合。

四、实验方法

（一）调查研究法

通过座谈、访问等调查方法，了解本区已经开展的"一镇一树"培训情况，为后期开展实验提供充分的数据和资料。

（二）行动研究法

根据项目设定的实验内容开展实验，成立项目组，由相关领导具体统筹协调。前期专门召集部分校长进行项目研讨，面对面征询培训工作的建议。之后利用教育部门优势，联合农科技相关部门，开发培训教材。

（三）个案研究法

在项目实践中，不断发现和挖掘有代表性的典型案例，总结其开展培训的成功经验。

五、实验过程

（一）实验准备阶段（2018 年 12 月—2019 年 3 月）

成立项目组，明确职责，分工合作，对本区开展"一镇一树"培训的现状进行初步的调查摸底，明确本项目实施的内容和方法，完成立项申报，申报通过后及时召开启动会，细化实验方案。最后根据项目实施方案的要求，对项目组成员进行分工，每位成员都被落实到具体的实验任务和工作目标，做到责任到人、分工明确，确保项目正常实施。

（二）实验实施阶段（2019 年 4 月—2020 年 9 月）

1. 调查研究，制定项目计划

通过文献、问卷调查等方法，全面了解崇明区"一镇一树"培训现状，制定《崇明区"一镇一树"培训现状调查》这一调查方案。对已经开展的活动或培训进行系统的梳理，制定下一步培训计划。

2. 召开推进会，为培训做动员

召开项目推进会，要求项目组成员和各乡镇成人学校校长出席。对项目研究做全面部署，对各乡镇积极参与"一镇一树"培训做动员。

3. 整合资源，开发培训教材

联合农科技部门，开发"一镇一树"培训教材。对已经开发好的培训教材，总结教材开发方面的经验与教训，提高教材开发的科学性与专业性。

4.分类培训，多种培训方法相结合

考虑到培训对象年龄、身份、专业知识等方面的差异，灵活使用了多种培训方法。另外，注意突破传统培训方法的局限，使培训变得易于接受。

5.召开项目实施中期交流研讨会

2019年12月20日，项目组召开了项目实施中期交流研讨会，项目组成员交流了教材开发、培训中遇到的问题以及下一阶段的调整策略和工作重点。2020年5月，项目组参加市项目办组织的中期评审。

6.多方支持，落实培训保障

培训要取得真正实效和产生一定的影响力，必须落实保障机制。2019年下半年，项目组还在这方面做了努力。首先，加强各乡镇成人学校领导对培训的重视程度，在编写教材、组织培训等方面取得乡镇党委、政府的支持。其次，落实经费保障。培训必然需要经费的支持，前期经费充足的单位，培训工作开展得就顺利，积极性也高。经费不足的单位，活动开展就受限。最后加强统筹协调，保障培训工作的顺利进行。

（三）实验总结阶段（2020年10—12月）

项目组成员对项目研究进行全面总结，整理研究资料，建立实验资料档案。对实验中得到的相关数据、积累的有关资料进行综合分析，撰写研究报告，汇集项目研究成果，完成结题报告。

六、实验成效

（一）开发建设了一批针对性、科学性与实用性兼备的培训教材

全区共有18个乡镇，项目开始之前已经有9家乡镇成人学校完成了培训教材的编写，如中兴镇社区学校的《樱花知识普及读本》、竖新镇社区学校的《玉兰常识读本》、庙镇社区学校的《枫树常识普及读本》等。项目实施过程中，区社区学院牵头，组织各单位对已经编写的培训教材进行了修订，剩下9家单位在2019年完成了相关教材的编订，比如三星镇社区学校的《海棠花韵》、向化镇社区学校的《乌桕树栽培技术与欣赏》、建设镇社区学校的《红叶椿栽培与养护》等。这些教材由林业专业技术人员和成人教育教师联合开发，针对性、科学性与实用性兼备。这些教材图文并茂、通俗易懂，深受居民的喜欢，为开展"一镇一树"培训提供了指导性材料。

（二）初步总结了"一镇一树"培训的成功经验

1.教材开发方面

首先，面向对象不同，教材开发的重点和内容要有所侧重。面向专业种植管护人员的教材着重种植管护技术培训，兼顾树种知识与文化介绍。面向乡镇机关干部、村居委干部、普通村居民和中小学学生，重点开展生态廊道建设与"一镇一树"规划介绍、意义讲解，进行树种常识普及，开展爱树、赏树、护树教育。其次，教材应该由林业专业技术人员和成人教育教师联合开发，在使用中根据实际不断修改完善。

2.培训方法方面

首先，根据不同对象，采用分类培训的方法。对专业种植管护人员，采用举办培训班的方法，进行系统培训。除了专题讲座外，对乡镇机关干部、村居委干部布置"一镇一树"建设的任务进行培训。对参加学习团队的村居民，采用讲座、体验式培训、知识竞赛、结合编排相关节目等方法组织他们学习。对在家的老年村居民，主要通过组织他们观看文艺节目和早市、宣传栏、电子屏、黑板报来宣传相关知识和理念。对于离家工作的村居民，主要通过散发宣传资料和组织中小学学生"小手牵大手"的方法，帮助他们接受相关知识和理念。其次，培训需要课堂讲授和实践体验相结合。教学过程中，既要有理论讲授，又要重视课程设计和生产实践的结合，体现理实一体、学以致用。再次，培训讲究层次性。学校最好能先对居村委社区教育专职干部进行培训，再推广到社区居民，这样容易发现问题，使培训中存在的问题得到及时解决。

3.培训保障方面

一是领导重视，"一镇一树"培训活动列入乡镇党委、政府工作事项，在编写教材、组织培训等方面得到乡镇党委、政府的支持。二是经费保障，教材开发和培训活动的经费列入区、镇成人教育专项预算。三是统筹协调。乡镇成人学校、乡镇相关部门、各村居委以及区级相关业务部门齐心合力，保证培训工作顺利进行。

（三）探索出了"一镇一树"培训的有效方式与途径

前期调查结果显示，各乡镇的培训方法相对单一、宣传教育方式不够创新。其中讲座、培训班这些传统的培训方式较为常见，

培训的效果和效率并不尽如人意。实验中，各乡镇尝试运用多种培训

方式，寓教于乐。首先，充分利用崇明电视台、崇明人民广播电台、《崇明报》、政府网站等主流媒体，加大对"一镇一树"的宣传，使之家喻户晓。乡镇及有关单位充分利用户外宣传场所，如大型广告牌、电子宣传屏、宣传横幅等，让广大在崇人员随处都能感受到崇明生态岛建设氛围。其次，继续加强对中小学生的宣传教育，通过校园广播、主题班会、黑板报、宣传栏等形式加以宣传教育，同时通过"小手牵大手"的形式带动家长、家庭共同参与"一镇一树"建设。再次，社区学校利用早市、宣传栏、电子屏、黑板报、讲座等多种载体开展全方位和多批次的教育宣传，吸引了全镇更多不同年龄段的人群积极参与爱树护树赏树的行动。最后，利用微信、短视频等新兴的网上交流平台，激发学员学习的兴趣，增强了"一镇一树"培训的效果。

（四）初步形成农科教多方联动、合力推进培训的工作机制

"一镇一树"培训教材的内容比较专业，在教材编写和课程开发过程中需要开发人员既懂课程开发和教学实施，又懂农业生产技术，更需要具有种植实践操作经验的人员，而这样的复合型专家不是指某个人，而是一个群体，所以项目组组建了由课程开发专家、农户、农业科技人员及成人学校专职教师等农科教人员组成的课程开发团队，聚集农科教各方面的人才资源，充分发挥了人才的集聚效应，合作完成相关培训教材的编写。在农科教人员合作开发培训教材的过程中，项目组依托开发团队较强的人才组合优势，做到分工协作、优势互补、取长补短。

（五）推进了有形景观廊道的建成和美丽乡村的建设

培训对提高村居民对本镇"一镇一树"相关知识的了解和掌握程度、对提高他们的生态素养和参与崇明世界级生态岛建设的热情，对他们爱树、赏树、护树的情感提升与能力提升等，都有非常大的作用。比如向化镇社区学校，从2018年下半年始编写教材，2019年4月初完成了《乌桕树养护技术与欣赏》培训教材，同年4月组织老师深入各村居，开展乌桕树知识培训。通过培训，学员了解了乌桕树在崇明生态廊道建设中的重要地位，知道了乌桕树的基本特征、生长习性、栽培技术、病虫害防治等基本知识，懂得了乌桕树在绿化中的应用，激发了学员爱乌桕护乌桕的热情，提升了社区居民对向化镇镇树乌桕树的认知水平，调动了社区居民爱乌桕护乌桕赏乌桕的积极性。依托6个居委会居民分校教育平台，协调居民学校社区教育干部和社区教育志愿者定期组织辖区居民开展梅花知识学习和教育。另外社区学校在全镇社区事务受理中心、文化活动中心、党建中心、农技中心、卫生服务中心、环卫所、服务社、物业、敬老院和来沪人员党支部等企事业单位负责人和员工代表中开展了梅花专题知识培训，紧抓充帮传授作用，让先期培训的人员带动对本单位员工的梅花知识宣传和教育，这些做法不仅让更多的人了解了梅花，让他们积极参与到东平镇梅花景观廊道建设和"赏梅、爱梅和护梅"行动中来，而且全面提升了在职员工爱花护绿的文化和文明综合素养，为东平镇生态镇建设增添新的内涵。

七、实验思考

（一）发挥三大保障职能，完成教材编撰工作

首先，强化组织领导保障职能。乡镇政府部门要加强重视，许多领导对"一镇一树"还不十分了解，最好乡镇分管领导能参与教材的编写。其次，强化经费投入的保障职能。不管是教材开发还是书籍印刷、具体活动的开展，都需要经费的投入。再次，加强统筹协调保障职能。教材编写不是社区学校单打独斗能完成的，需要上级部门统筹协调各方资源，比如镇林业站、区社区学院、镇规划办等部门的大力支持。区教育业务部门要加强对"一镇一树"教材开发的指导。区教育行政部门要组织教材开发的培训和交流活动，对开发的教材进行评估，根据评估情况给予不同的奖励。区社区学院可派专人统筹推进，定期召开总结会，各校间相互交流经验。

（二）优化培训对象与内容，做实做透培训目标

优化培训对象，一是指改变参与培训人员老化的现象，二是对培训人员分级分层培训。针对培训人员老化的问题，要查清楚原因。分级分层是要对不同人员采取不同的教育培训方式。培训对象大致可分为普通村居民、专业种植管护人员、乡镇机关干部、中小学生等。不同的对象了解内容的侧重点不同，培训的目标也不同。培训内容要充分考虑居民的文化基础、可接受程度等，因材施教。比如针对普通村民的培训要更加通俗易懂，便于群众理解与掌握。而乡镇机关干部的培训要上升到崇明生态岛建设的全局，专业种植管护人员的培训内容则侧重专业性的种植管护知识与技能。针对中小学生，主要根据他们的生活圈子和认知特点，开发校本课程，通过娱乐、参观、基地体验、各类竞赛活动等让他们了解崇明世界级生态岛建设和生

态绿色廊道建设。

（三）多种培训方法并举，突破传统培训界限

从调查结果看，各乡镇的培训方法相对单一、宣传教育方式不够创新。其中讲座、宣传栏这些传统的培训方式较为常见，而培训的效果和效率并不尽如人意。各乡镇可尝试突破传统培训界限，创新培训的方式与途径，使培训的内容更便于居民接受与理解，真正达到培训的目的。特别是2020年上半年新冠疫情的暴发对传统的培训方式提出了更大挑战，我们的实验也受到了很大影响。如何利用好新兴媒介开展线上宣传与培训，推进"一镇一树"培训与美丽乡村的建设，值得项目组成员认真思考。

11 以诗歌书画为载体，"青、吴、嘉"三地携手打造学习共同体的实验

青浦区夏阳成人中等文化技术学校

一、实验背景

（一）三地打造学习共同体的大背景

2019 年 11 月 1 日，上海、江苏、浙江三省市主要领导齐聚上海青浦，为长三角生态绿色一体化发展正式揭牌。包括上海青浦、浙江嘉善、江苏吴江在内的 2300 平方公里土地，被划定为"三地"。

（二）三地打造学习共同体的文化需求

作为社区教育最基层的乡镇成校，在"长三角青吴嘉成校合作联盟"框架下开展社区教育，更贴近实际、贴近居民。

（三）三地诗书画团队相互融合

我们的合作联盟以诗歌书画为载体，挖掘、传承和弘扬江南本土文化，从而有利于唤醒居民的文化自觉和文化自信，为青、吴、嘉"生态绿色一体化发展"的建设添砖加瓦，达到 1+1+1>3 的效果。

二、实验目标

（一）打造社区教育学习共同体，形成可供复制和推广的运行管理制度。

（二）建立数字化课程资源库。

（三）搭建三地学习团队合作展示平台。

（四）推广三地社区教育成功经验，推进三地学习型社会建设。

三、实验方法

（一）调查研究法

通过走访、座谈会等形式对青浦夏阳、吴江汾湖、嘉善西塘三地社区居民对诗歌、书画等活动的喜爱程度进行摸底调查，收集有关信息，获取第一手资料，并进行分析研究且及时调整实验内容，为项目的实施提供可靠的依据。

（二）宣传动员法

宣传诗歌、书画等活动的重要性，让三地更多社区居民体会诗歌、书画等学习活动的乐趣。

（三）行动研究法

按照项目实施方案，在青浦夏阳、吴江汾湖、嘉善西塘三地成立诗歌、书画等活动项目工作小组。在实验过程中，聘请专家加以指导与培训，提高项目实施的针对性和实效性。

四、实验过程

（一）准备阶段（2019 年 12 月—2020 年 1 月）

1.调查研究，确定实验项目

调查研究，选定实验对象，开展文献资料研究，寻找理论依据；确定实验项目、研究目标、研究内容等；撰写实验方案等。

2.成立项目工作小组

实验项目工作小组主要由青、吴、嘉三地成人学校教师、学习点负责人组成，并邀请三地文化活动中心，区文联、妇联、事业科等有关部门的负责人共同参与。实验工作小组的成立，确保了人员的参与力度，进而讨论决定项目的实施方法、实施步骤、任务分工、人员安排等，既为项目的顺利开展提供保障，又为项目的有序实施打好基础。

3.召开实验项目工作小组会议

召开实验项目工作小组会议，修改实验项目方案，不断完善项目，并把项目实施纳入学校日常工作中。

4.确定项目组成员，明确分工

（二）实施阶段（2020 年 2 月—2021 年 6 月）

2019 年底，青浦夏阳成校联合浙江嘉善西塘成校、江苏吴江汾湖成校建立了"长三角青吴嘉成校合作联盟"。

1. 探索建立三地成校合作联盟运行管理制度

在建立三地成校合作联盟的基础上，坚持"优势互补、资源共享、协同发展"原则，着力健全共同体管理制度，推进三地社区教育协同发展，共筑合作平台，实现优势互补，释放集聚效应，提升区域社区教育服务能力。

2. 逐步打造学习品牌——"江南学习苑"

设立相应的微信公众号，下设三个子板块："大课堂""文化廊""新闻坊"。

3. 联合三地优秀团队，共同开展丰富多彩的社区教育活动

开展诗歌、书画创作比赛活动，激发学员想象力，调动内心情感，表达自我个性，提升文化素质。

4. 修改、完善研究方案，撰写中期报告

（三）总结阶段（2021 年 7—10 月）

收集、整理过程性资料，撰写实验报告。

五、项目实施过程

（一）整合资源，成立合作联盟

1. 联合三地成校，整合资源，学习联盟初见雏形

2019 年 11 月 27 日，由青浦区夏阳成人中等文化技术学校、吴江汾湖高新技术产业开发区成人教育中心校、嘉善县西塘镇成人文化技术学校组成的"长三角青吴嘉成校合作联盟"签约仪式在西塘举行。

2. 召开多次联盟合作会议，联盟队伍逐渐壮大，确定每年的联盟工作重点

长三角青吴嘉成校合作联盟范围不断扩大，之后又接纳了上海市青浦区徐泾成校、上海市青浦区赵巷成校、江苏省苏州市吴江区七都镇成人教育中心校、浙江省嘉善县陶庄镇成人文化技术学校 4 所学校，建立了一个由青、吴、嘉三地七所成校共同参与的联盟。2020 年，联盟工作重点是用诗书画形式参与抗疫和联展活动。2021 年，重点工作是为庆祝建党 100 周年开展诗书画印主题创作活动。2021 年 7 月 1 日前，推出 100 期"百年风云、

百座丰碑"优秀共产主义战士的事迹简介，挖掘本土红色资源活动，共同参与三地举办的全民终身学习活动周活动。

（二）用"诗书画"传递抗疫正能量

自疫情发生以来，长三角青吴嘉成校合作联盟成员单位组织师生及文艺爱好者用书法作品讴歌白衣天使与一线英雄，在线上先后推出了《疫情防控书法专刊》和《长三角成校合作联盟"众志成城克时艰"抗新冠疫情主题艺术作品展》书法篇、诗词篇、美术篇，并将其中优秀作品选送到具有全国影响力的"社区教育大讲堂"，参加其举办的"众志成城抗疫情"征稿活动。

（三）加强"空中课堂"数字资源建设

伴随智能化、数字化时代的到来，尤其是 2019 年底新冠疫情暴发以来，网上预约挂号、移动支付、手机购物等已成为越来越多人生活的常态，也给众多老年人带来一道"数字鸿沟"。

为满足老年人对智能手机的学习需求，助力他们跨越数字鸿沟，三地成校协同开展"老年人智能手机培训"，编写了《跨越"数字鸿沟" 乐享美好生活》智能手机应用操作指南小册子，分送给三地成校和部分居村委学习点；拍摄了 6 集《智能手机实用知识小课堂》，在学校微信公众号上分享，供教师上课参考和学员学习使用。

（四）推出微信公众号 "江南学习苑"

为了构建社区教育共同体运行管理制度，建立数字化课程资源库，构建课程共建、师资共培互学、资源共建共享制度，搭建三地学习团队合作、交流、成果展示平台，突破局限于一地的社区教育学习团队发展壁垒，长三角区域街镇成人学校终身学习发展共同体"江南学习苑"项目顺势而生。

"江南学习苑"下设三个子板块："大课堂""文化廊""新闻坊"。"大课堂"板块分为安全教育、老年教育、艺术素养、乡村抗疫、育婴培训等 5 个栏目，推出优质培训课程供三地市民学习。"新闻坊"板块发布和转发长三角青吴嘉成校合作联盟的相关新闻。"文化廊"板块专门用于展示三地社区居民的学习成果。

（五）以"江南学习苑"为平台，用活红色资源，讲好党史故事

为庆祝中国共产党成立 100 周年，三地联合推出了"建党百年，党史微课堂"活动。

建立互访交流制度：各成员单位间主要领导和业务部门管理干部定期交流互访，研究政策保障、制度建立和重大项目合作，协调解决区域合作存在的困难和问题。

（二）市民"掌上学堂"的资源更加丰富，作用更加显现

三地成校采用腾讯视频直播的方式开展课程教学。共享优秀社区教育资源，包括平面资源、网上资源、多媒体资源等，为三地市民提供丰富多彩的课程学习资源。

在疫情期间，三地成校组织和指导专兼职教师认真研发在线课程，精心制作线上教学视频，放在微信公众号上供市民免费学习，如大课堂"江南学习苑"、蟠龙学堂（青浦区徐泾成校）、汾湖课堂（吴江汾湖成校）、上善学堂（青浦夏阳成校）等，内容涵盖智能手机实用技术、电钢琴学习等，极大满足了居民的学习需求。

（三）"江南学习苑"市民终身学习品牌初现雏形

"江南学习苑"市民终身学习品牌建设以来，各联盟成校积极参与，运行平稳。

"大课堂"板块已发布了消防安全课程15期、预防诈骗知识类课程5期、艺术素养类课程50期、抗疫微课45期、育婴课程3门94期；"文化廊"板块展示市民学习成果（包括摄影、书法、美术、诗词）24期；"新闻坊"板块发布和转载三地社区教育新闻9期，展示了三地市民的学习成果，推广了三地社区教育的成功经验，共享了三地社区教育优质资源。

（四）通过团队交流和联展，搭建了学习交流平台，更多的市民参与到学习中来，展现了经典诗歌与书画的魅力

青浦夏阳、吴江汾湖、嘉善西塘三地各自提升诗歌、书画等学习团队品质，开展团队交流学习；开展诗歌、书画创作比赛活动；把诗歌、书画与其他课程有机融合，例如山水画、书法、剪纸等，多种艺术形式的结合，展现了经典诗歌与书画的魅力。

七、实验后的思考与困惑

通过实验，三地携手打造的学习共同体初见成效，联合举办了一些活动，但在项目的实施过程中也存在了一些问题。

（一）共同体的运行管理制度需要进一步完善

从 2019 年三地打造学习共同体至今，召开了多次会议，也开展了许多活动，建立了秘书长轮值制度，但对于共同体的运行、管理，成员的权利和义务保障等，缺乏制度的有效约束和监督。

（二）共同体的学习资源共享机制有待进一步探索

三地有各具特色的学习资源，如青浦的书法、吴江的诗歌、嘉善的剪纸等在当地都有一定的影响力，并且有优秀的师资，但往往局限在当地，没有在共同体内部得到有效推广。

（三）共同体的品牌推广尚待进一步拓展

虽然建设了"江南学习苑"这个学习品牌项目，初步实现了共同体内的资源和品牌共建机制，但品牌效应扩大和推广尚有欠缺。

12 石泉社区学校携手当户书画院参与市老年教育社会学习点建设的实验

普陀区石泉路街道社区学校

一、实验背景

老年教育可以喻为终身教育、继续教育、人生教育的"最后一公里"。在现代化进程中，我国老龄化日趋严峻，需要给予老年教育足够的关注和重视。习近平总书记曾强调，坚持应对人口老龄化和促进经济社会发展相结合，坚持满足老年人需求，努力挖掘人口老龄化给国家发展带来的活力和机遇，努力满足老年人日益增长的物质文化需求，推动老龄事业全面协调可持续发展。

老年教育社会学习点是近年来出现的一种以满足老年人学习需求，从而推动以终身学习为宗旨的社会办学场所。它在创建学习型社区中起着至关重要的作用。随着上海老龄化的加剧，社会学习点的作用越来越明显。学习点建设能吸引更多居民参与社区教育建设和发展，让老年人共建快乐晚年生活，营造和谐社区。

上海"当户书画院"拥有开展老年教育的办学意愿，多年来以继承和发扬中国文化传统为主旨，从事中国书画的创作、研究、交流以及普及等相关服务，是在场地、课程、师资方面相对成熟的社会团体，已经形成和拥有了一批适合于老年教育的特色传统文化资源。利用"当户书画院"中的教育资源来服务社区老年居民，让"当户书画院"这个社会学习点充分发挥自身优势，引导多元社会主体参与老年教育，积极开展各类老年教育活动，使社区居民在参与活动中体验多样化的学习，进而传递正能量，形成凝聚力，是我们石泉路街道社区学校设立实验项目的初衷。

二、实验目标

（一）助力"当户书画院"成为上海市老年教育社会学习点。

（二）传承传统书画文化，提升老年教育服务力。

（三）建立石泉社区学校与"当户书画院"长期合作机制。

三、实验内容、步骤及进程

（一）准备期（2019年1—3月）

立项申报——专家评议——修改方案——完成立项。

（二）初步实验期（2019年4—8月）

1. 对照标准，确立争创社会学习点对象

本项目立项后，项目组成员开展集中学习，对照社会学习点建设指标进行学习研究，组织项目组成员积极在辖区内走访，对有条件成为社会学习点场地进行考察，确立"当户书画院"为本轮争创者。

"当户书画院"作为民办非企业单位，自2012年注册成立以来，始终坚持公益原则。它拥有适宜老年教育的办学场所和相应的教学设施设备，有具备一定专业资质的师资力量和丰富学习资源，还有一定数量的老年团队，在组织管理和经费投入方面也具有一定的制度保障和扶持力度。

2. 寻找差距，研究对策，形成问题解决方案

一方面，为深入了解社区内居民对于书画学习需求度情况，项目组设计并完成了《上海当户书画院活动满意度调查问卷》。问卷结果显示：在书画院组织活动的过程中，学员的积极性比较高，普通居民有一定的参与率。因为其具有"民非"性质，教师队伍基本来源于社会，组织结构较为松散，师资力量储备略显不足。

另一方面，围绕社会学习点的关键创建要求，发现主要不足有三点：一是其课程教学组织管理松散、教学方式单一，欠缺对教学对象学习需求的关注；二是其在团队活动和赛事展示中缺乏对骨干师资力量的培养，导致师资力量储备不足；三是其在社会公益活动及社区文化推广过程中缺乏辐射力度。

针对上述问题，学校充分发挥社区学校在老年教育服务中的优势，利用自身在课堂教学管理、学习型团队扶持、社区老年教育服务平台搭建等方面较好的理论宣传和实践能力，一方面帮助书画院总结在服务老年对象过程中的有效做法与经验，另一方面进一步明确实验项目的努力方向，形成合作共享机制。

（三）全面实验阶段（2019 年 9 月—2020 年 9 月）

总体推进策略：双方明确途径，推进策略实施，形成合力，以长班教学、专业团队、平台建设为抓手，充分调动"当户书画院"的能动性，开展社区学校与书画院双向合作，助力书画院成为上海市老年教育社会学习点。

1. 开展长班教学合作，改变教学方式，提升老年教育服务力

2019 年 9 月始，由石泉社区学校负责提供场地、制订课程教学和活动时间等相关计划，开展书法传统教学班、山水画长班实验班比较。

我们将项目组成员分成两组，分别就两个实验班的教学方式开展实验，针对学习者的有效关注点进行跟踪，同时对实验班的兼职教师在课堂内容设计、课堂组织管理以及课堂教学方式等方面展开针对性培训，并通过问卷、访谈等形式，了解课堂教学质量的反馈情况。

通过一学期的教学实验对比，我们发现传统书法教学班的课堂缺乏活力，主要体现为课堂纪律较为松散，教师只关注部分学员的学习需求，只关心自己教什么，而忽视学员的接受程度，简单枯燥的教学方式使课堂氛围较为沉闷，导致课堂效率低下。相比之下，实验班的教学则显得课堂管理比较规范，由于教师对不同层次的学习者关注度高、课堂互动性强、教学方式灵活多变，课堂气氛比较轻松活泼、充满活力。在访谈中，实验班老师表示，规范教学、课程管理十分重要，优化课程内容和改进教学方法应提上日程，要将原先大幅度的讲授时间进行压缩，改变书画的教学方式，心中有学员，只有这样，课堂的教学效果才能得到明显改善，教师才能在教学相长中提升老年教育服务力。

2. 加强团队建设，发挥专业效能，提升老年教育辐射力

为了更好地将书画院师资的专业技能传授下去，学校搭建平台，旨在帮助有需要的居委学习点并对其进行专业辅导，让传统文化传播到社区的同时，也可以从中捕捉书画院的新生力量，为其输送骨干师资，丰富其后备师资库。学校牵头，书画院积极主动与学校书法沙龙小组、薛家库学习

点书画队、铜川学习点笔墨香书法团队签订共建协议，每周日下午定为石泉社区书画爱好者的交流、研究、创作活动日，由社区学校和书画院轮流派送教师，围绕中国古代书法美学、唐代书法学论、山水粉墨画研究等，为社区居民开设各类书画公益讲座。同时，书画院向有学习意向的居委学习点的学习团队输出不同类型的教师，为他们下属的文化团队开展系列培训，进行专业指导、组织赛事活动等；有时候项目组还会邀请一些团队成员到学校旁听长班教学课，交流分享，共同进步。这种模式成为书画院和社区学校合作机制中可圈可点的重点工作之一，受到了社区内书画爱好者的热烈欢迎。

3. 加强平台建设，强化交流分享，提升老年教育满意率

平台一：书法基地校申报与实践

社区学校以"当户书画院"为龙头，开展教学基地校地申报，并成为普陀区首批书法教学基地。为了使基地学校更具有专业性，满足更多居民学员的学习需求，我们积极与兄弟校联系，引进书法专业人才，开设观摩课，组织专业能力培训，交流教学心得体会，分层教学，实现资源共享。学校在此基础上，进行适度引导，并通过基地校活动管理，为基地校提供活动资料，组织学员走访每一个基地校成员单位，开展学习研讨，以管理促规范，以专业促共享。在一次次的理论学习、一次次的优质课打磨、一次次的交流分享中，既满足了基地成员校的老师们不同层次的学习需求，也使得书画院服务全区老年教育书画学习的专业引领作用得到体现。

平台二：专业赛事展示组织与推广

在强化交流方面，我们除了必要的研讨活动以外，更注重专业赛事和展示交流。我们不仅积极参与市区终身学习活动周赛事、书画专场表演，还带领一批批学有基础与潜力的爱好书画的社区老年朋友参与上海美术家协会、海墨书画家协会举办的各类书画交流分享活动，提高其对中国书画的鉴赏水平。

我们跨出上海，与浙江遂昌、上虞共建共享，开展创作交流。学员们印象最深的是，与浙江遂昌县委合作倡导，以中国书画形式，宣扬"五美遂昌"，探索实践生态富民强县新路径的遂昌——上海画家采风联展系列活动曾刊登于《新普陀报》。

平台三：网络建设完善与文化辐射

网络平台的开发，既是作品的宣传推广与交流所需，也是吸引更多爱好者加入"当户书画院"的重要举措，同时为更广泛的社会群体提供中国书画创作、交流、研究的良好平台。

书画院为进一步服务老年教育，组织专人开辟"上海当户书画院"网站，将基本简介、教师情况、书画作品、展示展览、新闻中心等多个板块，通过图文并茂的形式展示；将书画院宗旨"秉承中华传统文化精神，坚守中国书画艺术的传统，追求华夏美学天人合一境界的艺术之道"充分展示出来。石泉社区学校也在自身的公众号上，不定期发布有关书画院的各项教学活动，辐射周边，吸引外区和其他社区的居民参与，从而达到推广和传播传统文化的目的。

（四）实验总结期（2020 年 10—12 月）

整理相关资料和实验成果，形成典型案例，进行推广辐射。

四、实验成效

（一）"当户书画院"公益性进一步深化

书画院的成员们热情高涨，乐于公益服务，积极组织公益性书画类长班教学，并长期为老年学员们提供书法、山水画教学服务，突出社会性和公益性要求，社会反响良好。"当户书画院"还委派资深团队成员送教到老年学校、高等学府，前后有肖建平教授、王镐老师、李明耀老师、沈德年老师、刘玉生老师、史久华老师等，受益居民 300 人。特别是任教 16 年的丁达宾老师，他专业造诣高，学识广博，教法创新，深受社区老年居民欢迎，班级人数年年报满，许多学员蜂拥而至、慕名而来。国画班刘玉生老师书画底蕴醇厚，为人谦逊，教学上别具一格。学员们学得兴致盎然，老师们教得热情洋溢；每一次的作业红笔批注、每一回的个性指点，促使老年学员们在短短一两年时间里，从零基础到能拿出一幅满意的成品画参与社区教育展示。值得一提的是，丁达宾老师代表普陀区参加首届上海社区教育教学观摩比赛获鼓励奖。

（二）社区团队学习专业性进一步扩展

在社区团队建设上，无论是学校还是书画院，投入都是极具热情的。每年，薛家库和铜川居委的书画团队都会自发举办学员作品展，学员作品虽不成熟，但都凝聚着"当户书画院"老师们的心血。在他们的指导下，小小书画展吸引了众多喜爱书画的居民，于是来参加书画学习的居民增多了，小区的文化学习氛围也浓郁了。在上海"当户书画院"老师们的精心培育下，许多学员作品在市区各项比赛中屡屡获奖，其中在"学习创建在普陀"摄影、书法、绘画活动中获得一、二、三等奖若干，9名爱好者参与首届普陀区社区教育成果展分获殊荣。书画院专业引领、以训促团的模式，有力推动了石泉老年教育星级团队建设，也使石泉社区书画团队专业发展发挥了文化传播与引领作用。

（三）社区居民文化素养进一步提升

新冠肺炎疫情期间，我们尝试开设的在线教学活动，使各书法基地校的教学活动形式有了新的发展方向，为后期教学模式的多样性奠定了基础。例如通过线上视频来指导书法创作，通过音频来开展相关宣传讲座，展览和竞赛也可以用此方法开展。对于老年人群来讲，互联网式教学很新奇，再加上学习的内容是他们感兴趣的，因此学习的成效甚至超出传统教学模式。同时，线上教学也加强了教师们的业务能力。在交流研讨中，老师们的教学水准得到了很大的提高。在教学实践中，我们充分注意到了学员本身水准的参差不齐与需求的多样性，一方面着重于基础理论的普及与提高；另一方面则加强了书法与优秀传统文化的血脉梳理，以及书法与现实生活紧密联系的实证讲解；同时，就不同书体对学员作个别具体辅导，取得了很好的效果。

"当户书画院"通过书画文化的熏陶、书画活动的体验、书画问题的探究、书画思想的交流，开阔社区居民学员的视野，传播传统文化知识，激发社区居民学员学习传统书画的兴趣，提升社区居民学员文化综合素养，促进社区居民学员养成乐于动手动脑、敢于质疑反思的习惯，增强社区居民学员自主创新合作学习的能力，彰显社区居民学员个性特长，使"当户书画院"的建立初衷"充分发挥自身优势，引导多元社会主体参与老年教育，积极投身社会公益事业，传递正能量，形成凝聚力"得以进一步的实现。

（四）社区文化影响力进一步推广

由于受到新冠肺炎疫情的影响，2020年起，我们增加了线上教学活动的形式，建立了微信群，采用微课教学、视频教学、微信群留言等方式帮助大家找到组织加入我们，真正实现普及书画内容、弘扬国学文化，进一步扩大了"当户书画院"的影响力，让更多的人了解"当户书画院"，让更多的人参加到这项活动中来。

上海"当户书画院"举办的各类活动曾在普陀有线电视台、《东方城乡报》、《新普陀报》、《新民晚报》上相继报道。参与石泉社区书画课程、讲座等学习的人数逐年增加，社区学习团队骨干力量日趋增强，各类展示专场频繁活跃着书画院学员们的身影，石泉社区文化学习氛围也变得浓郁了。我们热切地期盼，上海"当户书画院"能一如既往地本着履行社会责任担当的初心，秉承公益为先的使命，以丰厚的学习资源、多样的学习项目、优质的教学服务来支持老年教育，进而在不断提升自身参与老年教育的质量与实力中奋勇前行、回报社会！

（五）长期合作建立有效机制

石泉社区学校和"当户书画院"通过这些年的合作之后，为了助力"当户书画院"更有效地体现其社会责任担当、坚持公益性原则，不断提高学习点自身建设和服务老年教育活动能力与水平，双方建立了一系列有效的长期实施机制，其中包括《当户书画室财务管理制度》《当户书画室场地管理制度》《当户书画室教学管理制度》《当户书画室服务措施制度》等，利用适宜、便利的办学场所和现代化的电教设备，为书画院创作、交流、研究以及教育服务创造了良好的环境。此外，社区学校还与书画院签约，为社区居民免费开展书画教学、活动展示等，为营造老年教育"共识、共享、共管"良好氛围打下了扎实的基础，在终身学习的大环境中充分体现了社区学校与书画院"双主体"的作用。

五、后续展望

经过两年的项目实践，"当户书画院"成为普陀区首家书法教学基地，同时也当之无愧地成为上海市社会学习点。在不断深化"当户书画院"服务老年教育的进程中，我们也需要不断关注信息技术发展背景下的教师线上直播能力需要进一步提升的问题、活动开展经费需要进一步扶持问题，以及社会学习点与社区学校"双主体"作用的进一步发挥等问题。

纵观整个项目的进程，我们意识到老年教育社会学习点是一块非常广阔且空白的市场，目前在这个市场中的开发运营还处于起始状态，我们应该通过"当户书画院"在石泉社区学校的推广，带动整个老年教育社会教学市场的蓬勃发展。

13 基于闵行区创课大赛的社区教育资源平台建设的实验

闵行区社区学院

《上海市城市总体规划（2017—2035 年）》（以下简称"上海 2035"）指出，上海要建设全球卓越城市、科创中心、具有世界影响力的社会主义现代化国际大都市。与之相匹配的终身教育现代化就要紧紧围绕新时代、新理念、新方式、新服务展开。现代终身教育体系建设更需要高效、丰富的资源配置，广泛、顺畅的供给渠道和全纳、公平的高品质学习内容。闵行区积极探索"社区教育＋高校力量""社区教育＋社会资源""社区教育＋专业引领"的融合模式，鼓励高校力量投入社区建设，是实现社会各方力量共同推进学习型社区建设的一项终身学习创意项目。

一、实验背景

闵行区邻里中心"创课"大赛（以下简称"大赛"），是一项鼓励高校教育力量投入社区建设的创意行动。大赛依托闵行区邻里中心展开，参赛的学生团队将在大赛组委会的组织下与社区教师、居民结成战队，通过调研、培训、课程设计等环节，最终产出引领与满足居民需求的一批课程，充实、丰富社区课程资源，满足居民多样化学习需求，达到以学促邻里、以学促凝聚、以学促和谐的目的，助推闵行文明城区、学习型城区建设。自 2017 年起，创课大赛已连续举办两届，通过大赛已开发 100 多门优质课程，并通过点单配送的方式在各邻里中心送教上门，受到居民的热烈欢迎。本项目的开展，正是期望通过大赛平台，积极吸引社会多方力量建设"课程开发——师资招募——课程孵化——课程落地"具有良好循环生态的社区教育资源平台建设机制。

二、实验目的

（一）形成一系列符合市民学习需求的课程，创新社区教育课程开发新机制。

（二）基于大赛选拔出优秀课程讲师，建立闵行区社区教育兼职教师师资库，为未来邻里中心授课提供讲师资源。

（三）基于大赛经验，形成一套闵行区激发社会力量参与社区教育的新模式。

三、实验内容

（一）"创课"资源整合机制

以闵行区创课大赛平台探索社区教育与高校资源、社会资源、专家资源等方面的整合机制，实现终身学习资源的有效融合与利用。

1. 社区教育＋高校力量

"社区教育＋高校力量"：鼓励高校参与社区教育是上海市教委主推的重点项目。通过本项目，探索如何搭建高校大学生利用自身特长和专业优势投入社区教育课程开发的平台与机制。

2. 社区教育＋社会资源

"社区教育＋社会资源"：创课大赛落地在闵行"邻里中心"，58家以一公里为服务半径，集终身学习、文体活动、为民服务、社会治理为一体的"邻里中心"，探索如何利用区域内社区机构为大赛提供场所，发动居民，支持路演，参与创课。

3. 社区教育＋专业引领

"社区教育＋专业引领"：探索建立的以社区学院、社区学校以及专家团队为核心的项目引领者，负责组建团队，指导团队，把控进度，组织协调邻里中心、企事业单位，使得项目调研、课程开发顺利进行。

（二）"创课"课程建设机制

1. 开展需求调研

通过对居民的问卷调查和实地走访居民、社区教师及邻里中心，了解闵行区居民的终身学习需求，特别是与智慧生活密切相关的痛点问题，为大赛课程开发提供针对性参照。

2. 开展专题创课

设立年度特别创课专题"红色百年"，鼓励大学生以多样化的创新形式，向居民说党史、颂党恩，以"创课"大赛这一独特的载体，为建党百年献上一份特殊的礼物。

3. 开发支持机制

颁发荣誉证书。向坚持参赛并获得"在线王牌课""在线精品课""在线优秀课""在线潜力课"等荣誉的各学生赛队，颁发荣誉证书，激发他们参与创课大赛的热情和荣誉感。

发放课程补贴。根据各赛队课程开发和课程在社区的实施情况，结合居民反馈，为各赛队提供一定的劳务补贴，鼓励大学生克服经费不足、时间不够等困难，坚持为社区居民服务。

其他激励举措。获奖团队可进入"学习创新孵化器"，由组委会为团队持续开发课程以及后续课程的对接、配送、采购等事宜提供服务与支持。获奖团队成员将获得社区教育志愿者证书（需注册），组委会将根据学生们在创课中的投入情况，给予登记志愿服务时数。大赛设置"最佳邻里学堂奖""最优大赛组织奖""最具社会责任奖"，激励大赛背后的支持机构，如邻里中心、社区学校、企事业单位。

（三）"创课"师资队伍建设

1. 建立大学生师资认证机制

建立大学生课程开发和师资认证机制，为通过社区教育课程开发专题培训和实习的大学生颁发"课程设计师（社区教育）"证书，培养一批热爱社区教育、具有一定专业水准的大学生师资。

2. 开放教育专职教师转型发展

在学历教育萎缩的现状下，鼓励闵行开放教育专职教师从"只重视学历教育"到"走进社区、走近百姓"，以创课大赛为平台，利用自身专业素养，开发社区教育课程，实现"双师型教师"发展。

四、实验成果

（一）创新了社会资源整合新机制

创课大赛作为一项高校服务社区的创意行动，迄今已举办至第三届，吸引了华东师范大学、复旦大学、上海交通大学、上海大学、上海戏剧学院、上海师范大学、上海中医药大学、东北师范大学等高校青年学生参与其中。此外，闵行区教育局、华东师范大学人才发展研究中心、终身学习实验室、闵行区地区工作办公室、闵行区成人教育协会、闵行区各街镇社区学校、闵行区各邻里中心、百姓网等单位和组织共同参与。同时，开放大学专职教师、社区教育教师也参与创课辅导，辅导过程可计入老师师训的学时、纳入教师能力建设项目，并在年终进行绩效考核评价及奖励，实现了高校、政府部门、社区教育机构、社会机构等多方终身学习资源的有效融合与利用。

（二）孵化了一批精品社区教育课程

首届闵行区邻里中心创课大赛产生了老百姓真正需要的 89 门社区教育优秀课程，34 门特色课程、10 门精品课程在首届创课大赛中脱颖而出，并签约闵行区各街镇创课大赛孵化基地继续孵化，陆续配送到闵行区的 14 个街镇社区学校、85 家邻里中心、503 个社区，开展巡讲活动。第二届邻里中心创课大赛产出 100 门视频课程、100 门微课程、36 门特色课程、10 门精品课程。第三届大赛因为疫情影响，转为线上开发课程，产生 36 门优秀课程，在 20.04 万名居民在线投票下，诞生 12 门深受居民喜爱的课程。大赛还设立了 14 个创课孵化基地，加强课程开发与社区学校、邻里中心的有机联系，对首届大赛涌现出的优秀课程进行培育、落地、推广，确保相关成果向更多社区推广，使更多居民受益。同时，更加注重强化大赛对学生的资源支持，在大赛过程中更好地整合、提供来自高校的线上线下多种形式、内容丰富的课程资源，鼓励学生利用自身专长和"混合式学习"理念，开发融线上和线下学习活动于一体的市民特色学习课程。此外，还建立了创课大赛信息化管理平台，提升数据收集和处理水平，力争做到大赛全过程线上平台全覆盖，提升大赛智能化管理水平。

（三）建设了一支优秀社区教育兼职教师队伍

创课大赛后，获奖团队带着好的课程在各创课孵化基地持续开发，形成一系列符合邻里中心、社区居民需求的课程。课程也被纳入闵行区社区教育课程资源配送体系，各社区学校、邻里中心可根据自身需求，通过创课大赛的课程配送小程序进行点课、约课，真正将创课大赛成果惠及于民。基于大赛涌现出的优秀课程讲师，已录入闵行区社区教育兼职教师师资库，为各社区学校、邻里中心授课提供讲师资源。基于大赛诞生的优秀课程开发讲师，已录入闵行区社区教育兼职教师师资库，为邻里中心授课提供讲师资源。闵行区开放教育近30名专职教师目前也加入到创课课程孵化与配送活动中，与大学生们一起为社区居民授课。

（四）成立社区创课孵化基地

为了便于课程孵化和项目推广，为大学生提供课程开发辅导和模拟教学的场地和设施，为磨课修改、学习资料开发等创造便利条件，为使更多创课成果能够配送到各邻里中心和社区学校，华师大与吴泾镇牵手设立紫竹半岛邻里中心孵化基地。作为首个高校与社区协同共建的"创课"基地，这将是课程孵化的专门场所，也是市民学习的重要平台。后续，吴泾镇将通过紫竹半岛邻里中心"创课"孵化基地，为学生课程孵化提供最优质的服务，孵化更多精品课程，打造"邻里中心·泾彩学堂"终身学习品牌项目，让更多的邻里中心共享创课带来的美好学习体验！

邻里中心"创课大赛"为闵行社区教育工作、社区教育资源建设打开了新的一扇窗，也为社区治理增添了活力。在"十四五"期间，闵行区创课大赛将再接再厉，通过不断实验与探索，"创"出更加丰富的社区教育课程，使更多的社区居民受益，将"智慧点亮社区，教育造福百姓"落到实处，为闵行更高水平、更高质量的学习型社会建设贡献力量！

14 依托社区教育，推进乡风文明建设的实验

"东方之光"资源联盟——上海市松江区
新浜镇成人中等文化技术学校、上海市松江区车墩成人
中等文化技术学校、上海市松江区新桥镇成人中等文化
技术学校、上海市松江区叶榭成人中等文化技术学校

一、实验背景

（一）国家层面：相关政府文件表明了乡风文明建设的重要性

2019年10月，党的十九届四中全会召开，为乡风文明建设指明了方向。乡村治理是国家治理体系的重要组成部分和实现乡村振兴战略的基石，如何推进乡村治理体系和推进乡村治理能力现代化显得尤为重要。而要完善乡村治理机制，促进农村和谐发展，就需要发挥乡风文明建设的积极作用。

（二）城郊层面：各镇存在的问题揭示了乡风文明建设的必要性

"东方之光"资源联盟的四所学校都地处上海松江郊区。随着城镇化的不断推进和外来人口的涌入，人口结构变得更加复杂。通过前期发放调查问卷，发现四镇普遍存在以下六个现象：

社会公德意识比较淡薄；

封建迷信、陈规陋习依旧存在；

家风民风不够淳朴；

精神文化生活单调乏味；

文化传承不够重视；

国家和社会意识较为薄弱。

因而，我们开展此实验项目，通过教育提升社区居民的整体素质，推进各镇的乡风文明建设。

（三）联盟层面：资源联盟为乡风文明建设提供了有力的保障与支撑

松江区"东方之光"资源联盟单位，即新浜镇社区学校、车墩镇社区学校、新桥镇社区学校、叶榭镇社区学校，四校在社区教育探索实践中，形成了各自的社区教育品牌，积累了各自的教育资源，但往往存在着资源使用效益不高、配置资源能力有限、资源难以统筹等问题，使其与满足乡风文明建设方面的学习需求还存在一定的差距。因此，希望通过四校联盟取长补短，整合资源，为推进乡风文明建设的实验创造良好的条件。

四校在社区教育工作中各自形成的品牌：

1. 新浜镇社区学校——乡村茶馆课堂

"乡村茶馆课堂"是 2017 年国家和上海市终身学习品牌项目，融合了课堂讲解、茶馆互动、团队互助等多种形式，将社会主义核心价值观等重要内容送进了全镇的老年活动室。

2. 车墩镇社区学校——车墩大讲堂

车墩大讲堂由车墩镇党群办牵头，车墩镇社区学校、党建服务中心合作，整合镇内和校内的教育与课程资源，以菜单的形式让各村居选择课程和老师，把先进文化送进村居。

3. 新桥镇社区学校——庭院课堂

"庭院课堂"是新桥镇社区学校的一个学习品牌项目，也是社区教育服务群众的阵地。庭院课堂以"特色家庭"（如诵读之家、布艺之家、声乐之家等）划分为原则，挖掘出的能人巧匠作为负责人，将学习阵地建在社区居民家中，满足居民就近学习的需求。

4. 叶榭镇社区学校——小学校

叶榭镇社区学校的"小学校"创办于 2007 年 5 月。12 年来基本实现了师资队伍多元化、课程内容多样化、讲座选择自助化、教学组织灵活化，真正做到了"顺民意，惠民生，解民忧，聚民智，得民心"。

二、实验目标

依托社区教育，整合与开发一系列推进乡风文明建设的教育资源，形成四校共建共享的资源库。

梳理品牌，分层分类地制定推进乡风文明建设的工作方案，形成保障联盟资源共享与带动机制建设的路径。

开展一批推进乡风文明建设的线上线下的学习活动，强化各镇学员的学习意识，形成浓郁的文化学习氛围，提升各镇的乡风文明程度。

三、实验内容

（一）整合与开发教育资源

教育资源既包括有形的教育资源（如教学设施、人力资源等），也包括无形的教育资源（如文化传统、社区精神面貌等）。本实验主要以课程内容、师资力量和地方特色为核心，其他有形和无形的教育资源为辅加以整合。

（二）丰富与创新教学模式

根据课程类型的不同采取适宜的教学模式，如课堂教学式、团队交流式、体验感悟式、情景互动式等，并在现有教学模式的基础上，创新实施乡风文明建设的独有的教学模式。

（三）关注学员的学习方式

采取线上与线下相融合的方式。线下活动的开展更有利于学员与教师之间的交流沟通；线上活动则通过学校微信公众号、微信群等进行，打破了时间与空间上的局限性。

（四）采取多元评价方式

评价采取多样化的方式，如成果展示、知识竞赛、案例收集、访谈、调查问卷等。

四、实验过程

（一）四校联动，分工合作，促进资源联盟协同发展

1.成立项目工作领导小组

本实验项目由新浜成校牵头，总体把握项目的开展方向、进度和安排，并与车墩成校、新桥成校、叶榭成校联合实施，根据项目的任务分工，完

成实验推进工作。

2.建立健全联盟带动机制

成立"东方之光"资源联盟工作组，四所学校每年轮流担当盟主。结合各校实际与时代要求，制定《"东方之光"资源联盟年度工作方案》，围绕实践研究、学习培训、党课展示等方向开展联盟活动。

（二）调研先行，理论指引，坚持问题导向强化举措

为了更好地了解各镇的乡风文明现状，有针对性地推进各镇乡风文明的建设工作，工作组成立调研小组，采取个人访谈、问卷调查、实地考察的方式，分别从行为方式、家风民风、文化生活、文化传承等方面进行调研。

1.行为方式

这里的行为方式主要从是否存在封建迷信行为、违法行为、陋习行为和不文明行为四个方面进行调查，具体数据详见图 3-11—图 3-14。

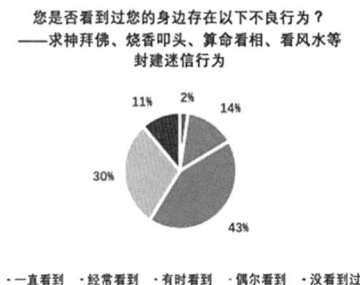

图 3-11 四镇封建迷信行为现状

图 3-12 四镇违法行为现状

图 3-13 四镇陋习行为现状

图 3-14 四镇不文明行为现状

由此可见，部分居民还没有树立正确的思想观念和行为方式，社会公德意识和社会责任意识还比较薄弱。

2. 家风民风

这里的家风民风主要是从邻里关系、亲子关系、夫妻关系和长幼关系四个方面进行调查，具体数据详见图 3-15。

您的身边是否存在以下现象？

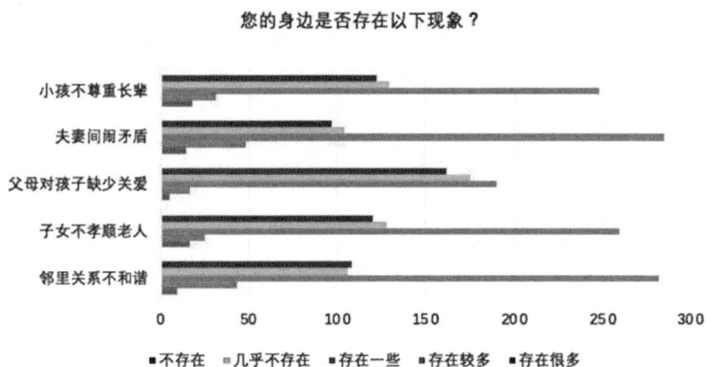

图 3-15　四镇家风民风现状

由此可见，部分居民还存在家庭美德缺失、集体意识淡化、个人主义凸显、家庭邻里关系不和谐等情况。

3. 文化生活

这里的文化生活主要对居民平日里的休闲活动进行调研。如图 3-16 所示，看电视玩手机、串门聊天和打麻将扑克成为了居民平日里休闲活动位列前三的项目，部分居民的文化生活还是比较单调的。

您平日里的休闲活动有哪些？

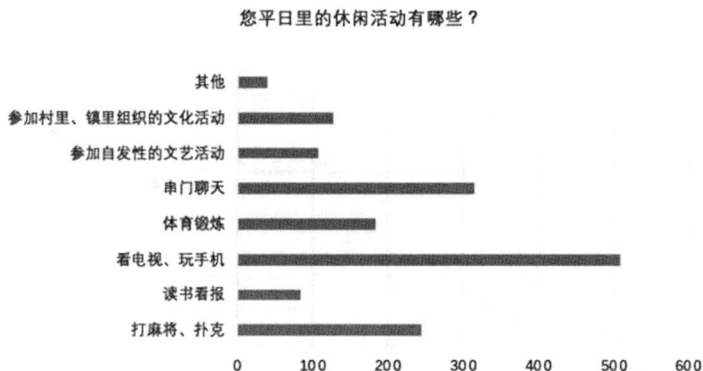

图 3-16　四镇居民文化生活现状

4.文化传承

这里的文化传承主要对各镇居民对当地的传统、民俗或特色文化的了解程度进行调研。对于新浜而言，大多数居民对荷花节和牡丹节是基本了解的，但是对花篮马灯舞等了解不多，如图 3-17 所示；对于车墩而言，大多数居民对丝网版画和车墩影视基地有所了解，但是对舞龙灯等了解得不多，如图 3-18 所示；对于新桥而言，大多数居民对新桥春申君祠和根雕文化有所了解，但是对江南丝竹等了解得不多，如图 3-19 所示；对于叶榭而言，大多数居民对叶榭软糕、张泽羊肉和叶榭竹编了解的较多，但是对舞草龙等了解得不多，如图 3-20 所示。由此可见，四镇居民对于当地特有文化的传承和弘扬意识还比较薄弱。

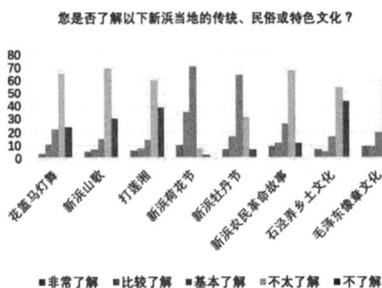

图 3-17　新浜居民对新浜特有文化的了解程度　图 3-18 车墩居民对车墩特有文化的了解程度

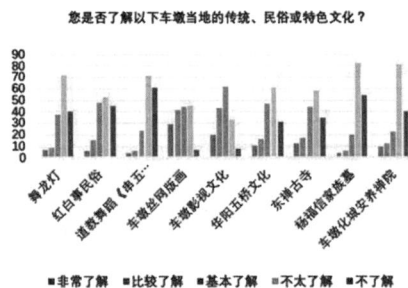

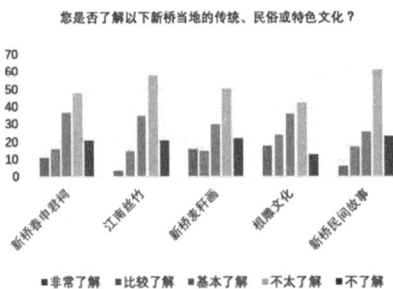

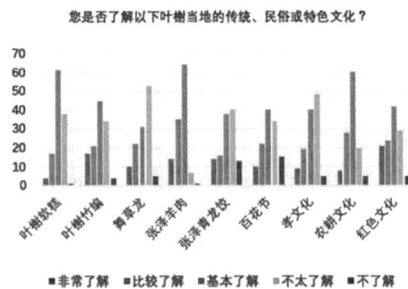

图 3-19　新桥居民对新桥特有文化的了解程度　图 3-20 叶榭居民对叶榭特有文化的了解程度

（三）满足需求，尊重差异，扩大教育对象辐射范围

联盟四校主要围绕老年人和青少年两大群体，分别以新桥成校和车墩成校为引领，形成可复制的项目模式。

1.贴心送教，助老年人跨越"数字鸿沟"

联盟四校围绕老年人社交、缴费、出行及就医四大基本生活需求，量身定制课程。其中，新桥成校先行推出"智慧指尖行"项目，并选取部分试点社区作为重点区域开展送教活动。其他三校也逐步在各镇覆盖推广。

2.合作共育，搭建青少年素质教育新阵地

联盟四校通过协调整合、优化资源，完善了学校、家庭、社会"三位一体"的共育网络，建立了多元参与的教育机制。

其中，车墩成校在探索实践中构建的"1+X+Y"学生社区实践工作模式在其余三校进行推广。"1"——成立学生社区实践指导站（镇社区学校）；"X"——设立学生社区实践指导分站，由各社区村居组成；"Y"——建立学生社区实践基地，由社会学习点、社会机构、教育机构等构成，如少年宫、消防站等。

（四）丰富载体，创新形式，拓宽线上线下学习渠道

新浜成校依托学校特色品牌项目，率先推出"乡村茶馆云课堂"，开创了线上学习新形式。同时，新浜成校更是将优质的学习资源下沉至村居民的家门口，进一步缩短线下学习距离。

（五）统筹融合，共建共享，实现优质资源泛在可选

1.形成课程菜单

通过梳理四校原有的课程内容，形成了一张专属于推进乡风文明建设的"课程菜单"。本课程菜单将课程类别划分为思政教育类、法治教育类、科普教育类、艺术修养类、实用技能类和健康教育类六大类别，配送形式不局限于线下，将线上资源也囊括其中。各校可根据实际需求进行点单，由被点单学校进行资源配送。

2.强化师资力量

为了保障推进乡风文明建设学习活动的有效开展，四校采取创新自主培育和人才引进相结合的建设机制，组建了一支推进乡风文明建设的工作者队伍，由讲师团成员、宣传员、志愿者三者共同构成。

3.盘活地方特色

每个镇都有独特的地域文化，形成了其特有的地方资源。通过梳理整合，四所学校共形成了六条各具特色的人文行走路线：

新浜成校形成了"红色人文之旅"和"绿色生态之行"两条人文行走

路线。车墩成校将全镇本土的"红色基因"串联成一条"传承·初心路"路线。新桥成校围绕"人文·科创"形成了由"新桥春申祠""镇党群服务中心""G60科创走廊"三个点位组成的人文行走路线。叶榭成校形成了"非遗文化之旅"和"孝文化之旅"两条人文行走路线。

（六）创新模式，灵活运用，提升学习活动开展实效

为了提高居民参与学习活动的积极性，联盟四校采取多样的教学模式。

1. 团队培养模式

叶榭兴达村的八十八亩田是松江区修身立德市民体验基地。在2020年跨年之夜，八十八亩田与学校合作为村里的老年人表演了精彩节目。其余三校也运用此模式，充分发挥学校学习团队的优势，在各学习点开展相关活动。

2. 农村养老模式

在2020年全国"两会"期间，叶榭成校的养教结合点——幸福老人村的农村养老模式在CCTV-12社会与法频道播出。该模式主要围绕"唱一唱、做一做、听一听、看一看"展开，即每周一次唱红歌、学做手指操、做声势锻炼，每月一次手工制作、听健康系列讲座，每周二、周四看老年远程收视。

（七）品牌引领，树立标杆，培育典型发挥示范作用

树立典型使其具有导向作用。新浜、车墩、新桥、叶榭联盟四校发挥各校特色，形成"一校牵头，三校参与"的工作模式，发挥示范引领作用。

1. "东方之光'三人行'"党史宣讲

由新浜成校牵头，成立了"东方之光'三人行'"党史宣讲团，围绕身边人身边事、各镇创新发展实践、党的光辉历程等方面开展宣讲活动。

2. "东方之光"建党百年专题展

在2021年建党百年这一伟大时刻，车墩成校牵头，联合镇文体所等政府单位，新浜、新桥和叶榭三校共同参与，开展"建党百年丝网版画专题展"。

3. "红枫驿站"朗读基地

为进一步发挥诵读在传播中华优秀文化、推动乡风文明建设方面的作用，由新桥成校牵头，成立了"红枫驿站"朗读基地，邀请诵读爱好者通过朗读用声音演绎优秀文学、诗歌作品。同时，将所有的音频资源在联盟四校中共享，在各校微信公众平台推送朗读作品供居民收听学习。

4. 济众影视基地"弘孝"品牌

济众影视基地是毗邻叶榭成校的社会学习点。近年来，叶榭成校通过

微拍摄、微视频、参观访谈等形式，大力打造"弘孝"文化。

五、实验成效

（一）加强资源统筹，丰富了推进乡风文明建设的教育资源

通过开发与整合资源，分别形成了一张专属于推进乡风文明建设的"课程菜单"，组建了一支推进乡风文明建设的工作者队伍，形成了一批可供体验学习的人文行走路线。同时，联盟四校共同制定了《乡风文明课程建设指标》，使课程建设更加科学规范。

（二）坚持合作共赢，形成了资源联盟可持续发展的带动机制

"东方之光"资源联盟通过创新联盟活动载体，丰富联盟活动内容，深化联盟活动效果，形成校际合作、优势互补、特色发展的新常态。

一是定期开展联盟交流活动，形成可复制、可推广的项目开展模式，为推进各镇乡风文明建设提供思路与方向。

二是成立青年教师学习沙龙，构建教师能力培养机制，从多个方面提升了青年教师的专业能力和素养，形成了一个互促共进的教师学习共同体。

三是搭建科研交流平台。新浜成校率先成立了"茶馆式教学研究室"，以此为契机，进一步加强与联盟学校之间的科研合作与交流。

联盟带动机制的形成从整体上提升了社区教育服务的实效性，对于拓宽社区教育辐射面和深化社区教育内涵都起到了非常重要的作用。

（三）提供点单服务，实现了优质教育资源的共享共受益

为了确保资源配送顺利进行，联盟四校共同商定资源配送流程，且每校设立一名联络人，主要负责与被点单教师和点单学校的对接。联盟四校根据需求进行课程点单。

（四）创新方式方法，激活了各镇地方特色文化的生命活力

地域特色文化的生命力、传播力和影响力可以说是一个地区文化软实力的体现。联盟四校积极探索，形成了"文化＋"的传播模式，为各镇地方特色文化注入了新的生命力，再次彰显了地方特色文化自信。

一是"文化＋宣讲"模式。以新浜成校为例。"新浜三人行"理论宣讲团以讲好新浜革命故事为切入口，紧紧围绕党史学习教育和党的创新理论传播两条主线，用一个个生动形象的故事传播着新浜的红色文化。

二是"文化＋艺术"模式。分别以车墩成校和新桥成校为例。车墩成

校以当地特色传统文化丝网版画为载体，将红色文化融入其中，形成渗透式教学模式。新桥成校则是充分发挥学校特色优势，用声音的方式传播着红色经典，形成沉浸式教学模式。

三是"文化＋游学"模式。以叶榭成校为例。叶榭成校以当地特色学习点济众影视基地为教育阵地，定期组织学员开展游学活动，倾听二十四孝故事，感悟孝道文化，形成体验式教学模式。

（五）开展各类活动，提升了村民的精神文化生活水平

为更好地了解学员对于推进乡风文明建设活动的评价，更好地提升服务质量，每次活动结束后，项目组会以访谈的形式对参加学习的学员进行满意度调查。具体见图 3-21—图 3-24。

您对本次活动的课程内容是否满意

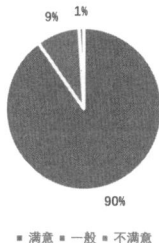

9%　1%

90%

■ 满意 ■ 一般 ■ 不满意

图 3-21　学员对课程内容的满意度

您对本次活动的授课教师是否满意

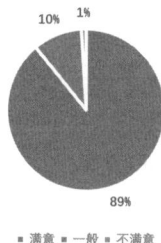

10%　1%

89%

■ 满意 ■ 一般 ■ 不满意

图 3-22　学员对授课教师的满意度

您觉得参加完本次活动您的收获如何

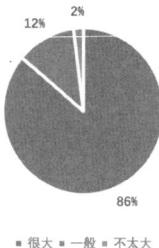

12%　2%

86%

■ 很大 ■ 一般 ■ 不太大

图 3-23 学员参加活动后的收获情况

您是否愿意再来参加活动

7%　1%

92%

■ 愿意 ■ 一般 ■ 不愿意

图 3-24 学员再次参加活动的意愿

从中可以看出，推进乡风文明建设活动的开展，不仅丰富了村民的精神文化生活，改善了村民的精神面貌，还提高了他们参与学习、参与乡风文明建设的积极性和主动性，使文化学习氛围变得越来越浓郁。

（六）提高教育效能，促进了各镇乡风文明建设水平的提升

根据前期对四镇乡风文明现状的调研，四所学校有针对性地开展了各项内容丰富、形式多样的线上线下学习活动，将思想道德、移风易俗、家风民风、文化传承等内容融入于学习活动中，在潜移默化间影响了村民的思想和行动方式，提升了各镇的乡风文明程度，也逐渐使乡风文明建设走向自治。

一是志愿者队伍不断壮大。二是学习团队不断组建。三是优秀村民代表不断涌现。

（七）发挥带动效益，助力了乡村振兴战略的全面推进

"产业兴旺、生态宜居、乡风文明、治理有效、生活富裕"是乡村振兴战略的五大总要求，且这五者是相互联系、相互作用的有机整体。因而，乡风文明程度提升的同时，也带动了乡村振兴战略其他四个方面的提升。

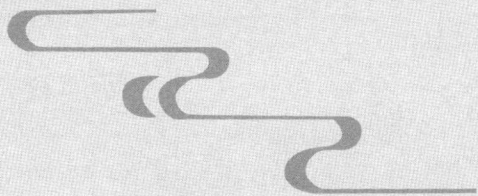

第四篇　特色品牌培育篇

TESE PINPAI PEIYU PIAN

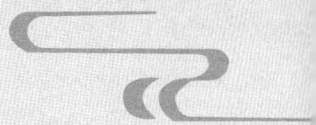

1 上海社区教育云视课堂建设与应用的实验

长宁区社区学院

一、实验背景

（一）教育信息化政策的出台提供了政策引领

2019 年，中共中央、国务院印发《中国教育现代化 2035》，其中，"大力推进教育信息化""加快信息化时代教育变革"作为一个单独条目列出。上海市各区在市数字化学习社区建设协作组的协调下，坚持发挥好协同联动、先行先试作用，促进现代信息技术与社区教育深度融合，加快社区教育信息化进程。

（二）市民多样化的学习需求提供了现实动力

2015 年底，长宁区推出社区教育"云视课堂"后已经形成了以市民学习中心为引领，不断向社区学校、教学点、体验基地、睦邻学习点辐射的云视学习网络，到 2018 年底基本实现了云视课堂在上海市 16 个区的全覆盖。云视课堂的应用和拓展，打破了教学时空限制，实现了优质、特色社区教育资源的共建共享，线上线下实时互动增强了学员的学习体验感。

（三）终身学习模式的转型发展提供了发展机遇

现在市民学习需求和学习方式更加多样化，疫情的蔓延更是给终身学习模式的转型带来新的发展机遇。为了满足市民的学习需求，在全市层面深入推进云视课堂建设与应用，以课程资源为基础，丰富课程体系，开发建设数字化云视学习资源，促进全市教育资源的共享，形成比较成熟的管理运作机制，形成一个跨区域、跨部门、分层次的社区教育数字化学习资源建设和共享体系，以及后疫情时代如何加强云视课程的规范与管理，保证线上线下同质等效，成为亟待思考和解决的问题。

二、实验目标

一是通过上海社区教育云视课堂建设与应用的实验，探索云视课堂管理和运行机制，将云视课堂建设成服务全市、整合各区优质学习资源的创新性平台，促进优质资源共建共享，丰富市民在线学习的内容和选择。

二是加强云视课堂规范化建设，建立云视课堂线上管理平台和探索云视课程准入标准，逐步完善云视课堂线上学习支持服务体系。

三、实验内容

（一）建立组织架构与运行管理制度

成立上海市社区教育云视课堂工作领导小组，设立管理办公室，各区成立推进小组，有序推进社区教育云视课堂的管理与维护工作。

（二）建设线上课程管理平台

建立上海社区教育云视课堂线上管理平台、增设"终身学习云视课堂"微信公众号，对它的使用进行在线管理，供广大市民远程视频互动教学。

（三）探索云视课程准入标准

根据云视课堂的技术特点，研究课堂准入标准，根据课程教学对技术支持的不同需求，对社区课程进行分类管理。对公开发布的课程进行前期介入、内容筛查和实时监控管理，保证课程内容和质量符合相关要求；精选和升级一批优质云视课程，为市民数字化学习提供个性化、智慧化服务。

（四）组建云视课堂骨干团队

组织编写《终身学习云视课堂教学手册》，制定课程教师遴选标准，组建骨干团队。根据不同课程的特点，分大类开展教师的教研活动，面向云视课堂技术人员、授课老师、教学管理人员定期开展培训，培训内容包括课程管理方法、系统使用技巧、常见故障排查及解决方案等。

四、实验步骤

（一）第一阶段（2018年11月—2019年4月）

论证实验方案，为项目开题做好前期准备工作，包括成立云视课堂工作领导小组和管理办公室，督促各区云视课堂共建机构成立推进小组，安排专人负责本区云视课堂的管理与维护，确保云视课堂所需要的硬件设施和技术支持到位。

（二）第二阶段（2019 年 5—9 月）

建立上海社区教育云视课堂线上管理平台，开通"终身学习云视课堂"微信公众号，收集、编制、发布云视课堂在线教学信息；"数字化学习社区建设协作组"更名为"上海市终身教育数字化学习协作组"，并启动"上海学习网"终身学习云视课堂，提升社区教育云视课堂管理服务能级。

（三）第三阶段（2019 年 10 月—2020 年 4 月）

对云视课程进行分类管理，对标在线教学特点、技术支撑、课堂交互等因素，探索社区教育云视课堂的准入标准；各区社区教育云视课堂开展多样性的在线教学活动并向全市开放；面向云视课堂技术人员、授课老师、教学管理人员定期开展培训，培养云视课堂名师团队。

（四）第四阶段（2020 年 5—6 月）

实验项目中期，对云视课堂的管理与应用情况进行调研，进一步针对前期阶段存在的问题进行整改，深入探索云视课堂的管理和运行机制，建立了基于腾讯会议的云会议管理系统，并形成一套云视课堂的管理与运行制度。

（五）第五阶段（2020 年 7—11 月）

实验项目后期，对云视课堂的推广途径、管理和运行模式进行全面梳理，检测云视课堂的建设和应用效果，并对整个实验过程进行理性思考，分析成效、总结成果、提炼经验，完成项目结题报告。

五、实验过程

（一）建立社区教育云视课堂运行与管理制度

2019 年 7 月，上海市终身教育数字化学习协作组正式成立。随后，由市教委终身教育处、学指办以及上海市推进数字化学习社区建设协作组等单位共同组成了上海社区教育云视课堂领导小组，统一指导和推进云视课堂在各区的落实。管理办公室设在长宁区社区学院，具体承担统筹规划、联络协调、模式推广、课程发布、教学管理等工作，其他区则安排专人负责云视课堂的跨区协调工作。各区成立云视课堂推进小组，安排专人负责本区云视课堂的管理与维护，配合工作小组办公室做好相关业务管理工作。为顺利推进云视课堂的建设与应用，项目组形成以下运行和管理制度：

1. 推进会制度。每年召开一次全市推进会，通报当年度工作计划，布置当年度工作任务，表彰上一年度优秀组织及个人。

2. 领导小组会议制度。由主办单位、云视课堂管理办公室定期召开，讨论并集体决议有关云视课堂工作的重大问题和阶段性目标与任务。

3. 联络员会议制度。由办公室牵头，每半年召开一次云视课堂工作联络员会议，总结阶段性工作成果，交流工作经验，部署下阶段工作任务。

4. 运维团队会议制度。由云视课堂管理办公室牵头，每季度召开运维团队会议，梳理分析运维专业工作的薄弱环节，制定整改措施促使运维专业工作能力持续提升。

5. 培训制度。制定培训制度，面向云视课堂相关人员开展培训，确保云视课堂顺利运行和推进。

（二）创设社区教育云视课堂管理与服务平台

2019年3月，"终身学习云视课堂"微信公众号正式开通，通过平台上"课程列表""正在直播""精品回看"三大板块，平台能够在线管理和督导云视课堂的课程实时录制，定期收集录制的云视课程视频，对这些课程资源进行加工转化，形成系统的、完整的在线课程学习资源，借助云服务器管理团队可以发布最新课表供市民浏览课程介绍。

2019年7月，在上海市教委终身教育处的指导下，推进数字化学习社区建设协作组正式更名为上海终身教育数字化协作组，涵盖了上海所有区相关单位，为进一步促进云视课堂的推广和应用奠定了基础。同时，云视课堂平台升级到上海学习网，标志着云视课堂进一步进驻市级数字化学习专门平台，市、区对接共同提升云视课堂发展水平。

2020年，在云视课堂教学软件由ZOOM更新为腾讯会议的情况下，项目组建立了基于腾讯会议的云会议管理系统，平台融课程建设、一键接入、在线统计等功能为一体，授课教师与平台管理人员可以通过电脑端或手机端随时登录维护课程信息，并简化了学习者的操作流程，编订了《基于腾讯会议的云会议管理系统电脑端使用简明手册》，为教育教学、课程建设和课堂管理提供了有力支撑，有利于云视课堂管理效能的进一步提高。

与此同时，项目组组织编订了《终身学习云视课堂教学手册》。手册不仅包含对教师备课与授课的建议，还包含管理人员操作指南、云视课堂不同情景与不同类型课程应用的教学活动工作规范，使教师与管理人员能够更便捷地了解云视课堂教学各主要环节的工作要求，能按正确的方式解决云视课堂在开展过程中遇到的问题。

（三）探索云视课程准入机制

为了进一步提升社区教育课程资源的建设成效，项目组向上海社区教育课程科学化与体系化规划靠拢，按照《上海社区教育课程分类体系（2020版）》6大系列、45类课程规划，对社区教育云视课堂平台上的课程进行了整合梳理。在对课程资源进行梳理和提取的基础上，社区教育云视课程平台对课程资源进行了重新归类和标记。对年份陈旧、内容缺失、格式损坏、收看效果不佳的课程做了剔除整理。同时也精选了一批优质课程资源，通过完善统计指标、精准分类，对评价优良的云视课程进行了归类，通过贴标签的方式明确课程特征，方便不同用户群体便捷地选择合适的课程。

同时项目组对参与学习的成员进行了访谈，并从学习者的角度对课程内容、开展形式进行打分。通过对学员评分相对较高的课程进行抽检和分析，从这些优质课程特点、课堂交互情况、课程开展形式等因素出发，对适合的课程进行了分析。通过分析可知，过分依赖教学互动、学习材料获得较为困难、教师操作细致且难度高以及课程时长过久的课程不太适合课堂开展，这些初步分析结果为下一阶段如何合理挖掘课程资源、设置云视课堂课程、转变课程开展方式等提供了科学指导，同时项目组也在对云视课程的准入机制进行研究，初步就师资、课程基础、市民需求、在线教学的适合度等方面开展了云视课堂标准的研发与创设。

（四）培育上海市终身学习云视课堂讲师团

为了进一步推动全民终身学习，提升品牌影响力，项目组着手组建了上海市终身学习云视课堂讲师团。

首先，通过对政治素质、专业特长、信息技术水平、应变能力以及对终身教育的热情做出明确规定，项目组从源头上提高了讲师队伍的准入标准。

其次，2019年，长宁区社区学院牵头定期组织开展教师培训会、相关管理人员培训会，确保教师在网络授课的过程中能够熟练运用平台、管理人员能够保障平台良好运转，从而发挥出教师的真实教学水平。除此之外，各区自主搭建课堂管理与教学研讨平台，方便相关管理人员和教师开展讨论。这些从根本上保障了课程的整体质量，促进了课堂发挥其多中心、可移动、云互动的数字化优势。

（五）开展丰富多样的线上教学活动

2019年云视课堂一共开设课程77门，92400余人次参与学习。通过充分利用互联网技术，"云视课堂"已经打造了具有一对多、无中心、可移动、云存储和大数据特点与优势的新型在线教学模式。2020年初，云视课堂在疫情和学习模式的转型共同影响下，参与人数爆发式增长。

2020年下半年，在疫情长期化、防疫常态化的背景下，长宁区各街镇社区（老年）学校2020年秋季学期开展线上开学，面向全区居民开设线上直播课程80余门，内容涵盖健康养生、艺术修养等，有效满足了市民多样化的终身学习需求。

（六）拓展教育精准扶贫渠道

云视课堂作为一种新型社区数字化学习新模式，为学习者提供了一种支持即时互动的在线学习形式，在有效解决边疆地区学校师资缺乏与不平衡问题以及实现优质教学资源共建共享上发挥了重要作用，项目组积极利用云视课堂的优势，创新扶贫方式，为智力扶贫插上云翼。

六、实验效果

（一）建立了组织架构与运行管理制度，提升了云视课堂管理效能

云视课堂建设的组织架构与一系列运行管理制度，进一步规范了云视课堂的实践与应用；项目组致力于做好组织管理、平台管理、课程管理、教师管理、培训管理和运行维护管理等工作，注重加强各区之间的沟通与协作，探索云视课堂的管理和运行机制。

（二）建设了云视课堂管理平台，完善在线学习支持服务

项目组依托"学在数字长宁"网建立了上海社区教育云视课堂线上管理平台，同时搭建"终身学习云视课堂"微信公众号。通过对平台和微信公众号的数据结合分析，管理团队能够更好地分析市民的学习需求，以分析结果为指导打造出适合不同学习者的学习资源。

（三）建立了云视课程准入机制，提高了云视课堂课程质量

就师资、课程基础、市民需求、在线教学的适合度等方面形成了云视课堂标准的研发与创设，进一步推进了社区教育课程的数字化资源升级工作，使得云视课堂课程体系在完整性、分类合理性和课程质量上均有提升。目前"学在数字长宁"学习平台拥有丰富的学习资源，在线课程包括市民教育、艺术修养、文化素养等6大系列、45类、369门课程。

（四）组建了云视课堂讲师团，提高了云视课堂教师专业能力

讲师团成员依托社区资源，组织开展多种形式的教育活动，并且积极参与各级教育部门组织的云视课堂教研、科研活动，能够熟练运用云视课堂平台，根据教学实践的思考有计划、有步骤地进行探索研究，提高了自身的科研能力。疫情期间以及后疫情时代，讲师团的规模进一步扩大，来自不同街镇社区学校的教师主动对接云视直播课程发展需求，依托云视技术将直播课程、录播课程、优质微课等学习资源，以菜单的形式向社区学习者发布，为市民提供了丰富多样的终身学习支持。

（五）发挥了云视课堂优势，促进优质教育资源共建共享

开展在线教学活动，推动教学模式与服务模式变革。疫情期间通过开放课程资源、组织线上教学、开通直播课程等措施为市民提供了高质量的在线教育服务，同时为市民提供了科学防疫知识和心理诉求平台，不仅丰富了市民的居家防疫生活，还保障了教学活动的稳定有序开展。

发挥云视课堂优势，开启对口援教工作新模式。在2019—2020年间，社区教育云视课堂助力"长宁—金平对口帮扶云视互动课堂""沪克市民大学堂—社区教育云视课堂""上海长宁—云南保山社区教育云视课堂""上海长宁—云南红河智慧云视课堂"项目陆续开通，充分发挥社区教育云视课堂一对多、无中心、可移动、云存储和大数据等优势与特色，开启对口援教工作"互联网＋课堂"的新模式，为对口帮扶学校之间优质教学和课程资源的共建共享提供了智能化平台，促进上海与中西部教育互动交流、资源共享。

七、实验总结与反思

（一）加强云视课堂的管理工作，提升在线教学实效性

在信息化2.0时代的到来和新冠疫情影响下，在线教学成为应急状态下开展终身教育的重要手段，让项目组更加深刻地意识到在线教学的重要性，如何确保网络的稳定，直播课程达到应有的效果很重要，如何制定出科学、合理的在线课程准入标准，推动云视课程实现效益最大化也很重要，这不仅需要基础设施的保障，更需要专家学者的参与和指导。

（二）促进实践成果理论化，提高社区教育影响力

上海社区教育云视课堂建设与应用是"互联网＋终身教育"的有益实践，而互联网时代终身学习的学习理念联通化、学习途径网络化、学习方式多元化以及学习者身份多样化的特征对云视课堂的发展提出了更高的要求。其中，云视课堂准入机制的研究与制定有待进一步完善和成熟，如何将研究结果理论化、科学化是亟待解决的重要问题。

（三）持续推进云视课堂讲师团建设，加强社区教育师资力量

教师是推进社区教育云视课堂建设与应用的核心因素。讲师团的培育与推进是需要持续深化的工作，在将第一批讲师团培育成熟的同时，需要进一步思考如何建立讲师团的持续培育机制，让云视课堂真正有一批品牌特色课程和优质教学团队。为此，在后续的工作中，要面向云视课堂技术人员、授课老师、教学管理人员定期开展培训，培训内容包括课程管理方法、系统使用技巧、常见故障排查及解决方案等。

2 打造"记·忆虹桥"社区教育红色修身品牌项目的实验

长宁区虹桥街道社区学校

一、实验背景

虹桥街道位于长宁区的西南部，面积4.08平方公里，设有16个居委会，驻地单位3970余家，户籍人口5.1万，实有人口8.7万人，其中涉外人口达1.8万人。社区现有市级文明小区26个、区级文明小区33个、文明弄19个。在区社区学院的关心指导下，虹桥街道社区学校自2001年成立以来取得长足发展，先后获得"0—3岁全国家庭教育示范社区""全国社区教育示范街道""上海市学习型社区""上海市社区教育示范街道""上海市数字化学习先进社区学校"等荣誉称号。

2019年是中华人民共和国成立70周年，也是开启改革开放新征程、新起点的重要之年。回眸过去改革开放40年，虹桥从百废待兴的农田，转身为摩登现代的都市。作为上海改革开放的窗口之一，虹桥拥有众多开风气之先的创新举措，造就了多个"第一"的生动案例：1986年，"虹开发"被国务院批准为全国第一批经济开发区之一；1988年，"虹开发"26号地块成为全国第一块国际批租土地；1995年，全国第一批外销房出现在古北新区；1996年，建立全国第一家涉外居民委员会"荣华居委会"。2018年，"虹开发"被评为上海改革开放40周年首创案例之一。

上海正在建设全球卓越城市，正式提出全力打响"上海文化"品牌的目标。虹桥街道作为上海改革开放的窗口，在多年来的发展过程中形成了独特的人文历史环境，其红色文化、海派文化和江南文化见证着虹桥街道以及上海的历史文化传承和社会经济发展，是虹桥街道开展本实验的基础。虹桥街道社区学校将以此为引领，计划着重建设红色文化、海派文化和江南文化，从而推出"记·忆虹桥"红色修身品牌项目，进一步挖掘城市故事，留住城市记忆。充分利用虹桥街道的本土化学习资源，让居民通过多种形式参与多样化的社区教育活动，不断丰富社区教育新内涵，努力打造"人人皆学、时时能学、处处可学"的学习氛围。

二、实验目标与内容

从红色资源的挖掘、利用上来说，虹桥街道社区学校在前期已经做了不少工作，但是在红色资源深度挖掘、资源的特色化发展方面还远远不够，市民参与红色修身活动的积极性不高，对虹桥深厚的文化底蕴知晓度低，因此，项目组从虹桥的资源情况以及市民的学习需求出发，确定了本实验的目标和内容。

（一）实验目标

收集虹桥历史文化资料，挖掘本土社区教育学习资源。将"记·忆虹桥"展打造成汇聚改革故事、改革精神的开放平台，作为区域内"红色文化"重要载体，与融情虹桥"海派文化"一起，丰富虹桥社区教育的内涵，弘扬社会主义核心价值观。

深入挖掘城市故事，留住城市记忆，对历史进行保护，打造"记·忆虹桥"品牌。传承虹桥记忆，让更多的居民了解虹桥的发展历程，增加居民社区融入感和自豪感，打造社区居民红色修身氛围，让红色基因根植于城市血脉中。

（二）实验内容

1. 挖掘虹桥的历史故事，传承红色记忆

通过调研虹桥辖区内的老洋房、"老企业"与"老居民"，挖掘虹桥的发展轨迹，传承虹桥记忆。挖掘本土红色修身文化资源，让居民紧跟虹桥的变迁历程，探寻虹桥的文化基因，重温这片土地奋进笃行的初心，增强居民的认同感、归属感和自豪感，进一步提升社区教育的价值和内涵。

2. 开展社区教育主题活动，打造"记·忆虹桥"品牌

采用展览、微旅行、口述历史、微电影、实地体验等形式开展学习活动，打破了传统课堂式的学习模式，让学员们走出教室去挖掘身边的故事，共同探索身边的红色文化，利用"光影虹桥""漫步虹桥""口述虹桥"

等不同载体，创新社区教育形式，打造"记·忆虹桥"红色修身品牌项目。

3.依托红色修身品牌项目，促进红色文化与市民修身融合

"记·忆虹桥"品牌项目依托虹桥历史文化资源，运用多种形式让居民得以探索、感受周边的生活环境，在了解虹桥、认识虹桥的基础上探索红色文化资源、丰富精神生活。在此过程中，项目组着力将红色文化与社区教育相融合，以"实地实景"与"升华提升"相结合的方式，促进红色文化与市民修身相融合。

三、实验方法

（一）调查法

通过调查走访、座谈会和问卷调查等方式，收集虹桥故事、口述人、老照片、老洋房等红色材料，作为红色修身项目的基础资源。

（二）行动研究法

项目组的研究人员作为虹桥街道成员之一，在组织调查的同时，搜集红色资料、接触红色文化、记录红色故事，也逐渐形成了自己对虹桥特色文化的理解，开始分享自己眼中的虹桥、讲述虹桥的故事，以多样化的形式组织开展修身活动。

四、实验过程

（一）准备阶段（2019年1—6月）

1.初步拟定项目实施方案

建立实验课题小组，拟订项目实施方案及划分小组成员工作职责。在调研分析基础上，根据虹桥社区实际情况，确定实验目标、实验内容及方法，提出具有特色及可操作性的项目实施计划。

2.开展需求调研

红色文化修身项目作为实验重点，需要迎合市民的学习需求。因此，在项目实施前，项目组首先对社区居民开展了调研，通过整理分析问卷及访谈情况，排摸出市民的学习需求和市民喜闻乐见的修身活动方式。

（二）实施阶段（2019 年 7 月—2020 年 7 月）

1. 挖掘红色文化资源

一方面，项目组依托虹桥街道社区（老年）学校平台，向学校内的既有学员征集虹桥故事；另一方面，项目组通过实地走访调研等方式，向市民群众开展口述人、老照片、老洋房等资料征集活动。

2. 整理资源，开设多种形式教育修身活动

在征集素材的基础上，对素材进行整理分析。根据收集到的不同素材主体内容进行分类，寻找适合的切入点，通过展览、微旅行、口述历史、微电影等形式开展红色修身学习活动。

3. 加大宣传，吸引市民积极参与

根据项目实施前社区居民对各类学习活动的喜爱度、接受度及满意度等综合情况，项目组对项目实施过程中存在的问题及薄弱环节进行修整。通过社区学校、微信公众号、直播课等平台，融合红色资源与修身教育活动，加大宣传力度，吸引市民积极参与。

（三）总结阶段（2020 年 8—10 月）

对参与实验课题的居民进行调查和座谈，了解课题实施前后的授课效果，与实验前进行对比分析，对实验过程中满意率较高的活动做进一步巩固和提升，并在原基础上进行创新。撰写结题报告。

五、实验成果

经过将近 2 年的探索，虹桥本土红色修身文化资源得以挖掘出来，参与学员 3500 余人次，收看及观展达到 12000 人次。尽管期间受到疫情的影响，项目推进受到了一定阻碍，但通过云视课堂直播平台、微信公众号、多样化在线聊天工具，项目组仍然取得了丰富的成果。项目挖掘了丰富的虹桥红色历史文化资源，打造了多样的社区教育主题活动，促进了红色修身教育和社区教育的有机结合，打造了"记·忆虹桥"红色修身品牌项目，实现了红色文化与社区教育相契合、历史文化与市民修身相融合、居民素质提升与社区治理相结合等目标。

（一）红色修身品牌项目定位本土特色，推进社区文化参与社会治理

在社区教育中体现社区教育本土特色，是提升居民社区归属感和认同

感的重要因素。本项目通过照片、微旅行、居民口述等形式让社区居民参与到身边的文化与故事中来。项目组举办"光影虹桥"主题活动，通过照片展示虹桥面貌、社会变迁、生产生活、自然风光、名胜古迹、重大事件、名人轶事、风土人情、市井百态、民风民俗等各个领域发展变化，让居民从多个角度了解虹桥居民生活印迹、追忆岁月点滴、沉淀虹桥文化。"漫步虹桥"微旅行活动，让居民从美丽的花园洋房到追寻荣誉的国宾大道，探足国家级开发区；再到新时代时尚艺术之都，让居民通过"漫步虹桥"活动共同回顾并见证虹桥的蜕变，深入地了解、发现虹桥开发区与改革开放相伴相生的光辉历史与成就；通过"口述虹桥"讲故事活动，虹桥土生土长的普通居民、古北地区的总规划师、第一任荣华居民区党总支书记、第一批入住古北的外籍居民等叙述虹桥的发展，居民在亲自叙述的过程中逐渐增强对社区的认同感和归属感。

通过增强对传统文化和本土文化的宣扬和传承，本土特色社区教育品牌融入社区居民的生活当中，形成具有普及性、科学性、人文性的本土社区教育品牌，使本土文化成为丰富、创新社会主义核心价值观的重要源泉。而红色文化资源的挖掘和塑造，使传统历史文化与教育相结合，在推动居民素质提升的同时，促进了社区的和谐稳定，是社区教育参与社会治理的表现。

（二）挖掘虹桥历史故事，促进红色文化与社区教育相融合

虹桥自20世纪以来就得风气之先，是上海改革开放的窗口，其拥有的丰富的历史文化是当地居民的宝贵精神财富。项目组依托"长宁虹桥""古北市民中心"、微信公众号等线上线下多种资源，进行了调查走访、座谈会和问卷调查。通过走访调研与虹桥息息相关的典型人物、照片、建筑等，以收集虹桥故事、口述史、老照片、老洋房等方式搜集了丰富的虹桥红色历史文化资料，构建起了丰富的社区教育资源。通过让居民口述历史、征集红色文化故事等方式，让居民参与到虹桥红色历史文化的构建中来。在此基础上，项目组通过展览、微旅行、口述历史、微电影等形式打造了丰富的红色文化展示形式。

社区居民素质代表了一个社区的发展程度和教育水平，是整个社区和谐发展的重要标志。虹桥街道拥有丰富的特色文化资源，是社区教育和居民终身学习的重要资源，对于提升居民素养和促进社区和谐稳定具有重要意义。项目组通过让居民在参与光影虹桥、漫步虹桥、口述虹桥等活动中

了解虹桥、认识虹桥、融情虹桥，将虹桥的传统"红色文化"与虹桥"海派文化"融合在一起，丰富了社区教育的内涵，弘扬了社会主义核心价值观，使社区居民得到更多教益、汲取更多精神养分、丰富精神内涵，使红色基因根植于城区血脉。从而为居民提供更为个性化、多样化的终身教育和学习服务，使居民在各类文化活动的参与和熏陶中，有效提高个人的素质与修养，进一步丰富了社区教育的内容，提升了社区教育的价值，确保了社区教育的可持续发展。

（三）以微旅行、口述历史等多样化创新方式开展红色教育主题活动

本项目通过走访调研与虹桥息息相关的典型人物、照片、建筑等，开展光影虹桥、漫步虹桥、口述虹桥等活动，打破了社区教育传统课堂教学形式，让居民和学员们走出教室去挖掘身边的故事，共同切身感受身边的点点滴滴，扩大了居民的社区教育参与面。"光影虹桥"以照片的形式直观展示虹桥的历史发展、文化印记，从微观视角展现改革开放40年来我国经济社会的飞速发展和人民生活的极大改善，此次活动共收集照片3000余张，吸引5090余人次观展。"漫步虹桥"微旅行活动，邀请社区居民通过徒步走的形式，走过那些虹桥开发区的重要时间节点，见证改革开放所带来的经济、涉外、文化、教育等相关成就，共有11个辖区单位支持此次活动，吸引230余位居民参加。"口述虹桥"活动与宏大的历史叙事不同，项目组选择记录普通人与虹桥的点滴故事，从微观层面反映一个时代的风雨历程。共收到458份投稿，从中精选出37位典型人物，记录下他们的故事。这些形式拓宽了社区教育的形式，亦在一定程度上提高了社区教育的影响力。

为了能够更好地调动市民的学习积极性，项目组开展了多种有影响力的群众性社区教育主题活动，如光影虹桥、漫步虹桥、口述虹桥等，使社区居民得到更多教益、汲取更多精神养分，让红色基因根植于城区血脉，促进红色修身教育和社区教育的有机结合。项目组以社区实际的资源环境和居民的文化需求为依据，充分挖掘虹桥历史故事，保护和传承了本土文化，展示虹桥历史文化的魅力；从居民的生活出发挖掘虹桥历史故事，让居民去实地体验虹桥人不忘初心、砥砺前行、勇于开拓的时代精神。期间，项目组推出了"记·忆虹桥"展，将此次展览打造成汇聚改革故事、改革精神的开放平台，使其成为区域内弘扬红色文化的重要载体，以此弘扬城市精神，提升特色社区教育品牌的知名度和示范引领作用。

六、实验总结与思考

经过近 2 年的实验，项目组基本实现了最初设定的实验目标，在挖掘红色文化、利用创新方式讲述城市历史、融合社区教育方面取得了丰富的成果，打造出"记·忆虹桥"红色修身品牌项目。

（一）把握市民需求创新教育品牌

"记·忆虹桥"红色修身品牌相关的学习方式打破了传统课堂式的学习模式，通过"光影虹桥""漫步虹桥""口述虹桥""记忆虹桥"等学习的开展，通过让学员们走出教室去挖掘身边的故事，让学员们共同切身探索身边的点点滴滴，去实地体验虹桥人不忘初心、砥砺前行、勇于开拓的时代精神，深挖城市故事，弘扬城市精神，从而了解社区、参与社区，进一步提升了社区教育的价值。

"记·忆虹桥"作为虹桥红色修身品牌项目，实际上是一个讲好城市故事的平台。接下来项目组应该进一步以视频回顾、展览、创作书籍等方式，通过新闻媒体、微信公众号等渠道开展成果展示活动，召开座谈会对"记·忆虹桥"第二期开展讨论和建议征询，通过每一场活动的开展与社区居民一起探寻虹桥的基因，重温这片土地奋进笃行的初心。同时，深入了解居民参与"记·忆虹桥"社区教育红色修身品牌项目活动的感受和满意度，针对居民的反馈与需求进一步完善品牌项目的建设。

（二）搭建宣传平台推进社区教育参与社区治理

从项目组开展的活动来看，"记·忆虹桥"红色修身文化活动主要通过走访和社会征集的方式进行宣传，仅限于街道平台，宣传力度有限，需扩大受众面，让不同人群了解改革开放精神；在"口述虹桥"基础上，征集老照片、微电影、微旅行地点、微展览的实物资料等，搭建一个开放的宣传平台，以汇聚改革故事。可切实结合"四史"教育，抚今追昔，通过切实感受和可阅读的学习方式，让学员学习改革开放的历史变迁和那些年那些人的奋斗精神。

3 探究曹杨劳模基因，开展社区人文行走的实验

普陀区社区学院、曹杨新村街道社区学校

一、实验背景

自上海启动"申城行走·人文情怀"市民人文行走项目以来，从杨浦、普陀、宝山三区试点到在全市 16 个区全面开展，上海之根、红色文化、海派文化、江南文化、苏河十八湾……行走线路越来越多，学习实践蔚然成风，市民在行走中品读人文积淀，触摸城市温度，感受上海文化，人文行走成为课堂学习、网络学习、团队学习、体验学习后的又一终身学习形式。人文行走对接市民的精神文化需求，发掘人文景观的教育价值，引导市民了解区域文脉历史，顺应了上海建设成为"创新之城、人文之城、生态之城"的要求，体现上海这座学习城市温度，是创建"人文之城"的良好实践。

曹杨新村位于普陀区中部，东起武宁路、中山北路，南到中山北路、金沙江路，西迄杨柳青路、桃浦河，北至武宁路，辖区面积 2.14 平方公里，辖 20 个居民委员会、57 个居民小区，户籍人口 89,129 人，常住人口 119,535 人。曹杨新村拥有深厚的历史底蕴和光荣传统，始建于 1951 年 5 月，由时任市长陈毅亲自选址批准建造，是中华人民共和国成立后建设的第一个工人新村，集合了英、苏等国的先进设计理念，开创了当时房屋设计的先河，成熟的"工人住宅城市"的规划理念则受欧美"邻里单位"计划的影响，塑造了宜居社区的雏形。曹杨新村曾居住过 200 多位劳动模范、先进工作者，自建村起就深深植根的红色基因、以"劳模精神"为核心的区域文化，以及文明和谐、积极向上的人文环境，都是曹杨新村独有的宝贵财富。"惜时守信、敢为人先、无私奉献、再铸辉煌"的曹杨精神激励着一代又一代的曹杨人

在党和政府领导下，曹杨新村稳步向前、跨越发展，成为拥有优质教育、医疗、文化、科技、环境、交通等资源的大型成熟社区，是全市人居环境最优越的区域之一，先后获"全国文明单位""中国街道之星"等国家级荣誉 139 项，获"上海市红旗单位"等市级荣誉 307 项，描绘出了一幅工人新村蓬勃发展的美好画卷，展示了一个文明和谐、宜居生态的现代社区。1953 年起，作为全国首批外事接待单位，曹杨新村先后接待了来自世界 150 多个国家和地区的首脑、政要、名人和旅游团队，共计约 28 万人次；2006 年、2007 年，中央领导李长春、李岚清，时任上海市委书记、现国家主席习近平分别到曹杨视察，均给予了高度肯定。

二、实验目标与内容

本实验旨在挖掘曹杨新村劳模文化的精神内涵，寻找社区教育亮点设计人文行走路线，通过开展社区微行走，因地制宜、因势利导开展社区教育活动，营造"在行中学，在学中行"的终身学习氛围，引导居民了解曹杨新村文脉历史，增强社区归属感，继承曹杨精神，提升爱国情怀。一是打造人文行走路线，丰富社区教育资源；二是开展人文行走实践，拓展市民学习方式；三是倡导曹杨劳模精神，推动和谐社区建设。

基于以上目标，实验预设的内容主要包括三部分：

首先，梳理曹杨新村发展脉络，研究街区规划与文化地标，从历史与传承视角遴选村史馆、林荫道、居民区、劳模课堂等学习点，设计人文行走学习路线。提炼劳模与社区精神，注入新时代的思想内涵，挖掘具有文化性、历史性和教育性的学习要素，做好学习点项目开发与内容建设。

其次，建立人文行走配套支持服务系统，依托曹杨教育联盟建立相应工作机制并逐步完善，基于普陀区社区教育志愿服务工作站与曹杨志愿服务中心组建志愿者工作团队，编制行走地图与学习手册并形成线上学习资源，供学习者在行走中参阅并进行关联学习。

最后，组织在校学生、老年学员、社区居民、企业职工等，开展各类主题鲜明、内容生动、形式多样的教育活动；通过社区人文行走，探寻劳模基因，传承曹杨精神；通过主题实践活动，大家融入社区、服务社区，践行社会主义核心价值观，促进文明修身，共建同心家园。

三、实验过程

（一）组建项目团队

组建由区社区学院、曹杨新村街道社区学校、周雪梅社区教育学科带头人工作室共同参与的项目团队，明确各自工作任务：社区学院主要负责项目方案设计、统筹协调与实践组织；工作室主要负责实地调研、路线规划与资料编写；社区学校主要负责案例收集、学习点联络与人文行走实施。经过多次方案研讨、专家论证，逐步完善实验目标，厘清项目内容；整合曹杨教育联盟资源，融合学生校外实践、"四史"学习教育等，逐步明晰实施路径。

（二）开展实地调研

项目组通过实地调研与文献收集，深入了解曹杨社区历史与发展，重点走访了曹杨村史馆、曹杨文化馆、社区党群服务中心、曹杨一村等，查阅了《普陀区志》《文明和谐宜居生态——曹杨新村建村历程》《宜居曹杨》等书籍，梳理曹杨新村的地域人文、劳模群体、发展脉络与精神力量，通过收集的资料作进一步分析，解码劳模基因，感悟社区精神。

"红瓦白墙小楼房，我家住在美曹杨"。曾经有种骄傲，叫"我住在曹杨一村"。有幸第一批入住新村的居民几乎全是劳动模范和先进工人，包括新中国第一批劳动模范陆阿狗、杨富珍、裔式娟、奚凤秀等等，"劳模村"的美誉就此留在了曹杨。曹杨新村积极践行社区建设理念，推进全方位建设，形成了宜居的环境、便捷的交通、完善的社区商业、齐全的公共服务，成为新中国探索社区建设与发展的一个缩影。抓好物质文明建设的同时，街道十分重视精神文明建设。20世纪50年代，街道发扬为人民服务的精神；20世纪60年代，街道掀起"学雷锋"的热潮；1984年，街道建立"五讲四美三热爱"活动领导小组；1989年，成立曹杨新村街道文明街区建设活动委员会，保证了精神文明建设不断健康地发展，创造了一个又一个辉煌。

劳模精神代代传，在老劳模的精神指引下，曹杨新村不断涌现一批又一批的楷模，光明天使张兴儒、最美火炬手金晶、"小巷总理"朱爱琴、最美邮递员叶其懂……从邻里单位到宜居社区，曹杨新村创新社会管理、探索社区建设，以"一切依靠群众，一切为了群众"为工作理念，充分动员社会力量、组织社区成员、整合社区资源、协调利益关系、增强创造活力，在社区党建、社区建设和社区管理方面形成了理念较为新颖、管理较为科学、成效较为显著的工作方法。坚持共商共建共治共享的治理理念，不断探索多层次、扁平化、融合式的区域化党建平台建设，发挥"筑梦曹杨"区域化党建联盟的平台作用，加大共建单位、社会组织与居民区的实质对接，形成党建引领的社区治理新格局。

（三）遴选学习点位

研究街区规划与社区实践，从历史与传承、宜居生态与和谐社区视角遴选社区地标、社区文化、社区设施、社区精神等四类学习点，形成资源清单。

1. 社区地标

（1）曹杨一村，上海市第四批优秀历史建筑。始建于1951年，建成于1952年，首批楼房红瓦白墙，共有48栋，建筑面积32.66万平方米。作为社会主义建设的重要成就，新村里的工人家庭一度成为外宾参观的对象。2016年，列入中国文物学会和中国建筑学会联合公布的"首批中国20世纪建筑遗产"。

（2）红桥，老曹杨地标性建筑物之一。坐落于棠浦路花溪路口、环浜之上、曹杨一村旁。曹杨新村刚刚建成时，为美化环境，在新村环浜上建造了一组风格迥异的小桥，如枫桥、桐柏路桥、杏山路桥、花溪路桥等，其中红桥最有名，原为木质结构，后改为钢筋混凝土结构。

（3）曹杨环浜，曹杨新村的一条环形封闭水道。东邻花溪路，西到桂巷路，南近杨柳青路，北靠梅岭北路，全长2208米。环浜两旁绿树成荫，沿途有山水小筑、鲤鱼嬉水、花溪休闲、红桥垂钓、曹杨健身、兰园登舟、桂巷雕塑、拱桥香飘八景，是社区的一条景观通道。

2. 社区文化

（1）曹杨社区文化中心（曹杨社区学校），上海市100个标志性社区文化中心之一。2002年开工建设，当年底投入使用，整幢大楼面积4000平方米，共分四个层面，内设有声乐、舞蹈、健身等各种设施，集文体娱乐、老年教育、青少年培训、健康咨询服务于一体。普陀区非遗项目——手绘彩蛋工作室也落户其中。

（2）曹杨新村村史馆，上海市第六批爱国主义教育基地。坐落于普陀区花溪路199号，为五层独栋建筑，2013年8月26日正式开馆，真实记录了新村从1951年建村至今的发展变化，并以此为窗口反映出新中国建设与发展的历程。一楼设有曹杨新村街道劳模精神展示馆。

（3）棠浦路，一条以中医药文化传承与创新为定位、以中医药健康服务为主导打造的街区。作为首批中医药特色街区试点街道，街区融入了以中医传统文化、中医精髓等为主要内容的景观与展板设计，将中医文化元素有机融入街区，使居民在休闲之余了解到健康知识。

3. 社区设施

（1）曹杨公园。北临枫桥路，南邻曹杨四村，东界梅岭北路，西濒曹杨新村环浜。1954年5月1日建成开放，历经多次整修改建，现有南草坪、北草坪、曲池、四角亭、紫藤廊等，占地22573平方米。

（2）花溪路健身步道。花溪路，路如其名，有着落花流水般的柔美。幽静的小马路上绿荫遮天，人行道上铺设的市民健身步道与绿化林带相映成辉。曹杨环浜一直伴随着花溪路，有令人惊艳的"水下森林"，行走于步道上，有潺潺溪水陪伴。

（3）曹杨影城，原名为曹杨影剧院。作为曹杨新村居民文化娱乐配套设施，曹杨影城于1960年4月竣工开幕，也是中华人民共和国成立以来全市西北地区新建的第一座影剧院。现有5个放映厅、900余个座位，其中最大的1号厅有492个座位。1号厅中设计了一方舞台，为各单位举办团体活动提供方便。

4. 社区精神

（1）张兴儒"慈善光明行"公民思想道德建设示范实践基地。张兴儒（1962.9—2017.9），教授，主任医师，硕士研究生导师，自2006年起带领一支完全由爱心人士出资、医务志愿者组成的团队，每年前往我国边远贫困地区，为当地百姓免费诊疗，送去光明。

（2）兰岭园"同心巴士中转站"。兰岭园建于1958年，是典型的老龄化社区，结合"同心家园"建设，居委推出"同心巴士中转站"，创新社区治理，营造有温度的熟人社区。以小切口的便民服务开始，围绕"闲置物品——人——人的能力"推出一系列活动，让居民从"为社区做"过渡到"与社区做"，不断从内外加强累积资源的能力，培养社区居民解决问题的能力。

（3）金梅园"百姓会客厅"。金梅园"百姓会客厅"是梅川路上悄然出现的一抹亮色，是街道深入贯彻习近平总书记关于人民城市建设的重要论述精神、竭力打造老百姓家门口走得进、愿意进的社区大客厅的成果。通过居委会物理空间的"由内到外"敞开，居委会离群众更近，推动群众感情的"由外到内"。

（四）规划行走路线

整理学习点的开放信息，挖掘学习点的教育元素，参照市人文行走手册，从行前速览、行走档案、行走问答、关联学习四方面编制学习内容，形成开放式的学习资源包与学习手册。根据不同群体的需求与学习点的活动安排，居民可选取4个及以上适宜的学习点，形成个性化的社区微行走学习路线，学习点位也可视社区的发展进行调整。绘制人文行走路线图，自然与人文相结合、历史与现代相结合、静态与动态相结合、视听与实践相结合，找社区地标，品社区文化，享社区设施，悟社区精神，让市民走进曹杨全方位了解社区历史积淀，探寻、感悟、传承曹杨精神。

（五）开展人文行走

组织项目组成员实地行走，在行走中观、访、思、践、悟，进一步深挖学习点的劳模基因、特色亮点及相互之间的关联，形成展现历史与发展、传承与创新、体现特色与内涵的推荐路线。组织区老年大学宣传员团队开展行走活动，熟悉人文行走点位，学习相关资料档案，理解其丰富内涵与精神实质，为后续信息发布、案例编撰、志愿服务奠定基础。

通过普陀学习网、"悦学普陀"微信公众号等发布行走路线，让居民足不出户云行走，了解曹杨的前世今生，回望峥嵘岁月，感悟时代新貌。

（六）探索运行机制

人文行走如何实施，怎样提供服务保障？项目组经过研究，确定了以下的路径：一是以社区教育（老年教育）办学机构为主体，制定社区微行走活动方案，将其有机融入课程与团队活动中；二是由学生社区实践指导站组织开展中小学生社区实践活动，遴选学习点位，设计科技、运动、文化等专题活动，在实践中了解历史、收获新知、提升自我；三是做好社区线路推介，引导区域机关、企事业单位员工与社区居民自主学习。后续实施主要依托曹杨社区教育联盟，做好规划、预算、协调与落实，目前已有曹杨社区教育联盟例会制度，形成社区学院（老年大学）、街道社区学校、学生社区实践指导站、曹杨新村村史馆工作沟通群，并有区社区教育青年志愿者、区老年大学宣传员、曹杨社区教育推进员等数支志愿者队伍。

四、实验成效

（一）理解基因传承，诠释曹杨精神

　　20 世纪 50 年代的曹杨新村凝聚了"惜时守信、敢为人先、无私奉献、再铸辉煌"的劳模精神，并为几代人共同秉承。新时代的曹杨新村挖掘与传承劳模精神，成为创新社区管理的探索实践基地。社区在社会主义核心价值观的引领下，确立了"勤劳智慧、团结奉献、传承创新、奋进超越"的新曹杨精神，涌现了一大批新劳模和先进工作者。曹杨精神激励社区居民坚守信念、立足岗位、开拓创新、建功立业，曹杨精神也提升了精神文明建设的高度与社区治理创新的力度。实验通过调研、分析与实践，探寻曹杨初心，解码劳模基因，并在新时代社区治理创新的背景下理解其本质核心与精神内涵：劳模是工人阶级的优秀代表，是时代永远的领跑者。每一个时期的劳模精神都具有不同的内容和特点，但他们都有一个共同点：爱岗敬业、无私奉献、艰苦创业、忘我奋斗。

（二）形成学习资源，物化曹杨精神

　　红色基因、红色文化、红色精神铸就了新中国第一个工人新村的辉煌过去，曹杨新村也在传承中翻开了发展的新蓝图。新一代曹杨人敢于突破，勇于创新，党建引领下的社区自治共治硕果喜人，区域共建、邻里自治、民主协商的新格局逐步形成并完善。人文行走选取社区最具文化性、历史性和教育性的学习点位并整理行走档案，设计行走问答。围绕"学""思""践""悟"开发具体的学习体验内容，找一找，看一看，听一听，想一想，做一做，学一学，构建立体学习网，使社区居民沉浸其中，全方位了解曹杨精神的传承与发展，提升学习成效。除形成学习地图与学习手册外，还建设了线上学习资源；微课脚本也已设计，正在拍摄与制作中。

（三）开展社区行走，体悟曹杨精神

　　用好身边的优质资源，开展社区人文行走，不仅丰富了居民的学习体验，更让居民在学习中近距离、多角度理解曹杨精神的核心本质与丰富内涵。开放式的学习资源与个性化的路线设计有利于针对不同对象、整合各类资源、整合不同项目，提升了居民学习效果。行走路线与点位选择聚焦区域劳模特色，紧贴时代发展脉搏，既有历史的传承也有时代的变迁，既有环境的整治也有管理的创新。通过学习历史，居民知曹杨、爱曹杨，提升自豪感

与归属感；通过感受现状，居民了解文化、体验生活，提高幸福感与使命感；通过体验感悟，居民继承劳模传统、弘扬时代精神，激励自身在家庭、生活、工作中不懈奋斗，为构建和谐社区、建设人民城市、实现中华民族伟大复兴贡献智慧与力量。

（四）梳理典型案例，弘扬曹杨精神

"人民对美好生活的向往，就是我们的奋斗目标。人世间的一切幸福都需要靠辛勤的劳动来创造。"党的十八大以来，习近平总书记多次围绕劳动的价值、弘扬劳动精神、构建和谐劳动关系等内容进行深刻阐述。对于曹杨新村而言，劳模不仅是印记与符号，更是取向与价值。一代一代曹杨人不畏艰难、奋勇争先，治环境、创无违、重改造，积极生活，追求品质，让老新村实现新蜕变。实验也梳理总结了有代表性、可复制与借鉴的案例，如兰岭园同心巴士、曹杨新村社区更新、"百灵鸟"志愿者队伍、"夕阳圆梦"计划等，持续探索社区教育推进社区建设、促进社会治理的路径。

五、实验反思

（一）存在问题

1. 行走实践尚需推进

人文行走涉及众多学习点，其组织实施需要融合社区各类资源、协调社校不同部门。受新冠肺炎疫情的影响，2020年老年大学、社区学校线下均未开学，中小学暑假活动也未能正常启动，因此实验中行走实践只能在线上进行，也影响了实际运行与工作机制的完善，包括组织、落实及服务支持等方面。

2. 学习内涵有待提升

将劳模精神内化于心、外化于行，需要进一步深挖内容、创新形式。如何将劳模精神与青少年劳动教育相结合，如何将劳模精神与劳动者工匠精神相结合，如何将劳模精神与社区治理相结合，是下一步要研讨的问题，要从基因的传承、精神的解析与载体的创设等方面下功夫，设置好学习内容。

（二）后续思考

1. 完善机制，有序推进社区人文行走

一是发动社区教育志愿者与终身学习推进员，使其积极参与人文行走并开展培训，择优担任志愿讲解员；二是开展社区居民、老年大学（学校）

学员学习活动，让其了解社区旧貌新颜，增强归属感与自豪感，激发"我的社区我做主"的文化自觉；三是组织学生社区实践活动，着重精神引领，引导学生在行走中发现、在学习中感悟，继承与弘扬社区精神，助力青少年成长。注重针对不同群体的需求及与其工作学习实际融合而开展活动，如初中生社会实践、高中生志愿服务、企事业单位团建、机关党员组织生活等，贴近生活、服务社区，打造符合区域实际、特色鲜明的社区教育活动品牌，形成一定社会影响力。

2. 聚焦重点，持续深化学习内涵

将弘扬劳模精神与社会主义核心价值观的培育与践行相结合，注重场景与体验，倡导奉献与参与，促进社区居民形成积极的价值观、健康的生活态度和正确的道德规范，推动居民自治与宜居和谐的社区文化形成。组织"劳模讲堂"，与劳模面对面；加强横向联动，整合各类资源；探索创新管理，培育多元团队；开展主题活动，深化学习成效；将行走搬到云上，做好线上线下的融合。

4 以"海派面塑"课程开发为契机，推广非遗文化的实验

虹口区嘉兴路街道社区学校

一、实验背景

虹口区嘉兴路街道地处虹口老城区，但经过近 20 年的旧区改造，面貌已经焕然一新，国际化的新型社区应运而生。同时，海派文化不仅要在上海市民中传播，更要在新上海人，甚至是生活在上海的热爱海派文化的国际友人中传播。非物质文化遗产是珍贵的、具有重要价值的文化信息资源，也是历史的真实见证。保护和利用好非物质文化遗产，对于落实科学发展观，实现可持续的经济、文化全面协调发展意义重大。随着全球化趋势的加强和现代化进程的加快，非物质文化遗产的生存状况受到了比较大的冲击，所以加强我国非物质文化遗产的保护刻不容缓。

嘉兴路街道社区学校有幸邀请了海派面塑第三代传承人陈凯峰老师作为我们社区学校的教师。陈凯峰老师在社区针对面塑的起源及发展历史，结合面塑作品，讲解了面塑艺术的流派、各地面塑艺术的特点，以及海派面塑的艺术特色、艺术价值，并传授了海派面塑制作方法，即"手捏八法"和"工具八法"。把"指尖上的舞蹈"作为课程，以一件件造型逼真、形态各异、生动传神的面塑作品传递着文明、文化及历史。

通过社区学校课程化的普及，各种以非物质形态存在的与群众生活密切相关、世代相承的传统文化表现形式在社区中得以推广，让以人为本的活态文化遗产得到更好地传承，让老百姓切身体会到各族人民珍贵的文化资源和以人为核心的技艺、经验、精神，坚定弘扬中华优秀传统文化的民

族自信心。

二、实验目标

（一）形成一支以陈凯峰老师为骨干的海派面塑教师队伍；

（二）开发一本适合社区居民学习和制作使用的"海派面塑"课程教材；

（三）通过课程推进，推广非遗文化，激发社区居民学习海派面塑的热情，从而坚定传承中华优秀传统文化的民族自信。

三、实验过程

2019 年 3 月，嘉兴路街道社区学校《以"海派面塑"课程开发为契机，推广非遗文化的实验》被批准立项［《上海市教育委员会关于公布"2019 年度上海市社区教育实验项目"的通知》（沪教委终〔2019〕3 号）］。一年多来，围绕项目的目标项目组进行了一系列尝试和实验。

（一）准备阶段

1. 会议论证定基调

2019 年 3 月 22 日上午，在虹口社区学院东宝分校，学院邀请三位社区教育专家召开了"2019—2020 虹口区社区教育实验方案论证会"，对 2019 年立项的实验项目进行指导和论证。

2019 年 3 月 27 日，在嘉兴路街道社区文化活动中心，项目组针对专家提出的论证意见，进行了针对性的修改，就项目接下来的推进计划、重点、难点、突破点进行讨论、分工和落实。

2. 课程开发阐内涵

海派面塑已有百年历史，经过几代面塑艺人的研究创新，从而发展成为一门独立的民间技艺，是国家级非物质文化遗产保护项目和上海市非物质文化遗产保护项目。陈凯峰老师是我们社区学校的骨干教师，所以我们萌发了编写社区教材的想法。

"海派面塑"课程属于上海社区教育课程体系艺术修养系列中的手工艺类。在面塑技艺授课中，注重培养学员操作技能。本课程以社区学校出版的海派面塑系列教材为基础，循序渐进地培养学员了解海派面塑的历史与发展，提升他们对面塑的鉴赏能力，使学员们在掌握面塑基本知识技能的同时，扩展对民间艺术的辨别能力，从而进一步提高艺术鉴赏水平。

通过两年的努力，我们嘉兴路街道社区学校编写完成了《海派面塑入门篇》《海派面塑技能篇》和《海派面塑提高篇》系列丛书。在《海派面塑入门篇》中，要求学员了解面塑基本制作过程，掌握海派面塑"手捏八法"中的四法，并将学会的方法灵活运用到制作作业的过程中去，使作品更具艺术性。通过对一系列简单卡通动物的制作，学员能够熟练操作面泥，灵巧使用简易工具。在《海派面塑技能篇》中，要求学员熟练掌握海派面塑的"手捏八法"，了解复杂卡通动物与卡通人物的操作方法，培养色彩搭配能力和艺术创造能力。在《海派面塑提高篇》中，通过海派面塑"工具八法"的学习，学员体验专业工具的使用技巧，了解面塑传统人物的基本制作过程，掌握面塑传统人物结构与比例把握的制作技术与技巧。

海派面塑作品创作与中国传统文化题材紧密结合，系列课程受到社区居民的普遍欢迎，学员们通过对原料的配置、技法技巧的系统练习，提高了自身的技艺水平，增强了生活情趣和审美能力。

3. 非遗文化常推广

非遗美食飘香、非遗文艺展演精彩、非遗小物件吸睛……为进一步促进社区居民对非遗文化的了解，激发人们学习、保护、传承中华民族优秀传统文化热情，让人们深刻体会非遗背后的故事和深邃文化内涵，社区通过开设系列深入浅出的非遗推广课程，举办系列丰富多彩的非遗体验活动，让中华传统文化点亮民众生活，唤醒人们的传统文化保护意识，增强民众对传统文化的自豪感和自信心。

非遗传承，不是一代人的事情，而是需要一代一代人永无间断的接力。为推动非遗课程的进一步深化发展，我们让非遗课程进校园、进社区、进楼宇，让非遗课程传承未来，近少年、传青年、承老年，通过"海派面塑"非遗课程的推广，让大家在收获乐趣的同时，加深对非物质文化遗产的理解，从而让非遗记忆在社区生根发芽、开花结果。

非遗文化是经过历史积淀的传统文化精粹，是构建社会主义核心价值观的天然元素，今后，我们嘉兴路街道将继续深度挖掘街道非遗文化资源，打造街道的非遗文化品牌，融合现代创新文化与优秀传统文化，为嘉兴路街道非遗文化的创新发展提供动力源泉。

（二）调研阶段

为对虹口嘉兴路街道社区学校所属的居委的学习点情况有整体的了解和把握，根据项目组的设计，在各项培训和展示活动开展的同时，我们还分时段对实验对象进行了两类调研：一类是师资情况调研，另一类是居民对非遗文化关注度的调研。这些调研是后续实验的基础，也使我们弄清虹口嘉兴路街道辖区内居民对非遗文化的了解程度和兴趣所向。

1. 师资调研

海派文化的领衔人陈凯峰老师是嘉兴路街道社区学校正式引入的执教教师。民间一直流传"北有'泥人张'，南有'面人赵'"，陈凯峰老师正是国家级非物质文化遗产"面人赵"的第三代传承人。陈凯峰老师的引进，对嘉兴路街道社区学校非遗文化的推广实验带来了活力和生机。

"从不守旧，广招学生"是"面人赵"门派始终秉承的精神。陈凯峰说："吸引越来越多喜爱这一手艺的人，面塑技艺才不会断根。"

为此，我们成立了由陈凯峰老师领衔，以社区学校校长、文化中心主任、社区骨干教师为成员的项目研究团队。

2. 居民对非遗文化的关注度

2019 年伊始，我们对项目涉及的另一主体——居民对非遗文化的关注度与兴趣度进行实地调研。项目组依据拟定的《2019 年嘉兴路街道居民关于非遗文化关注度的访谈提纲》和《2019 年嘉兴路街道社区居民对非遗文化的兴趣度调查表》，在每个居委选取一定数量的居民进行访谈和调查。大家觉得"海派面塑"这个项目非常贴近百姓，对于这个项目，大家基本是了解的，对于学习这项技艺的兴趣也是浓厚的，特别是青少年学生兴趣更高。

（三）实施阶段

1. 非遗课程的开发

（1）课程目标

课程建立初期，项目组与执教者陈凯峰老师共同探讨，确立针对社区教育的如下课程目标：

★知识与技能

①通过动手制作，感受面塑从"主干到细节"的工艺特点。

②掌握海派面塑的基本制作要领，学会使用面塑工具，并运用"揉、搓、捏、粘、压"等面塑技法，进行面塑的制作。

③在制作面塑作品的过程中，做到基本正确拿捏面塑作品结构和比例，更能够突破局限创意装饰。

★过程与方法

①体验每一件面塑作品的制作过程，了解面塑作品的一般制作方法。

②在制作面塑作品的过程中，初步感受到观察、分析、反思、修改的重要作用。

★情感、态度和价值观

①通过面塑的制作，体验创新精神，初步养成耐心、细心的品质和敢于面对挫折、困难的精神，最终获得成功的快乐。

②在合作中增强协作精神和团队意识。

③体会中华民族传统技艺的独特魅力。

（2）课程内容

"海派面塑"非遗课程结合周边居民的学习特点，以"面塑民俗文化"为主体，将面塑课程内容大致分为两大部分、三个阶段：知识部分和技能部分；初级阶段、中级阶段和提高阶段。

初期讲授海派面塑的背景知识，普及传统文化，面向对制作感兴趣的学员进行技能的传授。随着学习的深入，在教学内容的选择上，以技能操作为主，面塑内容以学员熟知的人物和动物为主，激发学员的学习热情。

表4-1　面塑课程内容设计

两大部分	三个阶段	设计说明
知识部分	初级阶段	社区学校从社区居民的知识结构出发，以讲授面塑的历史和文化背景为主，普及民间的传统文化 学会海派面塑的基本动作技巧，制作简单、有趣的面塑作品
技能部分	中级阶段	从第二学期开始，进一步技能传授，让学员初步学习实践掌握的面塑制作的基本技能 注重学习者的实践体验，让学员在愉快的体验中逐步掌握面塑的基本技能
	提高阶段	在巩固技能知识的基础上，使学员能够模仿一些经典制作作品，或是按照自己的想象有主题地创作 着重培养自主创新意识：关注学员感觉与思维惰性的突破，注重学习者创意与表达能力的发展；学员进行作品的自我设计和制作，参加各种专业比赛

2. 课程实施

（1）教材编写

目前，嘉兴路街道社区学校与陈凯峰老师积极配合，进行非遗课程"海派面塑"的校本教材建设工作，已编写完成《海派面塑的知识篇》《海派面塑的技能篇》和《海派面塑的提高篇》三本校本教材，形成特色面塑专用教材，充实嘉兴路街道社区学校教材资源库，加强社区学校学员们对面塑技艺的理解、对面塑技能的掌握。

（2）资源拓展

"从不守旧，广招学生"是"面人赵"门派始终秉承的精神。为了让更多的人了解面塑这一国家级非物质遗产，更好地弘扬中华优秀传统文化，非遗传承人、"海派面塑"执教者陈凯峰已将他的面塑工作室向嘉兴路街道社区学校的学员敞开，邀请学员们来到工作室，接受更专业、更全方位的指导和培训。

同时，学员们跟随传承人陈凯峰老师利用双休日和节假日参加各类活动：

2019年4月，参加上海市社区教育教学评比活动虹口初赛；

2019年6月，参加2019虹口区社区学习团队成果展示活动；

2019年6月，参加第四届上海市社区教育教学评比活动决赛；

2019年9月，参加嘉兴路街道手造创意作品展示活动；

2019年10月，参加上海市第十五届全民终身学习活动周"闵行杯"工艺作品比赛；

2020年4月，通过"空中课堂"传播；

2020年7月，参加上海市社区学校教学大纲大赛。

通过参与丰富多彩的面塑展示与展演活动，学员们既能对面塑技艺加以锻炼提高，又能一起扩大海派面塑艺术的影响力，使这一项非遗文化得到传承。

（3）课程延伸

中国是目前世界上拥有"非遗"项目数量最多的国家。嘉兴路街道社区学校在开设非遗课程"海派面塑"的基础上，通过非遗传承人为学员搭建优秀传统文化传播平台，开展非遗文化普及工作，寻找更多的名师资源。例如：

邀请海派面塑第二代传承人，同时也是陈凯峰老师的母亲、八十岁高龄的赵艳林女士来到嘉兴路街道社区学校为社区居民开展"非遗进社区"科普讲座。

"三八"节期间，邀请非遗"串珠"项目传承人来到辖区单位与妇女同胞们共同交流。同时，陈凯峰老师也走出社区学校来到居委，宣传海派面塑。

为了营造非遗进社区的良好氛围，一批深受群众欢迎的非遗项目通过各种形式进入嘉兴路街道社区文化活动中心、居委、企事业单位、学校中，全年共计46场非遗活动让社区群众了解更多的非遗传统项目，促进学员文化素养的提高，更好地培育和弘扬中华优秀传统文化。

3. 课程评价

通过在社区学校一年的系统学习，"海派面塑"的学员们交出了一份漂亮的答卷。有四份面塑作品参加上海市第十五届全民终身学习活动周"闵行杯"工艺作品比赛，其中一份作品荣获三等奖。"海派面塑——福猪"一课荣获第四届上海市社区教育教学评比活动三等奖。

4. 非遗课程的推广

（1）组建课程推广骨干队伍

课程推广不是一个人的事，我们嘉兴路街道"海派面塑"课程在陈凯峰老师的领衔下，在社区学校校长的组织管理下，在常务副校长的协调下，组成了课程编写中心组，组成了由嘉兴路街道27个居委文教主任组成的课程推广组，组成了由各居委非遗文化爱好者组成的执教中心组。

（2）课程推广承上启下

非遗课程推广不仅在社区学校中开展，我们还将课程以行走的方式纳入中小学校的基础教育课程中，传播非遗文化，让非遗根植在少年儿童心中。我们还在"白领课堂"中开设"海派面塑"，让更多的青年走进非遗文化、热爱非遗文化，起到承上启下的作用。

四、实验成效

（一）开发了"海派面塑"课程

"海派面塑"课程属于上海社区教育课程体系艺术修养系列中的手工艺类课程。在面塑技艺授课中，注重培养学员的操作技能。本课程以社区学校出版的海派面塑系列教材为基础，循序渐进地让学员了解海派面塑的历史与发展、提升对面塑的鉴赏能力，使学员在掌握面塑基本知识技能的同时，扩展对民间艺术的辨别能力，从而进一步提高艺术鉴赏水平。

"海派面塑"课程共4个单元，总课时建议为40课时（每课时45分钟）。本课程适用于爱好面塑并具有一定艺术基础和动手能力的社区居民。

嘉兴路街道社区学校将为此进行非遗课程"海派面塑"的校本教材建设工作，初步计划编写《海派面塑的知识篇》《海派面塑的技能篇》和《海派面塑的提高篇》共三本海派面塑非遗课程校本教材，形成特色面塑专用教材，充实嘉兴路街道社区学校教材资源库，加强社区学校学员们对面塑技艺的理解、对面塑技能的掌握。

（二）形成了根植非遗传承的氛围

仅2019—2020年项目研究的两年间，嘉兴社区学校就开设了46项与非遗相关的课程推广项目。即使在"疫情"期间，我们也通过"云课堂"进行了非遗课程的推广，如"海派面塑""蛋雕""茶道""指尖上的剪纸"等，社区的教师团队以及所有学员对非遗文化的传承意识已经根植于心，非遗之美点亮生活。

非物质文化遗产是传统文化的重要组成部分，是民族个性、审美习惯的活态显现，是先人通过日常生活的运用留存至今的文化财富，代表着人类的创造性才能，传递民族的价值观；城市不仅是经济发展的主体，也是多元文化空间的构建载体。

非遗保护工作不仅要推出传承人，同时要再现五彩缤纷的非遗技巧、技艺、技术，唤醒和激活大家对生活生产方式中非遗因子的热爱。非遗对于城市建构蕴含多层意义，能使社区居民诗意般地栖息在大街小巷，成为非遗的快乐消费者和积极传播者，文化认同和文化自信也就自然而然地根植于心、践之于行。

（三）让非遗回归百姓生活

为贯彻党的十九大精神，坚定文化自信，深化文化惠民工程，满足广大群众的文化生活需求，"海派面塑"走进社区，项目实现了让非遗回归生活、服务群众、培育观众、文化惠民的目的，激发了居民对传统优秀文化的热爱，形成非遗传承发展浓厚氛围，满足了居民精神文化的需要。非物质文化遗产是源自生活的民族文化印记、贴近生活的高雅艺术，只有焕发出新的生命力和活力，才能得到最好的保护和传承。

五、需要进一步深入研究的问题

（一）扩大"海派面塑"课程受众面

受手工类课程的局限，每堂课学员不宜过多，人数一般控制在10人左右。鉴于课程前期开展获得的较好影响，下一阶段准备增加"海派面塑"课时数，让更多有兴趣的社区居民能参与其中。

（二）参与更多非遗推广活动

积极鼓励学员跟随传承人陈凯峰利用双休日、节假日在工艺美术馆、社区街道、大中小学校园、楼宇等参加公益活动。参与丰富多彩的面塑展示与展演活动，既能使面塑技艺得到锻炼提高，又能扩大海派面塑艺术的影响力，使这一项非遗文化得到传承。

（三）丰富课程评价体系

目前课程的评价体系稍显单一。活动和评比是主要的评价方式，今后希望通过"作品展示""互评激励"等多种方式相结合的评价机制，综合性地考查课程的学习成果。

（四）让传统流行起来

面塑又称面花，是人民群众在节庆活动和婚丧嫁娶中祈福纳祥、寄托情感的一种传统民间艺术，具有较高的文化艺术价值，是我国非物质文化遗产的代表项目。为进一步传承、弘扬中华民族优秀传统文化，展示社区非物质文化遗产风采，培养社区群众对美的热爱和追求，使他们展现积极向上的精神面貌，我们希望通过课程的开设，以及课题的推广，让这门"指尖的舞蹈"艺术传统文化流行起来。

近两年的实验开展，让项目组对开设非遗课程有了初步的认识，但依然觉得视野不够广、设想不够宽。因此，我们将继续认真落实本实验项目要求，逐步探索，系列推进，早日形成更多的以课程为手段推广非遗进社区的典型案例和成功模式，惠及居民。

5 致力于滚灯文化的传承和创新的实验

奉贤区柘林镇成人中等文化技术学校

一、实验研究背景

柘林镇（原柘林、胡桥、新寺三镇合一）地处杭州湾入海口，历史上水患频繁，每年都有舞灯者戴二郎神（司水利之神）面具，通过舞滚灯以求降伏水患，滚灯由此而生，并经常出现在祈福免灾、家庭团圆的场景之中。经历了二百多年的发展历史，"柘林滚灯"就像一块"活化石"，折射出柘林地域的地理风貌、历史背景、民俗风情、文化发展。这种民俗文化，在社会变迁中仍然表现在人们的文化追求、行为方式深刻变化方面。

"柘林滚灯"是首批国家级非物质文化遗产，也是奉贤区唯一国家级非遗项目。地域优秀文化能增强村（社）居民的文化自信力，能有效地生成社区文化认同，对推进社会和谐、社区居民融合和地域归属感多有积极的意义。为进一步培育和践行社会主义核心价值观，弘扬民族精神，传承民间文化，扎实推进社区教育，柘林成校（社区学校）以此为契机，把地域传统优秀文化——滚灯文化的传承发展纳入社区教育之中并作为特色内容。

在人们普遍追逐时代梦想的今天，传承和创新滚灯文化，是社区教育的重要命题，也是社区学校弘扬优秀文化的责任担当。基于此，我们将探讨滚灯文化在传承和创新过程中存在的一些问题，以及滚灯文化的可持续发展之路。

二、实验研究目标与内容

（一）目标

1.本实验旨在为具有悠久历史文化底蕴又是百姓普遍追崇的滚灯赋予新时代的文化内涵；

2.用时尚化和多元化来探寻传统技艺的现代表达，让滚灯在传承和发展的实践路上达到培训管理新境界、新水平；

3.激发柘林居民凝心聚力、和谐共生、追求卓越的时代精神，彰显滚灯这一优秀地域文化的新时代价值。

（二）内容

1.梳理与总结柘林滚灯的历史渊源、历史流变、民俗意蕴和文化新内涵。

2.注重创新，从传承方法、表演形式、表演技艺、制作开发等方面进行积极的创新与改进，形成传承发展新机制和新模式。

3.与美育工程相结合，通过制定和实施滚灯教材、微课和网课，突出重点、以点带面，扩展滚灯参与人群，助推美丽乡村建设，彰显滚灯这一优秀地域文化的新时代价值。

三、实验研究方法

（一）文献法：通过查阅《中国民族民间舞蹈集成》《舞动滨海》《柘林志》等相关的大量古文献资料、方志资料，梳理与总结柘林滚灯的历史渊源、历史流变、文化内涵和民俗意蕴。

（二）调查法：全面调查柘林滚灯文化传承的现状、特点及其当前影响居民百姓参与滚灯文化活动的主要因素。同时，召开镇各社区教学点、村居、企业教育干部座谈会，探讨新形势下各类群体关于滚灯文化保护和传承的内容与方式。

（三）行动法：拟订本实验各节点内容和要求，并在实施过程中不断总结、反思和完善。包括：组织滚灯传人和兼职教师对滚灯的制作、表演技艺和形式进行改革和创新，并制作滚灯教材、微课，在组织专业滚灯团队先行先试的基础上，形成并实施面上推广计划。

（四）案例法：挖掘整理实验过程中的典型事迹。

（五）总结法：总结实验推进过程中好的做法、经验并加以推广。

四、实验研究过程

（一）完善组织，强化管理

1. 完善实验项目领导小组

在调查研究滚灯文化的传承和保护现状基础上，完善了长期的保护计划。本实验项目由我校校长兼书记、高级教师沈耀良任组长，我校教科室主任、高级教师姚欢华任副组长，刘雷英、王忠英、胡春辉、陈丹萍、周丹青等参研。实验项目组成立后，实验项目组长组织实验项目组成员进一步认真学习实验项目报告，明确实验项目研究的意义、内容、目标，并结合地域文化发展的现实，制定了适合我校发展实际的实验方法和策略，细化实施方案的内容及其节点要求，明确工作小组分工及成员工作职责。

2. 创新滚灯文化传承管理模式

整合资源、合力推进，完善滚灯文化传承管理模式。区、镇领导重视滚灯文化传承发展，支持本社区教育实验项目开展，在人力和物力上提供了保障。融合奉贤区滚灯协会、区社区学院、镇文广中心等单位教育资源，聘请市级滚灯文化传承人王正荣老师为专家顾问，设立王正荣滚灯文化工作室；设立胡桥、柘林滚灯文化传承基地，以村（居）委为单位组建滚灯文化传承发展学习点；以镇社区学校为基本阵地，开设滚灯文化特色培训班或中心班，培训骨干力量。同时，奉贤区滚灯协会平台加强向区内外其他乡镇、街道辐射工作。强有力的组织领导机构保证了滚灯文化的传承创新和可持续发展。

3. 健全相关的专兼职教师队伍

发掘民间滚灯艺人，组建兼职教师队伍，并与区文化机构、奉贤区滚灯协会、镇文广中心等合作，让他们在社区滚灯系列教育中发挥协助与导向作用。8 位现任专兼职教师既能讲解滚灯文化历史渊源，又会开展小滚灯工艺品制作研究，部分教师还跳滚灯舞，做到人人会做会教，融入自身经历的理解和感受，使得滚灯文化的历史让人感到更真实可信、更深刻。

滚灯的制作独具匠心，别出心裁，民间老艺人把制作滚灯的手艺绝活一一传承下来；滚灯的表演更是五花八门，老艺人收集、整理了民间滚灯舞蹈动作和音乐，修改加工了滚灯锣鼓经，创作了新的滚灯音乐，使其表演艺术和时代审美情趣相吻合。正是有了这样一批对滚灯文化融入热情、融入情感的兼职教师，才使得滚灯文化如火如荼地在柘林地区遍地开花。

重点加强两支队伍建设。一是骨干示范队伍，以表演水平较高、舞台表演经验丰富又相对年轻的舞蹈队员为主。承担的任务以协助创作、参加重大活动的演出、对外交流为主。作为每一套课程培训的第一批学员，让他们参加创作、参与研讨，这样只要创作出一套新的课程内容，就有一批能传播的老师，这些教师是普及推广中的主力军，他们有着熟练的技术，可以随时随地教学并辅导居民学习。二是骨干教学队伍，以各村居民中具有丰富教学经验，且乐于为社区作奉献，年龄稍大的老队员为主。

（二）搭建平台展风采，优秀文化传承创新

1. 深入挖掘、提炼滚灯文化内涵

进一步梳理、分析、总结柘林滚灯的历史渊源、历史流变、文化内涵和民俗意蕴；走访区非遗办公室、奉贤区滚灯协会、镇文化中心和市、区、镇滚灯传承人，共同研究滚灯表演形式，不断开发个性化的滚灯舞和大众化的滚灯操，甚至提升滚灯制作方面的技艺和滚灯工艺品开发制作水平，并进行积极的创新与改进。

2. 细化滚灯文化课程系列

细化"滚灯文化"课程、开发。2020年我校重点开发了滚灯系列（大滚灯、中滚灯、小滚灯、滚灯操）网上视频课程，开展了区级、镇级、村级滚灯文化传承骨干培训工作，并联合承办区级、镇级"社区滚灯操"网上展示评比活动，打造柘林特色社区教育品牌。不断编写完善一套适合各个年龄段、面向百姓、贴近生活的社区教育系列丛书，教材分幼儿篇、中小学篇和成人篇，课程编排符合人的认知规律，体现了趣味性、实用性和科学性。

3. 创新编排、开发滚灯操、滚灯工艺品

传统滚灯舞有9套27个动作，集舞蹈、体育、杂技于一体，由于它律动轻松、变化丰富、颇有活力，很符合现代都市人的审美情趣。除了开展个性化的滚灯舞培训、比赛外，积极开展滚灯操开发，把滚灯的基本动作编排成滚灯操，让学员更易于入门、掌握，也更便于普及、推广，有助于人们身心健康，给人以愉悦感、成就感和自信心。开展滚灯工艺品的开发、制作等活动，吸引了众多喜爱并追随它的学员。

4. 丰富滚灯文化送课形式

我校通过老年学校、村民学校、市民学校、职工学校教育阵地来传承

独有的地域滚灯文化，并开展与之相关的各类滚灯文化活动，从而丰富人们的生活和学习。社区学校作为社区教育的载体，把滚灯文化历史、滚灯的制作、滚灯的表演编制成培训教材，促进社区内各类教育资源的有效整合，从而不断满足市民的学习需求，使社区居民的综合素质得到提升，推进柘林的社区教育发展。

进行系统的滚灯知识培训、制作工艺培训、表演技术培训，并开展滚灯文化展示活动，丰富社区教育。为搞好"滚灯文化"的教学，我们请专家开展相关的培训、普及等指导工作，并制定教学大纲，拟定详细的教学计划，让全体学员都能通过培训基本完成学习任务，达到学习要求。柘林镇参加滚灯文化活动的村居民每年达到6000多人次，目前全镇有男女滚灯队40余支。参与者上至80岁的老奶奶，下至幼儿园里的娃娃。根据胡桥社区的现行培训情况，社区学校在总结经验的基础上已向柘林、新寺社区拓展，并向全区推广，同时开展长三角联动。2020年疫情防控期间，我校及时组织教师，开发了滚灯系列网上教学视频课程（大滚灯、中滚灯、小滚灯、滚灯操），并开展区级、镇级滚灯文化传承骨干培训活动。2020年，承办区级、镇级"社区滚灯操"网上展示评比活动，打造柘林滚灯特色社区教育品牌。同时通过我校微信公众号、学校网站及时开通线上教学平台，克服疫情期间不能集中学习的困难，方便市民随时随地学习。

5. 分层健全各类滚灯学习团队

社区学校开展滚灯舞、滚灯制作培训活动，学校组建专门班级，通过网络、微信等渠道进行了广泛宣传发动，宣传"滚灯"历史文化，让大家学习滚灯文化蕴含的民族精神，使居民、幼儿、学生被表演者奔放的动作、铿锵的节奏、激昂的舞姿深深地吸引，促使居民、幼儿、学生对这项古老的民族艺术活动有了更加真切而充分的了解和认识，从而激发不同年龄层次人群参与的热情。成立了"滚灯"青年艺术队、"滚灯"老年艺术队，培训了一大批滚灯文化传承人。滚灯队不断滚出新招，民间艺术滚灯舞多次在本市和本区、本镇的节庆及文化体育活动中亮相，受到了广大群众的欢迎。各村、居、企事业单位分别成立滚灯表演队，展示滚灯艺术。

6. 突出滚灯文化体验基地的市民体验功能

在调查研究滚灯文化的传承和保护现状基础上，完善了长期的保护计划。重新布置滚灯文化体验基地，突出体验功能。添置一套多功能教学展示一体机、四台立式市民自主体验一体机。充实了滚灯文化历史陈列展示馆、滚灯荣誉室、滚灯实训体验室、滚灯制作室等教学展示内容。通过文字、图片、影像等宣传和教学培训、制作体验等途径，让百姓参与学习体验，向社区展示柘林滚灯的起源、传承和发展的全过程。

7. 彰显滚灯文化地域品牌

作为滚灯特色文化镇的柘林，在保持滚灯文化原有特色的基础上大胆借鉴和吸收其他艺术精华，不断注入时代活力，使其表演艺术和时代审美情趣相吻合；改革道具，创新舞蹈动作，创作音乐，使滚灯民间艺术得以提升。为了促进滚灯文化的推广普及，鼓励更多的人学习这一新型的健身项目，柘林镇不仅每年在全镇范围内组织各居民区及社区单位进行广场滚灯表演，还多年组织团队参加镇、区、市、全国的各类文化体育活动，共计50多场次。滚灯文化之所以能拥有这么庞大的"热舞"群体，并能在短时间内"风行"海内外，有它的"硬"道理。"柘林滚灯"走上了春晚舞台，逐渐成为奉贤柘林百姓文化乃至区域文化建设的名片。

五、实验研究成果

（一）滚灯文化传承创新的长效管理机制更健全了

有初步健全的滚灯文化传承和创新的组织管理网络，有比较规范、稳定、配套的制度体系；聘请市级滚灯文化传承人王正荣老师为专家顾问，设立王正荣滚灯文化工作室；以柘林相关人员为主组成的奉贤区滚灯协会，负责"上"对区内其他街道、乡镇的滚灯文化传承辐射，"下"对柘林镇各村居、部分学校企事业单位的滚灯文化传承全覆盖。健全多层次（区、镇、村、企事业单位）和各年龄段（学生、青年、老年人）滚灯文化传承创新的专兼教师和志愿者队伍，同时促进了学校教师教学专业发展（能上滚灯课、能跳滚灯舞、能制作滚灯）和科研意识的提升。

（二）滚灯文化传承创新教育模式更有特色了

重新改造我校滚灯文化体验基地（奉贤区美育修身基地）功能，突出体验功能。添置了一套多功能教学展示一体机、四台立式市民自主体验一体机。增设了市民滚灯工艺品制作体验室，充实了滚灯文化历史陈列展示馆、滚灯荣誉室、滚灯实训体验室等教室展示内容。各村、居、企事业单位分别成立滚灯文化学习点，宣传展示滚灯艺术，创新建立滚灯文化传承创新教育模式，走入村居、走出柘林开展各类滚灯文化展示、交流和推广活动，形成了胡桥、柘林滚灯培训基地相对成熟的培训模式。不断完善"滚灯文化"传承发展系列课程，开展线上线下教学。如 2020 年，我校重点开发了滚灯系列（大滚灯、中滚灯、小滚灯、滚灯操）网上视频课程，开展了区级、镇级、村级滚灯文化传承骨干培训工作，并承办区级、镇级"社区滚灯操"网上展示评比活动，同时通过我校微信公众号、学校网站及时开通线上教学平台，克服疫情期间不能集中培训的困难，方便市民随时随地学习。积极提升滚灯制作技能，开展滚灯工艺品开发制作，打造柘林特色社区教育品牌。

（三）地域社区教育品牌更亮了

柘林成校每年联合承办柘林镇 "非遗在社区" 滚灯文化艺术专题展示活动，全镇 24 个村居全部参与其中。柘林镇连续承办了三届长三角地区民间滚灯大展示活动，打造了柘林特色品牌。"柘林滚灯"又一次走上春晚舞台，成为奉贤柘林百姓文化乃至区域文化建设的名片。2019 年，柘林成校"柘林滚灯市民体验基地"被授予奉贤区"美育修身基地"称号。2019 年，柘林成校"滚灯文化"展示被评为"上海市全民终身学习"优秀活动项目。2021 年，柘林成校举行柘林镇各村居 "网上滚灯操"评比展示活动，参加奉贤区镇各村居"网上滚灯操"评比展示活动。同年，学校被评为上海市成人教育先进单位。

（四）地域文化更自信了

滚灯文化几经传承、保护、创新，已形成了热烈欢快、轻松活泼、强身健体、易学好演的大众舞蹈，群众认可度、参与度高，满足当地群众的精神文化、个性发展等需求，成为镇域等节庆文化活动的保留节目，也使其成为构建和谐社会、建设社会主义新农村的重要载体之一，成为海内外颇有影响力的文化品牌。柘林镇连续承办了三届长三角地区民间滚灯大展示活动。"柘林滚灯"又一次上中央电视台参加"春晚"表演，并代表国家民间文化艺术出访多国交流表演。2019 年，柘林镇被授予 2018—2020 年度"中国民间艺术之乡（胡桥滚灯）"称号。

（五）更加助力区域和谐发展了

通过实验，我们让柘林滚灯给予人们的不光是娱乐、健身，最重要的是给予人们一种自强不息的精神。一名学员因长期参加滚灯训练，身体素质特别强，2021 年被上海市消防队录取。村民健康意识和追求文化生活意识增强了，小区文明和谐氛围浓厚了，引导更多市民"发现美、享受美、参与美"，并为奉贤 "美育工程"助力，共同建设美好生活。特别是在今年疫情防控和奉贤区文明城区复查工作中，村民充分展示了积极参与、团结协作的精神，也充分体现了滚灯文化新内涵和新价值：一是体现地域文化自信，并以此来凝聚人心；二是体现人文道德规范，并以此来规范人为；三是体现共同追求愿景，并以此来激发人愿。这为美丽乡村、和谐社会建设助了力。

六、实验研究思考

（一）进一步巩固相对稳定的传承创新创作队伍

为加强对年轻传承人的培养，除了聘请制作专家、舞蹈专家，还要邀请艺术体操、健美舞编导等把滚灯文化建设加以系统化推进，每年新创 1 至 2 套新动作。除创新滚灯舞外，完成适合不同人群的"单灯滚灯操"教学课程开发，使其更加市民化，并方便推广使用。保障完善柘林滚灯舞、滚灯操教材和微课视频教学资源开发，开发制作滚灯工艺品。进一步总结提高，广泛听取各方面对于项目实施情况的反馈意见，并认真提炼，不断辐射推广滚灯文化。

（二）进一步把滚灯文化的传承发展纳入社区教育的特色内容之中

通过实验，我们让滚灯民俗技艺在探寻创新过程中，以时尚化和多元化的现代元素来表达。把滚灯文化系列化项目的实践经验，用于借鉴推动其他优秀传统文化传承，拓展丰富社区文化内容，推进社区教育工作，凝聚人心，提高市民文明素养，促进美丽乡村建设。

相信"滚灯文化"传承、创新的实验，在追求实践中达到新境界、新水平，以此创造滚灯文化作为优秀地域文化的新形态、新辉煌，让这一国家级非物质文化遗产彰显传统地域文化的新时代价值，服务美丽乡村建设。

6 社区教育视域下吕巷镇农耕文化 传承发展的实验

金山区吕巷镇社区学校

一、实验背景

乡村振兴战略是我国进入新时代的一项重大国家战略，是党中央关于"三农"工作的新要求、新部署，是未来一个时期"三农"工作的纲要。巨大的城乡差距除了导致人才流失等问题，也使得农耕文化渐渐失根，乡村振兴过程中文化的振兴，尤其是农耕文化与现代文明的发展是十分重要的。本实验项目旨在社区教育视域下，对本镇农耕文化进行材料的梳理整合、资源的充分挖掘、发展的有效规划、渠道的积极探索，在农耕文化得到传承与发展的同时，让社区教育更好地助力本镇各个村居的乡村振兴发展，提升社区教育教师职业素养、办学干部组织规划能力、村居民素养。

二、实验目标

（一）更好、更完整地梳理出本镇各类农耕文化，形成富有本土特色的农耕文化书籍，夯实农耕文化传承与发展的基础。

（二）形成富有特色的吕巷镇农耕文化教学内容、活动题材、互动载体，助推农耕文化在各个村居的发展，助推乡村振兴计划的有效实施。

（三）通过该项实验的推进，不断激发、加强教师教学的灵活性，提升其教学水平、组织策划活动能力；同时，提升各村居办学干部的各项工作能力，使得社区教育教学队伍具有鲜活与饱满的精神，更好地为辖区内的村居民服务。

（四）通过调研等实验方法，着重梳理出吕巷镇流传下来的优秀农耕文化，比如形成地方特色的农产品、特色小吃、非遗项目、地方习俗等，并将其适当归类梳理。与此同时，由实验项目组通过各类渠道吸纳优秀传承人等组建一支传承与发展农耕文化的队伍，并以土布贴画的形式展示各类农耕文化相关场景与知识，用"一主题一贴画一故事一链接"的方式将其汇编成册，形成可供借阅、交流、宣传与推广之用的书籍《乡土幽芳——吕巷农耕文化探习》，让逐渐没落的农耕文化找到新的发展方向与途径，形成保护本镇各类农耕文化的生存及发展之道。

三、实验方法

（一）文献收集法（文献研究法）

在实验项目初期，利用图书馆、网络等各类资源，进行本镇农耕相关实用技术、文化知识、民间习俗等内容的查阅、收集、筛选等，挑选出适合本次实验项目的相关内容。

（二）实地调研法

前往各村居及宅基学习点，进行实地调研与探寻，咨询村居里熟悉本土农耕文化的村居民或分管干部，通过实地咨询、调查、交流等方式，积累更多可供实验项目使用的素材、资料，也更深入地了解村居民及办学干部等对社区教育在农耕文化领域如何进一步做好工作的各类思考、想法、意见与建议，收集更多可能通过文献查阅无法获取的人文知识、本土习俗，为策划和制定适宜的农耕文化相关宣传知识、为教学活动等打下了扎实的基础。

（三）案例分析法

实验项目组的成员通过各方的努力和各类资料的收集、整合、共享等方式，在实验过程中收集更多具有实际意义的典型案例，边实验边分析，通过典型案例的分析和研讨，助力实验目标的实现。

（四）活动记录法

本实验项目中涉及的各类活动和教学，将运用教学活动记录法等方式记录和汇总，以便更好地将收集到的案例运用于实际教学活动中，通过记录的反馈，达到及时检验、去粗取精的目的，方便实验中后期对这些素材进行更有效的分析与整合，提升了实验项目的效能。

（五）归纳总结法

通过实验项目完整的时间链和进度条以及实验完结时的归纳总结法，留下最为主要与精髓的实验内容，形成可供宣传阅览的农耕文化书籍，达成各项实验目标。

四、实验内容

（一）梳理本镇农耕文化

根据"农耕文化"的科学定义（农耕文化，是指由农民在长期农业生产中形成的一种适应农业生产生活需要的国家制度、礼俗制度、文化教育等的文化集合。农耕文明集儒家文化及各类宗教文化为一体，形成了自己独特文化内容和特征，其主体包括国家管理理念、人际交往理念以及语言、戏剧、民歌、风俗及各类祭祀活动等，是世界上存在最为广泛的文化集成。农耕文明决定了汉族文化的特征），通过实地调研、历史资料研究、访谈等实验方法，项目组对本镇农耕文化相关材料进行梳理与整合，了解本镇农耕文化的缺点与优点，以及可在社区教育领域内传承、开发相关活动或教学的部分，确定什么样的农耕文化是符合镇情民意，又与传统文化能紧密结合进行宣教的，接地气、敢创新地进行资源的挖掘与利用。具体如下：

1. 农耕文化与二十四节气

农耕文化与二十四节气，与本镇一些农事活动、文化习俗、饮食文化，尤其是与养生饮食文化有着千丝万缕的关系，通过这些资料的收集、整理、归类，在姚家村等地因地制宜地打造"二十四节气"文化长廊，并制作相关 PPT 课件送教到村居学习点以及宅基头，运用硬件设备以及讲座、室内课堂、室外活动等多种资源与方式，拓宽本镇社区教育的教学范围，传承发展二十四节气中包含的农耕知识与饮食文化。

2. 农耕文化之精神基因的挖掘

挖掘本镇农耕文化中所蕴含或体现的道法自然、和谐共生、孝友耕读、勤俭传家等精神基因，将其植入当代人的生活境遇和文化环境之中，充分利用社区教育工作的各类渠道进行宣传，或通过相关活动灵活有机地将农耕文化精神基因融入社区相关精神基因中，将其化为挥之不去的乡愁，增强村居民归属感、热爱家乡等传统情怀，使各种优秀传统精神得以不断传承。

3. 科学种植提升产品质量

与"燎原计划"紧密结合，将农作物、经济作物等种植体验内容丰富起来，通过梳理、研究近年来本镇特色作物"皇母蟠桃""施泉葡萄""火龙果"等种植技术，对如何从散户到大型棚户种植，又如何通过室温有效调节进行种植等方面进行归类，通过组织村居民实地体验、种植专业户现场演示与讲解等形式，将农耕文化紧密结合到教学活动中，普及科学种植知识与相关技能。

例如，组织村居民进施泉葡萄专业合作社进行现场观看与学习；又例如，与旅游公司合作组织亲子农作活动，结合吕巷水果公园各类蔬果种植、采摘时节，策划组织种植观赏、生产分享、栽种技能培训、采摘体验等各个时间段的实地参与活动，在实践活动中灌输、丰富村居民对农耕作物的相关认知与技能，在培训农作物种植技术的同时，融入现代的培育手段，社区学校做好传承发展的引路人。

4. 农耕与本镇非遗文化的结合

其一：干巷小白龙舞的由来与发展。

闻名遐迩的干巷小白龙舞，相传始于清代。清宣统三年（1911 年），网船埭（吕巷镇和平村）村民俞才林、俞明祥等 20 余人组织起舞龙队，自制小白龙，每逢迎神赛会，总要舞灯，遇上重大节日或大型庙会，全区群龙聚会。干巷小白龙因装饰漂亮、舞技高超，被公认为"龙首"。1979 年后，小白龙舞重新活跃起来，村里组织队伍制作小白龙，逢年过节为群众表演。吕巷镇这一近百年历史的"干巷小白龙"舞龙，俗称调龙，已列入金山区非物质文化遗产名录；"二月二龙抬头"信俗活动现已列入国家级非物质文化遗产名录。

与镇文体中心、农委等部门联合编排白龙舞，修订编写与"小白龙"相关的校本简易教材，通过课堂授课、舞龙体验等方式进行非遗文化的传承与教学，并结合"二月二龙抬头"等多种传承习俗，策划、组织富有本镇特色的舞龙活动、手工制作等。

其二：本地糕点的传承与创新。

结合本镇小白龙非遗文化，由陆建强师傅带头的"白龙糕制作"成为吕巷农耕文化又一张名片。与前来体验点参加体验的各类市民的积极热情相比，本镇本土的村居民对于"汆糕"这门技艺传承的热情却在不断减退。

本次实验项目在推进的过程中，尤其重视通过各类教学活动及体验式互动，推进"白龙糕制作"这门技艺在本镇村居民间的传承与发展。同时，本镇水果公园里，正逐渐在原有传统糕点的基础上，进行与桃花相关的春季糕点的研发与制作，例如桃花青团、桃花塌饼等，都有一定的地域特色，既美观又美味。另外，根据各类传统佳节习俗，社区教育与其他部门在各巷邻坊学习点、各睦邻点等推出一系列相关美食的宣传与制作活动。结合时令与传统节日文化特点，社区学校与镇文明办、党建服务中心、农技中心等多部门联动，在各个十五分钟学习圈、巷邻坊服务点、睦邻点等开展内容丰富、形式多样的传统点心制作活动，使得认识、感知传统佳节与传统点心的年轻人与青少年人数日益增加。同时，社区学校也在其中穿插进行各类农耕作物的知识培训，加深了他们的认知，通过"做中学""乐中学"这样的方式，有效地将本镇农耕作物种植技术以及其中包含的文化等要素灌输给年轻一代。

其三：土布文化的发展与创新。

"农耕文化"最初是由"男耕女织"发展而来，循着其发展脉络发现，本镇也有与之相关的"织造历史"。探寻着先辈们的足迹，结合当代社区教育发展规划，本镇将土布编织演化为适合时代发展的"土布文化"产物。实验期间，在原有工作基础上，社区学校将本镇开发的"吕巷土布文化""传承土布纺织手工艺""土布衍生产品制作"等教学内容，例如"土布贴画""土布包""土布香囊""土布旗袍"及土布亲子装等带有土布文化与工艺元素的作品及相关教学课程，在课堂教学之外送教进学习点、宅基头，在"最后一公里"处实现对村居民的普及，将农耕文化、土布文化与时俱进地送教给村居民，拓宽传承与发展这一文化的受众面。

其四：竹编文化的传承与发展。

本镇和平村（原三星村）与颜圩村的竹编文化在全镇传承得较为圆满。通过交流互动、吸取其传承发展的方式与途径，再结合其他村居的实际情况，由社区学校牵头，挖掘并组建一支竹编教学小团队，同时结合社区学校现有的丝网花等手工艺教程，一起组织、策划了各类有趣的教学体验活动，增强学员学习的趣味性、创造性等，为其传承与发展出谋划策。

（二）开展农耕文化活动

通过前期收集与调研，在实验项目中后期的推进过程中，社区学校组织非遗传承人和教师队伍在学校、课外学堂、宅基学习点等场所，以讲座、宣传、活动等多种形式，开展农耕文化相关的课堂教学与系列活动，通过活动记录法、案例收集、案例分析法等形式，明确在社区教育领域内本镇农耕文化发展的实际需求，以及适合本镇农耕文化发展的方式与途径。开展符合不同年龄、不同需求群体的农耕活动，分批分层开展农耕文化相关活动，组织农耕文化展示运动会，例如 2020 年 10 月镇文教条线开展"千年农耕 稻香白漾 乐享健康"农耕文化运动会，2020 年 12 月开展"千年农耕 稻香姚家 乐享健康"农耕文化运动会，均包含插秧、赛龙舟、拔河等多种农耕文化活动，以求达到更佳效果，真正做到有所学、有所获。

在 2020 年 11 月开展的"学习点亮乡村"市级项目评选中，本镇的"土布贴画""丝网花制作"等多个与农耕文化息息相关的参赛作品，分别获得了市级一等奖、二等奖的好成绩。

在 2021 年 8 月开展的上海市农耕文化活动中，在本实验项目推进过程中制作的体现农耕文化的一个个触景生情的土布贴画作品参与了展览，在市级层面进一步宣传了本镇农耕文化所蕴含的一些场景、故事和地域文化。

（三）收集、汇编农耕文化书籍

在文化领域进行故事创编等活动，邀请熟悉本区域及相关习俗、文化的老一辈，翻阅相关历史书籍、民间传说等，通过"土布贴画"这一吕巷特色创作手法，生动还原了诸如"纺纱""手工布鞋""灶花文化""赶集""夏熟口粮分发"等农耕文化相关的场景，并编写了相应的小故事和解说词，同时附加了相关链接，让村居民可以了解该文化相关的其他知识，不仅让人们能生动地体会到一些逐渐没落或消失的农耕场景，更能通过场景创作背后的故事，更好地呈现各类土布知识与对应农耕文化的起源与发展，最后将创编的土布贴画与故事有机融合，编撰成书籍《乡土幽芳——吕巷农耕文化探习》供翻阅、宣传与教学之用。

图 4-1　《乡土幽芳——吕巷农耕文化探习》封面

五、实验进程

（一）确定选题和申报（2020 年 2—3 月）

成立吕巷镇社区学校重点实验项目工作小组，加强对实验项目各方面工作的领导，并确定实验项目方向和选题——社区教育视域下吕巷镇农耕文化传承发展的实验。

（二）前期实施（2020 年 4—5 月）

1.前期工作方案设计、成员分工以及数据的收集与分析。

2.通过文献收集、实地调研等方法，进行各类资源查阅与收集，挑选适合本次实验项目的相关内容。

（三）实施阶段（2020 年 6 月—2021 年 4 月）

通过前期收集与调研，在学校、课外学堂、巷邻坊宅基学习点等场所，以讲座、宣传、活动等多种形式，开展农耕文化相关的课堂教学与系列活动，通过活动记录法、案例收集、案例分析法等，更明确社区教育领域内本镇农耕文化发展的实际需求，以及适合本镇农耕文化发展的方式与途径。

开展符合不同年龄、不同需求群体的农耕活动，分批分层进行农耕文化相关内容的活动开展，以求达到更佳效果，真正做到有所学、有所获，并形成更具有本土特色的农耕文化相关的、社区教育能用于长期且有效推进教学的内容和相应书籍。

（四）中期交流阶段（2021 年 5 月）

实验项目工作组成员与专家就前面两个阶段的实验工作进行梳理和分析，共同探讨、研究课堂和活动教学记录，邀请专家解说和指导，整合实验项目过程中出现的具有代表性或典型性的案例，并在实验项目督导组或专家组的指正和引导下，根据其意见和建议，认识到不足和需要改进的地方，提取可进一步发展或研究的实验内容。

（五）整合完善阶段（2021 年 6—9 月）

根据中期交流阶段督导组和专家组给出的意见和建议，在实验项目后续的推进过程中，项目组进行必要的整改或方向的调整，在修改不足的前提下，更好地做好记录，收集更为典型的案例或故事工作，进行有效的研究反馈，对已收集或形成记录的教学内容或案例，进行更为全面的梳理、分类、汇总，为撰写结题报告做好准备。

（六）总结性阶段（2021 年 10 月）

对实验项目进行全面分析、归纳与总结，撰写实验项目结题报告，提炼实验成果与反思，为后续更好、更深入地推广实验项目所形成的农耕文化知识、教学内容奠定基石，并接受专家组的验收与评审。

六、实验成效

（一）依托实验项目的开展，加速新建了姚家村二十四节气长廊、姚家村库浜学堂、和平村网船埭学习苑、夹漏村为老服务中心、璜溪学习点等体现农耕文化传承以及便于村居民学习的场所。

（二）通过实验项目的研究与探索，在社区教育领域内摸索出一些适合本镇发展农耕文化的方式、途径。例如：宅基头宣教农耕文化，利用硬件设备的添置以及教学软件的辅助，加速了村居民投入到学习中；有效利用倍增学堂这些校外场所，定期举办体验式学习；微时代的来临可以通过线上教学和分享，囊括更多人群，拓宽受众面等。

（三）通过组建教学团队、非遗文化传承团队，以及策划、组织实际教学活动，不仅让更多村居民了解到本镇其他一些农耕文化，也提升了教师与办学干部等人的组织能力、策划能力与教学能力。

（四）形成了吕巷镇"农耕文化"土布贴画系列作品 50 余幅，通过土布贴画的形式高度还原了各类农耕场景，提升了农耕文化传承发展的趣味性，兼顾了实用性。

（五）通过该项实验，以"一主题一贴画一故事一链接"的阐述形式，将农耕文化分为"农事生产篇""土布文化篇""农家生活篇""民俗民风篇"四大部分汇编成册，形成了可供借阅、交流、参考与宣传推广的书籍《乡土幽芳——吕巷农耕文化探习》，为进一步做好做实农耕文化发展工作奠定良好的基础。

七、实验反思

在该项实验项目推进的过程中，项目组不仅通过土布贴画创作、农耕运动会、进宅基宣讲与教学活动等多种形式梳理并传承发展农耕文化，更提升了社区教育教学队伍组织、策划和开展农耕文化教学与活动的有效性，也为如何更好地开展社区教育领域内的农耕文化教学和活动提供了新思路和方式；同时，以农耕文化为主的宣教场所的建设和各类活动的开展，结合本镇农业大镇的发展策略与水果公园及区域内的各类农耕基地、体验场所进行的资源整合，充分利用民间合作社、民间匠人以及志愿者等诸多方面的资源和力量，有效地完善了传承与发展农耕文化的场所、内容与形式，激发了村居民参与的热情。

当然，尽管在推进实验项目的过程中，根据实际情况对于实验内容以及实验方法进行了一些微调，但是由于镇域内部分村居学习点的办学干部调动频率较大，队伍的不断变化在一定程度上增加了系统指导的负担和难度。

另外，在整个实验项目推进的过程中，农耕文化的传承与发展，较多通过实践、体验式教学活动开展，这有利于调动村居民的积极性，但也造成了理论知识相对缺乏的情况。在中后期的修整过程中，项目组特邀请了镇域内乃至金山区域内在农耕文化以及文学创作上较有名望的老教师、写作达人和参与过吕巷镇历史类、文化类书籍编写的老学者等，帮助修订吕巷农耕文化方面的知识误区和错误表达，形成了该实验项目配套书籍《乡土幽芳——吕巷农耕文化探习》，在一定程度上提升了该书籍与实验项目的专业性。

本镇虽然已有77个十五分钟学习点，由点到面形成了一个圈，并且有"巷邻坊服务点""睦邻点"等多个学习阵地及宅基学习点作为辅助，教学覆盖面相对广泛而全面，但与之形成对比的是农耕文化教学活动质量与作用效果还有待提高，没有实现各类人群均衡覆盖，存在青年人的参与比例相对较低等问题。

实验项目的完结不代表本镇农耕文化发展探习的终结。恰恰相反，在该实验项目推进过程中形成的相关队伍将一如既往地努力工作，并不断加强宣传与引导，在后续农耕文化相关的各类教学、体验活动或农耕运动会等工作方面，努力提升年轻人与青少年的参与率和普及率。

为了更好地巩固和发展本实验项目所取得的成果，社区学校后续将在办学干部队伍以及农耕文化宣讲队伍建设等方面加强稳定性，促进本镇农耕文化不断发展。

7 市民终身学习人文行走路线个性化设计的实验
——以"海派黄浦 红色荣耀"人文行走项目为例

上海市大同中学、黄浦区社区学院

一、研究背景

人文行走是上海市市民终身学习力推的实践项目。它是将"人文学习点"串联起来，按一定的线索引导市民寻找、发现、记录、体验、分享等一系列学习过程，从而让人们"感受""感知""感发"这些人文景观、学习人文知识。在行走中思考，在行走中学习，是一种新型学习方式。

2019年，"人文行走圈"已经扩展至全市十一个区县，形成了红色教育、古镇探访、老工业区回望等各具特色的行走路线。然而，笔者在亲身参与这一学习方式过程中也发现了其中一些可以改进的地方，诸如路线太长、学习点太多，走马观花而没能真正理解行走活动的意义，又比如不同年龄段人群的兴趣不同，然而在设计路线过程中经常将不同人群混杂，缺乏一定的针对性。

基于上述背景，笔者希望通过本实验对人文行走路线的设计做一些尝试与突破，希望能够为相关活动开展提供一定的借鉴。

二、实验目标

如上所述，在参与人文行走相关活动的过程中，笔者发现当前人文行走路线的设计主要是以主题呈现为主，诸如宝山区"淞沪抗战之源路线"、杨浦区"百年工业行走路线"、普陀区"真如古镇路线"、黄浦区"南京路上的革命记忆"等，内容丰富，覆盖面广，得到了市民们热烈的反响和热情的参与。

笔者在参与过程中发现，不同人群对于不同路线呈现出来的兴趣不尽相同，其中受到年龄、个人经历、兴趣爱好等多方面的影响，但在活动过程中为了达到全年龄全覆盖，往往老少同行，虽然这样的形式营造了全民终身学习的氛围，但是青年学生与退休老人在兴趣等各方面的差异，也决定了他们在行走过程中的收获与感受不同。因此，本次实验拟通过对特定人群的调研，找到不同层次（年龄、性别、兴趣爱好等）人群对人文行走的兴趣点所在，结合黄浦区特色区情与人文教育资源，分别设计出若干适合不同层次人群的人文行走路线，使人文行走不仅有主题，更有针对性，在便于主办方开展行走活动的同时，最大限度地激发市民对人文行走的兴趣和热情。

三、实验过程与方法

本次实验的主要目的是针对不同人群设计不同的行走路线，因此在实验过程中需要掌握的变量主要有以下几方面：

第一，梳理可供行走的学习点。为了做好整理工作，笔者通过文献研究法，对黄浦区可以开展人文行走的教育点进行梳理，有条件的情况下实地考察，形成汇总材料，利用现有资源对教育点的建筑、人文、历史进行挖掘，形成具有实用价值的学习点资源库。

第二，厘清不同人群对行走的认识与需求。要解决这一问题，必须通过问卷调查、数据采集，进而对数据进行分析，找到不同人群对人文行走路线的看法、认识与兴趣等差异因素。

第三，立足资源库与问卷调查结果，围绕不同对象设计具有可实践性的人文行走路线，最终形成针对不同人群的若干行走路线。

第四，对实验方法、过程与成果进行汇总，为后续开展人文路线设计活动提供一定的借鉴意义。

四、实验成果

（一）较为系统地梳理了黄浦区的红色遗址遗迹

黄浦区作为上海市中心城区红色遗址遗迹丰富，已经探明的遗址遗迹共有 120 余处，数量居全市第一，其中已经建成展览馆（陈列馆）的有 8 处，基本保留原貌；用途已经改变的 80 余处，因市政建设已被拆除的约 30 处。这些遗址遗迹展现了从新文化运动发祥至 1949 年中华人民共和国成立这段波澜壮阔的历史，也呈现了中华人民共和国成立以来尤其是改革开放以来各项建设的伟大成就。笔者通过文献研究法，对目前依然保留的旧址进行了初步整理。

（二）关于"人文行走"认知度的问卷调查

1. 问卷调查的总体描述

本次《关于"人文行走"认知度的问卷》通过问卷星共发放 508 份，有效问卷 506 份，2 份无效。以 508 份为基数，其中参与问卷的男性占 42.72%，女性占 56.89%；参加问卷的年龄分为五个阶段，13—18 岁（中学生）、19—26 岁（包括研究生在内的大学生）、27—45 岁（青年社会工作者）、46—60 岁（中年社会工作者）、60 岁以上（退休职工）。

年龄分布如下：

选项	小计	比例
13-18岁	157	30.91%
19-26岁	134	26.38%
27-45岁	163	32.09%
46-60岁	46	9.06%
60岁以上	6	1.18%
（空）	2	0.39%
本题有效填写人次	508	

图 4-2　参与问卷者年龄分布

从问卷第一个问题"您是否知道'人文行走'这类活动"的结果来看：

选项	小计	比例
知道且参加过	91	17.91%
知道但没参加过	184	36.22%
完全不知道	231	45.47%
（空）	2	0.39%
本题有效填写人次	508	

图 4-3　参与问卷者对"人文行走"活动知晓度分布

知道且参加过的比例不到五分之一（17.91%），但是知晓"人文行走"的总数超过一半，约占55%（实际54.13%）。仍有接近一半的调研对象完全不知道"人文行走"。从这一结果来看，笔者认为，"人文行走"这一活动依然有较大的推广空间。

围绕"人文行走"的主题路线设计，以黄浦区为例，红色革命路线、工业发展路线、名人故居路线总体感兴趣比例相当。

选项	小计	比例
红色革命路线（如一大、渔阳里等）	147	28.94%
工业发展路线（如江南造船厂等）	171	33.66%
名人故居路线（如孙中山故居等）	180	35.43%
其他 [详细]	8	1.57%
(空)	2	0.39%
本题有效填写人次	508	

图4-4　黄浦区问卷参与者对"人文行走"路线的兴趣比例

这一结果表明：一方面，黄浦区历史人文底蕴深厚，可以满足不同主题路线的设计；另一方面，由于是单选题，这样的结果也体现出被访者的兴趣是有明显区分的。具体兴趣的分布与差异还要结合性别与年龄的变量来看。

对于影响活动最大因素、行走时长、行走设置、行走方式等调查，都有一些比较集中的选项。具体表现如下：

选项	平均综合得分	比例
行走的感受体验	2.74	
行走的活动主题	2.39	
行走的花费时间	1.46	
行走的距离路程	1.43	

图4-5　影响参与者参加"人文行走"活动的因素比例分布

选项	小计	比例
不超过2小时	166	32.68%
不超过3小时	199	39.17%
不超过4小时	57	11.22%
不限时	84	16.54%
(空)	2	0.39%
本题有效填写人次	508	

图4-6　参与问卷者对"人文行走"活动时长的偏好分布

选项‡	小计‡	比例	
聚焦2-3个行走点	274		53.94%
串联4-5个行走点	185		36.42%
最短的时间内多多益善（5个以上行走点）	45		8.86%
其他 [详细]	2		0.39%
（空）	2		0.39%
本题有效填写人次	508		

图 4-7　参与问卷者对"人文行走"活动行走点数量的偏好分布

选项‡	小计‡	比例	
全程步行	139		27.36%
可以借助自行车（或共享单车）	228		44.88%
可以借助公共交通（公交车、地铁）	137		26.97%
其他 [详细]	1		0.2%
（空）	3		0.59%
本题有效填写人次	508		

图 4-8　参与问卷者对"人文行走"活动采用的交通方式偏好分布

设计具有针对性的行走路线，要根据不同人群的需求和对"人文行走"的认识来进行。接下来就按照性别与年龄对问卷不同群体进行具体情况的分类。

2. 对问卷调查的分类讨论

（1）男女对于"人文行走"认知的差异分析

● 对于人文行走时长的差异分析：

X\Y	不超过2小时	不超过3小时	不超过4小时	不限时	（空）	小计
男	71(32.72%)	78(35.94%)	30(13.82%)	38(17.51%)	0(0.00%)	217
女	95(32.87%)	121(41.87%)	27(9.34%)	46(15.92%)	0(0.00%)	289

图 4-9　不同性别对"人文行走"活动时长的选择偏好

从数据来看，男性倾向于 3 小时以上的比例占 30% 以上，而女性则约为 25%，总体来看，5% 的数值差异不够明显，因此对于行走时长而言，男女没有明显差异，双方的认识基本一致，约三分之一受访者倾向于 2 小时以内，另约三分之一（男性）至五分之二（女性）受访者倾向于不超过 3 小时。

X\Y	聚焦2—3个行走点	串联4—5个行走点	最短的时间内多多益善（5个以上行走点）	其他	(空)	小计
男	99(45.62%)	99(45.62%)	18(8.29%)	1(0.46%)	0(0.00%)	217
女	175(60.55%)	86(29.76%)	27(9.34%)	1(0.35%)	0(0.00%)	289

图 4-10　不同性别对"人文行走"活动行走点数量的选择偏好

对于人文行走点设置的差异分析：

与行走时长不同，对于行走点的设置，男女受访者的认知出现了差异，大多数女性受访者认为应该"聚焦 2—3 个行走点"，该比例超过 60%，而男性选择该选项的为 45.62%，同样比例的男性选择串联更多的行走点，笔者认为这与男女体力与情感体验方面的差异有关，这将会成为影响设计路线的变量之一。

● 对于人文行走方式的差异分析：

X\Y	全程步行	可以借助自行车（或共享单车）	可以借助公共交通（公交车、地铁）	其他	(空)	小计
男	64(29.49%)	102(47.00%)	50(23.04%)	0(0.00%)	1(0.46%)	217
女	75(25.95%)	126(43.60%)	87(30.10%)	1(0.35%)	0(0.00%)	175

图 4-11　不同性别对"人文行走"活动采用交通方式的选择偏好

从数据来看，男女对于行走方式的选择差异不明显，除了借助公共交通一项（女性比例比男性高约 7%），其他选项的差异则在 5% 之内，总体来看大多数人倾向于步行与骑共享单车。

● 对于行走主题的差异分析：

X\Y	红色革命路线（如一大、渔阳里等）	工业发展路线（如江南造船厂等）	名人故居路线（如孙中山故居等）	其他	(空)	小计
男	73(33.64%)	77(35.48%)	62(28.57%)	5(2.30%)	0(0.00%)	217
女	74(25.61%)	94(32.53%)	118(40.83%)	3(1.04%)	0(0.00%)	289

图 4-12　不同性别对"人文行走"活动路线的选择偏好

从行走主题看，受访者的性别有较为明显的差别。男性对于革命主题、工业主题的内容更感兴趣，选这两项主题的总人数接近 70%（约 69.12%）；而相同主题，女性选择的总人数比例为 58.14%，与男性相差 10% 以上。而对文化类主题（问卷中以名人故居为典型代表）的选择，女性受访者的比例比男性高出 10%。由此可见，性别对于路线主题的选择，存在较为明显的差异。

总体而言，男女之间由于兴趣、体能等原因，对于行走路线的选择是存在差异的。就问卷而言，时长、点位数量差异不大，主题差异性较为明显，该差异将会是影响行走路线变量的重要因素。

（2）不同年龄人群对于"人文行走"认知的差异分析

对于不同年龄段的差异分析，我们依然从时长、点位数量、行走方式和主题选择四方面入手。

● 对于人文行走时长的差异分析：

X\Y	不超过2小时	不超过3小时	不超过4小时	不限时	（空）	小计
13-18岁	49(31.21%)	62(39.49%)	14(8.92%)	32(20.38%)	0(0.00%)	157
19-26岁	27(20.15%)	58(43.28%)	20(14.93%)	29(21.64%)	0(0.00%)	134
27-45岁	62(38.04%)	63(38.65%)	19(11.66%)	19(11.66%)	0(0.00%)	163
46-60岁	24(52.17%)	14(30.43%)	4(8.70%)	4(8.70%)	0(0.00%)	46
60岁以上	4(66.67%)	2(33.33%)	0(0.00%)	0(0.00%)	0(0.00%)	6

图4-13　各年龄段对"人文行走"活动时长的选择偏好

从数据来看，13—18岁、19—26岁、27—45岁三个年龄段的受访对象对于行走时间都不希望超过3小时，当然，19—26岁这个年龄段有超过三分之一的受访者认为超过3小时也无妨。在46岁以上的受访者中，大多数人认为不超过2小时为宜，从中可以看出随着年龄的增长，人们对于人文行走活动时长总体减少，这当然与年龄、身体状况有密切关系，因此在设计路线的过程中必须考虑参与活动者的年龄情况。另外，基于不同年龄段对于行走时长接受度的差异，应当避免在组织活动的过程中将不同年龄段的参与者组织到一起，这会影响活动的体验效果。

● 对于人文行走点设置的差异分析：

X\Y	聚焦2~3个行走点	串联4~5个行走点	最短的时间内多多益善（5个以上行走点）	其他	（空）	小计
13-18岁	79(50.32%)	57(36.31%)	20(12.74%)	1(0.64%)	0(0.00%)	157
19-26岁	72(53.73%)	48(35.82%)	13(9.70%)	1(0.75%)	0(0.00%)	134
27-45岁	87(53.37%)	69(42.33%)	7(4.29%)	0(0.00%)	0(0.00%)	163
46-60岁	30(65.22%)	11(23.91%)	5(10.87%)	0(0.00%)	0(0.00%)	46
60岁以上	6(100%)	0(0.00%)	0(0.00%)	0(0.00%)	0(0.00%)	6

图4-14　各年龄段对"人文行走"活动行走点数量的选择偏好

从行走点数量设置的数据统计来看，与人文行走时长存在明显差异不同，不同年龄段受访者对于行走点数量的期望都超过50%，46—60岁的受访者选择"聚焦2—3个行走点"的比例达到65%，虽然60岁以上的受访者选择"聚焦2—3个行走点"的比例达到100%，但是由于问卷数量较少，可参考性较低。

- 对于人文行走方式的差异分析：

X\Y	全程步行	可以借助自行车（或共享单车）	可以借助公共交通（公交车、地铁）	其他	（空）	小计
13-18岁	40(25.48%)	78(49.68%)	38(24.20%)	1(0.64%)	0(0.00%)	157
19-26岁	30(22.39%)	58(43.28%)	45(33.58%)	0(0.00%)	1(0.75%)	134
27-45岁	53(32.52%)	71(43.56%)	39(23.93%)	0(0.00%)	0(0.00%)	163
46-60岁	15(32.61%)	17(36.96%)	14(30.43%)	0(0.00%)	0(0.00%)	46
60岁以上	1(16.67%)	4(66.67%)	1(16.67%)	0(0.00%)	0(0.00%)	6

图 4-15　各年龄段对"人文行走"活动采用的交通方式的选择偏好

从行走方式来看，各年龄段对于行走方式都集中在步行与借助自行车（或共享单车）方面，13—18岁受访者选择该两项比例超过75%，19—26岁受访者选择该两项比例超过65%，27—45岁受访者选择该两项比例超过76%，46—60岁受访者选择该两项比例超过69%，60岁以上则达到80%以上。各方数据差异虽然不小，但是整体看，设计人文行走路线活动还是应该注重"行走"，借助公共交通一方面增加活动成本，另一方面公共交通本身不具备直接沟通各行走点的便利。

- 对于行走主题的差异分析：

X\Y	红色革命路线（如一大、渔阳里等）	工业发展路线（如江南造船厂等）	名人故居路线（如孙中山故居等）	其他	（空）	小计
13-18岁	48(30.57%)	45(28.66%)	63(40.13%)	1(0.64%)	0(0.00%)	157
19-26岁	32(23.88%)	54(40.30%)	45(33.58%)	3(2.24%)	0(0.00%)	134
27-45岁	50(30.67%)	55(33.74%)	54(33.13%)	4(2.45%)	0(0.00%)	163
46-60岁	15(32.61%)	16(34.78%)	15(32.61%)	0(0.00%)	0(0.00%)	46
60岁以上	2(33.33%)	1(16.67%)	3(50%)	0(0.00%)	0(0.00%)	6

图 4-16　各年龄段对"人文行走"活动路线的选择偏好

从数据看，一方面，不同年龄段对于行走主题的选择是有一定差异的，13—18岁及19—26岁两个年龄段的受访者都有较为明显的兴趣点，前者关注名人故居路线，后者关注工业发展路线。而27—45岁、46—60岁受访者的兴趣则基本平均分布。从这个现象来看，在设计路线的过程中要考虑能否将多个主题综合起来，以满足相关年龄段人群的需求。

另一方面，红色革命路线主题的选择在青年人中不占主体，从一个侧面说明了当前红色革命教育在青年人中还不够深入，未能真正发挥"引领"作用，因此需要在日常学习、生活中多加引导，并且在设计路线上多加突出，在满足青年受访者兴趣的基础上，加强革命传统教育。

3. 对于问卷调查的反思

本次问卷调查所采集的数据对于按照不同年龄、性别等设计人文行走路线有积极的引导作用。现在看来，笔者认为依然存在以下问题，今后可以持续改进。

首先，问卷中的问题过于浅显，对于一些细节的把握还不够准确，一定程度上导致了问卷结果虽有差异，但是差异不够明显的问题。

其次，问卷中受访者比例失调，尤其是60岁以上的受访者数量几乎可以忽略不计，而社区学校开展活动往往以退休人群为主，因此问卷的价值较低，后续需要补充。

最后，问卷数量虽然超过500份，但是作为一个市级实验项目，采样的数量还可以进一步增加，从而获得具有参考性的数据。

（三）基于文献研究与问卷调查基础上的路线设计

黄浦区社区学院近年来立足于区情特色，开发了五条各具特色的"人文行走"路线，主题涉及红色初心、老城厢探秘等多方面。本次实验在设计路线的过程中必然规避原有的路线，以免造成重复。笔者基于文献研究与问卷调查，设计以下三条行走路线。

路线一：百年变迁淮海路

设计依据：淮海路作为上海的地标之一，是近代中国发展的缩影。淮海路上史迹众多，具有代表性的有中国社会主义青年团中央机关旧址；也曾名人荟萃，如淮海中路927弄居住过包括许广平、盛丕华等名人。另外，淮海路路线较为清晰，即便借助公共交通"行走"也比较便利。

路线如下：

【出发点】上海市淮海中路 375 号（中环广场）——法租界公董局旧址和舞潮案、中小学教师反饥饿斗争地。（讲解时间 5 分钟）

（步行 500 米，约 8 分钟）

【行走点 1】淮海中路 526 弄和合坊——中央特科击毙叛徒白鑫处。（讲解时间 10 分钟）

（步行 100 米，约 2 分钟）

【行走点 2-1】淮海中路 567 弄 6 号——中国社会主义青年团中央机关旧址。（参观约 30—40 分钟）

（弄堂内行走，1 分钟）

【行走点 2-2】淮海中路 567 弄 14 号——上海学生联合会会所旧址。（讲解 5 分钟）

（步行 900 米，约 15 分钟）

【行走点 3】淮海中路 927 弄，这里曾经是诸多名人寓居之所，走访时间可长可短，如果仅聚焦许广平旧居、盛丕华旧居则走访时间约为 20 分钟。以上路线内容涉及红色革命主题、文化主题，通过行走淮海路，人们可以了解近代中国历史发展的脉络。从时间上看，行走时间约 25 分钟，参观时间约为 70 分钟，总时长在两小时之内，路线简单，内容丰富，适合全年龄段走访者，不同年龄段走访者可以在不同行走点位开展活动。

与此同时，本路线可以扩展，和合坊可与静安区中国共产党劳动组合书记部、澎湃烈士在沪革命活动地点关联，新渔阳里可与老渔阳里关联。

路线二：白色恐怖下的红色初心

设计依据：1927 年国民革命失败后，上海处于白色恐怖之下，然而中国共产党人不畏艰险，在敌人的眼皮底下继续开展革命工作，恢复了党的组织，指导根据地和军队建设，发展左翼文化运动，走出了低谷。从内容上看属于红色革命主题，但是其内容涉及隐蔽战线的较量，该主题具有一定的吸引力。

路线如下：

【出发点】云南中路 171—173 号——中共中央政治局机关旧址（1928—1931）。（讲解、参观时间 20 分钟）

（步行 300 米，约 5 分钟）

【行走点 1】浙江中路 112 号——中共中央与中央军委联络点旧址。（讲

解时间 5 分钟）

（步行 350 米，约 6 分钟）

【行走点 2】湖北路汉口路附近——《九月来信》起草地。（讲解时间约 20 分钟）

（步行 800 米，15 分钟）

【行走点 3】北京东路 780 号，黄浦剧场——《义勇军进行曲》唱响地。（讲解时间 15 分钟）

以上路线，内容主要是红色革命主题，聚焦 20 世纪 20—30 年代中国共产党在白色恐怖下的一系列活动，人们从中体悟中国共产党人的智慧、勇气与担当。行走时间约 30 分钟，参观时间约为 60 分钟，总时长约在 1 个半小时，内容聚焦，适合作为青少年、青年革命传统教育的开展之地。

与此同时，本路线可以扩展，从湖北路汉口路前往黄浦剧场途中，途经多个旧址，诸如报童小学、永安百货绮云阁、凯旋电台、老闸捕房等，由于与主题关系不大，因此不在行走范围内，但可以作为附加项目，开展行走和参观。

路线三：名人荟萃聚黄浦

设计依据：近代历史上，黄浦区人杰地灵，一大批先进知识分子与有识之士曾在黄浦留下足迹。在整理的诸多旧址中，名人故居、旧居比重不小，从问卷情况来看，围绕名人居所的寻访具有较高的吸引力。黄浦区名人活动区域主要集中在 5 个区域：复兴中路、重庆南路、南昌路、思南路、淮海中路。设计路线将以上区域串珠成链。

路线如下：

【出发点】重庆南路名人居住区，涉及韬奋故居（205 弄 54 号），钱杏邨、蒋光慈旧居（205 弄 38 号），史沫特莱旧居（重庆南路 185 号）。（讲解、参观时间 40 分钟）

（步行 700 米，约 12 分钟）

【行走点 1】复兴中路名人居住区，主要集中在 553 弄，涉及史良旧居（1 号）、何香凝旧居（8 号）。（参观约 10 分钟）

（沿思南路行进，约 10 分钟沿途有诸多名人故居、旧居）

【行走点 2】思南路名人居住区，涉及程潜旧居、李烈钧旧居、卢汉旧居、孙中山故居等。（如参观孙中山故居则总时长约为 50 分钟；不参观仅经过，

则约为 25 分钟）

（从孙中山故居出发，步行 500 米，10 分钟）

【行走点 3】南昌路 100 弄，2 号陈独秀旧居、7 号杨杏佛旧居。（参观、讲解 20 分钟）

（步行 1.1 公里，约 18 分钟）

【行走点 4】淮海中路 927 弄，这里曾经是诸多名人寓居之所，走访时间可长可短，如果仅聚焦许广平旧居、盛丕华旧居则走访时间约为 20 分钟。以上路线，以名人故居、旧居为载体，呈现了黄浦区近代群英荟萃的历史，包括新旧民主主义革命的相关史事，内容相当丰富，当然耗时也更长。

行走时间约 50 分钟，参观时间约为 90 分钟至 120 分钟不等。总时长约 2 个半小时至 3 小时，总体来看路线虽然较长，但是内容比较丰富，适合全年龄段走访者参与。当然本路线本身内容较为丰富，耗时较长，不建议拓展路线。

总体来说，黄浦区可以设计的行走路线非常多，基于问卷调查的结果，基本把时长压缩在 3 小时之内，点位控制在 3 个左右，也设计了包含较多点位的行走路线以供不同需求的行走目标的选择。

五、本次实验的特色

凸显黄浦区域特色。黄浦区是党的一大会址所在地，是国歌首唱地，也是解放上海第一面红旗升起的地方，红色文化资源丰富。近年来，黄浦区红色文化传承开启加速度。挖掘、传承、传播红色文化，成为黄浦区最大的特色，与其他各区相比有着得天独厚的优势。

符合终身教育理念。党的十六大报告强调，要"形成全民学习、终身学习的学习型社会，促进人的全面发展"。这体现了党对于终身学习理念有了新的更高的要求，而人文行走这一活动作为终身学习的途径之一，有着终身性、全民性、广泛性、灵活实用性等诸多特点，把这一活动做好做实，符合终身教育的理念，符合广大人民群众对于知识的追求。

起到先锋示范作用。人文行走作为一种学习途径，其实早在几年前就成为许多学校、社区开展的一项活动，但是多数人文行走活动是围绕某一主题，或以纪念某一重大事件为主，没有形成固定的可以借鉴推广的标准与经验。本实验希望通过设计人文行走路线，找到人文行走这一学习活动从策划到施行的一般流程，为其他各单位开展人文行走路线的设计提供蓝本，从而起到先锋示范的作用。

六、总结与反思

总体而言，能够参与本次实验，对项目组成员而言是一个考验，以往我们很少有机会能够深度参与社区活动，这次实验给了我们一个机会，也给了我们梳理把握黄浦区红色遗址遗迹的契机，为我们日后开展各类教学工作做了良好的铺垫。

当然，这次实验依然有一些不尽如人意的地方。除了问卷设计上存在一些不足，也暴露了项目组成员在实验过程中的不少问题，诸如与社区居民、社区学校以及社区学校老师的配合度不够，未能平衡好自身工作与实验工作等。

8　可持续发展视域下，区域传统手工文化联盟的打造与推广的实验

宝山区吴淞成人中等文化技术学校

一、实验背景

传统手工文化是中华传统文化的重要组成部分，是劳动人民几千年来文化基因传承的载体，是宝贵的文化遗产。传统手工文化的传承，有助于弘扬和发展中华优秀传统文化，从而增强人们的文化自信。随着社会发展，许多传统手工艺的传承人群、延续模式都发生了很大的变化，导致这些传统手工艺逐渐没落、甚至消逝于历史长河中，影响了传统手工文化的可持续发展。

可持续发展观最核心的理念是人与自然和谐发展，这一理念逐渐影响人类的思维方式、生活方式和生产方式，包括对传统手工文化传承与发展的影响。可持续发展理念下，传统手工文化的传承和发展应该要保持传承人、学习者、传承内容和传承环境四个要素的连续性，保障它们的紧密联系。社区教育拥有参与人员广泛、资源共享形式多样、学习方式灵活等便利条件，以社区教育为平台和载体，可以充分挖掘和整合传统手工文化资源。

我校在近几年的社区教育中，十分注重传统手工文化的传承和发展。我校相继开设了剪纸、中国结、面塑等多门传统手工类课程，并且通过"1+N"师资配送形式将这些课程配送至多个居村委学习点，多次开展传统手工类的体验、展示活动，开发传统手工类教材，打造传统手工教育品牌等，传统手工文化的传承和发展较有成效。

随着各项活动的深入开展，我们发现了很多问题：传统手工艺传承人

技艺精湛但是教学水平一般；社区居民想学但是无处学、无人教；居村委学习点各种设施利用率低，想开课但是找不到教学资源等。这些都影响了传统手工文化传承各个要素的连续性，可见常规的社区教育形式对于传统手工文化的可持续发展来说效果一般。

因此，本实验在可持续发展视域下，欲打造一个自主管理的松散型区域传统手工文化联盟，构建区域内的资源共享机制，促进传统手工文化可持续发展。

二、实验目标

（一）打造和推广区域传统手工文化联盟，促进区域内传统手工文化可持续发展；

（二）在联盟打造和推广的过程中，探索传统手工艺教师的培养模式；

（三）在联盟打造和推广的过程中，探索区域内传统手工文化课程资源的共建共享机制。

三、实验方法

（一）文献法

收集相关研究资料，对其进行分析整理，总结已有研究，明确研究思路、研究方法。

（二）问卷调查法

通过问卷调查，了解联盟组织运行前期与后期区域内（吴淞、杨行、淞南）社区居民对传统手工的兴趣和学习情况。

（三）访谈法

通过对社区学校和居村委学习点相关办学干部进行访谈，进一步了解教学情况，交流联盟打造计划，推动联盟打造。

（四）行动研究法

在实验进行过程中，组织联盟成员、社区教育专家等针对实验过程中出现的情况进行总结讨论，逐步完善实验项目。

（五）对照法

通过问卷调查、访谈等方法，及时对比实验数据，跟踪实验效果，调整实验方案。

四、实验实施情况

（一）前期准备（2019年12月—2020年2月）

1.成立实验项目组，确定成员。实验项目立项后，利用我校设有手工教研组这一优势，首先在组内招募小组成员，召开项目小组会议，进行分工，明确各自主要工作内容与职责。

2.数据调研。根据本实验内容，设计了两方面的调研：

（1）采用调查问卷的形式，调查区域内（吴淞镇、杨行镇、淞南镇）社区居民对传统手工的兴趣和学习情况。

通过对问卷的回收和数据整理，我们发现：社区居民对传统手工的喜爱度较高，但是对传统手工学习活动的参与度一般，将近一半调查对象没有参加过相关活动，可见本实验开展的空间较大。并且在没有参加过的调查对象中，大部分居民愿意了解和学习传统手工，这为本实验的开展提供了较好的基础。

（2）采用访谈法，与居村委学习点联系人进行交流，了解传统手工相关活动的开展情况，填写调查表，将信息汇总，形成了区域内传统手工资源汇总表（表4-2）。

表4-2　区域内传统手工资源汇总

传统手工课程名称	传承人教师（人）	手工达人（人）	教学点开设课程总数
面塑	1	3	3
剪纸	2	2	5
布艺堆画	2	3	2
中国结编织	1	2	1
瓷绘	1	1	1
微雕	1	0	1

注：手工达人是学习某项手工技艺后脱颖而出，且本人有进一步学习和传授他人意愿的手工艺爱好者。

同时发现了影响传统手工文化可持续发展的一些因素，主要是两方面。一方面是师资问题，现有传承人教师教学能力不足，传统手工艺教师数量较少；另一方面是课程资源没有得到充分利用，如有的课程没有教材，有的课程教材大量闲置，有些教学点设施完善却没人上课，有些居村委传统手工类课程、活动开展丰富，有些社区居民想上课却没课程等。

（二）区域传统手工文化联盟打造与推广

第一阶段——发起筹建（2020 年 3—4 月）

1. 商讨并形成联盟组建工作方案。

课题组经过多次会议，商讨并制定了《区域传统手工文化联盟组建及实施方案》。方案包括指导思想、组建原则、主要任务、组织形态（组织架构见图 4-17）、工作程序。

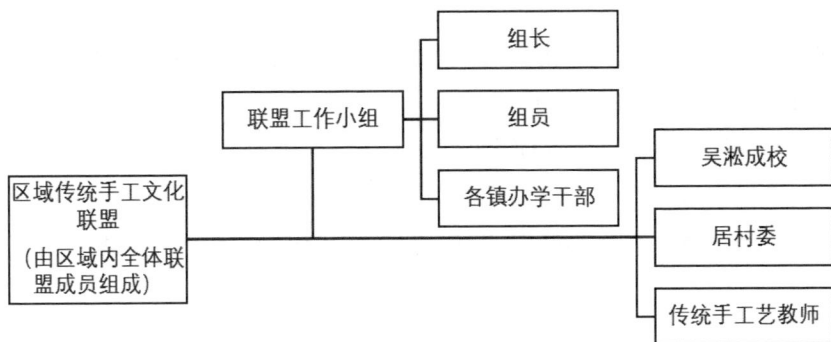

图 4-17　区域传统手工文化联盟组织架构

2. 发布方案，邀请组织、个人加入。课题组主动联系相关组织与个人，深入交流沟通相关方案。经过一段时间的工作开展，课题组与多个组织和个人达成合作意向。

3. 完成联盟工作小组组建，召开第一次联盟工作小组会议。经过发起阶段的工作，确定了加入联盟的组织和个人，随即组织开展了"联盟组建工作"线上会议。经过讨论，确定了联盟工作小组成员，明确职责，完成联盟工作小组的组建。

随后召开第一次"联盟工作小组"线上会议。会议主要讨论决定联盟组建以及运行的各项工作事宜，明确联盟的组织架构、工作目标等问题。

第二阶段——正式运行（2020 年 5 月—2021 年 10 月）

1. 发挥联盟成员各自的资源优势，实施传统手工艺教师的联合培养。

联盟希望打造出既具有精湛的技艺，又具有较强教学能力的手工艺教师队伍，因此传统手工艺教师队伍的培养从两方面着手：

一方面，充分利用联盟内的"工作室""学习团队"等学习组织资源，提升手工达人的手工技艺。

另一方面，通过专业的师资培训方式，提高传承人教师和手工达人的教学技能。

（1）推荐"手工达人"加入学习组织，深入学习传统手工技艺。

在前期调研中，我们了解到联盟内多个传承人教师有自己的工作室或学习团队，我们充分利用这些资源，将已有的手工达人送至这些工作室或学习团队，进一步深造技艺，由传承人带教孵化出更多的"准传承人"。如钱轶宏、钟芳玲加入"冯秋霞面塑工作室"；黄美星、陆瑞英加入"布艺堆画团队"；李佳美、杨桂花加入"中国结艺编织团队"。经过一段时间学习，他们技艺普遍得到提升。

（2）开展联盟内教师师资培训活动。

我校作为区教育局管理、从事社区（老年）教育的学校，具有较为完善的师资培训体系；作为联盟成员，我校将校级师资培训资源共享给联盟内教师。

活动形式一：组织联盟内教师参加我校统一组织的师资培训活动，联盟工作小组及时向联盟内教师提供培训活动相关信息，老师们提前报名即可参加我校组织的讲座、研讨等师训活动。至今，联盟内共计开展讲座类师训活动6次。

活动形式二：邀请联盟内部分教师加入我校的手工教研组，定期进行教研活动。至今，教研组活动开展共计14次，平均每次活动联盟内教师参加人数达到4人。其中因为突发的疫情原因，我们增加了线上教学软件的应用培训，线上教学研讨等培训活动提升了联盟内教师线上教学的能力。

（3）提供教学平台，组织联盟内教师进行教学实践。

在联盟内的教师中，传承人教师都已开展了多年的教学工作，并不缺乏教学实践的机会和经验，但是大部分手工达人的教学实践较少甚至是没有。因此，联盟工作小组利用居村委学习点提供的资源，为多位手工达人教师提供教学实践机会。联盟内大部分手工达人以体验活动、兴趣班等形式进行了教学实践，其中部分效果良好，逐渐转化为长期课程。如"剪纸达人"刘士荣在吴淞街道开设剪纸兴趣班，"瓷画达人"王益泽在康桥水都居委开设瓷画班，"编织达人"李佳美在海滨新村一居委、永清二村居委开展中国结编织系列体验活动。

（4）开展联盟内教师的教学评价活动。

教师评价机制的建立有助于促进教师高质量完成教学工作，并且为进一步提高教学效果提供切实可行的建议。结合联盟内教师的实际情况，我们设计了针对传统手工类课程的《教师自评表》和《学员对教师评价表》，进行教师自评与学员评价。同时我们通过问卷形式定期进行传统手工类课程课堂教学满意度调查，及时就调查结果与相关教师进行沟通交流。

2.共建共享联盟内传统手工类课程资源。

课程资源所包含的内容非常广泛，各种教学场所、设施、教师群体、学员团体、文字资源、活动资源等都是课程资源。通过前期调研，我们发现区域内各项资源相对分散，缺乏资源共建共享的有效载体。联盟作为实体组织，可以有效整合资源、统筹协调、共建共享。结合联盟实际情况，我们进行了以下几项工作：

（1）建立"传统手工文化联盟资源分享"微信群，畅通成员沟通渠道。

虽然联盟已经建有会议制度，但是传统会议受时间和空间影响较大，加之疫情影响，减少了会议开展的频率，导致联盟成员沟通受阻，资源分享不及时，为此，我们建立了由联盟成员构成的微信群。除了一般交流沟通，教师在群内以链接分享、课程预告等形式及时发布线上、线下课程开展信息，方便居村委组织学员加入课程学习，提高了课程的时效性，增加了受众数量。此外，教师还将微课等视频资源直接分享在群内，方便居村委的使用。

（2）促成多渠道的联盟课程资源需求对接。

渠道一：在联盟运行过程中，成员之间的交流和沟通加深了，相互可以自主完成课程资源需求的对接。

渠道二：成员向联盟工作小组提出课程资源的需求，由其进行协调，满足各成员需求。

渠道三：我校具有"1+N"师资适配送这一较为成熟的课程配送渠道，作为联盟成员之一，我校遵循开放、共享原则，提供这一课程的配送渠道。

经过多渠道的课程资源需求对接，各课程在教学点开设数量增加（图4-18）。

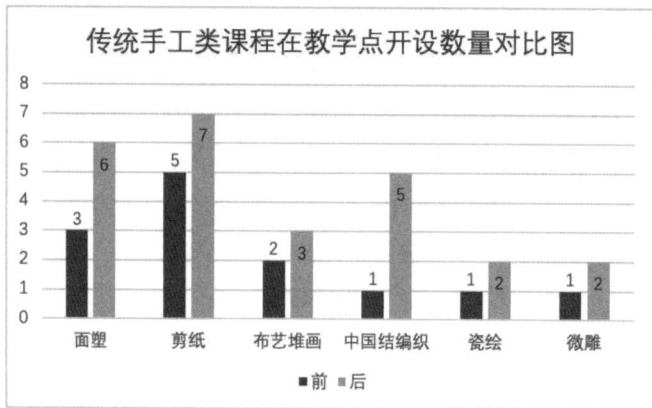

图 4-18　传统手工类课程在教学点开设数量对比

（3）组织团队，共建课程资源。

团队一：线上课程技术支持团队。

2020年因为疫情原因，线下课程无法顺利开展，经过联盟工作小组讨论，整合了线上课程渠道，组织部分教师开设线上课程（表4-3）。但是线上课程开展形式不同于传统线下教学，开展初期，教师们感到困难重重，主要难点集中在软件、设备的使用上。针对这一问题，我们迅速组织以我校教师为主的线上课程技术支持团队，并且将这一团队共享给联盟内需要的教师，保障了线上课程的顺利开展，建设了一批线上课程资源。在线上课程的开展过程中，多门课程学习人数大增，线上教学形式突破了传统教学形式，使教师和学员都能突破空间和时间的限制，大大增加了课程的受众量，提升了课程推广的效率（表4-3）。

表 4-3　部分线上课程信息汇总

课程名称	主讲教师	教学平台	总计在线学习人数
创意面塑	冯秋霞	上海老年学习团队"学习零距离，连接你我他"直播课程	384
多彩中国结	陆静	2020宝山区"乐学宝山"直播大课堂	385
瓷绘技法	钟映华	上海市老年学习团队"中银常青树"直播课堂	152
剪纸	刘士荣	益飞公益达人云课堂	264
结艺与生活	陆静	2021宝山区"乐学宝山"直播大课堂	829

团队二：特色课程建设团队。

"吴淞面塑"作为联盟内一项重要资源，具有建设成联盟特色课程的潜质，其传承人也有意将已有课程进行完善。达成合作意向后，联盟先将面塑课程申报成"宝山区社区教育特色课程建设项目"，随后组建"特色课程建设团队"，主要负责教材编写和协助微课拍摄。该课程目前已形成《创意面塑与生活》教材和系列微课。

3. 借助外部平台，扩大联盟影响，推动联盟可持续发展。

联盟组织想要取得长远发展，就必须加强与相关组织或机构的合作交流。联盟工作小组主动寻求外部资源的支持，通过多种平台和渠道，加强对外沟通，扩大影响力，促进联盟的可持续发展。

（1）组织教师参加技能类、教学类竞赛。

通过参加竞赛类活动，培育技艺能手、教学能手，形成榜样。联盟教师钱轶宏"面塑体验——小白兔"一课参加宝山区社区学校教学评优活动，杨桂花的中国结编织多次参加宝山区达人赛。

（2）联盟优质资源高平台推送，树立联盟形象。

经联盟协调，"结艺"和"创意面塑"系列微课参加 2020 年度社区手工艺术微课评比。2021 年，联盟将这两门微课推送到学习强国 App，其中"结艺"系列微课现已被征用。

（3）多组织合作，开展传统手工类展示活动。

联盟工作小组寻求多方合作资源，为联盟内传统手工艺人教师开展活动打通渠道。2020 年 11 月，钟映华老师参加上海市民终身学习活动周开幕式摊位展示活动，在活动中现场进行瓷绘工艺展示；2021 年 3 月，冯秋霞老师参加上海市民文化节宝山文旅系列活动——"非遗小传人"宝山非遗小课堂活动，进行吴淞面塑教学；"瓷绘达人教师"王益泽参加 2021 年宝山区老年教育青花瓷优秀作品展示活动。

五、实验效果

（一）在联盟内初步建立了传统手工艺人教师培养模式。

传统手工文化的可持续发展要求手工艺传承人不仅会做，更要会教。联盟内传统手工艺人教师的培养注重的不仅是培养传承人，还要培养掌握一定教学技能的手工艺人，这样才能保持传统手工文化传承的连续性。

在实验过程中，我们充分共享联盟内的师资培训资源，通过技艺深造、专业教师培训、实践教学、评价评估四个方面，搭建了"传统技艺为基础→教学理论为指导→教学实践为提高→评价为检验"的培养模式，建立了一支促进传统手工文化可持续发展的传统手工艺人教师队伍。

（二）建立了传统手工艺人教师联合培训制度。

联盟内传统手工艺人教师培训制度，主要是对教师培训的设计和规划、管理与实施、考核与评价等的规定。我们根据可持续发展理论，结合联盟内各项师资培训资源，进行培训需求分析，形成了一个制度性的文件，包括培训目标管理、培训内容管理、培训的规模和时间、培训机构和人员、培训评估标准等。

（三）初步建立了联盟内传统手工文化课程资源共建共享的可持续发展机制。

联盟内各个组织或个人要实现课程资源的建设和共享，必须建立统一的协调机构，才能有计划、有组织、有步骤地组织各方共同协商共建共享课程资源。在实验开展的过程中，逐渐形成了联盟工作小组主导的协调机制，搭建起了课程资源开发者和使用者之间的交流协作桥梁，形成了"建设→应用→反馈→建设"的循环机制，促进课程资源的可持续发展。

（四）通过区域传统手工文化联盟的打造与推广，有效促进传统文化的可持续发展。

通过实验的实施，区域内传统手工类课程数量明显增加，传承人教师队伍教学能力提升，多位手工达人转变为教师，扩充了队伍，开展形式多样的活动，尤其是线上课程的开展，受众人群大大增加。这些数量和质量上的提升都是传统手工文化可持续发展的有力保障。

9 居委学习点社区教育品牌化发展的实验

松江区泗泾镇社区学校

一、实验背景

（一）时代的发展要求，为品牌建设奠定基础

随着时代的发展，终身教育体系建设受到越来越多的关注。《国务院关于印发国家教育事业发展"十三五"规划的通知》中要求促进全民享有终身学习机会；《上海终身教育发展"十三五"规划》要求引导建立各种类型的学习团队，推动学习方式创新，大力推进学习型组织建设，增强组织的学习能力；《2021年松江区职业教育与终身教育工作要点》提出基本建成由区社区学院、街镇社区学校、居村委学习点、"就近便捷的学习场所"等组成的"4.0级"终身教育工作网络，努力实现终身教育横向到边、纵向到底、覆盖全员的工作目标。多年来，泗泾镇社区学校以"追求卓越，努力办好家门口的学校"为办学目标，努力满足居民的学习需求，为终身教育的发展做出积极贡献。

时代背景和学校的发展要求，为泗泾镇社区学校学习点的品牌建设奠定了基础。

（二）社区学校的根基，为品牌建设提供保障

泗泾镇社区学校早于2009年便以科研为引领，探索居委学习点社区教育建设的路径：2009年，学校申报《社区学校扶持居村委办学点建设的实验》，制订出《泗泾镇居村委办学点标准化建设实施方案》，并进行了量化，简称为"54311"工程，形成了以"54311"工程为抓手、积极开展居村委办学点建设的发展格局。2010年开展培育居村委办学点学习型团队的实验，

进行培育居村委学习型团队的实践。经过几年社区学校的扶持，居委学习点逐步从"全方位，广覆盖"向"高品质，具品味"迈进。

2016 年起，泗泾镇居委学习点建设进入 2.0 时代，学校组建了扶持居委学习点发展的助学员队伍；2017 年成立"泗学孵坊"工作室；2018 年申报《老年学习团队孵化模式的实验》；2018—2019 年在全镇居委学习点中挖掘特色，形成"一居一特"，张泾居委学习点的特色学习团队"相约星期三"读书会成为上海市老年学习团队第四孵化区学习团队工作室。

经历了从无到有的 1.0 时代、从点到面的 2.0 时代，2019 年底，我校启动居委学习点"一居一品"项目建设，泗泾镇居委学习点建设正式步入了从量变到质变的 3.0 时代。

泗泾镇社区学校在居委学习点建设上已经取得了一定实效，开展本实验有利于提升居委学习点的建设水平，同时丰富本镇社区教育的内涵。

（三）社区教育的宗旨，为品牌建设确立雏形

党的十八大、十九大对基层的社会治理体系建设提出了新希望和新要求，泗泾镇在近几年不断提倡"礼治社区"建设以及"科创新镇、文化雅镇、生态美镇、和谐暖镇、内涵强镇"的"五镇建设"。本着社区教育"服务社区、服务市民、服务地区经济社会发展"的三服务宗旨，泗泾镇社区学校以活动为抓手，联动居委学习点这一基层组织，主办了"12·1"孝心工程、"小手牵大手 孝德心连心""先进文化进社区""手绘国歌墙"和"走近泗泾"人文体验项目等特色活动，充分发挥居委学习点作用，为泗泾镇的发展与建设提供活力，为居委学习点社区教育品牌建设提供蓝本。

倡导居委学习点社区教育品牌化发展，将体现泗泾镇社区学校工作定位的转型创新，折射出我们的工作重心正在不断提质升级。

二、实验目标

（一）解决社区教育平台化发展中质量不高的瓶颈问题

目前在社区教育平台化发展的过程中，遇到了质与量、参与率等亟待突破的问题。质与量是社区教育发展的根本，而参与率则是社区教育宽度和广度的体现。本实验将解决现在社区教育平台化发展中质量不高的瓶颈问题。

（二）打造社区教育品牌，增强社区教育的规范化与科学化

社区教育经过多年发展已经在整合资源、多方协调合作方面取得了一定的经验与实效，本实验将进一步梳理社区学校与政府、其他学校、居委、社会组织等机构的社区教育品牌化发展的组织框架运作模式，建立相应的体制机制，增强社区教育的规范化与科学化。

（三）探索泗泾地区品牌化发展的路径、策略与成效

本实验以居委学习点为抓手，将居委学习点的品牌从"孕育"到"成熟"所要经历的基本环节，包括品牌调研、品牌定位、品牌培育实践、品牌评估、品牌维护和创新，归纳出品牌战略具有动态性的特点，探索适合泗泾地区的社区教育品牌化发展的路径、策略与成效。

三、实验内容

（一）概念界定

居委学习点社区教育品牌是指经居委许可且具有一定社会影响力和公众认可度的社区教育活动的加工和提炼，形成的居委学习点社区教育的标签与名片，对于居委学习点社区教育内涵的深化具有无可替代的作用。本实验中所指的社区教育品牌建设指居委学习点社区教育相关的品牌建设，包括但不限于学习型团队、特色项目等。

（二）现状分析

1.社区学校品牌项目

泗泾镇社区学校已经打造了"孝感泗泾""泗学孵坊""悦读泗界"三大品牌特色项目。

"孝感泗泾"：2013 年，学校与镇文明办、文体所、妇联等部门在全镇范围内推广"孝德教育"，开展"12·1"孝心工程、"小手牵大手 孝德心连心"等活动。2016 年起，泗泾镇政府将每年 10 月的第 2 个周日定为泗泾镇"孝行日"，每年有一个孝德教育主题。如今，"孝"文化已经成为泗泾的品牌文化。

"泗学孵坊"：2017 年，学校成立泗泾镇助学员队伍，关注居委学习点学习型团队的建设和发展问题；2018 年通过科研项目，探索学习型团队自我管理、自我孵化的可行性，培育了张泾居委学习点的"相约"系列学习团队，并形成了居委学习点团队孵化经验；2019 年从助学员队伍中挑选骨干成员，成立"泗学孵坊"工作室，助力居委学习点社区教育发展。

"悦读泗界"：2017年至今，学校以创建区级及市级社会学习点为契机，将中西居委学习点的史量才故居、马相伯故居申报成为上海市老年人社会学习点，并开设首门体验学习类课程——"走近泗泾"，规划泗泾人文行走路线，促使居民们在学中游、在游中学，使他们了解泗泾的名人和古迹并通过课程加以推广与实践。

2. 居委学习点品牌项目

居委学习点品牌建设项目已于2019年底正式启动，学校将在原"一居一特"工作的基础上，制定相关标准，确认居委学习点的品牌项目。

（三）分层分类，系统化打造居委学习点社区教育品牌

1. 围绕人群特点，开发品牌项目

（1）人群定位

根据居民的性别、年龄、兴趣爱好、教育背景、职业特点等进行分类，确保不同的品牌项目对标不同的社区居民，形成音乐戏曲、环境保护、品质阅读等多种类品牌，实现人群定位。

（2）关注市民生活，激发品牌活力

社区教育的存在是为了满足社区居民的学习需求，切实做到"接地气"，办好让人民满意并让人民有幸福感、获得感、安全感的教育。因此，本实验将根据社区学习者基本特征，以及学习者对社区教育品牌化发展满意度的评价，提出对策建议。

2. 依托教育优势，打造泗泾品牌文化

学校以教育为依托，计划将"孝感泗泾""泗学孵坊""悦读泗界"这三类成熟品牌，试点移植于居委学习点的"土壤"中，打造泗泾的品牌文化。

"孝感泗泾"：继续与政府部门、学习点开展"孝"文化实践。

"泗学孵坊"：继续在学习点内推广该经验，形成学习点内相互依存又互相独立的系列学习品牌。

"悦读泗界"：此后，学校将招收固定学员，系统性讲解泗泾的历史文化，培养骨干学员，在学习点以组建学习团队等方式建设特色品牌。

3. 围绕社区发展，形成品牌载体

我们积极探索以活动、学习型团队为载体寓教于实践的社区教育工作模式，整体提升泗泾镇社区教育的质量与水平，为品牌建设提供载体。

4. 聚焦核心资源，扩大品牌影响

核心资源是品牌建设的核心竞争力，学校将明确主题，整合全镇各居委、各部门的资源，确保集中泗泾镇核心资源，扩大泗泾社区教育品牌影响力。本实验将与相关部门合作开发"人文行走学习圈"，形成历史文化资源开发、讲解、评析的流程图。

四、实验过程

（一）管理过程

1. 开展品牌调研

学校将通过联络员、助学员、学习点负责人等多支队伍，开展品牌调研，了解各居委学习点团队建设情况，明确各学习点的优势与短板，挖掘品牌建设的土壤与养分。

2. 确定品牌定位

品牌定位是品牌项目在持续发展过程中，由团队负责人积极倡导、全体学员自觉实践，从而形成的代表品牌信念、激发品牌活力、推动品牌发展的团体目标。社区学校将对各品牌进行理论指导，帮助其确立品牌定位。

3. 探索品牌培育实践

以专家指导、社区学校协调管理、居委学习点实施为模式，三方联动，开展品牌实践，体现社区治理、反映社会主义核心价值观等，实现社会资源的整合和有效利用，为品牌化建设提供动力，最终，提升社区教育的认可度与影响力。

4. 明确品牌评估标准

学校制定特定的标准和指标，采取科学的方法，对各个品牌项目的运作过程及效果做出价值判断。考核的最终目的是促进居委品牌与社区学校的共同成长。通过考核发现问题、改进问题，最后实现社区教育水平的提升。

5. 推动品牌维护和创新

品牌的创建与培育需要经过长期的积淀与发展，需要"用心"培养；品牌的维护是品牌发展的原动力，需要"精心"呵护；品牌求新求变求发展的创新意识则是品牌发展的竞争力，需要"尽心"挖掘。

6. 归纳品牌战略特点

通过品牌孕育、实践、发展、维护、创新等阶段后，学校进行归纳与分析，使之系统化、理论化，上升为经验，归纳品牌战略基本的、恒定的、统一的特色。

（二）品牌内涵建设过程

1. 与课程教学相结合

发挥学校教育优势，将居委的特色项目与学校课程相结合，指导其编写教材或引进优质课程教材，规范品牌项目的学习。在实验开展期间，学校发挥教育引领作用，派送校本教材到相关居委团队，实现教育资源共享。

2. 与学习活动开展相结合

学校以活动为抓手，根据既定目标，设计一批学习活动项目，实现品牌内涵的建设。今年，学校继续以活动为抓手，以居委学习点的品牌建设为目标，开展"孝行日"、社区教育成果展示等活动，提高居民参与度。

3. 与社区治理相结合

社区教育的发展离不开社区，一个和谐自治的社区会为学习点品牌化发展提供稳定、积极的环境。因此，本实验的探索只有结合社区治理，才能使品牌发展具有旺盛的生命力。

4. 与队伍建设相结合

泗泾镇社区学校已经建立了专职教师、兼职教师、终身教育推进员、社区教育联络员、社区教育助学员、学习点负责人、学习团队负责人以及社区教育志愿者等八支队伍，将居委学习点社区教育品牌化工作与队伍建设、考核相结合，有助于提升社区教育队伍的建设质量。

5. 与科研工作相结合

学校将品牌建设与市、区级相关课题申报相结合，以科研为引领，以问题为导向，以专家为保障，以科研理论为实践指明方向，用实践为科研提供素材，丰富品牌内涵。学校以本实验和相关科研课题为理论指导，开展品牌化建设活动。

6. 与传播推广相结合

开展实验、形成实验成果的同时，学校将通过校内研讨、校外交流、开发学习产品、利用微信公众号展示等加强宣传，尽可能在全区形成可复制、可推广的经验。

五、实验工作

（一）开展品牌调研

学校于 2020 年 5 月，首先以访谈形式对居委学习点负责人进行调研，了解各居委学习点"一居一品"建设情况，以及其在"一居一品"建设中遇到的困境；其次摸排了全镇 202 支学习型团队的发展现状（2021 年已发展为 229 支团队），梳理了全镇的特色资源。

1. "一居一品"建设情况

实验小组成员与学校联络员、助学员进驻各居委，通过访谈，了解到 39 个居委学习点中只有 9 个有自己的特色项目，其他居委对品牌建设没有明确的思路。而且这 9 个特色项目都是学习型团队。居委学习点负责人对于品牌的概念都局限于学习型团队建设方面，没有很好地开阔思路。通过访谈，实验小组发现，本镇"一居一品"建设还处于起步阶段，有很大的开发空间。

2. 学习型团队基本情况

实验小组对泗泾镇范围内自发形成的学习团队进行信息采集登记，建立"泗泾镇学习型团队资源信息档案库"，每学期开学后及期末均向居委摸排老年学习团队的基本情况，安排专人负责团队信息整理、补充及更改等相关工作，随时掌握本镇老年学习团队动态，掌握工作的主动性和针对性。

目前泗泾镇老年学习团队男女队员比为 1：2.68，年龄涵盖 50—78 岁，其中 60 岁以下占比 27.3%、60 岁及 60 岁以上占比 72.7%，团队学习内容涵盖市民教育、健康教育、艺术修养、文化素养、实用技能及体育健身 6 大类，各学习点的老年学习团队既有共性，又各具特色，学习形式多样。

3. 泗泾镇特色资源梳理情况

泗泾是一座千年古镇，有着丰富的历史文化资源，通过翻阅《泗泾镇镇志》《人文泗泾丛书》《话说泗泾》等书籍，结合本地区实际情况，实验小组将本地区的文化资源主要划分为传统地方美食、古镇建筑风貌、名人故居、本土民俗技艺以及本土文化演出等 5 类，每个类别所包含的特色内容如表 4-4 所示：

表 4-4　泗泾镇特色资源分类情况

传统地方美食	阿六汤圆	广利粽子	张小妹粽子	
古镇建筑风貌类	福联桥	安方塔	下塘风貌区	
名人故居类	史量才故居	马相伯故居	杨家厅　宝伦堂　周伯生宅	
本土民俗技艺类	面塑	剪纸	微雕	
本土文化演出类	什锦细锣鼓	皮影戏		

（二）确定品牌定位

泗泾镇目前共有常住人口约 21 万、居委 39 个。通过调查分析，实验小组将现有居委大致分为三类：一是涉农居委（村改居），二是泗泾镇老居民组成的老居委，三是动迁人口和购房定居人口组成的导入型居委。三类居委学习点组成人员的工作经历、生活习俗、教育程度不尽相同，因此，学校引导各学习点根据本社区居民个体特长、兴趣爱好等，确立品牌的项目及定位。涉农居委主要对象原是农民，项目组经过实地考察，帮助学习点建立了以宅基地作为学习场所的"院落学习吧"学习品牌。老居委依托古镇泗泾优秀传统文化，有较深厚的文化底蕴，因此项目组挖掘各类教育资源，陆续帮助居委学习点确定了如剪纸、面塑等以江南文化为特色的学习品牌。导入型居委的居民文化水平相对较高，活动能力强，年龄结构较年轻，实验小组因势利导，帮助居委学习点确定了时装走秀、管乐等特色项目，并涵盖志愿服务、社会治理等功能的特色学习品牌。

（三）探索品牌培育实践

1. 结合地域文化特色

社区教育的发展要根植于社区的文化资源。为凸显品牌特色，充分利用学习点地域文化资源，实验小组协调各方资源，造就具有地域文化特色的学习品牌。

案例一：实验小组帮助泗泾古镇风貌区所在的中西居委学习点打造品牌，招募全镇范围内的优质人才，组建了泗泾方言故事会，让泗泾人用泗泾话讲述泗泾故事，受到了镇文体所、妇联等单位的青睐，在泗泾镇内打响了品牌。

2. 契合居委重点工作

经过多年社区教育工作的探索与实践，实验小组发现居委学习点的建设若能搭乘居委重点工作这一"顺风车"，必将达到事半功倍的效用。因此，在确定品牌定位时，实验小组便将居委会的重点工作列入考察范围。

案例二：韵意六村居委会管辖小区是大型保障房社区，据初步摸底统计，辖区内成"五多"现象：低保户多、老年人多、下岗失业人员多、残疾困难人员多、邻里矛盾多。因此，小区活动开展形成了"两弱两缺少"景象：参与积极性弱，组织活动的氛围弱，缺少活力朝气，缺少凝聚力。因此，该居委的工作重点是缓解矛盾、拉近邻里距离。在实验小组的建议下，居委招募社区志愿者，建立德韵爱心理发站，增强社区居民的凝聚力。

3. 融合特色学习团队

学习型团队是社区教育在居委学习点的重要助手，学习点品牌建设必然离不开学习型团队的助力。在品牌培育过程中，实验小组指导各居委学习点挖掘已有学习团队的特色元素，创建有别于其他同类型的学习团队。

案例三：金地三村居委会有一支具有特色的书画学习型团队，由社区10名热爱书画的女性居民组成，她们定期开展书画学习活动，在书画中互相交流沟通、共同进步。实验小组抓住书画团队全部为女性这一特征，帮助居委建立了泗泾镇首个以"女性"元素为特点的学习点品牌项目——丹青画室。

4. 植入社区学校品牌项目

对于缺少地域文化资源以及特色不明显的居委学习点，实验小组试点将社区学校的品牌项目植入居委学习点，形成泗泾社区教育的品牌矩阵。

2020年，在新冠肺炎疫情的影响下，学校在三大品牌特色项目的基础上，又开展了"万名老人掌上行"的三年行动计划。疫情中，老年学员无法完全适应智能生活，在智能设备的使用上存在短板。为了提升泗泾镇老年居民信息化应用能力，学校与泗泾镇学生社区实践指导站、松江四中以及全镇39个居委学习点四方联动，利用学生暑期实践的机会，让高中生走进社区，教授老年人智能手机应用课程，实现老年人智能手机应用领域内的"精准扶贫"，真正做到"智能生活不能让老年人掉队"，构建"人人皆学、处处能学、时时可学"的学习型社区。

案例四：实验小组在工作中发现，新南居委的老年学员由于以前是农民，文化水平和信息技术水平都较低，但是他们有一定的学习意愿，由于居民区较大，一些居民离居委会路程较远，经协调，最终利用该居委推进员家中宅基地作为学习点，发挥老年学员"传帮带"作用，持续推进"万名老人掌上行"工作，同时形成居委学习品牌——院落学习吧。

（四）初步拟定品牌评估标准

为进一步做好社区教育工作，同时在全镇居委学习点中挖掘特色、形成"一居一品"的良好社区教育氛围，学校已陆续制定《泗泾镇社区（老年）教育"一居一品"创建工作方案》《泗泾镇居委学习点"一居一品"申报表》《泗泾镇社区教育绩效考核实施方案》等，将居委学习点的品牌化发展列入学校整体发展规划中，明确申报和考核标准。目前，大部分居委学习点已确立学习点品牌目标，经校内讨论，拟定《泗泾镇社区教育"一居一品"项目创建评估标准》，以期形成居委学习点品牌化发展的培育机制。

（五）形成品牌发展的"三结合"

1. 结合学校优质课程

2020 年，由于新冠肺炎疫情的影响，各居委成为抗疫防疫工作的一线力量，品牌的线下建设暂时搁浅。为丰富品牌建设的内涵，实验小组将学校的线上课程资源推送给各相关学习点，使舞蹈、烹饪、剪纸等特色品牌项目得到持续发展。2021 年，学校采取了线上线下相结合的模式进一步输送优质课程。

表 4-5　泗泾镇社区（老年）教育直播课收视工作分配

时段	会议室	周一	周二	周三	周四	周五
上午 （9:30-10:00） 播课：张卫明	[二维码] 微信中长按识别小程序码 （加入会议）	舞蹈基础 教师:刘婷 班主任:李晓洁	剪纸 教师:李雪彪 班主任:张凤英	书法 教师:黄永禄 班主任:王琪	诗歌创作 教师:王际平 班主任:喻杨	沪剧 教师:王金妹 班主任:马伟峰
	[二维码] 微信中长按识别小程序码 （加入会议）	声乐 教师:张玉霞 班主任:孙凤越	党史音乐欣赏 教师:孙凤越 班主任:李婷	烹饪 教师:张永泉 班主任:喻杨	折纸 教师:喻杨 班主任:徐婷	英语 教师:王颖 班主任:杨金妹
下午 （13:30-14:00） 播课： 周一:孙凤越 周二:李晓洁 周三:杨金妹 周四:徐婷 周五:马伟峰	[二维码] 微信中长按识别小程序码 （加入会议）	朗诵 教师:周敏芳 班主任:唐韵	乒乓 教师:崔萍 班主任:侯爱萍	中国画 教师:瞿龙文 班主任:王琪	手工发饰制作 教师:李婷 班主任:张卫明	摄影 教师:顾璐 班主任:张磊
	[二维码] 微信中长按识别小程序码 （加入会议）	影视作品鉴赏 教师:李晓洁 班主任:孙凤越	手机摄影基础 教师:张磊,马伟峰 班主任:唐韵	小家越住越大 教师:徐婷 班主任:杨金妹	走秀 教师:曹文 班主任:徐婷	

2. 结合学习活动

学校以活动为抓手，将品牌建设融入学习活动中，实现品牌内涵的建设。2020年，学校举办社区教育总结会，实验小组积极协助参与制作品牌项目宣传片，最终使金地一村"秀回青春、舞联社区"的品牌项目在总结会上得到宣传。

3. 结合社区治理工作

社区教育在推动居民再社会化、提高组织化程度、促进社会融合、缓解社区矛盾、加强社会管理等方面具有重要的作用。社区教育的发展离不开社区，一个和谐自治的社区也会为学习点品牌化发展提供稳定、积极的环境。

案例五：新凯三村居委学习点原有爱绿护绿志愿者队伍以及一支由退休医务人员组成的公益志愿队伍，经实验小组与居委学习点商议，整合区域内的志愿者队伍，积极打造了一个包含"微美化""微诊所"等志愿服务的"微治理"学习点品牌。在疫情期间，这些队伍自发参与疫情防控活动，队员成为志愿者，用一己之力，为小区居民筑建爱的围墙，为社会治理工作做出积极贡献，使品牌更具生命力。

六、实验成果

（一）建成了品牌建设的组织管理体系

实验小组结合本地区实际形成了决策、协调、执行、保障四个机构。由实验项目小组决策，学校社区教育联络员、助学员组织协调，学习点负责人、终身教育推进员管理执行，社区教育专职教师提供保障的组织管理体系和工作机制，使项目顺利开展。

（二）形成了学习品牌的开发路径

根据前期实验，实验小组已初步形成了学习品牌的开发路径，将居委品牌建设与居委学习点的地域文化特色、居委重点工作、特色学习团队以及社区学校品牌项目相结合，形成品牌开发线路图。

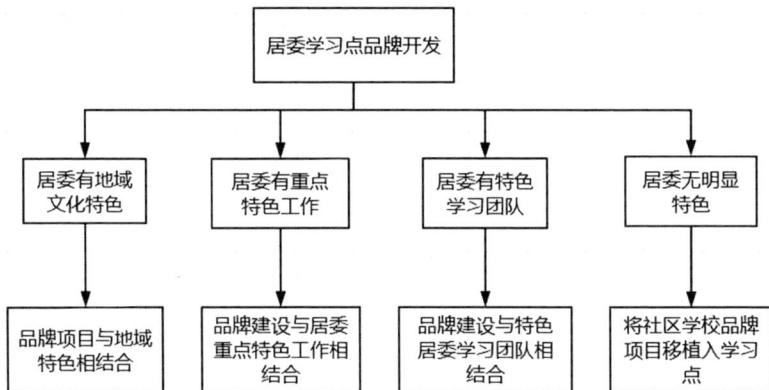

图 4-19　品牌开发线路

七、实验思考

（一）部分居委对品牌项目的提炼仍存在困难

经过两年的实践，全镇 39 个居委中已有 27 个居委建立了品牌项目，未建立品牌的居委学习点普遍存在无法提炼自身特色，又无开展社区学校品牌项目的问题，导致品牌建设始终没有进展。

（二）对居委品牌后续发展方向较难把握

实验小组在短时间内协助居委学习点打造了品牌项目，但是日后如何维持品牌的可持续发展，需要结合居委各品牌实际，研究居委品牌的后续发展路线。

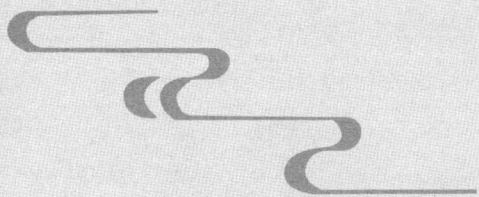

第五篇　路径形式拓展篇

LUJING XINGSHI TUOZHAN PIAN

1 依托养教结合拓展老年教育发展路径的实验

静安区社区学院

一、实验背景

2011 年，上海市人大常委会通过《上海市终身教育促进条例》，为推进养老机构组织老人开展学习提供了法律依据；市教委推出了创建"上海市学习型养老机构"项目，并纳入《上海市老年教育"十三五"发展规划》。静安区作为全市首批养教结合试点区，由此启动了养教结合试点工作。从2011 年至今，静安区的养教结合已经走过了十余年的探索与实践历程。《上海市老年教育发展"十三五"规划》中提出要全面推进老年教育内涵发展，提升老年教育服务能力，倡导"在学习中养老"的理念，提升老年教育学习品质，让更多的老年人享受高质量教育服务，进一步提高老年人的生命质量与幸福指数，促进社会和谐与文明进步。静安区根据市里文件精神制定了《静安区老年教育发展"十三五"规划》《静安区老龄事业发展"十三五"规划》。

根据市、区层面有关文件精神，静安区养教结合工作从试点之初就确定了教育与民政分工不分家的模式。区级层面成立了养教结合领导小组，由区教育局分管局长和区民政局分管局长担任组长，还成立区养教结合试点工作小组，通过建立、完善养教结合工作领导体制，齐抓共管、密切协作。为支持各养老机构有效开展养教结合工作，静安社区学院每年在社区教育专项经费中列出一部分作为工作推进经费，扶持各养老机构开展养教结合工作，可用于教材、设备、课程和师资等各方面。静安社区学院作为区域老年教育的业务推进与指导部门，在养教结合工作中发挥龙头作用，加强业务指导和沟通工作。专职指导员辅导机构专职养教结合人员拟定计划、实施项目和总结成效；养教结合志愿者深入机构，配合开展住养老人的学习活动。区社区学院通过配送老年教育资源，借助送课程、送读本、送师资等途径，丰富学习资源，提升机构的办学品质。截至 2020 年 9 月底，区域内参与养教结合试点的单位共有 33 个，覆盖了区域内近 70% 的养老机构；参与养教结合工作的所有养老机构中住养老人总数达到 3046 人，其中日常参与各类养教结合课程和活动的老人达到 1514 人，占比 49.7%。

二、实验目标和内容

（一）实验目标

1. 依托养教结合的开展，提升区域老年教育的供给能力和服务能力。

2. 从推广策略（政府、社区学院、养老机构三方之间的合作）、改进策略（如何推进、合作、指导以及内容上的探索）、保障策略（分工、人员、经费）等方面出发，形成一套可供复制推广的"养教结合"模式推进策略。

（二）实验内容

1. 探索"养教结合"模式推进的相关制度与机制。出台相应的管理办法以及具体的实施方案，并在实验过程中调整出最优化的角度；同时注重案例的挖掘和培育，以便为制度更好地落地提供具体的支撑，形成示范效应。

2. 探索出一套行之有效的"养教结合"模式推进策略。通过项目，明确政府的行政管理职能、社区学院的业务管理职能和各试点机构的项目建设任务。由相关职能部门进行政策和制度上的把控，社区学院进行业务上的规范化指导和培育，各试点单位在相关职能部门和社区学院的培训和指导下，发挥自身的特色和优势推进养教结合工作，促进老年教育在机构中的发展。

三、实验方法

（一）文献法：通过查找文献，对依托养教结合拓展老年教育途径的支持服务体系进行预设。

（二）调查研究法：走访兄弟区，了解其依托养教结合拓展老年教育途径过程中的做法及成效；走访区域内养教结合的试点单位，了解他们在养教结合工作方面的基础和资源情况。

（三）行动研究法：广泛发动区域内的养老机构和日托机构，积极参与养教结合试点工作；走访试点单位进行业务指导并进行经费扶持；实施业务管理：提供申报表、经费使用反馈表等文本供试点单位填写和申报，并由社区学院进行业务审核；完成实验建设任务：试点机构有效推进养教结合工作，合理规范使用专项扶持经费并接受社区学院的业务指导与管理，如参加专项培训、工作推进会和工作总结会等。

四、实验步骤

第一阶段：筹备组织。（2019 年 12 月—2020 年 1 月）

组织研究力量，建立工作小组和专家工作组，确定实验目标，草拟方案；召开研讨会和论证会，修订方案；组织实验参与者进行理论学习和参访交流，学习外区的实验经验及其他相关资料，为后续实验开展奠定理论基础。

第二阶段：全面开展。（2020 年 2—10 月）

跟踪实验对象，推进养教结合工作，促进养老机构内的老年教育发展；加强管理文本和制度的建设；组织实验力量，分析现有资料，梳理和提炼成功经验。

第三阶段：中期推进。（2020 年 5—6 月）

组织实验对象撰写过程性案例；撰写实验中期报告；召开实验中期工作推进会，总结实验阶段性成果，聘请专家进行指点，分析实验过程中取得的经验和存在的问题，明确后续实验的方向。

第四阶段：终期总结。（2020 年 9—10 月）

在前期实验的基础上，进一步完善探索；汇集整理实验过程的照片、录像、文字等材料；撰写实验结项报告，接受终期验收。

五、实验过程

在一年的实验过程中，主要从顶层设计、实地调研、项目执行和监督评价四个方面进行项目的推动、实施；同时，通过一年的实践研究，明确养教结合推进过程中政府、社区学院、养老机构三方之间的合作模式以及推进过程中分工、人员、经费等方面的问题；对如何推进、合作、指导以及具体内容进行探索，有效地拓展老年教育发展路径。

（一）组织专家论证，加强顶层设计

在实验项目立项之初，由项目负责人牵头召开专家论证会，邀请老年教育领域的专家对该实验项目的可行性、创新性、必要性等各方面进行论证，并对实验项目的实施推进给予指导。专家对目前静安区在养教结合工作上取得的成效给予了高度的评价和认可；同时指出，在实验项目的实施过程中，要立足区域特色，在现有的工作基础上探索养教结合如何从推广、改进、保障等方面出发，通过政府、社区学院、养老机构三方之间的合作加强推广；对推进、合作、指导以及内容上进行改进完善；明确分工、人员、经费等各方面的保障，确保能够依托养教结合，有效地拓展老年教育发展路径。

尤其是 2020 年初，随着新冠肺炎疫情的暴发，养老机构实施闭门管理，原本的养教结合推进模式遭受了巨大的冲击，课程与师资无法配送至养老机构，机构内资源紧缺，各类互动、体验与演出活动无法开展。现有的网络学习资源与养老机构内住养老人的学习存在供需对接错位。为了突破疫情期间养教结合的瓶颈，实验项目小组组织专家和专业师资进行了在养老机构中开展直播教学的研讨会，通过修订制度、优化项目、加强培训、完善学习支持服务体系等一系列举措，为养教结合的推进提供了有益思路，也为更好地依托养教结合拓展老年教育发展路径提供了保障。

（二）实地走访调研，推动项目实施

养教结合推进的主阵地是养老机构，而目前静安区参与养教结合试点工作的养老机构中既有公办的，又有公建民营的，甚至还有民办的，并且这些养老机构全都属于民政系统分管。在进行养教结合试点之前，他们和教育系统可能不曾有过接触和交集，对于老年教育可能不甚了解，对于如何让养老和教育进行融合更是一知半解。为了确保项目的顺利实施，在实验项目立项之初，就由实验项目小组牵头对所有参与养教结合试点的养老机构进行实地的调研走访，了解机构内的设施设备、队伍建设等各方面情况，同时向养老机构传达有关养教结合推进过程中的一些具体内容、实施细则。

在实验项目实施的过程中，由于新冠肺炎疫情的暴发，养老机构进行了封闭管理，无法直接进入到机构内进行走访调研，所以采取和机构负责人或者是机构内养教结合的专职管理员以微信、腾讯会议等形式了解机构内养教结合推进的实际情况。

（三）定期指导反馈，确保项目成效

养教结合的推进无论对于区域层面还是机构层面尚处在不断探索、不断创新的阶段，所以要确保和养教结合试点单位之间保持紧密的联系和定期的沟通交流，及时了解各个试点单位在养教结合推进过程中取得的成效和面临的困惑与问题。实验项目小组对于养教结合试点单位定期组织工作会议和专项培训，了解各个试点单位工作情况的同时也给到试点单位一些业务上的指导和培训，确保养教结合能够有序高效地推进。

在实验项目实施过程中，除了实验项目立项之初的实地调研走访，实验项目小组也会要求各个试点单位在工作群中对日常的养教结合工作推进情况进行图片和文字的反馈。尤其是疫情暴发以来，针对各个试点单位进行了一对一的精准指导，各个试点单位也在指导下针对疫情防控这一特殊时期，如何因地制宜、因时制宜推进养教结合工作有了切实的心得体会和经验做法。实验项目小组牵头将这些经验做法进行汇总并在静安社区学院官方微信公众号——"静思乐学"上进行系列推送，共计12篇。此外，针对新开设的直播教学，专门召开了线下的沟通会，并建立工作群，各个试点单位定期将直播情况在群内反馈分享，实验项目小组进行整理汇总，以图文推送的形式在"静思乐学"上发布。

六、实验成效

（一）稳步推进区域养教结合工作，有效提升区域老年教育的供给能力和服务能力

1. 从线下到线上，课程与师资配送更多元

在养教结合推进的过程中，区域层面和各个试点单位在调研和排摸机构住养老人学习需求的基础之上，开设了种类丰富、形式多样的课程和活动，累计参与人次超过百万。其中最受住养老人欢迎，累计参与人次排名前十的课程依次是：手指经络操、声乐（合唱）、棋牌、各类手工艺、影视欣赏、读书读报、绘画、时事讲座、书法、绿植栽种（多肉）。可见，住养老人的学习需求比较强烈，兴趣爱好也比较广泛。

在课程与师资建设方面，除了机构层面自主研发和开设的各类课程和活动外，区域层面也会统一配送课程和师资。在疫情暴发以前，采取的是比较传统的课程与师资配送模式，将社区教育资源进行整合利用，再由社

区学院进行统筹安排，社区教师管理办公室负责具体落实，将老人们感兴趣的课程资源配送至养老机构，课程内容包括折纸、衍纸、软笔书法、棋类、纸雕等各方面，近40名社区教师共计教授课程百余次，累计1000多名老人参与课程。这一举措既建立了一个长效稳定的机制，又确保了课程资源的质量和效果。随着新冠肺炎疫情的暴发，养老机构实施封闭管理，线下的课程和师资短时期内无法配送至机构，而机构内的住养老人的学习需求又非常迫切，课程与师资的配送由线下转变为线上的直播教学。目前直播教学共开设花鸟画和山水画两门课程，每两周一次，所有课程配套的材料都由区域层面统一进行配送。

信息技术的高速发展让优秀的教育资源能够得以共享，让住养老人获取学习内容更为丰富，学习机会更为灵活，学习过程更加便捷。对比以往传统的线下课程与资源配送，线上的直播教学在覆盖面和受众面上更广。同一时间段，只要有直播间的地址，各个机构中的住养老人都能够通过点击链接进入直播间进行学习。对于课程内容有任何疑问可以随时和老师进行交流，大大提升了住养老人的学习质量和学习品质。自2020年上半年开展直播教学以来，累计授课近20次，参与人次达到3000人次，是以往参与线下配送课程人次的近3倍，受到了试点单位和住养老人的广泛好评。

从线下的课程资源配送到线上的直播教学，资源配送的形式更多样、内容更多元，从原先的只有各类手工课程的配送，新增了花鸟画和山水画等艺术绘画类线上直播课程配送，满足了住养老人多样化、多层次的需要，老人的参与率大大提升了。由于线上课程可以不计次数重播、随心点播，从而给了老人更多的学习时间安排上的选择性，扩大了养教结合的受惠度和覆盖面。此外，统一提供课程的材料包、对课程提供一系列相关的支持服务，在稳步推进区域养教结合工作推进的同时，有效提升了区域老年教育的供给能力和服务能力。

2. 从建立组织制度到经费扶持，各项保障更全面

区养教结合工作从试点之初就确定了教育与民政分工不分家的工作模式。区级层面专门成立了养教结合领导小组，由区教育局分管局长和区民政局分管局长担任组长，还成立区养教结合试点工作小组，由静安社区学院副院长担任副组长，静安社区学院社教部主任担任联络员。通过建立、完善养教结合工作领导体制，在工作过程中齐抓共管、密切协作，为养教

结合工作顺利实施提供组织保障。此外，每年在开展养教结合的机构中召开两次推进会，邀请区民政局和教育局的相关领导、各街镇老龄工作的负责人以及各机构的负责人和具体负责养教结合工作的人员共同出席。每年两次的养教结合工作推进会既作为各个机构分享交流的平台，也为各机构的养教结合工作开展提出建议和要求。

在推进养教结合的过程中，始终积极贯彻执行《上海市老年教育发展"十三五"规划》《关于进一步推进养教结合工作实施意见》等一系列文件精神，并严格参照与之相对应的一系列建设指导标准。在此基础上，区层面也出台《静安社区学院关于养教结合学习点建设工作的管理办法（试行）》。此外，为支持各养老机构有效开展养教结合工作，静安社区学院给予一定的经费扶持，可用于教材、设备、课程和师资等各个方面。为保证经费下拨及使用流程的标准化，区社区学院制定了《静安社区学院关于养教结合经费发放方案（试行）》，为养教结合的推进提供制度和经费保障。

3. 从人员建设到平台搭建，各项支持更有力

作为区域养教结合工作的业务推进和指导部门，静安社区学院充分发挥在养教结合工作中的龙头作用，专门设立了养教结合专职指导员，通过专职指导员辅导机构专职养教结合人员拟定计划、实施项目和总结成效，加强业务指导和工作沟通，在区域层面设立了养教结合专职管理员。各个养老机构安排了一名养教结合专职管理员。区域层面牵头定期对具体负责养教结合推进的工作人员进行专项培训，提升他们在报道撰写、照片拍摄等各方面的能力，确保各个机构的养教结合工作能够有序稳步推进。

静安社区学院根据老人们的不同需求和爱好牵头组织了各项活动和赛事。其中每年举办一届的"静安区养老机构书画比赛"受到了老人的广泛好评。2020年，第五届"静安区养老机构书画比赛"的作品征集工作已经圆满完成，共征集参赛作品136件，参与的机构近二十家，参与老人累计近百人。区域层面积极为老人创设机会，搭建平台，让他们通过各项活动和赛事，在修身养性的同时，感悟到学习的乐趣和自身价值的实现。

从资源配送、组织制度、经费保障、队伍建设和平台搭建等方面不断稳步推进区域养教结合工作，有效提升区域老年教育的供给能力和服务能力。

（二）初步探索出一套可供复制推广的养教结合模式推进策略

1. 推广策略

在推广策略上，明确政府、社区学院、养老机构三方之间的合作模式以及各自的功能和定位。

以往，社区学院在配送线下课程和师资到养老机构的过程中，养老机构主要是负责做好配合工作，组织老人，安排场地，在教学过程中进行辅助。而在直播教学过程中，并没有线下师资进入养老机构，没有老师进入线下课堂，这就需要养老机构提升教学组织与实施能力。直播教学的最重要一环就是在养老机构，要激发和调动机构及其工作人员的主观能动性和积极性。直播教学前的有序准备：从教学材料包的发放、住养老人学习状态的调整、直播设备的调试等缺一不可。只有在直播教学过程中做好对老人的辅助指导，才能有良好的直播学习成效。同时，由于腾讯课堂等直播教学平台具备重播、点播的功能，养老机构可以多次重复观看，并与直播课程教师进行工作微信群内的沟通，从而充当起教学小助手的作用，为住养老人提供非常重要的一对多的学习支持服务，为老人的直播学习保驾护航。

机构层面以此次直播教学为契机，重塑了办学定位，不再是仅仅做好配合，更多的是和社区学院相互合作，共同为住养老人提供各项学习支持服务。政府层面则是提供制度、经费方面的支持与保障，由社区学院负责具体的业务指导和推进。社区学院加强了对直播课程内容的选择，加强了对直播课程教学环节的设计与优化，还加强了对教辅材料的准备和学习效果的指导与反馈。直播教学过程中各项事宜的对接，也让社区学院和机构之间的联系和互动更加频繁、更加紧密。社区学院和养老机构的联动进一步推动和加强了机构对住养老人的学习支持服务。养老机构与社区学院一起成为养教结合学习支持服务的"双主体"。养老机构也通过这一系列学习支持服务，不断提升老年教育教学组织与实施的能力，强化了办学定位和办学内涵。

2. 改进策略

在改进策略上，从原先只有线下资源配送的推进模式优化为线上线下相融合的模式。

在"互联网＋"时代背景下，在老年教育模式创新过程中，要加强老人们对信息技术的应用，开展数字化教育，让数字化学习走近有操作能力、有学习需求的老人，保障每一个老人能够消除"信息鸿沟"，在公正平等的学习环境下共享优质教育资源，让更多住养老人与时俱进，收获幸福感和获得感。静安区此次首创养老机构直播教学，给了住养老人全新的学习体验，课程学习进度更匹配他们的学习能力与学习特点，课程学习方式也有助于他们的个性化学习安排。首批区域内参与直播教学试点的机构共12家。随着项目的推进与影响力的产生，陆续又有2家养老机构参加，目前共有14家、158位住养老人参加长期课程的学习，累计授课近20次，参与者3000余人次，更好地诠释了"在学习中养老"的理念，大大提升了住养老人的生命质量和幸福指数，受到了试点单位和住养老人的广泛好评。

本轮直播教学，共开设了花鸟画和山水画两门课程。通过优选老年教育师资来开设直播教学课程，根据直播教学的需求给每位参与直播学习的住养老人配送学习材料包，搭建直播教学微信沟通工作群，让社区学院、养老机构、直播教师成为一体化的数字化课程教学团队。这是将数字化教育打造成为养教结合核心供给方式之一的有效探索。

通过推进数字化教育，优化教学模式和教学组织形式，让住养老人在公正平等的学习机会下，享受到优质的教育服务和适需的教育内容。通过前期的需求调研和统计，让直播教学的课程能够精准地匹配住养老人的需求；通过课程研讨对课程进行系统的设计研发，以便于更好地符合住养老人的学习进度；通过对机构工作人员的培训指导，确保工作人员能够在直播教学的过程中为住养老人提供一系列学习支持服务；通过微信工作群实时交流分享直播教学动态，以促进后期直播教学的进一步优化；通过回看视频，让老人对直播教学的内容进行反复练习，从而真正巩固和掌握；通过作业的反馈和授课老师的点评指导，确保直播教学有实效。

3. 保障策略

在保障策略上，建立了一套包含人员建设、资源整合、过程管理、经费保障和平台搭建在内的学习支持服务体系。

通过建立、完善养教结合工作领导体制，在工作过程中齐抓共管、密切协作，为养教结合工作顺利实施提供组织保障；通过出台《静安社区学院关于养教结合学习点建设工作的管理办法（试行）》以及《静安社区学院关于养教结合经费发放方案（试行）》提供制度保障，加强过程管理；通过下发养教结合专项扶持经费，提供经费保障；通过设立养教结合专职指导员，加强业务指导和工作沟通，完善人员建设；通过配送课程与师资，提供优质教育资源和服务；通过组织书画比赛，创设机会，搭建平台。

　　以开展直播教学为例，对区域内的养老机构进行需求调研，并结合需求调研开展研讨，在此基础上进行直播教学内容的精准选择；通过选择优质的师资，打造精品直播课为住养老人提供优质课程资源；对机构具体负责直播教学的工作人员进行技术培训和指导，同时在直播教学开展过程中，安排养教结合助学志愿者前往机构进行辅助；在直播教学开展的过程中，为机构统一配送材料包、建立工作群实时沟通工作进展，还定期让兼职督导前往机构进行指导；各个机构之间也在沟通会、工作群中进行互动探讨。以上五个方面，进一步为推进养教结合工作提供了全面保障，加大了社区学院对养教结合的学习支持服务力度，初步构建了一套完善的养教结合学习支持服务体系，并明确了体系的环节、构成及相应的职责。

　　从上述推广策略、改进策略和保障策略三方面出发，初步探索出一套可供复制推广的养教结合模式推进策略，为后期进一步拓展静安区老年教育发展路径做出了积极有效的探索。后期，我们可以进一步对比分析居家学习的老人与养老机构学习老人的学习支持服务需求的差异和共性，从而更好地推进静安区现代老年教育体系建设。

2 老龄化社会背景下建立医教结合模式的实验

徐汇区华泾镇社区（老年）学校

一、实验背景

（一）社会背景

关于老龄化社会，联合国的传统标准是一个地区 60 岁以上老人达到总人口的 10%，新标准是 65 岁以上老人占总人口的 7%，即将该地区视为进入"老龄化社会"；65 岁以上老人占总人口的比例超过 14%，则进入"老龄社会"；65 岁以上老人占总人口的比例达 20%，则进入"超老龄社会"。我国 1999 年就已进入"老龄化社会"。上海是我国最早进入老龄化社会的城市，也是我国老龄化程度最高的大型城市。到 2020 年，全市户籍人口中 60 岁及以上老年人口的比例超过 34%，即每 3 个人中有 1 个是老年人。

如何应对老龄社会面临的健康挑战，提出适应老龄社会要求的新的人类健康观，以此引领制定和实施应对老龄社会的健康战略，这是 1982 年第一次世界老龄大会以来全球面临的一个重大现实和理论问题。世界卫生组织先后提出"健康老龄化""积极老龄化"等理念。在此基础上，中国提出建构"主动健康观"的新理念，旨在为应对老龄社会面临的健康挑战探索中国道路和中国方案，为人类应对老龄社会的健康挑战贡献中国智慧。

在 2021 年重阳节来临之际，习近平总书记对老龄工作做出重要指示，强调贯彻落实积极应对人口老龄化国家战略，各级党委和政府要高度重视并切实做好老龄工作，把积极老龄观、健康老龄化理念融入经济社会发展全过程。

（二）现实需求

老龄化的匆匆到来，给正在致力于全面建成小康社会的中国带来了一系列新课题，这是我们难以回避的。众所周知，人到老年，身体器官及各项机能逐渐退化，这是客观规律，谁也不能阻挡。近年来，随着经济社会的发展和群众生活水平的日益提高，人均寿命不断增加，对健康的需求也越来越多。老年人的幸福，不仅仅是活得长寿，更重要的是要活得快乐、健康。与其他年龄组的人群相比，老年人是各种慢性疾病的高发人群，健康服务需求明显高于全体人口平均水平。老年人医疗卫生消费支出的压力越来越大。据测算，老年人消费的医疗卫生资源一般是其他人群的3—5倍。毫无疑问，养老除了保障老年人的基本生活之外，还需要大量适合老年人心理、医学等诸方面的专业服务。

由此，老年人的健康成为人们关心、关注的一个重要方面。对于老年人的健康知识深入普及越来越迫切，健康教育工作也越来越重要。据统计，55%的老年人存在躯体疾病；17.3%的老年人日常生活自理能力受损；15.3%的老年人有不同程度的抑郁症状。疫情发生以来，老年人是发病率和死亡率较高的人群，要让老年人更加关注健康，更加注重常见慢性病的日常防护。人人都想健康快乐养老，谁也不愿意在疾病缠身中痛苦地老去。

（三）存在问题

老年人普遍对健康有强烈的需求：一些老人轻信广告宣传或街头游医的诱骗，大量地购买保健品和中草药；一些老人整天沉迷于听治疗各种疾病的热线广播讲座；还有一些老人贪图便宜和便利，在社区为销售药品、保健品或保健仪的商家做一些身体某一方面的免费测试、免费试用。一方面是利欲熏心的商家抓住了老年人容易被利用、把握不住自己、爱贪图小便宜的心理；另一方面说明老年人的健康常识缺乏，没有规范的渠道获取健康知识。

老年人是社会生活人群中的弱势群体。如何提高老年人的健康水平是一个系统工程，需要全社会的协同努力，老人自己、家庭、医疗机构、政府等要发挥各自的作用。而社区老年学校，是老年人聚集的场所，是政府组织，有教育功能，有条件可以联合医疗部门，对老年人开展健康知识普及，帮助老年人对常见病早发现、早治疗。

二、实验的路径和方法

（一）调查研究法：调查社区老年人对哪些健康保健知识有普遍的、更高的需求。了解他们在养生保健、求医问药过程中存在哪些突出问题。了解老年人在养生保健方面存在哪些误区。

（二）行动研究法：通过三方合作，共同实施老年健康科普的老年教育工作，推动资源的深度开发利用，探索医教结合模式，建立合作共赢机制。

（三）个案研究法：通过追踪个别学员参与学习后的变化和反馈，探讨医教结合模式的成效。

三、实验内容

（一）建立医教结合模式。探索与专业医疗机构合作模式，共同开展专业性、公益性、普及性的健康教育活动的内容、路径与方法。

（二）开发一门特色课程。开设老年常见病的预防与保健类健康课程，建立一门专业性强、指导性强的特色课程。

（三）探索老年健康教育模式。结合老年人学习特点及学习需求，探索线上线下相融合的老年健康教育模式，以线下面授、健康咨询、科普讲座、大型义诊、线上课程及在线答疑等活动为主要形式。

（四）建设各类学习资源。双方共同建设开发老年人健康科普知识的相关线上学习资源、教材等，以线上学习方式，扩大老年学员参与率，并为后续课程的推广打好基础。

四、实验步骤

（一）准备阶段（2020年7—8月）

1. 成立实验项目研究组，制订实验方案，明确实验的目标、任务、步骤与方法，明确分工，落实研究任务。

2. 收集并整理相关文献资料，了解老年健康教育的现状，进行初步的分析与探讨。

3. 调查研究。组织调研，通过问卷调查、访谈、座谈会等形式了解社区居民的学习需求，了解社区老年人存在哪些常见老年病，需要哪方面的养生保健知识，喜欢何种学习方式等，为实验研究提供科学依据和指导意见。

下图分别是老年学员对自身健康状况的态度（图5-1）和喜欢的学习方式（图5-2）的调查结果。

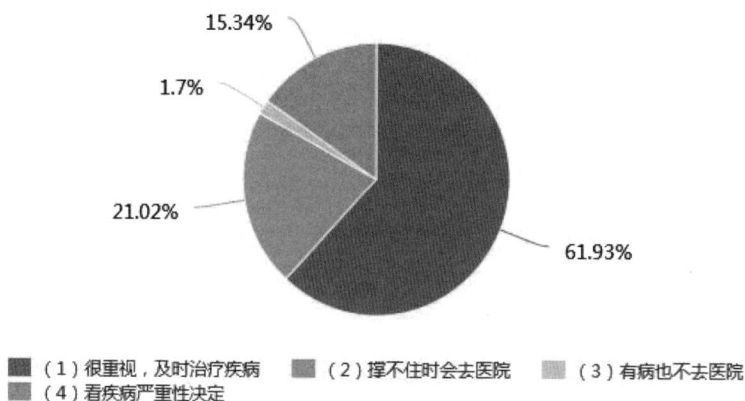

■（1）很重视，及时治疗疾病　　■（2）撑不住时会去医院　　■（3）有病也不去医院
■（4）看疾病严重性决定

图5-1　老年人对自身健康状况的态度

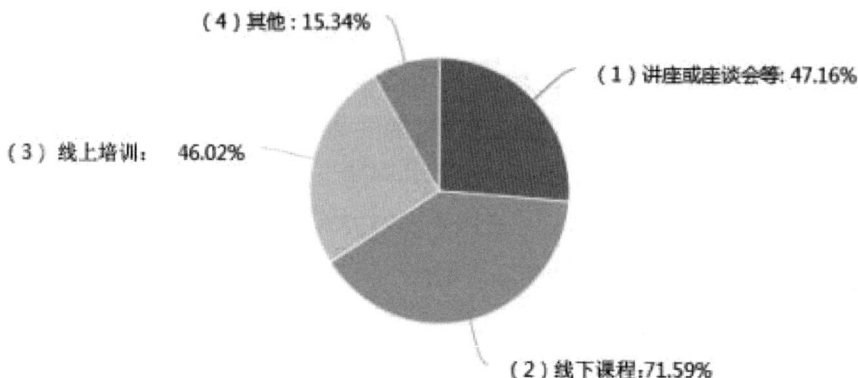

（4）其他：15.34%

（3）线上培训：46.02%

（1）讲座或座谈会等：47.16%

（2）线下课程：71.59%

图5-2　老年人喜爱的学习方式

（二）实施阶段（2020年9月—2021年10月）

1. 建立机制，保障实验项目顺利实施

据了解，社区内各类健康科普讲座及义诊活动虽然屡见不鲜，但因科普内容不够系统，或学术性太强，缺乏实际指导意义；或医生不了解患者病史，提供的建议并无针对性，老年人受益有限；或活动组织松散，流于形式，这样的科普实效不大。面对这些问题，我校认为，老年健康医疗知识专业性强，为保证医教结合项目顺利有序实施，并确保课程的质量，学校必须选择与

专业的医疗机构合作。在多方咨询比较后，由第三方机构至德医生集团（深圳）有限公司牵头，社区学校与复旦大学附属华山医院静安分院国家老年疾病临床医学研究中心（静安区中心医院老年疾病临床医学研究中心）签订三方合作共建协议，明确三方职责及任务分工。社区学校负责利用专业直播平台，组织好线上教学，并负责课程推广、线下咨询及学员管理等工作。至德医生集团负责组织优秀的医生授课，安排课程内容及课表，维护好线上"云班"，做好医生与校方的联系协调以及学员意见的收集反馈等工作。老年疾病临床医学研究中心的医生团队在刘迟主任的带领下，组成课程研究小组，撰写大纲，实施教学、拍摄微课及编写教材。三方建立了"老年智慧健康"微信群，加强日常工作联系，共同实施医教结合项目。

2. 开发课程，补齐学校健康课程短板

健康课程应涵盖哪些内容？什么是老年人应知应会的常识和技能？如何让日常保健成为生活方式？在课程开始之前，项目组进行了问卷调查和分析。根据调查结果（如图5-3），从老年人健康知识需求及健康科普工作的重点出发，由华山医院静安分院老年疾病临床医学研究中心负责开发设计"老年医疗智慧"科普课程。双方将结合国家政策，宣传老年人健康管理、老年健康与医养结合、高血压患者健康管理、糖尿病患者健康管理等国家基本公共卫生服务知识。结合老年人特点，围绕营养膳食、运动健身、伤害预防、常见疾病预防、合理用药、认知受损、生命教育、中医养生保健等方面进行医疗知识的科学普及。

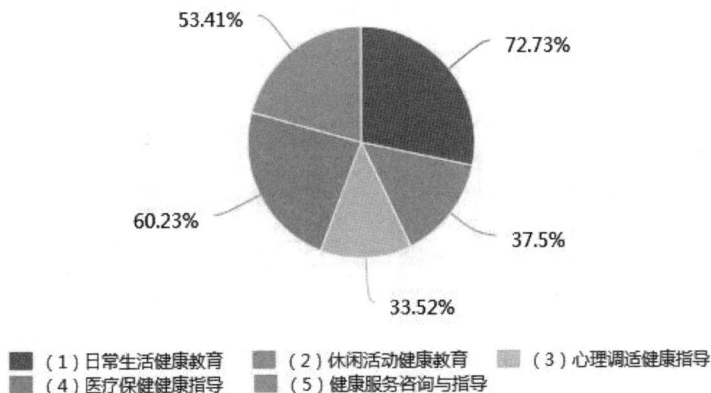

图5-3　老年人需要的健康教育知识

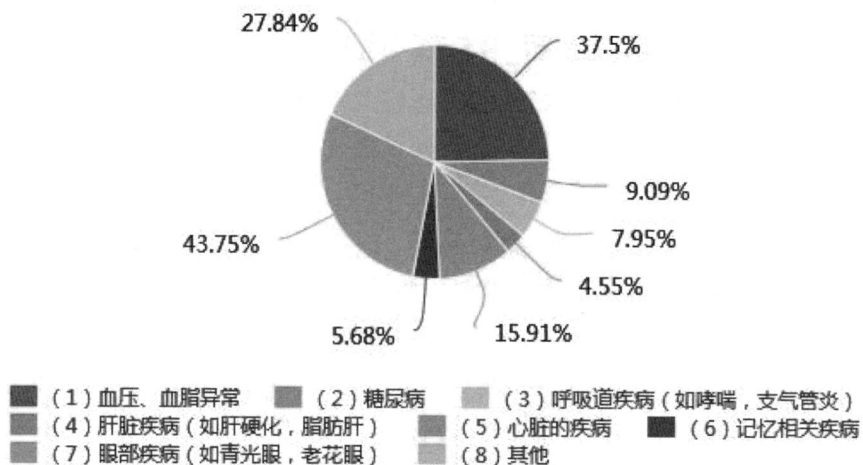

- ■ （1）血压、血脂异常　■ （2）糖尿病　■ （3）呼吸道疾病（如哮喘，支气管炎）
- ■ （4）肝脏疾病（如肝硬化，脂肪肝）　■ （5）心脏的疾病　■ （6）记忆相关疾病
- ■ （7）眼部疾病（如青光眼，老花眼）　■ （8）其他

图 5-4　老年人急需的健康知识

受疫情影响，学校以线上加线下结合的方式组织教学，每周四上午授课，分春秋两季进行，线下学员控制在 10 人以内。一年多来，授课达 42 节，线上学员 5687 人次。

在课程实施过程中，学校通过对老年学员学习前后的问卷调查和学习测试，了解老年人的学习效果，并通过个案追踪，观察健康课程对老年人确立"主动健康"理念、掌握保健常识的正向影响。通过对比发现，老年人的学习成效显著。2020 年秋季课程结束时，参加健康课程学习与未参加学习的学员测试的结果对比如图 5-5 所示。

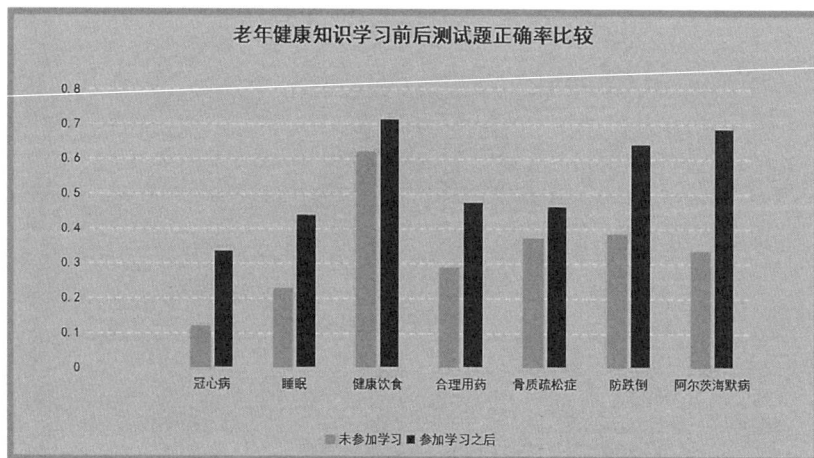

图 5-5　参加学习与未参加学习老年人测试结果

结果显示,经过系统的学习,学员对健康知识的认知明显高于对照组(未参加学习的学员）。

3. 制作微课,提供线上学习资源

为了丰富学习形式,让健康知识不仅入脑,还能活动身体,预防疾病,同时加强课程建设及学习资源建设,双方合作拍摄《老年人防跌倒健康操》系列微课程。这套课程是一系列适合老年人的健身操,旨在帮助老年人特别是高龄老人防跌倒。该套老年操动作简单,易于学习,能够帮助老人增强肌力,改善肢体的力量性、灵活性、柔韧性,恢复平衡性和步态,从而达到预防跌倒的目的,同时能让健身变得更加有趣、有效,让老年人在简单有趣的活动中预防跌倒。

微课程建成后,上传至我校"华泾学苑"微信公众平台"微学习"板块及院方的"老年智慧中心"公众号。老年人可以每天跟着视频做操训练,养成良好的运动习惯。该课程可以进一步提高老年朋友对平衡步态的重视程度,使老年朋友做好跌倒导致二次伤害的防控工作,提高老年人生活质量。

此外,学校把2020年以来的所有线下授课进行了录制,放在云校平台上,老人扫描二维码就可以回看,可多次反复学习,也便于老年人转发、共享资源。年轻的医生们还自编自演自拍了老年常见病防治的微视频,以轻松幽默、生活化的方式传播健康知识。

院方医生也将课程视频在医院病房及其他社区播放,供更多老年学员在线学习,扩大了健康科普的覆盖面。2021年暑期,在徐汇区社区学院的支持下,我校老年健康课程登上了"光启e学堂"的区级云校平台,医生团队先期录制了14节课,每周四上午9点准时在线播放,受益老年人数量进一步增加。

4. 固化成果,编写老年健康医疗科普教材

经过一年多的教学实践,老年学员反映健康知识学习对自身健康管理非常有帮助,他们也想做科普员,把健康知识传播给更多老年朋友,但在学习过程中记笔记总是有遗漏,甚至有差错。为帮助学员学习,让学员在课后能巩固课堂所学知识,并把精心设计、合理安排,接地气、受欢迎的教学内容固定下来,授课医生团队与学校专职教师决定将教学内容整理汇总,以教学大纲和讲义为基础,组织有经验的医生编写社区教育题材,将专业的医疗知识深入浅出、图文并茂、通俗易懂地呈现出来。

5. 多种形式，开展老年健康科普

除了每周一次的定时授课，项目组还开展了公益讲座、线上答疑、线下咨询等多种形式的健康科普活动。如，针对老年人虽时常与药品、医生和医院打交道，但是存在不了解如何合理用药、如何就医的问题，项目组根据专题，开展线上咨询活动，为老人提供一对一的答疑咨询服务。开展了日常生活必备的急救知识科普、口腔健康、眼科科普及实操检查、心理健康测评及科普等公益讲座 6 场，线下义诊及培训活动 5 次。多种形式的科普活动，进一步健全了医教结合的模式。

6. 互帮互助，建立云端学习共同体

虽然线上课程为大家提供了学习的便捷渠道，但老年人更喜欢线下的沟通交流，希望与医生面对面地咨询。为了帮助老年人更好地学习掌握健康知识，解决老年人日常遇到的一些健康问题，学校通过小鹅通第三方平台的社群模块及微信群等渠道，建立了云端学习共同体（也称云班）。在云班内，可以上传授课课件、学员笔记等图文资料，提供老年学员相互交流的场所，让学员互帮互助，提升学习效果。目前，云班内共有学员 93 人，还有 1 位医生给大家提供日常答疑服务，并定期在班内推送健康小贴士。这些日常的温馨提示和健康常识深受老年人喜爱，他们不仅自己学习，还转发给亲朋好友，让更多人受益。他们把云班内的医生亲切地称为"健康卫士"。

（三）总结阶段（2020 年 10—11 月）

1. 收集并整理实验资料，如问卷、案例、活动记录等。

2. 开展座谈或问卷调查，收集学员对该课程的意见及建议，以改进今后的教学工作。

3. 总结实践经验，撰写研究报告，参加市级专家课题验收。

五、实验成效

（一）建立了医教结合的"一二三四"模式

1. 形成一个保障机制，推进医教结合可持续发展

党的十九大报告精神与《全民科学素质行动计划纲要实施方案（2016—2020 年）》要求加快建设学习型社会，构建服务全民终身学习的教育体系，做好公益性、普惠性、便捷性的全民终身教育，充分调动社会各类资源参与全民素质教育工作。

该实验项目就是贯彻这一文件精神，运用社会资源服务老年教育的案例。在第三方医疗组织——至德医生集团有限公司的牵头下，华泾镇老年学校与华山医院静安分院老年疾病临床医学研究中心签署合作协议，共同实施实验项目。经费来自双方的科研经费，实验人员由老年学校专职教师、医生团队及第三方负责人共同组成。经费、人员及合作协议这三个要素，是实验项目顺利实施的保障。

双方根据"医教结合"的理念，依托"静安区中心医院——至德医疗集团——社区老年学校"联合体的平台优势，通过医务人员走出医院，走进社区，与社区老人形成一种供需双方流畅互动的新模式。通过此模式引导全社会动用一切可以动用的力量来参与，推进多部门协同合作，共同管理老年人的健康问题。双方在合作中产生共赢共享效果。有了社区老年学校的协助，医院的科普工作更加有序、有组织，更加系统，也更容易获得老年人的信赖。有了专业医生团队的持续规范的科普，学校满足了老年人对健康知识学习的需求，建成了特色课程。在合作中共建的学习资源，双方均可长期共享。

2. 建立两个实施路径，促成医教结合项目落地

所谓医教结合，就是要把医院健康知识的科普与老年学校课程建设有机结合，通过教育的专业手段把健康科普工作落到实处。教育行业传授知识的主要途径就是开发课程，组建班级，实施教学。医院科普工作要求受众面要广。因实验项目实施阶段正逢常态化疫情防控时期，按照上级规定，线下课程招生需严格控制人数。一面是疫情，一面是科普，为了解决这一矛盾，项目组根据实际情况，采取了两条路径来实施教学。

一是建立线下健康课堂。以各种健康知识、常见疾病防治方法讲解为主，为线下学员提供一对一的咨询。线下学员每周轮换一次，让更多老年人有机会走进线下课堂，与医生面对面交流。

二是开设线上"云班"，提供视频课程。包括直播课与录播课两种形式。学校利用第三方直播平台，将每节线下课进行实况直播，并支持回看，让更多线上学员足不出户也能参与学习。录播课以每周定期推送的形式，让老年人有充足的时间学习、消化所学内容。无论参与直播还是录播课的学习，学员都可以在互动平台上进行交流。线上课程的开设极大地增加了学员人数，而且不受时间和空间的限制，时时处处都可以学习。

由此，我们创立了一套适合老年人特点的健康知识科普宣教新方法和新模式。这种模式用三个公式来表达，即，专业医疗团队＋专业教师队伍＝优质的健康科普课程，线上＋线下＝双管齐下的科普路径，课程＋活动＝全面系统的健康知识。

3. 开发三类学习资源，促进医教结合项目推广

在项目实施过程中，我们深知合作不易，医生们日常工作忙碌，无法满足社区老年人随叫随到的要求，必须要注重学习资源的建设和教学成果的积累。目前建成了三类学习资源：一是出版教材《银龄健康新主张——常见老年疾病的防治》，用于指导教学有序进行，并方便学员课后学习；二是整合系列微课、微视频等线上学习资源，方便学员随时随地学习，日常可以跟着视频做保健操；三是撰写系列短小精悍的推文，把保健常识分专题推送，老年人可以利用碎片化时间学习，并便于转发分享。这些成果（如表5-1）是由医生团队总结临床工作经验及科普经验编写制作而成，非常宝贵。特别是线上资源，可以随时用于学习和日常训练。学员只要坚持每日打卡，就能起到保健作用。这些既是医教结合实验项目的成果，也是今后推广项目的资源。

表5-1　各类学习资源汇总

教材（出版）	微课程（健康操）	录制课程	录制讲座	微视频	健康知识推文
1本	6节	42节	6节	5节	10篇

4. 构建四步"护身"法则，加强老年健康常态管理

在教学过程中，每位授课医生秉承着"科普宣教——自我判断——自我护理——自我预防"的四步教学法则，教会老年人掌握简单的自救"护身"方法，培养良好的生活习惯，减少各种疾病的发生。通过老年人的主动学习，满足了不同年龄段老年人的主动健康需求，培育和提高不同年龄段老年人的健康素养和生活习惯，建构了成熟完善的"主动健康观"。

（二）开发了一门特色课程

任何一种类型的教育都有自己的目标。老年教育最重要的目标就是提高老年人素质，充实老年人精神生活。我校老年智慧健康课程将"医"与"教"有机结合，课程内容设置聚焦老年健康常识知晓、疾病认知、科学预防的认知和心理健康的认知等。将老年教育服务与医疗科普工作有机结合，实

现无缝对接。项目组组织医生团队撰写了课程教学大纲，明确了重点难点，做到重科普、轻学术，把专业深奥的知识，用老年人听得懂的语言进行讲解。编写了逻辑清晰、浅显易懂、图文并茂的教材，便于老年人课后复习巩固。为检测健康课程的学习效果，项目组在参加学习和未参加学习的老年人中开展测试，经过对比，证明了老年教育医教结合模式在提高老年人健康知识的知晓率、加强日常保健方面起到积极有效的作用。经过一年多的实践和积累，建成了一门特色课程，补齐了学校健康课程的短板。

（三）获得老年学员广泛认同

本实验所服务的对象主要是低龄阶段的健康型城市老年人，及部分有独立思想、身体健康的中高龄老人，他们有较强的求知欲，渴望充实自己的晚年生活，提高晚年生活质量。医教结合项目的开展，从学校健康课堂的正规渠道，让老年人接受了专业医生的指导，这种规范而系统的健康资讯传播方式，让老年人放心、安心。医生们在课程中普及健康知识、健康养老、主动健康等理念，倡导"每个人都是自己健康的第一责任人"的理念，并不厌其烦地为他们讲解体检报告和病历诊断书。老年人感觉每一次上课就像是一次专家门诊，收获颇丰。他们对医生的感谢溢于言表，集体写了感谢信递交给院方领导。老年健康群内的学员越来越多。如老年学员黄阿姨认为老年学校的健康课程的老师由医生团队组成，很有信任感，课程内容切合老年人的实际情况，非常有用，对日常保健指导性强。学员朱阿姨认为，通过系统的学习，她改变了原来很多错误的保健理念和方法，学到了一些特别实用的日常急救知识。学员李阿姨认为授课的医生非常耐心，很亲切，比去医院看专家门诊还有收获。学员们每周都盼望周四的健康课。

（四）科普工作取得实效

2021 年 6 月，国务院印发了《全民科学素质行动规划纲要（2021—2035）的通知（国发〔2021〕9 号）》，指出要深化供给侧改革，破除制约科普高质量发展的体制机制障碍，突出价值导向，创新组织动员机制，强化政策法规保障，推动科普内容、形式和手段等创新提升，提高科普的知识含量，满足全社会对高质量科普的需求。还提出要加强老年人健康科普服务。依托健康教育系统，推动老年人健康科普进社区、进乡村、进机构、进家庭，开展健康大讲堂、老年健康宣传周等活动。

我们通过"医教结合"的形式，利用新媒体手段，帮助老年朋友跟上信息时代的潮流，做到与时俱进，了解最新的医学知识和健康内容。专业医生团队的科普，让老年人获得了对基础疾病的认知，掌握了简单常用的处理方法，学会正确面对自己的疾病，从而相信科学。医护团队在社区科普过程中更了解老年病人的真正需求，让科普不走过场，更有实效。希望在政府和社会的大力支持下，通过个体和家庭的自我努力，从而提高全民健康素养，让老年人树立正确的"终身学习观"和"主动健康观"。这将从根本上降低健康成本，节约社会资源，真正做到利国利民。

六、反思与展望

（一）保障科普经费投入

呼吁有关部门为市民科学素质建设投入资金，统筹考虑并落实科普经费。可采取设立科普基金、资助科普项目等方式，对基层单位开展科普活动给予经费支持，用于科普资源开发、科普队伍建设等。

（二）深化智慧健康课程

在项目实施过程中，尽管项目组采用线上线下融合的方式开展教学，并加强课后辅导答疑，但老年人因健忘而学习困难，希望有专业的医务人员能够全天候在线服务，解答他们的一些问题。这就需要借助信息化的手段，进一步开发智慧健康课程。可通过建立老年健康专用 App 或小程序，为老年人提供公平、可及、连续、优质的健康服务，让老年人随时随地轻松获得健康知识，加强日常健康管理。在条件允许的情况下，各街镇老年学校可逐步建立智能教室，开展场景体验式教学，让老年人跟上信息时代发展的步伐，体验并学会各类智能健康仪器的使用。

（三）建立医教结合网络

相较于比较成熟的"医养"结合模式，医教结合还未受到广泛的重视，但"医养结合"模式也存在经营成本高、专业人员数量不足以及需要政府多部门管理等问题。根据《健康中国行动（2019—2030 年）》倡导的"治未病、防大于治"总体策略，国家卫生健康委员会已把加强老年健康教育、做好老年疾病预防工作、推广各类疾病防治适宜技术，提高到战略高度。同时做到老年疾病早发现、早诊断、早治疗，尽一切努力，减少老人失能状况的发生。

从 2021 年 6 月 4 日上海市人民政府印发的《上海老龄事业发展"十四五"

规划》中可以看出，政府未来五年着力推进健康上海建设，要着力打造更加便捷、更高品质、综合连续的老年健康服务体系，并要求大力普及健康生活方式，拓展健康教育渠道。这就为健康教育的实施提出了新命题。遍布全市各街镇的老年学校，今后必将成为宣传老年健康知识的主阵地。因此，在上级部门的组织下，有更多的医疗机构与各级各类老年教育机构联手，建立面向老年人的医教结合网络必将是未来发展趋势。

3 建立伙伴关系，促进新建教学点社区教育有效发展的实验

闵行区马桥镇社区学校

一、实验背景

马桥镇由于"景城"大型居住区不断扩建与完善、城市化进程不断推进，人口大幅导入，1992 年总人口仅 28927 人，基本为马桥本土人员，2021 年，马桥人口已经逾 13 万人，为原先的四倍多，户籍人口近 4 万人。2008 年，马桥共有 13 个居村委 13 个教学点，到目前已有 28 个居村委 30 个教学点，而且人口还将不断导入。新增居委中居住人群复杂，有本镇动迁居民、市区动迁居民、经适房居民、公租房居民，有购买普通商品房和高端别墅区豪宅的居民，有流动人口居民（由于马桥地理位置较偏，很多市区动迁居民将房子出租给外来流动人员，动迁房居民区居住的流动人口占比三分之二以上）等。对于曾经以马桥本地农民为主的乡村古镇，人口突然大幅增长，发展为人口结构多元、对教育需求多元的城乡接合镇，给社区教育的平稳起步带来一定困难。

针对新建教学点居民对社区教育的多元需求和资源紧缺等实际，我们尝试在镇"学促委"顶层设计和指导下，由社区学校统筹协调，以专职教师联络员为纽带，依托大联动平台，构建三个维度的伙伴合作关系，即构建机关、学校、企事业单位等与新建教学点之间的伙伴关系，构建新建教学点与成熟教学点之间的伙伴关系，构建新建教学点之间的伙伴关系。

二、实验目标及内容

（一）实验目标

通过项目实验，推进三个维度的伙伴合作，实现整合、优化、共享教师资源、课程资源、活动资源、教育场所资源、教育和管理智慧资源等，营造"共建共享，合作共赢"的氛围，促进新建教学点社区教育的有效发展，完善马桥社区教育的架构体系，促进学习型社会建设，提升百姓对社区教育的参与度、感受度和满意度。

（二）实验内容

构建伙伴关系一：挖掘优化人力资源，培育一支社区教育骨干队伍，完善联络员工作制度；统整课程和活动资源，丰富课程内容和形式；挖掘社会资源，拓宽学习平台和学习内容。

构建伙伴关系二：激发老教学点负责人潜能，师傅传帮带，在互帮互学中青蓝共成长。

构建伙伴关系三：新建教学点中有建设相对成熟规范的点，聘请他们的负责人为师傅，雁首引领，指导新人，实现区域资源共享。

三、实验的理论基础

我们的三维"伙伴关系"建立并不是信口开河地粘贴，而是基于以下四个关于学习的基本理论。

（一）伙伴关系理论

伙伴关系亦可解读为"合作关系"，是指一种理想的社会组织模式，相对于"统治关系"的社会模式而言。美国当代女思想家艾斯勒在其《圣杯与剑》一书中首次提出："伙伴关系要求人们合作并相互尊重。它包含参与、联系，并为大家的共同利益和平而和谐地工作。"这种伙伴关系，经过我们实验和实践，可以理解成通过联系而形成一个整体的原则，不同于当今社会占据主导地位的强制性的等级服从体制；它要求公平合理，意见一致，互利互惠，民主地参与决策，积极地倾听，富有同情心地分担，相互支持，以促进共同兴旺发达；它包容并追求把人们结为一体。在伙伴关系的环境中人们感觉自己受到了重视，有真诚的关怀和安全感。

（二）参与式发展理论

参与是伙伴关系中的核心要素。参与式发展是人们在对"自上而下"的传统发展模式的反思和批判基础上形成的一种新思维，是自主、自发与自由地参加一系列教育活动。参与式发展的成形源于罗伯特·钱伯斯（Robert Chambers）自 20 世纪 80 年代起坚持不懈的倡导和推动。就社区教育的发展而言，社区居民应该是社区教育的"自治者"，而不是"旁观者"。他们是社区教育发展的主导者，而不仅仅是社区教育发展的对象。

（三）学习型社会理论

1968 年，美国学者赫钦斯（R.H.Hutchins）提出"学习型社会"的概念，孕育着新的发展观，是解决传统发展危机的选项之一。21 世纪初，"学习型社会"在中国提出并实践，其实质是"以学习求发展"。这里的学习不仅强调学习的终身性，而且强调学习的有组织性。社区通过构建学习型社会，致力于满足全体居民基本学习需求，提高百姓的学习兴趣和学习动力，不断实现居民美好生活的愿望，从而建立起一种有机的、主观能动的、结构扁平化的、符合人性的、能持续发展的大型居住区。

（四）学习模式理论

从概念上来看，乔伊斯等人（B.Joyce,M.Weil & E.Calhoun, 2000）认为，学习模式既是教师教学的模式也是学习者学习的模式，学习模式既是学员的学习模式也是教员的教学模式，这两者融合起来就是一种学习环境。教学过程的核心就是创设一种环境。钟志贤（2007）根据模式的含义、定义和特征，指出所谓学习模式，是指在相应的理论基础上，为达成一定的目标而构建的较稳定的学习活动结构。刘小丹（2016）将学习模式定义为学习过程中各种操作之间内在规律的一种抽象描述，它对学习过程有着重要的指导作用。魏耀发（2015）则从概念辨析的角度，探究了学习模式和教学模式之间的联系与区别，将学习模式视为学习方法、学习策略和学习习惯的有机整合，提出学习模式的建构要遵循"基于脑，适于脑，促进脑"的原则。

我们新教学点的建设、发展以及成效评估，都渗透着这四个理论基础，是围绕这四个理论融合而成的。

四、实验周期

三年（2019年1月—2021年10月）。

五、实验方法

主要运用行动研究法。课题研究团队都是社区教育工作者和研究者，亲身参与组织和引导百姓实践活动。围绕实验目标，首先诊断新建教学点社区教育起步阶段中存在的问题，并进行初步研究分析；其次拟订和完善实验方案；最后按照方案进行实践探索，观察、记录和评价具体行动研究过程中的各种情况，进行提炼升华，在此基础上形成研究报告和建议。

六、实验过程

（一）建立项目实施保障机制（2019年1—4月）

1. 组建项目领导小组

首先成立以镇"学促委"领导为组长的项目领导小组，召开领导小组、项目研究和实践管理队伍研讨会，进行深入了解和访谈。然后针对实际完善实验方案，优化实验内容和方法。

2. 组建项目实验队伍

由专职教师队伍、村居委干部队伍、兼职教师队伍、志愿者教师队伍、辅导员队伍、村居教学点负责人队伍、四长队伍等组成实验队伍。做好实验前的培训，明确各自的实验任务和目标。

3. 建立项目实验经费保障制度

将该项目经费列入年度预算中，由项目领导小组统筹安排，专款专用，确保项目顺利开展。

（二）项目实施阶段（2019年5月—2021年6月）

教育合力是在一定时间内和一定社会环境下，各种教育所产生的综合作用。合理凝聚教育合力能够事半功倍。针对马桥近年新增教学点数成倍增长的实际，结合大型居住区教学点的现状，我们以顶层设计分层构建三种伙伴关系为抓手，激发和凝聚教育合力，分层结伴、统整资源、和谐共生，携手推进社区教育稳步发展。

1. 构建机关、学校、企事业单位与新建教学点之间伙伴关系，弥补资源紧缺之短板

这一维度的伙伴关系，是三维伙伴关系中的核心。在镇"学促委"指导下，由社区学校主抓，社区学校专职教师联络员统筹协调，依托大联动平台，整合和借力全镇资源，构建机关、学校、企事业单位与新建教学点之间的伙伴关系。多方联手、优化和统整多元化教育资源，缓解供需矛盾，弥补资源紧缺之短板。

（1）挖掘优化人力资源，促进新建教学点社区教育有效发展。

教育大计，教师为本。教师发展是教育发展的一个永恒的话题。面对社区多元人群的多元需求，只有挖掘培育一支有智慧、有素养、多元化的教育队伍，才能满足新形势下的教育需求。为此，马桥镇主要从两方面促进教育骨干队伍的发展。

一是挖掘培育了一支多元化的社区教育骨干队伍。由专职教师队伍、村居委干部队伍、村居教学点负责人队伍、兼职教师队伍、志愿者教师队伍、辅导员队伍、四长（村民小组长、居民小组长、党小组长、网格长）队伍等组成教育骨干队伍。采取"请进、走出"的方式，对社区教育骨干队伍进行内容丰富、形式多样的培训，开拓社区教育骨干队伍的视野，提升骨干队伍业务能力和综合素养。如每个季度一次的社区教育讲坛活动，活动中有专家培训、教师交流互动、教学点经验分享等内容；每年定期组织相关人员进行"人文行走"活动，除了积淀人文素养，还请专家做业务培训，如活动中穿插垃圾分类专题讲座和知识竞赛、社区教育管理中的信息技术应用等培训。我们曾邀请专家符伟栋老师作"家风引领，践行社会主义核心价值观"讲座，邀请李国栋教授作"社区教育助推社会治理工作的理论与实践思考"讲座，邀请周慧敏教授作"社区教育中的人际交往"讲座，邀请镇领导讲马桥美丽乡村建设，等等。

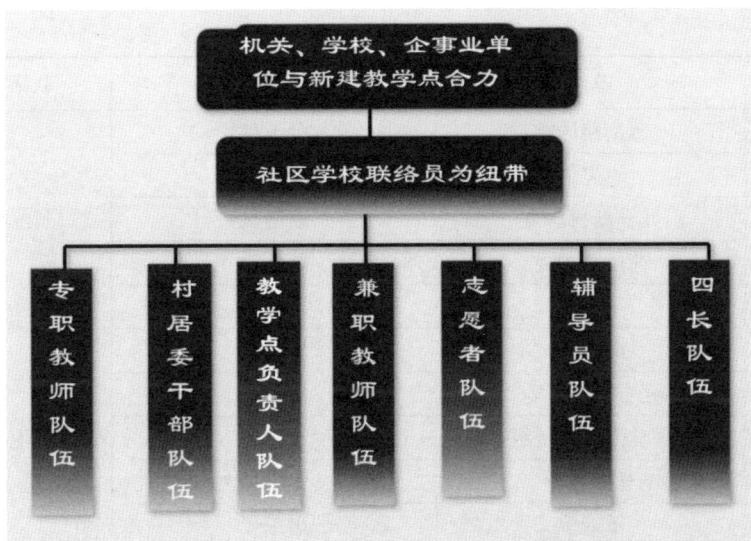

图 5-6　马桥镇社区教育骨干队伍结构

二是建立联络员制度，促进教学点工作有序开展。派专职教师作为联络员，除了协调统整全镇资源，为教学点提供教育资源，还与教学点负责人结对（见表 5-2），指导教学点负责人制订计划、做好总结，开展个性化的活动和课程开发，做好九本一卡填写以及其他常规工作等，使教学点负责人快速熟悉业务，并能规范有序、有开拓性地开展社区教育工作等。如每学期教学点的人文行走，专职教师联络员和教学点负责人共同带队，联络员老师协同专家和培训师共同开展相关培训；新学期开班季，联络员深入教学点指导班级管理和建设等相关事宜。

表 5-2　专职教师联络员与教学点负责人结对一览

序号	单位	教学点负责人	联络员
1	民主村	翁斌丽	
2	彭渡村	陈　俊	
3	同心村	吴姝南	沈晓东
4	友好村	彭屯慧	
5	吴会村	吴海英	

续表

序号	单位	教学点负责人	联络员
6	敬南路居委	孙玉良	贺红梅
7	旗忠村	高永章	
8	元祥新村居委	翁静岚	
9	茜昆路居委	顾慧瑜	
10	工农村	杨建花	
11	俞塘村	周 蓓	戴卫兰
12	元吉新村居委	俞燕红	
13	旭丽花园（筹备组）	王婷婷	
14	马桥居委	张 夏	
15	敬老院	屠玉琴	
16	银春苑居委	宋锋英	翁怡婷
17	银康苑（筹备组）	何晓欢	
18	品雅苑居委	周 莉	
19	金星村	陆玮娜	
20	四季悦园（筹备组）	董绮韵	
21	银杏里（筹备组）	龚冠萍	
22	保利佳苑居委	金蓓冬	马国彦
23	保利雅苑居委	金怡蕾	
24	景城和苑（筹备组）	屠雪萍	
25	景城馨苑居委	黄之娴	
26	飞碟苑居委	沈亚英	秦 晓
27	华银坊居委	夏翠红	
28	乐康苑居委	徐晓芬	
29	夏朵园居委	陈 宁	

（2）统整课程和活动资源，丰富教学点教育内容和形式。

为满足百姓需求，社区学校本部和29个教学点每年约开设230个班级、百余门课程供百姓选择学习。同时，社区学校牵头，携手文体中心、全镇各部门和企业，开发创课配送等资源，统整形式多样、内容丰富的课程和活动并配送到各教学点，弥补教学点教师紧缺、经费紧缺、课程和活动单一且供不应求的短板，以此促进社区教育稳步发展，满足百姓需求（见表5-3）。

表 5-3　马桥镇社区学校及上级配送教学点课程统计

序号	年度（年）	配送单位	配送课程次数（次）	听课人数（人）	备注
1	2019	马桥镇社区学校	28	1655	刺绣杯垫、香薰蜡烛 DIY 自制香薰蜡烛，格调高雅、营养膳食等 10 门课程
		闵行区邻里中心创课配送	29	652	玩转智能手机、走进身边的心理学、中老年女性形象管理等 29 门课程
2	2020	马桥镇社区学校	20	1380	衍纸画制作、营养膳食、茶与生活等 10 门课程
3	2021	马桥镇社区学校	20	1474	红色布艺、南湖红船制作、时尚钩针、八段锦等 20 门课程
合计			97	5161	

表 5-4　马桥镇政府、文体中心、企业等配送教学点课程和活动统计

序号	年度（年）	单位	培训次数（次）	参加人次（人）	备注
1	2019	马桥镇人民政府、文体中心、上海蒙奇传媒文化公司、上海申明文化传播有限公司等	146	83908	老年祝寿会、文化天天乐、丰收节系列活动之文化三下乡、手工纸汉服制作、沪剧舞台表演及演唱技巧等
2	2020	文体中心、上海沁池信息科技有限公司、上海新东苑沪剧团、镇文明办及各部门等	76	23556	老年祝寿会、文化天天乐、丰收节系列活动之文化三下乡、"点绛唇"中国风口红手作活动、"中医教你正确推拿治疗"等
3	2021	文体中心、闵行区群众艺术馆、上海市松江区群瑛沪剧团、上海东方宣教教育服务中心等	68	19202	"永远跟党走"听见 100 系列宣讲——红色电影故事会、《浓浓沪韵情》沪剧折子戏专场、2021 年马桥镇老年祝寿会等

（3）依托社会资源，拓宽学习平台和学习内容。

依托马桥历史人文古镇的资源优势，依托社会力量，实现社会公共教育资源与社区建设共享共用，开拓更多学习场所，实现社区学习场所倍增，拓宽学习平台和学习内容。马桥近年成立了香槟坊邻里中心、银林坊邻里中心、新街坊邻里中心、沙溪坊邻里中心、敬南坊邻里中心、吉祥坊邻里中心等六个邻里中心；建立了韩湘水博园、俞塘民众教育纪念馆、民主村农耕文化展览馆、马桥豆腐干制作体验基地、吉祥坊、浦江书院等六家社会学习点。2019 年六家邻里中心共开展教学和活动 3025 次，参与人数 180199 人次；2020 年开展教学和活动 1247 次，参与人数 51903 人次。六家社会学习点不仅为马桥百姓学习提供便捷，全国各地百姓也将马桥镇作为人文行走文化圣地，在行走中了解人文、提升素养。2019 年至今，马桥百姓走进 6 个社会学习点学习和活动的超 10 万人次，通过媒体网络参加线上行走和线下行走的全国各地百姓超百万人次。

2. 构建成熟教学点与新建教学点之间伙伴关系，青蓝结对共成长

"青蓝工程"是应对新老交接的一种措施，旨在培养出有一定办事功底和创新思维的新一代人才。"青蓝工程"开展的意义在于不仅可以避免新老交接时所产生的青黄不接的不利局面，又可以使得学习者在此期间有更快的发展。师傅在悉心教导徒弟的过程中能够不断完善自己的不足，徒弟在虚心求教中可以迅速汲取宝贵的知识和经验，快速成长。在此种积极向上气氛下，"陈酒"更香，"新酒"更醇。马桥镇 2013 年有 13 个教学点，至今年已发展为 30 个教学点，教学点的快速增加意味着社区教育新手不断加盟，新建教学点教师成长的紧迫性凸显。为了促进新建教学点教师快速成长，确保新建教学点社区教育规范有序起步，社区学校统筹，社区学校专职教师联络员协调牵线，我们构建了新建教学点和老教学点之间的青蓝结对伙伴关系，采取线上线下的多元学习模式促进教师发展。

一是采取点对点的学习形式。在社区学校联络员教师带领下，新教学点负责人到老教学点学习，如学习九本一卡的建立和管理、周周会的组织、课程开发等；或者在社区学校联络员老师带领下，老教学点负责人到新教学点指导相关工作。师傅和徒弟也常常通过线上交流，解决日常碰到的困难和问题。

二是采取片际之间的学习形式。每位专职教师联络员联络几个教学点，

联络员根据学习和工作需要组织多种形式的学习交流。第一种，片际线上学习。联络员老师在所联络的教学点建立微信群，群里有新老教学点负责人，新手遇到问题和困难可以在群里讨论，互相切磋交流。第二种，每次镇级层面组织总结或活动之前，联络员先组织片际交流。如每年在镇级层面对教学点年终总结考核前，联络员先组织片际交流演习，新手可以在片际演习中观摩老教学点负责人如何总结交流，同时老教学点负责人对新教学点负责人的总结交流提出建议，最后由专职教师联络员对新老教学点的交流进行点评。片际演习交流确保镇级层面考核交流总结更加有效。又如一年一度的村民周周会听课评课，也是片际先互相听课评课，最后集体推选并磨课后将精品课推荐参评镇级层面示范课。在集体互动中以老带新，促进新人迅速成长，从而促进新建教学点的社区教育平稳起步。新建教学点没有固化的社区教育模式，很多创新有赶超成熟教学点的态势，较短时间内就特色鲜明，促使全镇社区教育和文化体育工作考核名列前茅。教学相长的含义是：学然后知不足，教然后知困，知不足然后能自反也，知困然后能自强也。老教学点负责人也在指导带教新教学点负责人中进一步成长成熟。

3. 构建新建教学点之间伙伴关系，雁首引领促发展

马桥大型居住区居民人口结构多元，与马桥本土居民的教育诉求有所不同，大型居住区里华银坊教学点、夏朵园教学点、飞碟苑教学点居民是最早入住马桥大型居住区居民，教学点的社区教育不仅规范成熟，还形成了独特的亮点。为此，首先，我们建立了大型居住区教学点负责人微信群，将这三个教学点作为榜样，聘请教学点负责人作为师傅，对新教学点负责人进行业务指导，促使新教学点负责人快速成长，有序开展社区教育工作。其次，依托联络员老师协调，盘活新建教学点资源共享共用。新成立的教学点面临教师资源匮乏，教育经费不足，常住人口入住率低，有开班学员人数少、组织活动内容少等多重困难，我们尝试促成新建教学点建立伙伴合作小组。小组之间部分活动、课程、教师等资源共享，如乐康苑、保利雅苑教学点的两个合唱班都在组内教学点共享，品雅苑的二胡班也在组内共享，等等。就近联盟组织的老年祝寿会及各类培训、活动也很多。榜样的影响最恒久，能够穿越岁月、光照未来，合作的力量势不可挡，大型居住区在高起点上起步，短短几年，多家新建教学点考核成绩跃居榜首。

七、实验取得的成效

（一）构建了马桥镇社区教育架构体系

通过项目实验的推进，有效凝聚全镇上下的教育合力，共同构建了三个层次、三个维度的社区教育架构体系。

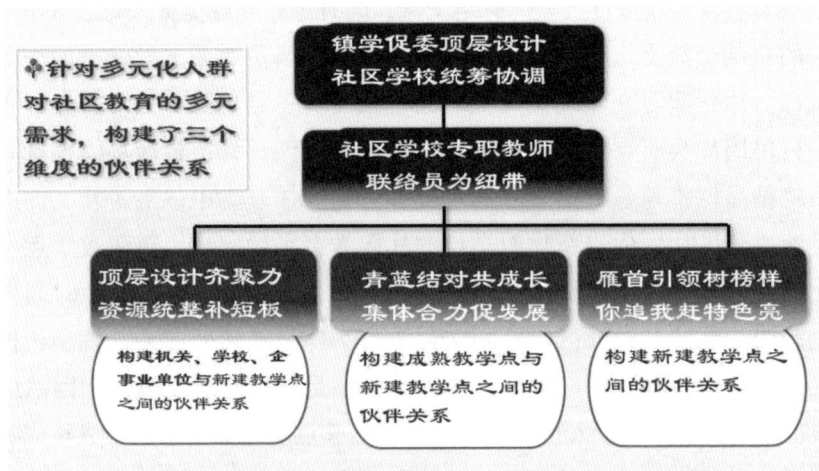

图5-7 马桥镇社区教育架构体系

（二）盘活优化了社区教育资源

实验项目的助推，挖掘统整了教育资源，弥补了新建教学点教师资源、课程资源、活动资源、教育场所资源不足之短板。

1. 统整优化了人力资源。以教师发展为抓手，有效推进了社区教育稳步发展。除了村居委干部队伍参与社区教育外，马桥镇挖掘统整了大批专兼职教师和志愿者教师参与社区教育教学、管理和服务，有9名社区学校专职教师、16名注册志愿者教师、143名志愿者教师、10名双师型教师、29名教学点负责人、29名文化服务员、54名村名周周会辅导员，还有多名四长（村民小组长、居民小组长、党小组长、网格长）。

2. 挖掘统整了课程和活动场所资源。近几年除了各教学点和社区学校本部开设各类课程班约230个班级外，社区学校统整市区级、镇级课程和活动配送给教学点，5925035人次参与了课程学习和活动。2019年、2020年和2021年，村居依托六个邻里中心共享课程5672次，参与学习和活动252102人次。依托六个社会学习点，三年来参加学习和活动的马桥百姓超10万人次，通过媒体网络参加线上行走和线下行走的全国各地百姓超百万人次。

（三）促进了新建教学点平稳有序发展

合力驱动，确保了新建教学点稳步有序发展，在较短时间内多个新建教学点开始彰显特色，与资深教学点的发展相比处于伯仲之间。详见表5-5。

表5-5　2019年、2020年29个教学点年终考核统计

年度（年）	等第数	新教学点	占比
2019	一等奖5个	1个	20%
	二等奖11个	6个	55%
	三等奖11个	7个	64%
2020	一等奖11个	6个	55%
	二等奖18个	9个	50%

（四）激发衍生出就近组合结盟第四维度的伙伴关系

在探索三个维度伙伴合作的过程中，各教学点深深体会到合作共赢的精髓，大家一致达成建立就近组合结盟第四维度的伙伴关系，进一步弥补新成立的教学点资源匮乏、老教学点发展到一定程度总会有各自的发展瓶颈之短板。为此，以六家邻里中心为主要联盟阵地，分片结盟与自由结盟相结合，大家共建共享，分片教研活动，智慧共享，课程、活动和教师资源共享。2019年，共享课程和活动3025次，参与人数180199人次；2020年，共享课程和活动1247次，参与人数51903人次；2021年，共享课程和活动1068次，参与人数48969人次。

（五）科研引领助推，马桥社区教育得到可持续发展

马桥镇以科研引领和助推社区教育，使得新常态下的马桥社区教育依然得到可持续发展。此轮实验项目的探索和实践，让我们深深感受到伙伴合作的无穷魅力，合力推进社区教育能快速催化马桥农民城市化、市民本土化，不同人群相互融入，和谐共生。马桥的社区教育生机盎然，学习型社会建设有声有色，社区治理有条不紊。在人口大幅导入、人群结构多元、教育需求多元、资源非常紧缺的情况下，马桥的社区教育依然砥砺前行，实现可持续发展。区教育局委托市第三方开展满意度测评，马桥社区教育满意度位列全区首位。连续十三年区教育局办学水平评估考核社区学校均

为优秀。学校荣获"全国社区教育示范镇""上海市学习型社区""上海市老年教育先进集体""上海市优秀成人教育院校"等称号，顺利通过了内涵建设达标评估，首批获评上海市优质校。

八、实验中存在的困难

（一）受疫情影响，自 2020 年开始，线下教育开班时断时续，各教学点之间的大门时开时闭，很多合作课程和活动难以按预期实验目标推进，教学点之间线下共建共享受制约。

（二）近年来，全镇范围内实行全岗通，人员流动非常大，教学点负责人和社区教育教学点相关管理人员流动频繁，一定程度上影响了实验项目的深化落实。

（三）2021 年社区学校搬迁后，校舍场地受限，一些与各教学点共建共享的线下课程难以实施。

4 探索家庭教育密码　助力幸福廊下建设的实验

金山区廊下镇社区学校

廊下镇社区学校是一个与村居民密切联系的、最基层的学习型组织，按照新时代党和政府对家庭教育的部署和要求，学校进一步深化家庭教育指导服务。学校依托"智慧家长 你我同行"项目，联合各方面的教育资源，探索家庭教育的密码，对家长进行具体指导，助力幸福廊下建设。

一、实验背景和基础

（一）实验背景

1. 党和政府当前推进家庭教育的要求

为深入贯彻习近平总书记关于家庭教育的重要指示精神，落实全国教育大会精神，特别是关于"注重家庭、注重家教、注重家风"的重要指示，社区学校依据全国妇联、教育部等九部委印发的《关于指导推进家庭教育的五年规划（2016—2020 年）》和《教育部关于加强家庭教育工作的指导意见》等文件精神，落实家庭教育的指导工作。同时，金山区教育局推动"五育融合"育人方式的变革，出台《金山区关于进一步深化融合育人的实施意见》，编制《金山区"五育融合"教育发展规划与行动方案（2021—2023）》，研究"五育融合"的方向和路径。

2. 廊下镇家长对家庭教育的现实需求

金山区廊下镇地处金山区西南，是上海市最大的现代农业园区、新农村建设示范窗口。随着上海新农村发展步伐的加快，村民的生活条件大大改善。随着经济条件的好转，村民们更加重视孩子的教育问题。廊下本地人口只有三万多人，其中三分之一是老年人，所以家长整体文化水平不高。家长现在主要重视孩子的考试成绩，相对缺乏进行家庭教育的意识和相关的家庭教育知识。家庭是人生的第一所学校，家长是孩子的第一任老师，家庭生活中父母对孩子的行为习惯、思想品德、价值观、健全人格等培养具有基础性作用。所以家庭教育不能缺位，对家长进行家庭教育的指导就显得尤为重要。

（二）实验基础

1. 各级各类学习场所提供基础保障

镇社区学校拥有固定的教室和稳定的师资，每年开设系统性的连续课程和举办丰富多彩的学习活动。另外，学校还扩展了15分钟学习圈内涵，除了之前建设的15个村居学习点、45个宅基学习点，还指导村居先后建设了中联崇本学堂、光明牌场学堂等5所村居学堂和廊下土布文化体验点、江南莲湘民俗文化体验点等6家终身学习体验点，让村民在家门口学习书法、绘画、手工体验等多种课程。村民根据自身的学习需求，自行选择学习的场所。

还有专门针对青少年的廊下镇学生社区实践指导站，该站作为上海市首批学生社会实践基地，为廊下本地学生提供多种志愿服务岗位和农耕文化、传统习俗等特色课程。

镇社区学校、村居宅基学习点、村居学堂、终身学习体验点、学生社区实践指导站等一系列学习场所，利用已有的场地、设备、师资等条件，为家庭教育的开展提供基础保障。

2. 原有特色品牌项目提供活动保障

二十四节气民俗文化一直是学校的品牌特色项目，包括荣获"上海社区教育优秀微课评选"一等奖的25节节气系列微课，自编的12册校本教材《二十四节气民俗文化》，由上海浦江教育出版社、上海教育音像出版社联合正式出版的《二十四节气民俗文化——春夏秋冬》系列书籍。学校发挥优势，扩展延伸，进一步做深、做细二十四节气相关内容，与家庭教育内容相契合。

学校原有的特色志愿服务项目——"祖辈课堂"，以"快乐学习、精彩生活"为主题，以"学习为主，娱乐为辅"的方式，服务廊下本地15个村居的老年人。而后启动的"大雁行动"，以共同工作需求和兴趣爱好为基础，以学习团队的方式开展各类学习活动。两个项目都可以把家庭教育内容纳入其课程体系，借助成熟的模式，老壶装新酒，直接服务家庭教育宣传工作。

同时，"祖辈课堂"的镇级加村级志愿者共200余人。"大雁行动"建设了106支学习团队，培育了106名领头雁和其团队成员。两个项目的志愿者从镇级和村级两个层面，为实验的开展提供了人员保障。

二、实验目标

（一）了解影响廊下镇家长们的思想认识，使其形成正确的成才观。

（二）共享线上线下资源，探索有廊下区域特色的社区家庭教育内容和方式。

（三）关注亲子活动的各个环节，注重过程的完整性。

（四）达成推进机制，成立家庭教育联盟。

（五）培养家庭教育骨干成员，扩大实验受众人群。

（六）和谐亲子关系，提升家长和孩子的家庭幸福感。

三、实验方法

（一）文献研究法

研究学习家庭教育相关的文件、著作、论文，了解党和政府对家庭教育的指导思想、当前家庭教育的理论成果，为后期进行实验奠定理论基础。

（二）调查法

通过访谈、调查问卷等形式，深入了解廊下家庭教育现状，收集学生及家长对家庭教育的期待。

（三）行动研究法

在实验的过程中，通过边学习、边研究、边修改、边完善的实践方法，分析问题，解决问题，及时修正实验路径，确保实验朝着科学、合理的方向进行。

四、实验内容

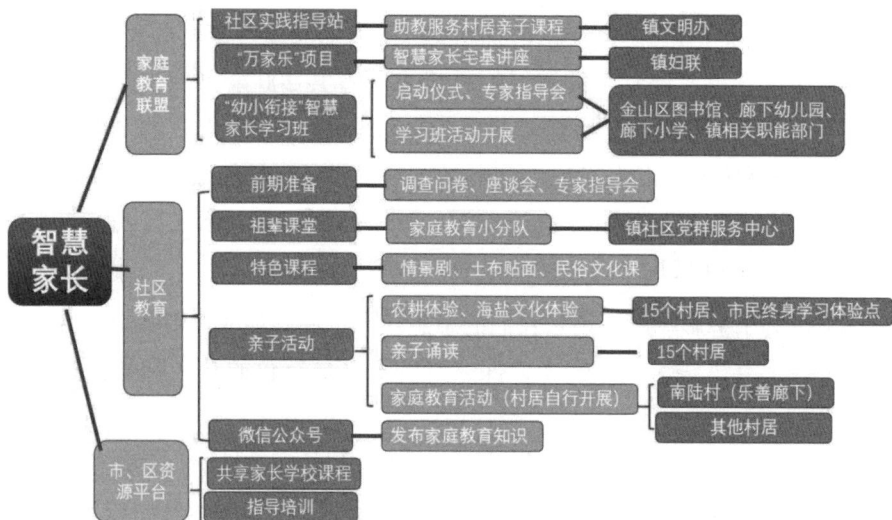

图 5-8 实验内容

（一）开展前期调研，了解现状，分析家长的困惑和需求

通过在全镇 15 个村居发放 300 份调查问卷的形式，了解廊下镇家庭教育的现状，以及家长对于家庭教育的困惑和需求。通过对收集的问卷进行分析，我们发现，有以下几点值得关注，同时为本次实验项目的开展提供了思路：

1. 300 个家庭中，独生子女家庭最多，有 237 个。孩子的年龄主要是幼儿阶段和小学阶段，分别是 99 个和 117 个。幼升小阶段的家庭教育问题值得研究。

2. 300 个家庭中，负责孩子教育的绝大多数是母亲，有 218 个。说明父亲在家庭教育中的缺位比较严重。这也提醒我们，在组织家庭教育活动时，要鼓励父亲多参与。

3. 有 77% 的家长觉得自己"当然知道"或是"大致知道"自己的孩子在想什么。同时，42% 的家长觉得在家庭教育中遇到的困扰就是"孩子不听话"。家长以为自己了解孩子，但遇到孩子"不听话"时，却不能很好地解决问题。因此，有必要对家长进行心理学、教育学、科学育儿等知识学习方面的指导。

4. 47% 的家长认为家庭教育最大的成功是孩子能"德智体美劳全面发展"，这与"五育融合"的思想不谋而合。

5. 82% 的家长认为家庭教育对孩子的成长非常重要，可只有 40% 的家长愿意特地腾出时间参加类似家庭教育讲座及亲子活动。说明家长的思想和行动不匹配。

6. 家长在家庭教育中遇到的最大困难是，49% 的家长缺乏家庭教育知识，43% 的家长缺乏家庭教育的技巧方法。而家长们的家庭教育知识 60% 来自网络，44% 来自电视，38% 来自学校老师。这也提醒我们要实行线上线下双通道，给予家长丰富的、科学的家庭教育知识。

7. 家长的文化层次水平相差较大，只有 31% 的家长是本科及以上学历，32% 的家长是初中及以下学历。所以在选择家庭教育内容时，启蒙阶段以基础知识为主。

（二）举行座谈研讨，听取意见，引领家庭教育的前进方向

家庭教育对于社区教育工作者来说是一个新的方向，大家对此都缺少经验。所以需要专业人士进行指导，引领前进的方向。

1. 2020 年 12 月 3 日，"传承优秀民俗　弘扬传统美德"智慧家长项目座谈会在学校三楼会议室举行，出席会议的是金山本地民俗文化的传承人和学校教师。会议主要讨论要围绕家庭教育的主题，创作出类型丰富的作品、节目，如贴画作品、廊下方言三句半快板、情景剧等，立足传承本地优秀民俗文化，用社区教育的形式来推广家庭教育。好酒也怕巷子深，设计编排了好的内容，就需要有推广的渠道。所以要建立一支"智慧家长"特别小分队，下到各村居宣传家庭教育知识。

2. 2021 年 3 月 4 日，学校召开实验项目专家指导会，邀请了上海开放大学非学历教育部副部长姚爱芳、金山区社区学院院长毕玉龙、嘉善社区学院副院长吴曙强、上海海阔东岸文化创意产业园执行董事王芳四位专家来校指导。四位专家从不同的侧重点提出自己的建议，对如何更好地开展实验项目指明了方向。

3. "幼小衔接"智慧家长项目专家顾问座谈会于 2021 年 4 月 21 日在金山区图书馆三楼会议室开展。参加启动仪式的嘉宾一同参与了座谈会。会议研讨氛围热烈，大家各抒己见，发表自己的看法和建议，互相交流，希望不断完善智慧家长项目、助力幸福廊下。

（三）重视核心内容，融入特色，确定家庭教育内容和方式

从家长的需求出发，关注家庭教育中的突出问题，融入本地、学校特色，确定多层次的家庭教育内容。做到"四个结合"。

1. 与金山区教育局"五育融合"思想相结合

促进学生德、智、体、美、劳全面发展，达到融合育人的目的。品德教育是核心内容。

结合 4 月 23 日"世界读书日"这个主题，廊下镇社区学校联合廊下幼儿园、廊下小学以及廊下镇相关职能部门于 2021 年 4 月 21 日在金山区图书馆隆重举行"播撒'五育融合'的种子——幼小衔接智慧家长学习班"启动仪式，廊下幼儿园大班共 20 对亲子家庭参与本次活动。

开班仪式后，相关单位按照学习班的相关安排，从德、智、体、美、劳五个方面组织了一系列的学习活动。廊下幼儿园大班的孩子和家长走进小学，提前感受小学的学习环境；廊下幼儿园联合廊下小学举办了"幼小协同，科学衔接——幼小衔接背景下幼儿学习品质培养"的主题教研活动，家长们线上线下共同参与活动；廊下小学德育主任潘玲娣老师为家长们进行了微讲座"做有为的家长"，深入浅出地讲解了如何为孩子进入小学做好准备等内容，化解了家长们的困惑；家长带着孩子们在景红林民俗文化体验点进行农耕亲子劳动教育；家长和孩子一同参加"爱眼"专题讲座，了解眼睛，爱护眼睛；家长和孩子一同亲近自然、爱护环境，对孩子进行美育教育。

2021 年 9 月，大班的孩子升入小学。9 月 30 日，廊下小学开展了"一年级学习准备期家长开放日暨大舞台展示活动"。一年级的每个班级都做了大舞台的风采展示，向家长们展示自己这一个月学习准备期的成果。接着，家长们走进课堂，旁听了教师的课堂教学，观看了自己孩子的课堂表现。最后召开了以"好习惯成就好人生"为主题的班级家长会和年级家长会。朱保良校长做活动总结，希望家校合力，让孩子从小养成好习惯。

2. 与廊下本地特色相结合

把廊下土布、金山农民画等广受廊下百姓喜爱和熟悉的优秀民俗文化融入家庭教育相关工作中。

据《廊下镇志》记载，廊下当地古来就有风俗，"芒种"过后"黄梅上岸"，插秧工作全面结束，农民得以休息几天，这时候就需要"回家看

望爷娘，以示孝心"。时代在进步，但流淌在其中的"孝文化"历久弥新。学校根据廊下本地芒种节气的习俗，创作了情景剧《种好黄秧　看望爷娘》。这部剧的演员是学校的兼职教师和学员志愿者，台词是用廊下当地方言演绎，原汁原味，贴近百姓的日常生活。而情景剧的同名土布贴画作品由金山农民画设计师姜永勋专门设计，将农民画的手法与老土布的原料相结合，在特色传承中践行道德文明。上海教育电视台《上手乐》节目组特意来到廊下镇拍摄土布贴画《种好黄秧　看望爷娘》节目，学校的常务副校长张亚芳及学校专兼职老师一起参与录制。录制内容于 2021 年三月份在《上手乐》节目中播出。

3. 与学校的特色品牌项目相结合

祖辈课堂是我校的重点品牌项目，2015 年以来一直服务廊下老年人。15 支镇级小分队于每周五下午在宅基学习点上门组织学习。2021 年设立一支家庭教育特别小分队，通过知识问答、三句半、小品等老年朋友喜闻乐见的形式，轮流在全镇的 45 个宅基学习点上进行宣讲，宣传家庭教育的重要性，为祖辈家长们普及家庭教育的基本知识。

学校的顾一帆老师也结合学校出版的《二十四节气民俗文化》书籍和土布贴画的内容，设计了一节民俗文化课"芒种节气的民俗文化——种好黄秧　看望爷娘"，通过传统的课堂教学，进一步帮助学员理解艺术作品背后深层的内涵，最后还通过一首《芒种》亲子拍手歌，让家长在与孩子的互动中，共同传承和弘扬"百善孝为先"的传统美德。

4. 与"乐善廊下"相结合

在历史上，先有南陆，后有廊下。廊下得名于"姚家廊下"，而姚家的老宅就在南陆村。现在，姚家的第 23 世后人还住在南陆村。姚氏文化最大的亮点是三个不同历史时期的家训。家训属于中华优秀文化的一部分，国有国法，家有家规，欲造优美之家庭，须立良好之家规。

从南陆村姚家的"三条家训"入手，强调"好家风、好家训"的重要性。姚家后人、被评为"金山好人"的姚玉庆，经常在南陆村怡善学堂里向村民们宣传"姚氏祖训"，为家庭教育事业的开展发光发热。除此之外，南陆村积极扩展家庭教育外延，把老师请进来，对家长和孩子进行家庭教育。

2021 年 7 月 22 日，南陆村在怡善学堂开展了"智慧家长——陪伴孩子成为最好的自己"暑期亲子教育活动，邀请了家庭教育指导师王薇老师为家长和小朋友们上课。王老师讲述了什么是家庭教育、家庭教育的重要性、如何开展家庭教育等，建议家长多和孩子沟通，多鼓励孩子，让孩子感受到生活在家庭中的幸福感，给孩子一个宽松和谐的成长空间。家长和孩子们都听得很认真。

2021 年 8 月 16 日，南陆村邀请金山区最美家庭——沈英家庭，为家长和小朋友们上一堂"好家风，好家训——同心战役，志愿前行"的暑期亲子教育课。沈英老师讲述了自己和家人在疫情期间所做的志愿服务，来引导家长认识培养"好家风，好家训"的重要性，强调家长自己要以身作则，言传身教，正确引导孩子。

（四）整合教育资源，分步推进，积极组建家庭教育联盟

仅仅依靠社区学校自身的力量来开展家庭教育是远远不够的，要整合各方面的力量。

1. 与镇职能部门工作相结合

比如镇妇联"万家乐"项目，邀请海棠小学校长钱欢欣给村里的家长讲述"智慧家长三部曲——宅基头家教故事汇"，让家长们足不出村就能进行听课学习。镇文明办"社区学生实践"项目让高中生作为助教参与村居亲子教育的课程开发。

2. 要与镇不同学段的学校工作相结合

针对各个年龄层次的家长需求，准备不同的内容。除了与廊下幼儿园、廊下小学合作开设"幼小衔接"——智慧家长学习班之外，还在廊下中学体育节、运动会上一同举行亲子运动专项比赛，进行"体"育。大人和孩子合作传递乒乓球、用后背运球，让这群青春期的孩子与父母在运动场上同心协力，为共同的目标一起努力，从而拉近距离、增进感情。

3. 与区图书馆继续合作

结合之前共同运营的"耕读廊下"项目，融合家庭教育内容。区图书馆安排家长与孩子一同参观馆内藏品，在充满童趣的少儿阅读区阅读了画册。图书馆的卢伟老师为家长们作了专题讲座"让孩子和书籍交朋友"，在阅读兴趣的培养、书籍的选择、与孩子的互动等方面，对家长们进行专业指导，使大家收获颇丰。

4. 利用终身学习体验点、村居学习点等场所资源

虽然廊下地处远郊，但很多村里的孩子已不再接触农事，家长们也对

孩子们在劳动方面不再提什么要求。为了让农村孩子记住自己的根，重新热爱乡土文化，学校特意安排了暑期亲子活动，在每个村居挑选 10 组家庭，在景红林民俗文化体验点共同体验农耕文化，进行劳动教育。

暑期，社区学校在 15 个村居开展亲子教育活动，进行点单授课，开展现场体验。开展网上亲子诵读活动，引导家长和孩子线上参与。对于线下体验活动，家长们报名踊跃，风雨炎热也阻挡不了大家参与的热情。网上亲子诵读活动也得到了家长们的积极响应，本次诵读活动共选出 4 组优秀家庭，学校也通过微信公众号进行宣传表扬。各村居根据自身实际，因地制宜，组织开展多场家庭教育活动。

（五）进行资源共享，线上线下，整合利用多种途径协助学习

本镇、本校除了自主开展活动，也会分享其他村镇的资源。如盐文化馆是漕泾镇社区学校的终身学习体验点，我校积极引进盐文化馆的海盐系列课程，作为亲子课程配送到 15 个村居，共享优质课程资源。

另外，还用学校的微信公众号转发上海市开放大学、金山区社区学院等上级部门提供的网络平台资源，通过讲座、直播课、节目展示等多种方式帮助家长掌握家庭教育知识。

（六）注重理论实践，学练结合，提升家庭教育工作者的能力

家庭教育者需要进行理论知识的学习。教师学习《习近平关于注重家庭家教家风建设论述摘编》，参加"上海家庭教育骨干队伍培训班"和"上海家庭教育指导师培训专题研讨会"等培训学习和专题研讨活动。除了理论学习，还要进行实践操作。学校组织教师参与各项家庭教育活动，在工作中积累经验。

五、实验进程

（一）2020 年 11—12 月　实验的准备阶段

1. 构建体系，制定方案

明确项目的目标，收集项目研究相关资料，以及现有的教育资源。由镇社区学校牵头，组织镇各职能部门、村居、终身学习体验点等单位、部门，为实现家庭教育的普及，紧密配合。以召开座谈会、个别访谈等方式探讨项目的可行性，确定实验方案。

2. 人员集结，组建队伍

（1）决定聘请一支经验丰富的家庭教育指导员队伍，运用他们的专业知识对教育活动进行指导。

（2）准备组建一支家庭教育特别小分队。在全镇45个宅基学习点开展宣传教育活动，宣传家庭教育的重要性，普及基础知识。

（二）2021年1—8月　实验的实施阶段

1. 多方联动，开展活动

镇社区学校与镇文明办、镇妇联、各村居、终身学习体验点等部门、单位一同开展实验。同时结合上海市开放大学、金山区社区学院等上级部门关于家庭教育的重点工作，借助其线上线下平台资源提供的课程内容开展家庭教育。

2. 中期推进，修正改进

在活动中期，对项目的进展情况进行一个梳理，了解完成的进度，对项目出现的问题进行修正，对后期想要完成的目标进行明确。

（三）2021年9—10月　实验的总结阶段

1. 收集资料，总结整理

面向各村居家长和学习班学员收集教育案例，评选出典型案例。对活动资料进行汇编整理，同时撰写项目总结报告。

2. 宣传引领，传播经验

对外宣传，扩大影响力，唤醒更多的家长关注家庭教育，从而使更多的家长加入到学习的队伍中来。

六、实验成效

（一）转变思想，形成正确观念

因为文化知识教育一直是主流的学习内容，是各级各类学校重点教授的，所以家长们一直以来只关注孩子们文化知识教育，也就是智育，强调试卷分数。这次实验，学校在专家、顾问的专业指导下，开展各项学习活动，让更多的家长能转变教育思想，形成正确的成才观，不要只注重单一的智育，要德、智、体、美、劳五育并举、五育融合。同时，家长们意识到家庭教育的重要性，愿意花时间精力去关注、学习，愿意腾出时间来参与家庭教育的活动。像4月份的"幼小衔接"家长学习班的启动仪式，当天是工作日，但 20 名家长特地腾出时间来参加。这就是一种进步，表达了一种意愿。

（二）实践探索，寻找特色路径

因为社区教育的特殊性，所以社区家庭教育的开展也不拘形式，既可以在学校教室内学习理论知识，也可以在学习点、体验点等场所进行动手操作体验。既可以线下指导，也可以线上学习。学校在积极共享线上线下资源之外，也在探索有廊下区域特色的社区家庭教育内容和方式。

本次实验，学校从《种好黄秧　看望爷娘》这个内容入手。这个课程立意深刻，内容是宣传孝文化，是道德教育，符合区教育局"五育融合"思想中的"德育"；时间是"二十四节气"中的芒种时节，与学校特色课程有关；传承的是廊下本地看望父母的优秀习俗。《种好黄秧　看望爷娘》的情景剧，作为廊下镇第十三届全民学习嘉年华的"压轴大菜"，演出当天深受百姓的欢迎，获得一片称赞。

同名土布贴画作品在立意、构思、制作等过程中，也将二十四节气、廊下本地优秀习俗、廊下土布特色、金山农民画特色这几种元素完美地融合在一起。通过上海教育电视台的节目播出，扩大了影响，获得了良好的声誉。

同一个课程内容，可以以情景剧、民俗文化课等动态的方式来进行，也可以用土布贴画作品、书籍等静态的形式来展现。总而言之，表现形式多样化，贴近本地实际。学校拥有《二十四节气民俗文化》系列教材和系列微课，这次是关于芒种节气，剩下还有 23 个节气的相关内容，这些都是我们能深挖的家庭教育素材。社区教育这条路径，就像数学里的一题多解，虽目标一致，但方式多样。

（三）创新思路，注重过程完整

亲子活动的开展，应该分为活动前的准备、活动中的体验、活动后的感悟这三个环节。可之前，大家只关注活动"中"，而"前""后"两个环节有所忽略。这次幼儿园大班孩子和家长参观小学，就注重了过程的完整性。去参观小学之前，孩子们在兴奋的同时，还很好奇"小学是什么样的呢？""小学里有玩具吗？"……孩子们用画笔记录下所有的疑问，带着疑问走进小学寻找答案。

在廊下小学小向导的引领与讲解下，大班孩子和家长们一起参观了何鄂题词石、方正之铜像、莲香园、松梅园、桃李园等廊下小学特色景点，还进行了进班体验，感受到了小学一年级的生活。

通过亲眼观察、亲耳聆听、亲身体验，孩子们回到幼儿园后，热情不减，迫不及待地你一言我一语，找到了幼儿园和小学的不同之处，和好朋友分享自己的"收获"，用画笔记录下所见所闻。

这次特别的小学参观之旅让大班孩子感受到了小学校园生活的无限魅力，更激发了他们对成长的期待和对美好的向往。这次精心设计的参观小学活动，孩子们通过前、中、后三个环节，经历了带着期盼——真实体验——过后分享这三个完整的步骤，记忆深刻。

（四）加强协作，发挥联盟功效

在区教育局、区社区学院的支持与指导下，社区学校发挥主导作用，先利用学校、村居、宅基三个阵地，推进家庭教育的开展。后分步推进，扩大参与面，通过举行大型学习活动，再吸纳镇文明办、镇妇联、镇社区党群服务中心等职能部门，以及中小幼各级学校、江南莲湘和景红林等终身学习体验点参与其中。既整合了各方社会资源，也引导了多元主体参与到家庭教育中来。彼此加强协作，利用各自优势，形成了家庭教育大联盟，既有体制内的单位，也有体制外的民办机构。体制内的单位既有专门进行教育工作的学校，也有政府各条线的部门。社区学校的朋友圈越来越大，联盟各单位各司其职，推进"智慧家长"项目稳步进行，发挥了最大功效。

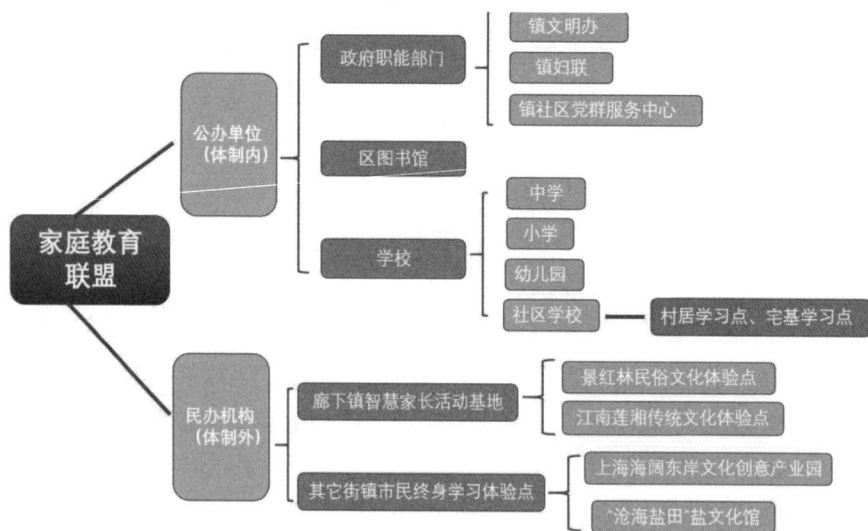

图 5-9　家庭教育联盟

（五）培养骨干，扩大受众人群

家庭教育毕竟是一项新的工作，相关的工作人员普遍经验不足。通过多项家庭教育学习活动的锻炼，学校培养了一批家庭教育骨干，为项目的持续开展提供坚实的人员基础。大家都是学习者、实践者，都在摸索中前进。星星之火，可以燎原。

既要培养骨干，也要扩大影响。学校面向全镇 15 个村居、学习班学员征集家庭教育案例，让身边人说身边事，使更多的家长知晓学校开展的智慧家长项目，吸引更多的人参与进来。家长们通过写案例，反思自己的家庭教育情况，从而促使家长们关注家庭教育。另外，学校利用微信公众号，提供了多种家庭教育资源。参加实验的家长毕竟是少数，微信公众号让那些无法来现场学习的家长也能共享学习资源，进一步扩大教育受众人群。

（六）科学家教，助力幸福廊下

幼儿园大班孩子的家长需要了解幼升小的相关知识，提前为孩子顺利升入小学做好心理和行动准备。幼小衔接学习班的开设是一次尝试，让家长能够从一个官方的、正规的渠道去获得科学的家庭教育知识和方法。这些学习班家长会把自己学到的知识，告诉身边的亲戚朋友，让更多人获得相关的家庭教育知识。这对于社区学校和教育联盟单位而言，也是一次逐步积累经验的过程，为后续其他学习班的开设积蓄了条件。

在各村居学习点、村居学堂、终身学习体验点中参与家庭教育活动的家长们，增加对孩子的了解，增进与孩子的感情，也能反思自己平时的做法，与孩子一同进步。特别是祖辈课堂"家庭教育小分队"，平时所去的都是宅基学习点，教育对象是祖辈家长。其中很多老年人因为知识文化水平、经济条件有限而很难接受到家庭教育，祖辈课堂则成了他们为数不多的能接收到家庭教育知识的渠道。虽然老年人接受的都是最基础的启蒙知识，但更重要的是他们思想观念的改变，从而能影响他们的子女和孙辈。

家长参与实验，进行亲子体验活动，是为了更了解孩子，能够读懂孩子的心理行为，知道孩子不听话、不高兴的原因是什么。感情的加深，也改善了亲子关系。和谐的亲子关系是家庭教育的基础条件，家庭成员关系融洽，家长对孩子进行教育才能有效果，才能更有利于孩子健康成长。家长和孩子都会在良好的家庭氛围中感受到幸福。只有一个个小家庭幸福了，才能汇聚成整个廊下镇的幸福感。

七、实验反思

1. 专题化设计学习内容

天底下没有两片相同的树叶，更没有相同的孩子，家庭教育也应该是有针对性的。这次，我们开设的是"幼小衔接"学习班，以后还可以关注"小升初""青春期""隔代教育"这些内容。专题化设计学习内容，可以使体系更加完整。

2. 增加教育学、心理学知识

家长大部分不是专业的教育工作者，但在进行家庭教育时，面对的是孩子，是一个个有思想、有情绪的人。家长们如果想更好地与孩子们进行沟通交流，就应该学习一些教育学、心理学的知识。学校可以指导家长对于书籍的选择，并举行相关的知识讲座。

3. 提高家庭教育工作者的实践能力

现阶段，家庭教育工作者的知识水平大多还停留在理论层面上，只能面对共性问题。对于个性化的实际问题，他们解决能力还不够。这也是我们需要继续努力的方面。教育工作者后期只有加强学习、多参加培训、掌握更多专业知识，才能解决具体问题。

习近平总书记曾经在全国教育大会上做过深刻论述："家庭是人生的第一所学校，家长是孩子的第一任老师，要给孩子讲好'人生第一课'，帮助扣好人生第一粒扣子。"但如何讲好课，如何帮助扣扣子，则是需要家长通过不断学习才能做好的。探索家庭教育密码的船儿已扬帆、正起航，一路前行！

5 以"青少年科技创新教育基地"为抓手，创建科普型家庭的实验

青浦区华新成人中等文化技术学校

一、实验背景和意义

（一）实验背景

1. 响应号召，推进科普进社区，建设学习型社会

上海市自 2010 年以来已成功举办十届"科普在社区、科普进家庭"活动，目的在于提高市民的创新意识和实践能力，促进全民学习、终身学习，推进学习型社会建设。随着 2019 年上海市正式实行垃圾分类、全球新型冠状肺炎疫情暴发，广大市民深刻认识到科普的重要性。

2. 学校创新教育基地功能拓展的需要

华新社区学校"青少年科技创新教育基地"自 2015 年成立以来，在开展活动的过程中形成了边学习、边策划、边实践、边研究、边验证、边反思、边改进的发展模式。基地持续实施头脑创新、科技节项目，活动项目以小手拉大手的形式让学生家长或其他社区居民参与进来，累计参与学生 2000 余人次、家长 500 余人次、社区居民 200 余人次，学生、家长、老师、社区居民共同探究解决问题，实现知识共享，一些家庭的知识科普技能不断提高，为创建科普型家庭实验奠定了基础。

（二）实验意义

1. 有利于家庭环境的良性发展

在《在家庭文化因素对创新型人才培养的影响与研究》一文中，作者胡紫薇基于对诺贝尔奖获得者访谈中"家风"的启示，认为遗传素质、个体

内在动力、环境因素（家庭环境、社会环境）和教育等是孩子成才的重要因素，尤其是父母的支持、自由的选择、良好的阅读习惯、际遇及教师指导。其中，孩子的家庭环境起着主导作用，所以一个创新型人才的培育需要有一个良好的家庭氛围，科普型家庭就是强调注重一个家庭所带来的长远影响。

2. 有利于家庭科普意识的提升

家庭是青少年的生活空间，良好的家庭教育是孩子成长发展过程中的重要一环。家长科普意识的增强，会潜移默化地影响孩子对科技的重视，家长对孩子在科技方面积极地鼓励和督促，能让孩子更有兴趣、更自信地完成科技相关的知识获得和活动参与。

3. 促进社会科普平台的搭建

本项目以青少年科技创新教育基地为抓手，通过基地与学校的联系与互动、各村居委学习点的积极参与、华新镇科协的辅助，让科普类活动在学校、社会中能够具有较广泛的影响。家庭是社会的缩影，每个科普型家庭的产生，通过聚少成多，逐步对社会组织科普类活动的积极度产生正向的影响，也会在社会中逐渐形成爱科学的风气。

二、实验目标

为进一步营造社区居民学科学、爱科学、讲科学的浓烈氛围，进一步推动对社区居民科普知识的普及，使科学的理念深入人们的生活和工作中，本实验项目设置了两个具体目标：

（一）通过实验制定华新镇科普型家庭评估标准。

（二）评选华新镇第一批科普型家庭。

三、核心概念

科普型家庭作为一种社会现象，在自然与人、科学与社会的交叉点上有其自身的增长点，同时科普型家庭也是一种社会教育，它不同于学校教育和职业教育，有一定的社会性、群众性和持续性。家庭成员爱国守法、邻里和睦，遵守社会公德和家庭美德，大力弘扬科学精神，自觉抵制封建迷信和邪教等不良现象，能热心公益事业，积极参加各种科普活动，广泛传播科学技术知识和文明健康的生活方式。

四、实验方法

我们坚持理论和实践相结合的原则，主要运用文献资料法、行动研究法、实验法、经验总结法等科学方法。按照实验项目的设计和实施方案，有目的、有计划地开展研究，并根据研究中遇到的具体情况，边实践、边探索、边完善，使理论与实践、课程与应用有机地统一起来，并针对实施中的具体情况，进行归纳与分析，使之系统化、理论化。

（一）文献资料法

根据所选实验项目，进行相关文献资料的搜集、整理、分析及提炼，遵循有选择地、有分析地收集对研究课题有帮助的原则。通过借鉴他人的研究成果，对照以往的成功经验，完成课题研究。

（二）行动研究法

制定创建标准阶段，选择优秀家庭进行学习交流，听取专家意见；创建阶段，坚持从实际出发，不搞单一模式，提高科学性、可行性；项目实施过程中，以点带面，循序渐进。

（三）经验总结法

实验项目每一阶段完成后，回顾总结，积累经验，确定下一阶段目标和任务。

五、实验步骤和过程

（一）实验步骤

1. 宣传发动阶段（2019 年 11 月—2020 年 4 月）

2. 组织实施阶段（2020 年 5 月—2021 年 9 月）

3. 项目总结阶段（2021 年 10—11 月）

（二）实验过程

1. 准备阶段（2019 年 11 月—2020 年 4 月）

（1）立足实际，确立创建目标。

以"青少年科技创新教育基地"为抓手，以创建科普型家庭为切入点，制定科普型家庭评估标准，实施创建方案，定期进行交流，形成浓厚科普氛围。

（2）完善组织架构，明确工作职责。

通过前期实验项目申报，立项后，制定了实验方案。2019年12月28日成立实验项目《以"青少年科技创新教育基地"为抓手，创建科普型家庭》领导小组：

①成立领导小组：

组　　长：朱平华（项目统筹）

副组长：刘玉明（项目论证）

　　　　王晓菁（项目督导）

组　　员：何海英（项目负责人）

　　　　赵向红（项目联系人）

②下设工作小组：

组　　长：何海英（项目实施）

副组长：赵向红（组织协调）

组　　员：马　辉（开展宣传、培训）

　　　　周爱燕（负责基地建设）

　　　　黄　华（开展基地活动）

　　　　付丽娜（调研、资料梳理汇总）

　　　　各村（居）委学习点负责人（开展申报工作）

（3）组织交流调研，论证项目实施。

①座谈交流，形成创建共识。

朱平华校长带领实验项目组成员到华新中学调研。基地自2015年成立以来，通过学生活动项目，以小手拉大手的形式让家长或其他社区居民共同参与头脑创新学习活动，如亲子擂台赛等，一些社区家庭通过参加比赛，家庭的科普知识和技能正在不断提高。调研为此次实验项目"以'青少年科技创新教育基地'为抓手，创建科普型家庭"开好局、起好步。

②根据实际，研讨方案。

梳理调研资料，有针对性地对实验方案进行修改，同时召开工作组会议，研讨实验方案修改稿，2020年4月底上报实验方案正式稿。

2. 实施阶段（2020年5月—2021年9月）

（1）积极动员，形成实验氛围。

为确保实验项目的顺利推进，工作小组于2020年5月组织社区学校（成人学校）教师、办学点负责人、基地负责人和指导教师等召开了社区教育实验项目动员大会，通报了《以"青少年科技创新教育基地"为抓手，创建科普型家庭》实验项目方案，促使大家统一思想、提高认识，明确自己的工作职责和主要任务。

（2）开展试点，在基地中评选科普型家庭。

项目组与基地领导群策群力，分析了近5年来部分获奖学生家庭及头脑创新活动参赛家庭案例，归纳总结了若干共性优势：家长具有较高的科学文化素养、重视家庭的学习氛围、热心公益事业、支持孩子的科创活动等。草拟了科普型家庭评选要求，经过反复研讨，制定了基地（华新中学）科普型家庭评估标准。考评方式中关注的不仅仅是学生个人在科技方面的获奖情况，还特别地对个人和家庭参加科技类活动情况进行总结和评比，共有10个家庭获得该荣誉。

（3）拓展思路，探索制定华新镇科普型家庭的评估标准。

通过基地科普型家庭的评选，我们及时总结经验：学生在科技类获奖的情况与家长对于孩子在该方面的参与度、支持度有关，家长对于科技育人的重视，孩子也会更积极地参与一些科技类的创新比赛，对社区或村居委组织的科普推广活动的参与度也更高。在基地创建标准的基础上，理论结合实际，根据村（居）委基层情况，在镇学习办、镇科协的指导下，项目组成员、学习点负责人经过反复研讨，制定了华新镇科普型家庭的评估标准。

（4）稳步推进创建工作，评选华新镇第一批科普型家庭。

学校召开了"华新社区创建科普型家庭推进会"，由实验项目组成员、各村居（委）学习点负责人参加。基地科普型家庭代表介绍了自己与孩子一起完成的科技节作品、参加小区疫情防控宣传、利用业主群等渠道发布自己制作的"疫苗知识知多少"的微视频等创建过程及经验体会。发挥先进典范作用。基地评选的10户科普型家庭与村居委对接，参加知识讲座、咨询服务等志愿服务活动，成为村居基层科普宣传的新生力量。

各村（居）委加强宣传引导，营造实验项目推进的良好态势，积极组织开展多种寓教于乐、贴近居民生活实际的群众性科普宣传教育及服务活动。如，新丰社区开展了垃圾分类专题知识竞赛，倡导科学、健康、文明生活方式；白马塘村组织了疫苗接种志愿者服务队，自觉参与到传播科学的行动中来，为居民宣传疫苗知识，提高接种率；华腾居委举办了"航天知识知多少"知识讲座，引导居民树立学科学、爱科学、用科学的意识。

以点带面，让科普文化活动在社区、村居"活"起来，成为社区居民之间、各类社区组织和群体之间相互联系、沟通关系的纽带，科普渗透在社区居民的日常生活、行为规范等各个方面。在典型引路的基础上，开展交流示范，营造氛围。此次评选活动共收到各村居递交的申报表132份。项目工作小组参照评估标准，经过严格的筛选、检查和评比，评出2021年华新镇科普型家庭32户。

3. 项目总结阶段（2021年10—11月）

在前期统筹规划分阶段按目标项目实施的基础上，整理项目资料，总结、评估、检验实验项目的实施效果，进一步分析研究，形成项目总结，撰写实验项目报告。

六、成效与问题

（一）取得成效

1. 形成系统的"科普型家庭"评判方法

通过项目的实践，制定《华新镇科普型家庭评估标准》。将优秀家庭案例与专家指导意见相结合，理论联系实际，制定科普型家庭评估标准、自评表、申报表。

评估标准的制定对于相应的"科普型家庭评选"活动的展开、实施、反馈有了更全面、更成熟的操作步骤和方法，对长期实施相关的评选活动提供了参考依据。

2. 具有良好的社区家庭科普促进作用

评选第一批华新镇科普型家庭，发文并表彰，通过学校电子屏、网站等媒介及时对评选活动进行宣传，对社会上更多家庭学习科学知识起到了促进作用。同时也让家长重视自身科学素养的提升，有效地陪伴子女开展相应的科普活动、科普阅读等，这对于整个社会科技素养的提升有着潜移默化的推动作用。

3. 形成社区与学校的良好互动

此次实验项目的实施，为后期社区学校与义务教育学校的联动提供了新的思路和方向。以项目为桥梁，积极链接社区学校与义务教育学校，形成良性互动，加强校社合作，也为后期更多创新项目的产生提供了思路和方向。

（二）问题与对策

1. 存在的问题

（1）科普型家庭评估标准缺少多元化。

目前是通过由镇、学校相关科技工作者、教师根据考核评估标准进行打分，评分细则中主要包含家庭进行科普教育的硬件条件、成员风貌等一些主观参考方面。如何进一步深度量化或多角度评估，进一步提升评估标准的科学性是后续亟待完成的任务。

（2）科普型家庭影响辐射面不够广泛。

本项目通过发扬华新社区的科普型家庭精神，旨在创建更多的热爱科学、尝试创新的家庭。目前，项目实施范围以及品牌建设需要进一步扩大和加强，影响对象需要进一步拓展，将科学的探究精神、实验方法传递到更多社区家庭，形成科普型家庭更加广泛的辐射影响。

2. 解决措施

（1）搭建多位一体的科普环境。

在后期可以不局限于青少年科技创新教育基地、村（居）委会所创办的活动，让更多社会力量融入进科普型家庭的创建上，如联合华新地区在科技上有领导力的公司多走进学校、走进社区，圆通公司开展物流人工智能的相关科普讲座等。也可以充分利用社会资源，比如利用上海科技馆、上海天文馆等科技场地，让学生、社区居民对科普知识有超出书本外的认知，开阔其视野，激发其兴趣。

（2）形成多元化的科普型家庭评价方法。

评价主体多元：可以是华新地区公司的员工、社区的居民、学校的教师、学生等，他们分别代表不一样的群体，即社区、学校、家庭，通过不同渠道的推荐、风采展示，形成多元化、多类型的科普型家庭。

（3）完善科普型家庭推广方案。

将科普型家庭推选出来的最终目的是让其在社会中产生持续性的影响，让更多家庭感知到科普知识的学习不是单靠孩子本身，还需要父母的引导、支持，才能让家庭成为学生学习强大的后盾。后续会强化科普型家庭的影响力，比如将评选出的科普型家庭，在华新社区乃至整个青浦区各级各类学校的家长会议中进行宣讲，讲述科普的优秀案例等。同时可以在华新镇的科技节等各类活动中，将科普型家庭的优秀成果，类似于青少年科技博览会的方式，进行展示说明，将创新思路与案例分享带进社区。

6 打造开放式社区书院，提升人文行走品质的实验

长宁区江苏路街道社区服务办公室

一、实验背景

申城行走，人文修身——上海市民终身学习人文行走活动，是上海市教委和上海市精神文明办共同发起并开展的创新型市民终身学习项目，是除了课堂、网络、团队、体验四种学习方式以外的第五种学习方式。终身学习，人文行走，让市民能够感知建筑的温度，复活时间和空间的记忆，是广大市民积极参与终身学习的新形式，助力形成了"人人要学、时时可学、处处能学"的生动局面。长宁区江苏路街道是一个有着深厚历史人文底蕴的社区，在辖区1.52平方公里内，集中了一大批优秀历史建筑和老式洋房、旧式里弄，是上海老洋房、老弄堂分布密度较高的一个街道，上海12大历史风貌保护区之一的愚园路历史风貌保护区也在街道辖区内。据统计，江苏路街道辖区内57处老房子被列为上海市优秀历史建筑，60余处名人旧居被列入市不可移动名录。

在这些建筑里，许多历史名人曾在这里生活或工作，他们中既有瞿秋白、罗亦农、张闻天、恽代英、林育南、刘长胜等革命先辈，也有钱学森、吴自良、严东生等为祖国建设事业做出重要贡献的科学家。

"百年愚园，红色印记"的人文行走路线自2018年成为长宁首条市级人文行走路线后，让上海文化地标——愚园路再度焕发青春，成为长宁区的一张闪亮的名片。江苏路街道也围绕增强人文感受、提升学习感知、引导市民感发等方面，建设并完善人文行走的硬件设施，因地制宜地开展丰富多样的文化和学习活动，积极推进"终身学习，人文行走"工作。

在人文行走工作的推进过程中，长宁区江苏路街道充分发挥党建引领的组织优势，通过共建共治共享现有各类基层活动场所，整合资源为市民提供优质科普服务，更好地为市民提供优质的科技类公共服务。在市区两级科协的指导下，江苏路街道计划在现有人文行走路线的基础上深耕细作，提高品质，打造党建搭平台、科普惠民生、促进社区自治共建的"社区书院"人文行走路线。

二、实验目标

1. 在行走的点位中将党史学习与科普元素结合，凸显"红色＋蓝色"相融交汇的区域特色，激发市民传承红色文化、崇尚科学精神的热情；

2. 通过区域内场所规划与改建，挖掘相关点位教育内涵，打造开放式社区书院，以弘扬科学精神、传播科学思想；

3. 通过有序组织和广泛宣传，利用"社区书院"开展不同主题的人文行走活动，建立区街协同机制，打造精品行走路线，升级人文行走的品质。

三、实验内容

1. 整合开放式社区书院行走路线中的红色党史学习资源与蓝色科普资源，挖掘教育内涵，制定实验方案。

江苏路街道整合社区书院行走路线中的红色党建资源与蓝色科普资源，挖掘教育内涵，初步确定了一条开放式行走路线。

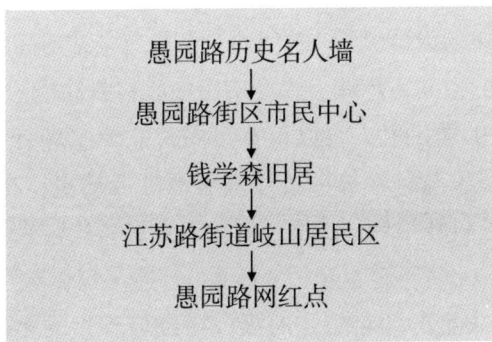

愚园路历史名人墙
↓
愚园路街区市民中心
↓
钱学森旧居
↓
江苏路街道岐山居民区
↓
愚园路网红点

图 5-10　开放式行走路线

2.通过区域内场所规划、改建，打造开放式社区书院，通过多渠道进行宣传。

"一条愚园路，半部近代史"。在愚园路上，钱学森旧居、愚园路历史名人墙等都是人们耳熟能详的红色历史资源。江苏路街道充分利用这些资源，打造开放式"社区书院"。

对钱学森旧居更新布展，根据资料记载还原钱学森归国后在旧居的工作、生活场景，让参观者穿越时空、身临其境地体验科学家的生活点滴。最近，钱学森旧居还将与交大钱学森图书馆联动，结合多媒体手段，动静结合，将钱学森的科学成就与著作等一一呈现，让参观者更直观地感受科学家的科学成就和人格魅力。

愚园路历史名人墙是一座开放的微型城市记忆馆，展示了曾经生活、工作、学习在此的历史名人们的点点滴滴，朴实无华却让人印象深刻。江苏路街道在名人墙展厅内植入"智慧科普盒子"，定时更新丰富的科普知识，增添名人墙内缺少的科普内容，升级拓展浓厚的科普氛围。打造"求真巷"，通过挖掘中国科学院院士、"两弹一星"功勋奖章获得者吴自良先生与中国工程院中国科学院院士严东生先生两位科学家的故事，布置科学家主题区，以氛围营造为基调，以弘扬科学精神为侧重点，把钱学森弹道设想、吴自良原子弹铀同位素分离、严东生纳米材料研究等内容以趣味形式展示出来。

在愚园路街区市民中心，打造社区书院造型地图，展示江苏路街道社区书院全貌，连接"求真巷"与市民中心，在追寻红色记忆、弘扬科学精神上，共同助力家门口的精神家园建设。同时导入上海科协科普资源库项目，为白领青年和青少年规划设计科学咖啡沙龙、科普充电站空间，打造一个交流、互动、有趣、轻松的空间主色调，提升市民中心科普功能。

江苏路街道岐山居民区，将以科普氛围营造为主进行改造，将流动科技馆、VR党课、音乐与科学等项目导入居民区活动室；在愚园路1088弄158号，将新增一处科技站台，市民还将体会更多科技带来的乐趣。

在愚园路网红点，将科普主题植入砖墙，打造多媒体数字程控灯箱海报，设计制作愚园路历史上的知名景点海报，搭载最新型的多媒体数字程控技术，以渐变亮灯的形式连接百年愚园路的老建筑，让老建筑搭载现代科技，打破传统宣传栏海报的形式，塑造能打卡拍照的互动网红科普点，让人体会深度的趣味和深入的韵味。

3. 开展各项党史学习与科普活动，组织志愿者进行相关讲解，建立更加完善的科学协同机制。

江苏路街道以愚园路市民中心与岐山村居民区活动室为据点，导入上海市科协科普资源库项目，引入党建与科学主题沙龙，邀请"党史"学者来讲述愚园路的历史、科学家的故事。同时建立青少年科普部落，丰富青少年活动区功能，针对低幼、小学、初中不同年龄段配置适合的项目。

同时，以江苏路街道科学技术协会为引领，与上海交大钱学森图书馆联动，与长宁区学生社会实践指导站合作，建立科学有效的协同机制，打造科学精品人文行走路线，提升人文行走的品质。

比如愚园路街区市民中心科普充电站的打造，合理利用了中心内闲置的空间。除了科普充电站，愚园路街区市民中心还以上海市科协科普资源库项目导入为主，大力提升了中心的科普氛围。从愚园路历史名人墙到愚园路街区市民中心的过道处，街道新增的"求真巷"是以钱学森、吴自良、严东生三位科学家为核心，策划的一条具有艺术性、互动性、展示性的科学家主题小巷。通过"拾级而上""透窗而望"等设计，表达探究科学、寻求真理的主题。

此外，街道在愚园路上的网红景点，同样植入科普元素，结合愚园路墙画内容，设计制作愚园路知名景点海报，搭载最新型的多媒体数字程控技术，塑造能打卡拍照的互动性网红科普点。

围绕愚园路上的红色故事与伟大科学家的事迹，打造开放式社区书院，将党史学习、愚园路街区特色、科普宣传有机结合，协同志愿者宣讲团的成立与服务，建立一个动态与静态结合的科学协同机制。

四、实验步骤

根据实验周期，江苏路街道灵活调整实验内容的形式与程度，整体分为以下几个步骤：

（一）准备阶段（2020 年 11 月）

1. 根据实验项目设计开题报告、写好实施方案。

2. 成立实验项目领导小组和工作小组：

领导小组：季梅（项目负责人）

实验项目工作小组：蔡亚利、龙妮、张一青、霍白、林青

3.对项目实施方案进行论证，参加实验项目的相关培训。

（二）实施阶段（2020 年 12 月—2021 年 9 月）

1.梳理相关点位，整合开放式社区书院行走路线中的红色党史学习资源与蓝色科普资源，挖掘教育内涵；

2.通过区域内场所规划、改建，打造开放式社区书院；

3.活动和行走两手抓，一方面组织党史学习和科普活动，突出"红色＋蓝色"的特色主题，一方面让居民在人文行走中感受开放式社区书院的教育特色；

4.与区级平台联动共建，将街区内人文行走与学生社会实践相结合，以丰富学生的社会实践内容，让学生在行走中学习。

（三）总结与分析阶段（2021 年 10—11 月）

1.总结项目实验过程，检查效果，分析成效，提炼经验；

2.完成实验项目总结报告，注意项目的理论提炼和实验过程中的资料收集、归档。

五、实验过程

根据中共上海市委第十一次代表大会提出的建设"人文之城"的要求，围绕"建筑是可以阅读的，街区是可以漫步的"精神，同时为了对江苏路街道社区历史文化资源进行保护和挖掘，推进社区文化建设，我们确定了江苏路街道 2020 年至 2021 年社区教育实验项目课题为《打造开放式社区书院，提升人文行走品质的实验》，并完成了项目论证报告，相继成立了实验项目领导小组和工作小组。

（一）成立项目组，确立实施方案及项目实施环节

2020 年 11 月，实验项目工作小组召开了专门会议，研究课题在未来一年内的实施计划，讨论通过了《打造开放式社区书院，提升人文行走品质的实验》实施方案并上报。

通过研讨及专家建议，确定了实验项目实施的三个环节：

1.制定"社区书院"文化特色品牌推进社区文化建设的行动方案。

2.成立一支社区教育文化宣传志愿者队伍，筹备志愿者讲解资料，开展"社区书院"线路的宣讲，邀请相关专家学者，对"社区书院"的人文历史底蕴进行提炼与宣讲。

3. 依托信息化资源优势，搭建网络宣传平台，拓展"社区书院"的宣传渠道，利用网络工具（博客、微博等）宣传"社区书院"文化特色品牌。

（二）加强队伍建设和资源建设，组织开展围绕社区书院的相关人文行走活动，增强社区居民的凝聚力

1. 我们建立了推进"社区书院"人文行走活动的志愿者队伍，对成员进行学习培训，并组织志愿者提供志愿讲解服务。

2. 结合愚园路历史文化风貌区地域特色，打造了一个集提升公民科学素质的文化加油站和群众共建共享、自治自理的科普生活圈为一体的"社区书院"。目前，陆续完成愚园路历史名人墙、求真巷、愚园路街区市民中心、愚园路海报灯箱一期打造工作。

3. 通过开展各类主题文化活动，将线上与线下人文行走相结合，重视社区居民的多重学习体验，增强社区居民的认同感与归属感。

4. 通过志愿者服务与资源融合，深化人文行走的内涵，促进社区教育融入社区治理。

六、实验成果

（一）在现有人文行走的基础上，精耕细作，打造"红色＋蓝色"主题鲜明的开放社区书院，提升人文行走的品质，丰富人文行走的内涵

融入科学元素，打造"红色""蓝色"相融合的科普网红点，这个以愚园路为中轴，结合钱学森旧居、愚园公共市集等点位的社区书院，已逐步形成具有长宁特色的"科普生态圈"，成为长宁社区书院建设的一大亮点。

通过多元渠道招募，建立一支不少于 25 人的年轻化的稳定的愚园路红色文化传播志愿者团队，平均年龄 28.4 岁，身份包括青年白领、大学生、全职爸爸、自由职业者、社区教育专兼职教师等，其中骨干核心 10 人。整合社区人力资源为社区服务，同时社区资源服务社区教育，用人文行走的方式让居民体验"红色＋蓝色"的特色社区书院，丰富人文行走的内涵。

（二）围绕社区书院，开展以"党史"与"科普"为主题的各项活动，增强趣味性和教育性，依托信息化资源优势，拓展宣传渠道，充实社区书院特色品牌

在愚园路上，钱学森旧居、愚园路历史名人墙等是最为人熟知的红色历史资源。而探索建设具有长宁特色的"科普生态圈"，与愚园路历史文化风貌街浑然一体，则效果会别具风格。在名人墙展厅植入"智慧科普盒子"，定时更新丰富的科普知识；与交大钱学森图书馆联动，对钱学森旧居升级改造，将钱学森的科学成就与著作结合多媒体手段，以动静结合的展示方式呈现；在愚园路街区市民中心打造科普充电站，合理利用了中心内闲置的空间，还以上海市科协科普资源库项目导入为主，大力提升了中心的科普氛围；在从愚园路历史名人墙到愚园路街区市民中心的过道处，以钱学森、吴自良、严东生三位科学家为核心，打造"求真巷"，展示一组具有艺术性、互动性、展示性的科学家主题的小巷。通过"拾级而上""透窗而望"等动作设计，在这条"小巷"中表达探究科学、寻求真理的概念。

将红色教育与社区书院相结合，通过区域内场所规划、改建，整合区内资源，挖掘相关点位教育内涵，将社区书院打造成社区教育新阵地，融入科普元素，将可重点推介的红色与蓝色融合的点位串联成一条特色线路，形成社区书院导览图，打造一个提升公民科学素质的文化加油站和市民共建共享的红色体验基地。

将社区内资源与社区学校的课程结合，突破场景、方式上的限制，将社区内物质资源变为现实的社区教育资源，初步形成社区教育区域资源共享的机制，深化基层社区教育内涵，服务社区教育。

（三）区与街、校联动，将人文行走的新形式与学生的社会实践相结合

区街联动，在区科协的指导与支持下，发挥数字长宁优势，利用区级社会实践平台，将街区内人文行走的新形式与学生社会实践相结合，以丰富学生的社会实践内容，让学生在行走中学习，浸润红色教育，感受科学家精神。

区校联动，利用区级社会实践平台，将街区内人文行走与学生社会实践相结合，多次组织以青少年为主的愚园路红色城市微游活动，通过"历史寻榜样""走进钱学森"等寻访打卡活动，引导亲子家庭在体验中了解愚园路丰厚的红色文化历史底蕴，以丰富学生的社会实践内容，让学生在行走中学习，倾听历史建筑与名人志士的传奇故事，感受社区文化氛围，开创了居民积极参与终身学习的新形式。

整合社区资源并与区级平台对接，发挥数字长宁的优势，将愚园路上人文行走"红色打卡点"——《布尔塞维克》编辑部旧址纳入长宁区社区教育云视讲堂，整合数字化学习资源扩展人文行走的广度，让社区居民在云视讲堂中重温历史时刻、感悟历史脉动、寻访革命初心。

在区社区教育指导中心的指导下开展区校合作，依托"长宁区线上终身学习人文行走平台"发布"愚园路的历史与人文"新路线，支持市民轻触手机就能随时随地、不受限制地参与到人文行走活动中，通过行走品读城市人文、感受时代脉搏、体悟发展成果，拓展人文行走的深度与广度。

（四）社区书院以行走促教育，以教育促治理，形成社区教育促进社会治理的有效案例

通过游学式、讲座式、活动式等灵活多样的学习形式帮助市民更好地了解长宁，将社区资源赋能社区教育终身教育，发挥社区教育的主动性与灵活性，支持市民体会到终身学习的乐趣。

通过多途径宣传，作为市民课程，本实验项目一方面在社区学校内部推广，一方面为市民红色文化体验接入科普元素，同时让市民在情感共鸣中产生学习共识，以行走促教育，以教育促治理，形成社区教育促进社会治理的有效手段。

七、实践创新与社会影响及评价

经过实践与总结，江苏路街道践行习近平总书记"人民城市人民建，人民城市为人民"的重要理念，在现有的"百年愚园，红色印记"等人文行走优质内容的基础上，求精求进，充分发挥街区内红色资源及科学特色，力争让"社区书院"不仅成为提升公民科学素质的文化加油站，也成为群众共建共享、自治自理的科普生活圈。

社区书院的打造，充分体现出江苏路街道以党建搭平台、让科普惠民生、促进社区自治共治的决心。党史学习和科普教育，激发广大群众传承红色文化、崇尚科学精神的新热潮。

在这些实践成果的基础上，江苏路街道"社区书院"后续还将有更多的更新改造。比如，在愚园路1088弄158号，将新增一处科技站台，市民将体会更多科技带来的乐趣。届时，江苏路街道"社区书院"将呈现开放式的科普生态圈。

7 关于如何提高读书会影响力的实验 ——以"遇见读书会"为例

奉贤区社区学院

一、实验背景

自 20 世纪 60 年代开始，在联合国教科文组织及其他国际机构的大力提倡、推广和普及下，终身学习作为一个极其重要的教育理念开始在全世界广泛传播。时至今日，终身教育无疑是最令世界震动的教育思潮。

我国的终身教育起步较晚，目前还处在不断探索之中，而新时代社会的、职业的、家庭生活的急剧变化，要求人们必须更新知识观念，以获得新的适应能力。作为从事社区教育的专职人员，我们肩负着推进市民终身学习的重任，理应在如何推进终身教育这一问题上不断探索，不断获取经验。

"遇见读书会"是奉贤区社区学院为推进全民终身学习而创建的群众性公益阅读项目。自 2018 年 4 月成立以来，"遇见读书会"已有序开展了多期丰富多彩、形式各异的读书活动，其成员在"遇见读书会"公众号、上海学习网、《奉贤报》《新民晚报》《奉贤文艺》等媒体平台上发布原创作品 100 多篇，极大地激发了大家阅读和创作的热情。2019 年底，读书会成员蓝风的原创散文集《控心》出版，2021 年底海虹的《遇见》由上海文艺出版社出版。随着读书会活动的定期开展，其影响力不断增加，2018年底被评为上海市优秀志愿者服务项目，2019 年被评选为第 21 届上海读书节示范项目。然而如何提高读书会的吸引力，让更多的人知晓读书会，从而热心参与、乐于参与，保障基本的出勤率，一直是摆在运营者前面的一道难题。

鉴于上述背景,本次实验在已建立的"遇见读书会"这一学习项目的基础上,创新活动形式,优化工作模式,提高作品质量,提升推广效果,为进一步推动广大市民的终身学习打造一个比较有影响力的学习平台。

二、实验目标

(一)以原有的活动模式为基础,尽可能扩充参与人数,创新活动方式,从参与人数、参与形式、参与地点的变化来增强读书会的吸引力。

(二)争取建立一个书目选择范围,通过对读书会的用书的选择,使大家在有限的时间里,不仅自己学有所得,而且能带动家庭成员的学习,特别是为孩子的文化学习打下坚实的基础。

(三)在保持目前这种推广形式的基础上,借助各种平台和媒体进行拓展推广,以提高读书会的知晓度。

三、实验过程

本实验项目的时间段为 2020 年 1 月—2021 年 11 月。

(一)第一阶段：搭建并优化组织框架（2020 年 1—4 月）

由社区教育部牵头,联合志愿者,调整并优化活动事务小组;社区教育部成员为主、社区志愿者为辅,主要负责读书会的各项事务性筹备工作,如活动策划、活动主持、图书购买、联络场地、活动记录、现场摄影等,分工明细。

参与活动的读书会成员则是以区域内爱好阅读的各行业社区居民为主,大家群体策划活动内容,轮流主持,做好项目实施等相关工作,认真完成每一次活动。

活动时间大致以月为单位,或成员自己筹划,或参与其他组织的相关活动。

(二)第二阶段： 具体进行多期活动（2020 年 5 月—2021 年 10 月）

细化方案,确定详细的目标与要求,并全面落实。

1."遇见读书会"的活动内容

- 第一期：《阳光与荒原的诱惑》
- 第二期：《诗经》解读
- 第三期：《活着本来单纯》
- 第四期：中秋诗词汇
- 第五期：《朔梅散文选》
- 第六期：《一毫米的高度》
- 第七期：《我在天堂那几年》
- 第八期：《一个人的村庄》
- 第九期：古诗词讲座
- 第十期：《古文观止》
- 第十一期：《边城》
- 第十二期：《湘行散记》
- 第十三期：《罗生门》
- 第十四期：《朱元璋传》
- 第十五期：《心若菩提》
- 第十六期：《曾国藩》
- 第十七期：《曾国藩的正面与侧面》
- 第十八期：《道德经》

2."遇见读书会"的活动实验

（1）扩大成员队伍。

在做好原有读书会工作的基础上，继续广泛招募读书会成员。成员虽流动性大，但可扩大读书会学习团队的辐射范围。人数的增多不仅有利于终身学习的推广，也给进一步筛选队员提供了基础。

读书会原有成员以社区学院的朗诵团队成员和奉贤区作家协会部分成员为主，以其他企事业单位人员为辅；后来不断加入一些中小学教师、基层社区学校社区教育骨干、开放大学青年学生等，整体呈现来源广泛的大趋势。

表 5-6　调整后的人员列表

序号	来源	人数
1	社区学院	6
2	朗诵队	6
3	作协成员	8
4	中小学教师	9
5	成人学校教师	5
6	其他企事业单位	11
7	开放大学学生	9
8	社区退休居民	8

（2）扩展推广方式。

A.线下推广形式呈多样化趋势。

改单一的朗读、讨论分享而扩展为讲座、主办或参与大型活动等形式并存的局面。最初读书会的活动流程以单纯的读后讨论为主，后来经工作小组讨论，为了增强活动效果，在传统讨论之中适当插入一些现场朗诵，结合时令节气邀请部分名家前来讲座助兴。

在读书会整体运作过程中，我们先后邀请了区作家协会主席汤朔梅老师举行书籍签售会，并对作家作品进行了评论；邀请区知名阅读专家徐德洪老师多次亲临活动现场给我们讲述民国的文学史等；邀请华东师范大学中文系周圣伟教授给我们讲解古诗词与现实之间的关系。

为了提高读书会的知晓度，在区全民终身学习活动周上，我们还专门筹划并设置了一个节目，展示广大社区居民对阅读的重视和喜爱。

2020年4月，借助区人文行走的大活动，我们制作了关于阅读的标语，在不同地域宣传；2020年4月，我们借助上海读书节的活动，在读书会现场以及更多区域内宣传阅读活动，增加阅读活动资源；2020年8月，区文明办对读书会的活动进行了全程的跟踪拍摄，并在区域内进行宣传和推广。同时，我们试图探索与书店合作，把书店作为市民终身学习基地，并将其作为读书会的活动场地之一。

种种宣传活动，把原来密闭的读书会活动推广到了户外，提高了读书会的知晓率，扩大了读书会的受众人群。

B.线上推广方式更具时代性。

由于疫情的影响，线下活动次数被动减少，我们把推广模式更多地转移到了线上。活动大多借助"腾讯会议"进行，其他则借助微信公众号和微信群，每天或每周更新学习内容，并把文字或视频内容发布在读书会微信公众号上。成员个人也进行着各种不同形式的学习和推广活动。同时，大家也在尝试是否可以利用微博、抖音等模式进行宣传和推广。

学习成熟的同类公众号运营经验，制作多个音视频学习素材，将"遇见读书会"通过多种网络平台进行宣传。在网络平台上，"樊登读书会"是影响力超大的一个组织机构。我们借用"樊登读书会"的学习内容，通过网络回放的形式在读书会的运营中插入樊登讲书的精华片段，以增强阅读的广度，丰富读书会活动的内涵。

（3）缩小书目选择范围。

读书会每次活动阅读的书籍选择，一直是个比较困难的问题。最初读书会的书目是由读书会成员依次推荐的，虽然书籍都很不错，但是时间久了，书目越来越多，内容越来越杂，大家反映看过之后如浮光掠影，印象较浅。于是我们借助网络读书平台，以网络热门书籍作为我们的选择对象。

在这个过程中，读书会的主题由漫无目的散读逐渐过渡到人物传记阅读上，每一本传记都是一个典型的人物个案，这些人物所经历过的困难和挫折也是我们大部分人或早或迟需要直面的，对指导我们的人生具有积极的意义。于是我们读了《一毫米的高度》，了解了一个画家是如何打磨出优质画作的；读了《我在天堂那五年》，明白了处在人生低谷的时候该如何保持稳定的心态，以期有新的转机；读了曹德旺的《心若菩提》，了解了少年时代即退学的一个农家子弟是如何一步步崛起成为国内外知名企业家的；读了《朱元璋传》和《大风歌》，知道了在战火纷飞的岁月里，处于社会底层的农民是如何在时代的风云中化蛟成龙的。

在一步步的阅读中，我们逐渐把阅读的目标集中到了国学经典上。这是因为我们在读《心若菩提》时注意到对曹德旺影响最深的书籍是《曾国藩》，在对《曾国藩》一书进行阅读时我们又注意到对曾国藩影响最深的书籍是《道德经》，于是 2020 年底我们开始把阅读目标集中到国学经典名作《道德经》上来。

阅读主题范围的缩小，不仅有助于我们进行深入学习，也可将阅读的书籍化作校本教材，以便今后在不同的场所普及国学经典教育。

（三）第三阶段：总结分析与资料整理阶段（2021 年 10—11 月）

汇总资料分析数据，在此基础上总结提炼项目成果，总结经验做法，完成实验报告。整理相关资料，迎接实验项目的验收工作。

（四）第四阶段：撰写实验报告阶段（2021 年 11—12 月）

根据前期工作基础和项目成果资料，围绕项目实验背景、实验目标、实验过程、实验成效等几个方面，撰写系统、完整的社区教育实验报告。

四、实验成效

（一）扩大了读书会的受众人群

1. 探索出了一个阅读内容序列

实验中，我们从漫无目的地由个人推荐书目，到专门阅读人物传记，再到阅读国学经典，逐步选择一批书籍进行阅读筑基，探究中华民族传统文化的精粹。于是，"广泛阅读—人物传记—国学经典"这个阅读序列就逐渐形成了。

2. 构建了一个国学经典小课堂

整个项目运作期间，正值全球新冠疫情肆虐之际，许多次的活动只能在线上进行，学习效果受到了影响。为了改变这一现状，我们组建了社区居民阅读群，制作学习小视频，每周进行阅读内容的播放，逐渐形成了一个网络国学经典小课堂，以扩大学习群体，增强读书会的影响力。

3. 完成了一部校本教材的大部分初稿

在阅读了《曾国藩》一书之后，我们注意到对曾国藩一生具有重要影响的书籍是《道德经》，但史料对这本书的解释还有很多令人疑惑的地方。为了加强读者的阅读效果，读书会把《道德经》作为一部国学经典进行解读和推广，并记录了每一章的文字内容和视频资料，不时在相关网络上推出，以备将来作为资料留存。

读书会最初是以中青年在职职工为主要成员的，在进行主题浓缩之后，一些中小学生在家长的影响下也参与进来，在课余时间收听我们的国学经典系列内容，以奠定学习基础。还有一些老年人在休闲时刻也经常收听收看我们的音视频作品，以达到对人生新的理解和感悟。读书会的参与人数从最初的 20 人左右增加到了 300 多人。

（二）提高了读书会的知晓度

1. 活动地点的变化

读书会最初是想要打造成一个人数较少的精品团队，活动的地点大部分在一个私人工作室进行，因为那里环境比较清幽，非常适合慢生活式的阅读。后来因为各种原因，活动偶尔也在校园内进行。校园活动把部分教师和一些学生纳入进来，扩大了活动的参与范围，后来慢慢演变为终身学习活动周的一个品牌，陆续在图书馆、书店、公园等地方推广，大大提高了读书会的知晓率。活动地点的变化增加了读书会的参与人数。据不完全统计，两年中各项活动的参与人数达到 2000 多人次。

2. 公开出版的书籍

读书会主要负责人蓝风在读书会运作之余，结合自己的读书兴趣和阅读经验，出版了个人的读书专著《控心》，给所有参与者提供了学习的样板。读书会成员海虹老师有感于多次参与"遇见读书会"活动而提笔创作了新的散文集《遇见》，目前正处在最后的审稿阶段，即将由上海文艺出版社公开出版。

这些书籍的售卖，必将流向更多的家庭，从而让更多的人了解读书会，间接享受到读书会的精神食粮。

3. 参与大型活动及媒体宣传

区文明办和电视台的跟拍，区全民终身学习活动周以及上海书展等活动的参加，使我们读书会有了大型活动的组织经验，在每一次大型活动中都能积极参与并不断创新工作。比如参与区全民终身学习活动周开幕式的作品《心田上的百合花开》，从节目的设计，到演员的选择，道具、服装的搭配，再到现场彩排等等，从最初的杂乱到一步步的优化，使我们逐渐积累起了组织和参与大型活动的经验，同时也因为这些活动增强了"遇见读书会"的知名度。

4. 制作音视频作为碎片化学习的素材

实验的后期，我们制作了《曾国藩》和《道德经》系列音视频，作为社区教育的学习素材。同时，针对时代信息多样化、热点更新快的特点，我们尝试借助人气旺盛的"喜马拉雅 App"进行推广，以确保读书会兼具时代性与传统性。同时，为了确保学习的质量，使学习内容不流于形式，我们也尝试借助"樊登读书 App"来进行讲书的训练。

5. 与其他活动相融合

社会上有许多人对社区教育工作并不了解，社区教育的任务是什么，社区教育究竟该如何引领广大社区居民进行终身学习，或许只有做社区教育的教师最清楚。为此，我们与其他活动结合，推广读书会。读书会的成员不乏社会名流，他们所参与的社会活动较多，比如青少年活动中心的夏老师，经常利用给全区各校辅导员进行讲座的机会宣传全民阅读和读书会。读书会还与区人文行走项目结合，打全民阅读的宣传标语；与上海市读书节结合，进行全民阅读的推广等。

五、实验反思

在读书会陆陆续续进行活动的几年中，读书会成员看似漫不经心，却也确实阅读了不少书籍，有了不少收获。然而回过头来，我们发现，如果在某些方面进行一定的弥补和提升，活动会进行得更好。

（一）是否可以有更好的传播模式

参与活动的人员，大多数是热爱阅读的中青年，他们有着良好的文化底蕴，比一般社区居民更为热爱祖国传统文化，对新事物的接受能力也较强。然而由于行业不同，作息时间不同，他们赶在同一时间参与活动是比较困难的一件事。如果有一个上级主管部门（如学习办）能够做好协调工作，使参与读书会的成员能够有一定的时间来参与活动，进而成为所在单位的学习活动组织者，那么他们一定能够在提升个人学习能力的同时，把学习的内容、学习的习惯、终身学习的理念传播给更多的人。

（二）是否可以进行市场化推广

目前网络推广主流是进行音视频直播，我们读书会的阅读内容和阅读形式如果太过于局限，必然与社会主流脱节，缺乏蓬勃的生命活力。如果我们把读书的内容做成序列，进行音视频推广，那么这将不仅是社区教育的成果，也有可能进入市场化的大潮中，去获得更加快捷的成长。

作为社区教育工作者，我们在实践中以引导全民终身学习为使命，以广告代言人的身份，利用不同的活动，在不同的场所进行学习的宣传，鼓舞人们利用业余时间去学习与思考，优化自我生活，从而促进区域整体形成有活力有激情有深度的文化氛围，逐步探索出一条"哪里有活动哪里就有我们的身影"的社区教育宣传新模式。

8 学习型乡村建设中创新乡风文明学习内容的实验

崇明区社区学院

一、实验背景

（一）国家政策为推进乡风文明建设提供宏观指导

党的十九大作出了"实施乡村振兴战略"的重大决策部署，提出了产业兴旺、生态宜居、乡风文明、治理有效、生活富裕的总要求。其中文明乡风渗透在乡村建设的方方面面，对乡村振兴战略的其他四个要求有着重要影响。乡风文明建设既是乡村振兴的重要内容，也是乡村振兴的重要推动力量。良好乡风具有浸润人心、引领向善、规范行为、凝聚力量的积极作用。加强乡风文明建设，既能传承优秀传统文化，更能发挥好先进文化的引领作用，同时围绕农民需要提供文化服务和文化活动，提升农民素质和满足村民学习与发展的需求，激发乡村本土文化的时代活力。

（二）乡风文明建设为创建世界级生态岛提供现实基础

目前崇明正值创建世界级生态岛的关键时期，在国家实施乡村振兴战略、推进美丽乡村建设、加快建设学习型社会的时代背景下，崇明需要挖掘海农文化蕴含的优秀思想观念、人文精神、道德规范，充分发挥其在凝聚人心、提升素养、淳化民风中的重要作用，从而为生态岛建设提供服务。提高村民文化文明素质，提升农民的整体素养，有利于改善农民的经济状况和提升农民参与社会治理效能，发展乡村文化，让思想道德建设为农村物质文明和精神文明的发展提供动力。

二、实验目标

（一）通过实验，建设具有崇明特色、内容丰富的乡风文明教育内容体系。

（二）通过实验，在乡风文明培训、宣传等活动中鼓励村民参与乡村治理，创新乡村治理机制。

（三）通过实验，充分利用优秀传统文化资源，加强教育引导，提升村民文明素养。

（四）通过实验，涵养文明乡风，推进学习型乡村建设进程，助力乡村振兴。

三、实验内容

（一）注重思想引领，丰富载体建设

崇明社区教育在开展以"三进"（进课堂、进课程、进活动）为抓手的各项活动中，从思想引领入手，深挖内涵，着力破解宣讲内容老旧、形式老套等瓶颈，用老百姓身边的故事宣传理论政策。深挖内涵，解决"讲什么"问题。深化认识，解决"怎么讲"问题。深耕阵地，解决"到哪讲"问题。

（二）挖掘地方资源，开展主题教育活动

加强村民社会主义核心价值观的培育，开展社会公德、家庭美德和个人品德教育，创新乡村管理，将自治、法治和德治"三治结合"，大力推进农村精神文明建设，弘扬优秀传统文化和文明风尚，唱响主旋律，形成新风尚。

（三）结合教学工作，全面推动项目开展

通过"三个一"的教学评优活动、"庭院学堂""村民夜课堂""体验式学习"等教学工作，提升村民的文明素养。

（四）形成合作机制，丰富学习内容

整合各类社会资源，运用社会化驱动等方式，联合开展乡风文明的教育活动。线上依托网络直播课堂、公众号等打造理论"云宣讲"，线下依托乡镇、委局平台整合宣讲阵地，实现人员全动员、内容全涵盖、受众全覆盖。

四、实验方法

（一）文献研究法

查阅与学习型乡村、农村乡风文明建设相关的报刊杂志以及学术论文，从中得到启发，寻找思路。

（二）调查研究法

深入学习型乡村试点村进行调查研究，了解村民对乡风文明建设的社会认知、村民的学习需求及表现等方面情况。

（三）经验总结法

选取1—2个试点村作为研究的主要对象，进行经验总结，形成可复制可推广的具有当地特色的乡风文明教育内容体系，在全区其他乡村进行推广。

五、实验过程

（一）项目申报启动阶段（2019年12月—2020年4月）

1. 开展调查研究，制定项目计划

组建项目组，收集研究资料，制订研究计划。对本区学习型乡村试点村进行调研，了解村民学习需求、乡村学习内容和学习形式等相关情况，主要调查了解乡风文明建设现状。明确本项目实施的内容和方法，完成立项申报。

2. 召开开题会议，细化实验方案

受疫情影响，以网络会议形式举行了《学习型乡村建设中创新乡风文明学习内容的实验》项目开题会。此次会议主要是明确了项目的可行性及项目开展的基本方向，以及经费预算的情况。

（二）项目组织实施阶段（2020年5月—2021年9月）

1. 开展相关活动，推进项目工作（2020年5—12月）

（1）在崇明区第十六届全民终身学习活动周开幕式上，对崇明学习型乡村进行公开宣传。将崇明区10个学习型乡村试点村以展板的形式进行重点介绍与宣传，在全区范围内提高了市民知晓率与项目影响力。

（2）结合上海社区教育助力乡村振兴创新创意展示活动，崇明区把近年来社区教育助力乡村振兴的优秀学习成果通过"创新创意展示活动"的形式集中展现，以地域特色文化为核心，激发乡村的创新创意活力，其中"最美志愿者"等多幅作品分别获得一二三等奖。

（3）立足区域实际，挖掘地方资源。通过开展中华优秀传统文化教育活动，以"三进"（进课堂、进课程、进活动）为抓手，有序地开展学习传统文化的宣传教育活动。全区开展项目活动70余项（次），组织活动600余次，参与人数10万余人次。我区将以传统文化为主题的学习活动作为社区教育常用的组织形式之一。各区结合当地实际开展丰富多彩的文化推广和教育活动，有效提升了社区居民参与终身学习活动的热情。

2. 加强沟通交流，召开学习型乡村建设推进会议（2020年6月—2021年5月）

为进一步推动崇明学习型乡村试点村建设工作，更好地服务崇明世界级生态岛建设，加强相互交流，社区学校分别在横沙乡丰乐村、城桥镇聚训村和建设镇蟠南村召开崇明学习型乡村工作推进会。各社区学校校长、学习型乡村试点村的负责人以及社区学院的相关领导、教师参加了会议。一方面是各学习型乡村试点村的负责人交流项目实施情况，进行总结交流；另一方面是安排布置下个阶段的工作任务。实施学习型乡村建设方案备案制度，各试点村应科学制定工作方案，并提交社区学院进行备案。建立工作报告制度，及时收集实施过程中的政策文件、调研资料、会议资料、项目资料、图片视频资料、新闻报道等材料，每年度提交工作报告，总结学习型乡村建设进展情况。

3. 以仙桥村为试点，逐步总结形成乡风文明教育内容体系（2020年6月—2021年3月）

竖新镇仙桥村是崇明首批农村社区建设市级试点示范村之一，在推进农村社区建设过程中，注重提高社区建设和管理水平，积极发挥村民主体作用，将社区建设管理的要求编入村规民约中，将"保护环境、移风易俗、文化建设"等内容作为村规民约的细则。仙桥村还出台了《关于深入推进农村社区建设工作的实施方案》，为创新农村社会治理、提升农村公共服务水平、建设美丽宜居农村社区指明了方向。近年来，仙桥村推进移风易俗建设，宣传上倡导"婚事新办、丧事简办、小事不办"，过程中要做到"不迷信、不铺张、不扰民"。与此同时，仙桥村注重文明建设的提升，通过好家风好家训征集、开设道德讲堂、创设睦邻点、星级户评比等形式，宣传社会主义核心价值观，传递生态文明理念，深化创建内涵，极大地提升了村民积极参与精神文明建设的热情，同时形成了"知荣辱、讲正气、作奉献、促和谐"的氛围。

综合以上，仙桥在乡风文明建设上有很好的基础和条件。项目组在认真总结仙桥经验的基础上，逐步形成一套关于乡风文明的教育内容体系，在其他乡村进行推广。在推广过程中，逐步修改完善已有的教育内容体系。

4. 根据已有教育内容体系，分层分类开展培训（2021年1—5月）

乡风文明教育内容主要包括乡村环境教育、乡村文化教育、乡村治理教育。不同乡村的地域特点和人文环境不同，乡风分明的教育内容也有所不同和侧重。同一区域内，针对不同的人群开展内容有针对性的培训。

例如横沙乡丰乐村利用晚间休息时间，开展"村民夜课堂"教学活动。组织村民学习党的方针政策、法律法规、时事政治、文明礼仪知识等。"村民夜课堂"的教育对象是普通群众，对他们进行适当分类，开展有针对性的教育，以符合不同层次群众的心理需求，提高教育的实际效果。如对于基层党员、村民代表、村民组长等这一类群众骨干群体，以宣传部门的宣讲内容为主，并通过他们进一步向其他群众宣传、辐射；对老年群体以宣传老年人权益保障、民生保障、合作医疗、养生保健内容为主；对妇女群体，以家庭教育方法、未成年人保护等内容为主；对养殖户、种植户等，宣传惠农政策，开展技术培训，扶持"一村一品"，增加农民收入。"村民夜课堂"的广泛开展，推进了农民终身教育理念的树立，营造了全民学习、终身学习的氛围。许多村民把学习看作是生活的重要部分，从原先的"要我学"变为"活到老学到老"，学习逐渐成为村民的内在需要和自觉行为，学习行为更趋主动性、理智性和持久性。

又如在有关农村留守儿童的教育与服务方面，港西镇北双村为了加强对留守儿童和特殊家庭孩子的关爱，帮助他们健康快乐成长，率先成立了"心系春蕾，情暖童心"小英工作站，凝聚了来自社会各界爱心人士和志愿者力量，共同搭建起关心关爱留守儿童的互动平台，为孩子的成长成才撑起一片绿色、阳光、和谐的天地。通过多年的工作经验积累，工作站形成了参观学习类、亲子辅导类、素质提升类、家庭辅导类及心理咨询类五大类型的活动，且不断提升活动质量与内涵。通过参加活动，孩子们拓宽了眼界，增强了自信心，学习取得了明显进步，身心更加健康，形成了孩子开心、家长满意的良好局面。小英关爱模式得到了社会的认可并在全区 330 多个村居推广，21 个优秀工作站组建了小英关爱留守儿童志愿服务联盟。工作站先后获得上海市优秀志愿者服务基地、上海市加强和创新社会管理"优秀案例"、第二届上海社会建设优秀项目等一系列荣誉。

（三）项目总结提高阶段（2021 年 10—12 月）

汇总项目实施过程中各阶段的资料，并进行分析、归纳和综合，对实验研究进行总结回顾，分析实践反馈信息，梳理项目研究成果；对项目实施过程中所涉及的项目、材料，分门别类进行整理、归纳、分析；对已经取得的成效和存在的问题及尚未达到的目标进行分析，找出成功的经验、不足产生的原因，明确今后的努力方向，撰写结题报告。

六、实验成效

（一）建立制度保障，形成了较为完善的学习型乡村管理制度

为了保证项目的顺利、有序实施，探索建立了一套学习型乡村工作管理制度，主要包括会议制度、活动制度、联络员制度、奖励制度和考评制度。社区学院定期组织召开学习型乡村负责人交流会议，无故不得缺席。每个学习型乡村试点村安排相应的社区学院的教师进行对接，定期联络、汇总资料。

（二）加强内涵建设，初步形成具有崇明特色的乡风文明教育内容体系

乡风文明建设是一个大的系统，必须构架起较为完整科学的指标体系，使其建设工作有明确的目标和方向。崇明是上海最大的农业生产区，农业人口众多，而且农村常住人口中老年人居多，仅靠单一的评选文明户的做法很难有效地引领各地的乡风文明建设。只有全面系统地抓好以乡村环境教育、乡村文化教育、乡村治理教育为重点的"三大类型"乡风文明教育内容的建设，才能既"治标"又"治本"。乡村环境教育包括垃圾分类、污水处理、环境整治等内容；乡村文化教育包括乡贤文化、传统文化、文明礼仪、移风易俗等内容；乡村治理教育包括村规民约、家风家训、法律法规、道德教育、安全出行等内容。通过实验结合地域特色，初步形成了具有崇明特色的乡风文明教育内容体系。

表5-7 具有崇明特色的乡风文明教育内容

类别	内容			
乡村环境教育	垃圾分类	河道保洁	环境整治	五棚治理
乡村文化教育	乡贤文化	传统文化	文明礼仪	移风易俗
乡村治理教育	村规民约	家风家训	法律法规	道德教育

（三）探索辐射推广，总结了创新乡风文明建设的途径和方式

1.创新联动机制，完善了乡村治理

崇明依托社区教育网络，创新社区教育与乡村发展的联动机制，即社区学校进行教育引导，各试点村结合当地特色形成项目抓手，双方通过合作的方式促进乡风民风建设，提升百姓的参与意识和参与能力，引导村民对社区公共事务的关心和参与，提升乡村的社区治理水平。引导村民整体地、公正地看待问题、解决问题。依托村民自治利用熟人社会的关系网络调解邻里矛盾，促进乡村和谐。建设镇虹桥村凭借优越的区位优势，致力于打造精品民宿村。建设镇社区学校以"以农家乐项目为抓手，推进学习型乡村创建"为抓手，积极组织民宿业主、服务人员进行培训，指导该村抱团经营，打破过往"各自为政"的经营形态，推进多家民宿实现抱团经营。例如村内的"顾伯伯乡村民宿"形成了所有村民小组成员组团办民宿的格局，自行制定《顾伯伯农家乐经济合作社抱团守则》及考核标准，以"五个统一"（统一品牌、统一分工、统一营销、统一管理、统一结算）实现对民宿抱团经营的村民自治管理，实行"政府引导、企业带动、村民参与"的自治管理、自我发展模式。2020年，"顾伯伯乡村民宿"总收入超800万元，民宿家庭的年收入普遍在8万元以上，规模经营使得民宿组团的综合效益显著提升，带动了村民共同富裕。

试点村积极推动乡村学习融入社区治理，创新基层社区治理新模式。如北双村和社区学校联合依托阳刚民间音乐馆学习点，打通群众自治"新渠道"，学习点广泛参与文明法治宣教、民意民情征集、问题排查整改、矛盾纠纷调解、民主评议监督等基层治理活动，成为村民自我管理、自我教育、自我服务、自我提升的自治平台。

2. 通过课程体验，守护了乡土文化

打造本土特色文化品牌，丰富农民群众精神文化生活。积极发掘优秀的文化带头人、民间艺术团队，鼓励本地乡土文艺人才、民间文艺团体等，用百姓最容易接受的宣传形式，让本土文化在老百姓心中落地生根。各乡镇社区学校根据当地居民学习需求以及本土文化资源，开设相关课程，让村民通过课程体验参加不同类型的体验活动，满足他们的学习需求，形成丰富的、富有成效的体验学习方式。位于竖新镇仙桥村的"木棉花开创意工坊"注重保护和发扬历史悠久的崇明传统织染技艺和文化，包含功能区分为纺织展示区、编织工作室和活动体验互动区等。自工坊建成以来，共计完成崇明土布纹样的收集整理600份，并从民间购置多台老式木质织机及各类改良纺织用具用于陈列展示及生产教学；开设二十多门布艺染织课程，不仅向大家展示古法工艺，而且还能让村民亲自操作体验、创作布艺手工作品。

3. 开展主题活动，丰富了村民精神生活

各乡镇注重部门联动，利用社区教育网络优势，结合各类节庆活动，在社区内开展各种形式的传统文化主题活动，广泛宣传和引导学习传统文化，吸引更多市民参与，扩大整个活动的覆盖面和参与面。将文化传承与文明实践相融合，着力提高广大市民群众归属感，把文明的内在价值体现在丰富多彩的文化活动中。社区通过组织丰富多彩的文化活动，以节日文化为载体，开展社区活动，组织社区居民参与各种活动的同时让居民受到传统文化的熏陶。如崇明区各个乡镇通过举办具有浓郁地方特色的民俗文化表演和民间艺术展示等活动，让居民在参与中亲身体验传统节日的习俗。以元宵节为例，崇明区各街镇围绕双拥、共建等主题，以传统文化为纽带，强化了文化对社区共建的重要作用。建设镇通过军地共建慰问、双龙齐舞军民情等活动来庆祝中国传统的文化佳节；东平镇举办了"庆元宵老人联谊""元宵灯会"等丰富多彩、形式多样的元宵节系列活动；横沙乡组织开展元宵、印糕手工制作活动，把糕点送往边防站、消防队等单位，融洽了干群关系、军民关系。

再如港沿镇合兴村作为曾经的"51号地下兵站"，拥有着一脉相承的红色基因。乡镇社区学校通过走访知情人、查阅烈士资料等充分挖掘红色资源，寻找英雄人物，弘扬烈士的光荣事迹，组织开展红色事迹宣讲，编排红色节目并演出，传播红色故事，激发党员群众爱国爱家的情怀，形成宣传阵地，助推文明乡风建设，不断丰富学习型乡村内涵。

（四）深抓文明乡风，提升了村民的生态文明素养

为推进世界级生态岛的建设，崇明结合第十届花博会的举办，根据区域实际，创新工作方法，让生态文明教育深入农村基层。为深入推进农村社区建设工作，崇明创新提出了以"自然生态美、宜居环境美、绿色生产美、乡风文明美、生活幸福美"为主要内容的农村"五美社区"建设目标，打造新时代农村社区建设的"样板间"。全区上下从氛围营造、文明礼仪、安全出行、垃圾分类等方面，组织广大群众当好花博盛会的东道主，展示崇明的生态之美、文明之美。倡导"文明没有旁观者，人人都是践行人"的理念，在课程实施过程中注重与各种生态文明实践活动相结合，让全体居民在实践活动中接受教育，以自己的实际行动践行生态文明理念的基本要求。如开展最美庭院、学习型乡村、人文行走线路、学习体验基地创建等活动，都渗透了生态文明教育的理念，使广大居民感受到环保与他们的生活息息相关，由被动环保变为主动环保。引导和帮助广大农村居民养成节约能源资源、保护生态环境的自觉行为。指导居民获得参与生态文明建设所需的知识和技能，形成生态文明的基本理念，养成有益于生态文明的情感、态度和思维方式，培育有社会实践能力和责任感的现代公民。

同时崇明注重在完善村规民约上下功夫。通过修订完善《村规民约》、签订文明协议、推行《村民公约》等方式，大力宣传文明新风。积极指导各地制订和完善适合当地实际的村规民约，对解决农村抹牌赌博、红白喜事大操大办、封建迷信等问题，以村民自治的程序和形式，作出相应规定，并成立相关自治组织，以规范和约束村民的行为，真正实现自我管理、自我教育、自我约束，促进农村乡风文明建设的健康发展。蟠南村大力抓乡风文明建设，持续推进移风易俗、榜样引领、阵地建设等工作，以乡风文明滋养乡村振兴之路。该村以村规民约、村民自治为基础，建立行为信息采集、评价和奖惩系统，形成"奖励诚信、惩罚失信"的基层治理机制，充分调动当地居民参与生态环境保护的自觉性，增强共建共享获得感。

七、实验思考

（一）各学习型乡村与社区学院并无业务往来或工作上的统筹关系，有的甚至也不隶属于教育部门，如何协调各成员单位的关系，提高工作效率，并充分整合各项社会资源，进行深度合作管理，建立互利共赢机制，有待于进一步的探索。

（二）如何进一步创新体现崇明特色的乡风文明形式和内容，并突出特色和亮点，形成可借鉴、可复制、可推广的创新经验，有待于进一步的挖掘与思考。

9 推进社区教育学科中心组高质量发展的实验

上海松江开放大学（松江区社区学院）

一、实验背景

教育部等九部门《关于进一步推进社区教育发展的意见》（教职成〔2016〕4号），明确了社区教育机构职责定位，即"县（市、区）社区教育学院（中心）负责课程开发、教育示范、业务指导、理论研究等"。根据此职责定位，社区学院要发挥在社区教育中的指导、引领、示范和辐射作用。

近年来，松江区社区教育事业蓬勃发展，大批青年教师不断加入到我们的队伍中。2019年底，全区共有社区教育专职教师128名，其中35岁以下青年教师共35名，占27.3%。截至项目结项，专职教师队伍进一步扩大，总数达到159人，其中青年教师43人。为进一步整合社区教育力量，加强社区教育基础能力建设，发挥骨干教师指导示范引领作用，根据松江区教育局总体要求和上海开放大学松江分校（松江区社区学院）发展需要，2018年年初，我校开始筹划社区教育学科中心组事宜，2019年3月14日正式成立了社区教育学科中心组（以下简称"学科中心组"）。

二、实验基础

学院对全区社区教育课程进行了统计，发现信息技术、茶艺、英语、音乐、手工艺5门学科在街镇学校有广泛的开设基础，一校有一门甚至多门相应课程，有较多的专兼职教师担任学科教师，其中不乏资历过硬、学员认可度高的优秀专职教师。本着"成熟一个，成立一个"的原则，通过招募选拔，学院目前成立了以上5门学科的学科中心组。

　　每个学科中心组设1名组长，组长必须熟悉业务，能发挥学科引领、课程建设、课堂指导等专业作用；设2—3名组员，组员在本学科为骨干教师，能发挥指导、示范、引领作用，且能代表区级专业水平参加市级相应比赛。组长和组员均由组织推荐，由招募工作小组经面试和评议产生。根据统计，目前5个学科中心组共有14名成员，全部拥有全日制本科以上学历，其中拥有一级或高级职称的占到57%，近一半老师是专业对口教师；整体年龄结构年轻，充满活力，在教学、教研活动开展上节奏快，活动频次高，充满创新与激情。每个学科中心组各自为单位年初制定工作计划，年末形成工作总结，每月开展一次活动。学科中心组主要是组织本学科专职教师开展教研活动。目前，中心组运行较为平稳，初具雏形。

　　本实验基于充分发挥学科中心组功能的初衷，把学科中心组打造成集经验交流、学术探讨、专家指导于一体的综合性教师成长平台，推进学科中心组高质量发展。学科中心组的高质量发展，一是可以促进每个教师的专业能力提升与专业发展，从而带动课程与科研的发展；二是实现管理模式的可借鉴与可推广，使教师、学科、管理三方面提升。

三、实验目标

　　（一）进一步探索学科中心组管理完善与质量提升的路径方法。

　　（二）形成各学科相匹配的一批实验成果。

　　（三）形成可复制经验，推广到更多社区教育学科，促进学科中心组内涵式发展。

四、实验内容

　　为了全面了解目前学科中心组的发展状况，也为了更好地达成实验目标，本项目从以下三个方面开展相关研究。

（一）学科中心组的功能性探索

1. 教学研究

通过公开课、研究课和直播课堂等教学形式，组织开展听评课活动，以规范上课内容与要求，丰富课堂教学方法与形式，提高课堂教学效果与质量。

2. 课程建设

通过研究、讨论和实践等教研途径，构建科学合理的课程框架结构，完善课程体系，丰富课程内容，编写区级教材。

3. 学科培训

通过集中培训和自主学习相结合的方式，聚焦学科核心内容开展培训，以提高教师的学科素养。

4. 教育科研

通过聚焦学科问题，开展课题研究或项目研究，提高教师分析问题、解决问题和科学研究的能力。

（二）学科中心组建设的精细化管理

目前，学科中心组作为考核项已纳入我区各街镇社区学校年终事业考核，形成了初步考核制度。在实验项目开展过程中，本着以人为本的原则，从有利于学科教师发展的角度出发，进一步完善管理制度，细化考核指标，真正让制度为教师发展服务。

（三）学科中心组建设的有效性探索

通过实验项目的推进，总结现有学科中心组好的经验和成果，归纳学科中心组良性运作需要具备的要素，形成成功案例，复制经验，培育新的学科中心组。

五、实验步骤

（一）启动阶段（2020 年 3—8 月）

围绕"高质量"发展工作目标，构建科学完善的工作管理体系，组建了工作小组，负责协调、指导和监督；项目组定期召开研讨会，加强对研究内容的推进，增强项目过程性管理。项目组成员明确分工，保证项目研究工作到位。其中 2 个重点实验的学科中心组核心成员作为实验项目小组成员（信息技术学科中心组组长王建锐，茶艺学科中心组组员、市茶艺联合教研室成员王佳炜），确保项目有序推进。设置实验样本，重点实验，以点带面，典型引路，形成学科中心组建设的良好开局。

（二）运行阶段（2020年9月—2021年6月）

在开题论证的基础上，根据实验项目的实施方案开展实验，根据工作开展的实际情况不断调整实施方案的实施和运行。突破难点，做到宏观调控、微观改进，确保学科中心组建设层层推进。召开实验项目推进会，汇报交流实验项目的进展情况，完成项目中期报告。

（三）完善阶段（2021年7—10月）

把每个细节做细做精，确保学科中心组建设扎实推进。对实验项目开展情况进行梳理和总结，并根据理论学习以及相关专家的指导，撰写并提交实验项目研究报告，对实验项目的具体开展情况进行汇总分析。

（四）成果阶段（2021年10—11月）

专家对提交实验项目的研究报告进行评审，在专家的指导下进行进一步的修改和完善，最终形成实验项目的研究成果。

六、实验过程及成效

（一）"五大"组合拳，实现功能性探索

2020年的疫情打乱了老年大学正常的教学秩序，社区教育的教师暂停了日常繁忙的教学、管理等工作，社区学院意识到此时正是秣马厉兵、提升教师能力的大好时机，通过一套组合拳，激发教师能力，实现学科中心组的功能性探索。

1. 教学大比武

为引导和鼓励青年教师大胆探索社区教育教学中思想政治教育与知识体系教育的有机统一，2021年4月，学科中心组依托"东方之光"资源联盟开展"松江区社区教育课程思政教学设计说课比赛"，对青年教师深入探索"课程思政"教学规律，多维增强"课程思政"实效，增强知识传授与价值引领的有机融合，更好地实现润物无声、立德树人起到了很好的引领作用。

每年开展区级社区教育教学大赛是常态化工作，借此推动专兼职教师专注社区教育教学，精进教学水平，通过大赛决出的优秀教师将被推送到市一级参加"上海市社区教育教学评比"或"郊专委三课评比活动"。自学科中心组成立以来，共有36人次的学科组成员参与市、区级教学大赛并获得相应的奖项等第，其中7人代表松江区参加市级教学大赛。

学科中心组的组员代表区级参加市级社区教育教学大赛并获奖的情况屡见不鲜。音乐学科中心组王佳琪老师的《走进非洲音乐》代表松江区参加第三届上海社区教育教学大赛获得二等奖。茶艺学科中心组周颂鸥老师的《"杯"中闲趣品茶韵》获得 2019 年松江区社区教育教学大赛一等奖，《品茗杯中探色香》获得第四届上海社区教育教学评比三等奖。手工艺学科中心张昕懿老师《立体纸花——荷花》获得 2021 年松江区社区教育教学大赛一等奖，并被推送参加第五届上海社区教育教学评比活动。英语学科中心组孔晨迪老师《Asking the way》获得 2021 年松江区社区教育教学大赛二等奖，并被推送参加第十届上海市郊成人院校教师"三课"教学展示评比。学科组的成员在连续多年的区级教学大赛中脱颖而出，充分地说明了学科组聚集了一批优秀的青年教师，同时也促进了青年教师的能力提升。

2. 集体大备课

"一花独放不是春，百花齐放春满园"。为了从整体上提升学科组成员的教学水平，集众人智慧采众家之长，学科中心组充分利用集体大备课的优势，开展学科活动，参加市级社区教育教学大赛的教学设计，凝聚了学科组成员的智慧和闪光点。

为了更好地提升直播课程的效果，优化课程设置，茶艺、手工、音乐三个学科中心组均采取集体大备课的形式，而信息技术学科中心组作为技术担当，全组划分成技术培训组、拍摄录播组、微课制作组，全程为各学科中心组提供技术支持，主要涉及课前设备调试准备、上课视频全程录制、课后视频剪辑处理等工作。集体大备课是教师间的思想碰撞，每一次碰撞都会有提升和收获，也最大限度地发挥了学科中心组教研活动的引领作用。

3. 课程大开发

在各学科组成员的共同努力下，《茶艺欣赏》《老年人智能手机实用课程》《纸艺花制作》《巧手做竹编》《木贴画制作》《经典永流传——经典影视插曲》等一批区级社区教育推荐用书建设完成。《社区实用交际英语》课程大纲入选上海市百门课程大纲。《棕编技艺》《蓝印花布》《易拉罐铝皮画》《叶榭竹编》《瓶子的艺术》等一系列高品质区级微课建成，并获得了颇多荣誉。

发布线上直播大课表。疫情常态化之下，松江区的线上直播课程蓬勃发展，这一方面是因为线下教学停滞，老年学员学习需求依然迫切，另一方面得益于学科中心组较早地系统开展了线上直播的专题培训和"云视课堂"的线上直播授课，为松江区社区教育线上直播的全面展开打下了较好的基础。为有效应对疫情，满足人民群众日益丰富、多样化、终身化、多层次的学习需求，社区学院与各街镇社区学校开展了社区教育在线教学实践，积累了一批优质课程。在原有基础上积极整合精品学习资源，2021年上、下学期均发布了种类繁多、内容丰富的《松江区社区教育在线直播课堂大课表》（表5-8）。

表5-8　2021年上学期《松江区社区教育在线直播课堂大课表》部分截选

序号	直播时间	课程名称	主播单位	二维码
1	周一9:00	纸艺花制作	叶榭镇社区学校	
2	周一9:30	越剧	永丰街道社区学校	
3	周一13:00	节气与养生	叶榭镇社区学校	
4	周二9:00隔周	二陆文化简介	小昆山镇社区学校	
5	周二9:00	手机相册制作	松江区老年大学	

4. 教师大培训

考虑到信息技术学科中心组规模大、体量广，每校达到 2—3 人，且基本负责松江区 13 所街镇社区学校的通讯员和公众号运营，从充实公众号编辑队伍、加强指导培训出发，2020 年 5 月，信息技术学科中心组开展了为期三天共计 12 课时的《微信公众号运营专题培训》，共有 26 位社区教育教师参加培训并通过最终考核获得培训证书。

为全面提升手工教师手工制作能力，打开手工课程开发思路，提升美学修养，了解民族手工艺术，2020 年 9 月 29 日、10 月 27 日，由学院组织手工艺学科中心组进行了两天共四场手工相关的体验式学习。两天的体验式学习，能够提升社区教育手工专职教师的手工制作能力，开拓老师的眼界，提升艺术审美，使他们借鉴并掌握手工类课程的授课技巧。

5. 科研大比拼

本项目成立之初的目的之一是希望通过项目提升学科组成员的能力，借鉴中小学的教研活动，摸索出一套适合社区教育教师能力提升的管理办法。通过方向明确、目标具体、可操作、可检测，有反思、有提高的学科中心组活动，学科组成员走出了以往"一个学校一门课一个教师"单打独斗的困境，改变了"独学而无友，则孤陋而寡闻"的局面，教师的收获是显著的，能力的提升是有目共睹的，教师的科研成果呈现出百花齐放、百舸争流的繁荣景象。

这些科研成果的取得，一方面得益于学科组成员的科研水平提升，另一方面得益于良好的平台搭建。松江区每年组织社区教育科研论文评选活动，并将优秀的论文集结成册印发。有代表性的论文还将被优先在《云间社区教育》杂志上刊登。《云间社区教育》杂志作为松江社区教育的宣传窗口，在上海社区教育系统广受好评。2021 年 6 月，《上海成人教育》杂志特设松江专刊，为松江社区教育教师在全市展示科研成果增加了曝光度。

（二）"两纳"考核制，推进精细化管理

社区学院对 5 个学科中心组的规划要求是：年初有计划，年末有总结，月月有活动。在学科中心组成立之初，学科中心组作为考核项已纳入松江区 13 所街镇社区学校年终"事业考核"。经过一年的实践摸索，考核制从"一纳"升级为 2.0 版本的"两纳"，学科中心组纳入"工作考核"。

1. 纳入事业考核

学科中心组纳入"事业考核"，考核的是街镇社区学校，这一措施保障了学科中心组能吸引到区级骨干教师并使其成为中心组组长或组员，最大限度地吸纳各街镇社区学校的优秀青年教师加入学科活动，把学科中心组打造成为我区社区教育教师成长的"加油站"。

2. 纳入工作考核

学科中心组纳入"工作考核"，考核的是教师，要求各街镇社区学校在绩效工资考核中把学科中心组作为教师的加分项。这一措施本着从有利于学科教师发展的角度出发，进一步完善了学科中心组的管理制度，让制度更好地为教师发展服务。

（三）"六字"方针，提升探索有效性

在推进学科中心组发展的过程中，社区学院一直坚持"六字"工作方针：支持、服务、评价。本着"有所呼，必有所应；有所求，必有所为"的原则，社区学校不断内引深化基本功、外联扩大影响力，引导 5 个学科中心组有序健康发展。在学科中心组成立之初，松江区社区教育服务指导中心联合社区学院发布了《松江区社区教育学科中心组实施方案》，从领导小组、组织结构、五大功能、具体任务、管理和考核等五个方面规范引导学科中心组。为切实有效地指导学科中心组的发展，落实年初有计划、年终有总结、月月有活动的要求，出台了《松江区社区教育学科中心组管理手册》。为更好地记录学科组成员的发展变化，发挥学科中心组骨干教师的示范、引领作用，每位学科组成员都有《松江区社区教育 XX 学科教师档案》，记录教师的发展变化，引领学科组成员更好地成长进步，形成了学科中心组建设流程（图 5-11）。

发布实施方案 筛选学科 招聘成员 制定管理手册 年终评价

图 5-11 学科中心组建设流程

为保障学科中心组顺利开展云视课堂教学活动，解决后顾之忧，社区

学院召开"上海市社区教育 2021 年春季云视直播课程松江区推进会"，从区级层面做好此次活动的保障工作，不仅从全局上把关直播安排，还开展现场实操，方便交流学习。各学科中心组结合各自教学安排，分析需求。

（四）形成了学科中心组探索路径

初步探索出了一条推进学科中心组高质量发展的路径，社区学院做好学科中心组发展的外部支持工作。成立阶段：坚持"成熟一个，成立一个"的原则，设置准入标准。发展阶段：坚持"十四字"方针，坚持"有所呼，必有所应；有所求，必有所为"的原则，最大限度地支持每个学科中心组个性化发展。年终评价：通过"学科评优"和"教师评优"进一步推动学科中心组高质量发展，对于考核不合格的学科中心组进行约谈整改。

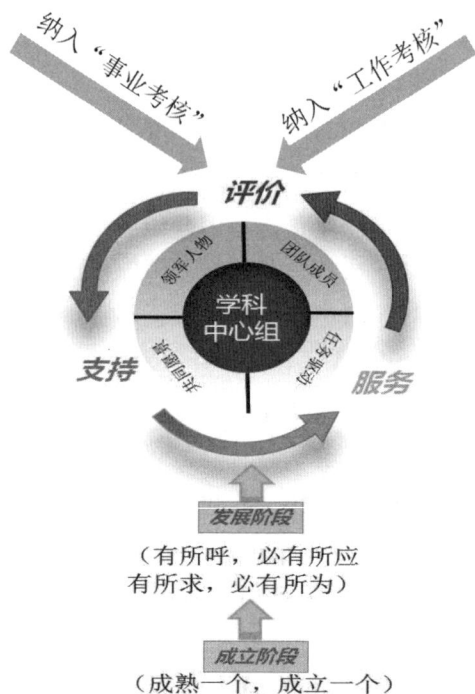

图 5-12　学科中心组发展路径

七、实验存在的问题及思考

（一）完善考核制，彰显影响力

创建学科中心组和开展本实验的目的是提升教师的专业化水平，创造条件让各个学科中心组在适宜的环境下得到迅速发展。目前通过实验项目的推动，学科中心组的发展从实施方案、考核制度到成长档案等都日臻完善，但是如何发挥骨干教师教学、科研及管理领域等的辐射影响力还需要进一步深化，如何通过优秀学科中心组带动后进学科组发展也要进一步研究。是否需要量化、细化实施方案，从严要求中心组建设发展，是后续学科中心组突破瓶颈需要解决的问题。

例如：每年一次在学科中心组工作总结会上对优秀学科中心组和优秀学科组教师进行表彰。通过"学科评优"推进学科中心组工作，对已成立的学科中心组提出从教研交流到内涵建设的要求，使教学活动成为团队的常态化活动。遵循各学科发展规律，形成个性化教研方案。坚持教研与产出并重。通过"教师评优"依靠骨干教师队伍，探索社区教育教师教研活动路径，切实提高教研活动的水平和实效。目前"学科评优"只是一个初步的概念，在接下来的项目实施过程中，要具化优秀学科中心组的"建设标准"，包括学科中心组的建设规模、发展特色、科研成果、骨干教师等多项指标。

（二）探索评价体系

为了更好地促进学科中心组良性发展，打破一些学科中心组陷入发展僵局的现状，设定评价体系：自评＋互评（单方评价＋多方评价），社区学院综合评价。采用多方化的评价理念对学科中心组发展进行评价，社区学院和学科中心组自评应做到贯穿于学科发展的整个过程，分析某个学科的发展水平，为他们的下一步发展提供支持，促进学科中心组在现有基础上进一步提升。学科中心组的最终指向是学员的发展，在一个周期工作结束后，有意识地引导学科中心组进行自我评价和学科中心组互评，通过对学科活动效果进行的多方位评价考评工作目标是否达成，总结经验，改进不足。

学科中心组的长远发展离不开"吐故纳新"，淘汰停滞不前的，吸纳成熟向上的。目前，5个学科中心组相当于是松江区社区教育组建的最早一批学科。随着两年多的"摸着石头过河"的发展，虽"掉过坑里"，但也积累了一些学科发展经验。随着社区教育事业不断的发展，越来越多的年轻新鲜血液加入，社区教育的课程逐渐形成百家争鸣、百花齐放的局面，更多需要被引领发展的学科进入了视野，例如家庭教育、健康教育、思政课程。我们将在实验过程中考虑有计划地成立学科中心组。当然，对于一些学科中心组在发展过程中出现停滞不前、基本活动不能保障、对教师能力提升不能达成等情况，将进行约谈整改。

（三）建立个性化发展方案

实验项目的落实，让实验项目小组的成员有机会深入地观察、总结学科中心组发展存在的不平衡问题。这让我们意识到目前均一地指导建设并不适合每一个学科中心组，学科中心组的发展需要走个性化定制的道路。社区学院需要为学科中心组的发展搭建平台，帮助扶持，聘请专家引导，善于发现每个学科中心组的特色与不足，并能正确指引规避，挖掘学科价值，助力每个学科个性化发展。